軍事心理學

孫敏華、許如亨著

作者簡介

孫敏華

　　國防大學政戰學院心理及社會工作學系教授。畢業於師範大學輔導研究所。美國普渡大學教育心理系研究一年。經歷有小學老師、張老師督導、企業諮商顧問師。政戰學校心理系助教、講師、副教授、教授、系主任，及學生輔導中心主任等。研究專長主要在諮商輔導及軍事心理學等領域。主要著作包括有：《自我傷害的壓力源》、《徵兆原因及防治措施之研究——以軍事組織爲例》、《自殺危險警訊之研究——以軍中爲例》、《役男軍中適應——理論模式》，及《工具編製及與相關因素探討之研究》等。

許如亨

　　國內知名心理戰專家曾任：國防大學國家戰略研究中心兼任研究員、中華經濟研究院專案研究顧問、南華大學和平與戰略研究中心特約研究員、明新技術學院兼任副教授，及國安局安研班心理戰略課程講師。作者並於二〇〇一年七月應邀赴馬來西亞講學，公開發表心理戰相關論著超過二百萬字，主要著作有：《解構另類戰爭：心理戰的過去》、《現代與未來》（麥田圖書）、《中共武力犯台的心理因素及對策研究》（國軍軍事著作金像獎得獎作品）。

序言之一

應用心理學的範疇中，如教育心理學、工商心理學、管理心理學、犯罪心理學、諮商臨床心理學等，在國內都已有相當程度的發展，唯獨軍事心理學，似乎仍是一片尚待開發的處女地。個人分析原因有四：其一，軍事單位應用心理學的目的，是為了達到戰爭勝利或是提升戰力，例如美軍在一次及二次大戰時，為了快速甄選大量軍官進入軍中，研發了心理測驗，作為甄選的工具，從此開啟了心理測驗的濫觴。因此軍事心理學在戰時或是需解決某些軍中問題時，容易受到重視，發展自然快速蓬勃，平時各類研究，較容易被忽視。其二，為國內心理學的發展與應用，是近二十多年才起步，國軍將心理學應用在軍事情境，更是近十多年的事，因此相關資料相當有限。其三，軍事心理的研究，多與軍事機密有關，美軍的軍事心理學的研究也只有少部分公開，大部分的研究不是保持機密，就是只在少數圈內專家手上流通，外人根本無法獲得。而全世界研究軍事心理的國家，以美國發表的研究結果最多都已如此。其他國家如蘇聯、德國、以色列等，軍事心理學的研究或發展，限於語言關係，及國家刻意保密的情況下，可查詢到的資料更是少之又少。其四，軍隊是一個保守且封閉的社會，一般學者想要進入軍中進行相關的研究，相當不易，且國內一般心理學學者，各有其專長領域，鮮少有人會從事有關軍事心理學方面的研究。因此當作者著手開始蒐集軍事心理學的相關資料時，進入國家圖書館國內期刊以「軍事心理學」關鍵字進行搜尋，只有一篇出現。各方可收集到的資料，相當有限。

事實上國軍自從民國六十八年即成立「軍事心理研究中心」，當時即聘請兩位專任研究人員，專責研究軍中現象與問題，如「離營預官心態問題」、「莒光日成效之探討」、「國軍基層領導問題之探討」等研究案。每年固定研究四個專案，不過在民國七十三年，因經費關係，這個中心從

固定經費編列轉為臨時交託研究案，加上各軍種也有自己的研究單位及人員，中心才漸漸退出研究軍中問題的行列。但是當作者去尋找這些研究結果時（甚至更早的相關研究），發現許多資料都已流失，能夠找到的資料也多是針對當時現象描述性或百分比的統計結果。對整體性了解幫助不大。直到近十年來，軍中因社會變遷快速，役男來源無法篩選，傳統軍事管教已無法滿足需要，軍中心理輔導及心理衛生的研究快速興起，因此作者收集到國內有關軍事心理學的相關資料，以軍中心理衛生、領導統御、及人才甄選的研究最多。學習、訓練、績效評估、戰場心理、戰場壓力、戰俘等方面，國內幾乎沒有研究，只有少數年代久遠（民國五、六十年代）的著作以及美軍的研究，因此當讀者閱讀到本書這些章節時，會發現這些章節的相關研究較為缺乏。不過隨著去年本校的軍社所軍事心理研究組的成立，「軍事心理」有一個學術機構專責從事教學及研究，相信未來軍事心理的研究無論質與量都會大幅度的提升。

因為目前市面上並沒有「軍事心理學」的中文書籍，因此作者在決定軍事心理學範疇及決定章節時，的確花了一些功夫。首先和系裏的資深同仁討論，軍事心理學應該包含哪些範疇？其次參考美國及以色列軍事心理學者所編著 *Handbook of Military Psychology* 的章節、中共軍事心理學的教材，再根據作者擔任了三年「軍事心理學」的教學心得，終於決定出本書的章節。全書共分為五大篇，第一篇是「軍中心理適應與健康心理學」，包括軍中健康心理學、兩性關係及女性軍人、軍中自我傷害防治，及軍中心理輔導工作等四章。第二篇是「心理作戰」，包括軍事心理戰研究、心理戰的過去、心理戰的現在、心理戰的未來、中共心理戰，及二十一世紀的心理戰略等六章。第三篇是「軍事人員的教育與評量」，包括軍事組織之學習、軍事組織的訓練、軍事組織的人事甄選，軍事組織的績效評估等四章。第四篇是「軍事領導與士氣」，包括領導理論與研究、軍事組織之領導、軍事組織之士氣等三章。第五篇是「戰場心理學」，包括戰場壓力管理、戰場壓力反應與創傷壓力管理，及戰俘與人質等三章。加上第一章軍事心理學緒論，全書共二十一章。

由於作者本身沒有受過心理作戰的訓練，所以第二篇「心理作戰」是

邀請國內少數研究心理作戰的專家許如亨老師負責撰寫。許老師曾奉派遠赴美國研習心理戰，並實際從事國家心戰工作十多年。其實我本來與許老師並不認識，因為軍事心理研究所成立，我擔任籌備所所長，需要決定軍事心理研究所的方向及課程，因此和國內多位學者請益，在心理作戰方面，看到許老師寫的書《心理戰的過去、現在與未來》，覺得他寫的相當不錯，所以和他請教了心理作戰的事情，也因此邀請他共同撰寫本書。因此這本書中的心理作戰篇，許老師不但介紹心理戰與心理學的關係，還對心理戰的過去現在與未來及中共心理戰有一清楚描述，更從宏觀的角度，對二十一世紀的心理戰略作一預測。許多資料都是國內首次出現，讀者可以一睹為快。

我撰寫的章節有第一章「軍事心理學緒論」、第三章「兩性關係與女性軍人」、第四章「軍中自我傷害防治」，及第五章「軍中心理衛生（輔導）工作」。其他各章的作者都是政校心理系畢業，目前就讀博士班及碩士班的學生撰寫，再由我修改。如「軍事組織之學習」及「軍事組織的訓練」是由邱發忠撰寫，發忠從政校心理系畢業後，服役軍中兩年後，考入輔大應用心理研究，目前是師範大學心輔所博士班研究生。「軍事組織人事甄選」、「軍事組織之績效評估」、「軍事組織之領導」及「軍事組織之士氣」是由顏志龍撰寫，志龍也是政校心理系畢業後，服務部隊三年後，之後就讀輔大應用心理研究所，目前是政大心理研究所博士班學生。其他各章節都是由軍社所軍事心理組研究生撰寫，我再加以修改及添加相關資料，如「軍事健康心理學」、「領導理論與研究」、「戰場壓力管理」、「戰俘與人質」、「戰場壓力反應與創傷壓力管理」等章節。

國內目前的大專院校中（包括軍事院校），只有政戰學校心理系開設軍事心理學課程（感到責任更加艱鉅），去年起軍社所軍事心理研究組成立後，更將軍事心理學納入所（組）必修。因此三年前我開始教授大學部軍事心理學的課程，一直苦無合適的教材，相關教材不是太老舊，就是不適用，於是興起寫一本結合國內軍中研究的軍事心理學，從開始構想到出書，中間經過三年多的時間，感謝系裏洪光遠老師、系友顏志龍、邱發忠、謝文福、張豫人、李倫文、余景文、劉俊道、陳洋洲、劉文麟，及許

如亨，還有小胖（李明倫）及心理出版社，要不是你們的幫忙與督促，這本書是絕對無法問世的。如今總算完成了這個心願，也希望藉由這本書的拋磚引玉，能結合國內對軍事心理研究有興趣的人，共同為軍事心理的應用與發展盡一點綿薄之力。

孫敏華

二〇〇一年八月於政戰學校研究所皓東樓

序言之二

邁入新世紀的新心理戰研究

自一九九一年波灣戰爭以來，心理戰相關研究在各國的高度重視下，無論是新理論的建構或者新技術的研發，都出現了驚人的重大突破，尤其在以下的三個方面：

第一，由於資訊化戰爭時代的來臨及逐步確立，資訊力已成為二十一世紀的新綜合國力要素，從而必須修正長期以來的政、經、心、軍四大國力理論。在新的綜合國力架構裡，資訊力取代了心理力的位置，並與政治力、經濟力及軍事力平行發展，而心理力則轉而成為新四大國力的基礎（參閱本書第九章）。新的綜合國力理論反映在國家戰略上，將更加注重政、經、軍、資、心等五大戰略的協調和互動關係，而其主要著眼於：現代高科技戰爭脫離不了人的因素，人的素質決定戰爭的成敗，而人的心理素質就是心理力的具體表現。今後，在設計國家戰略的政治、經濟、軍事、資訊等戰略時，都必須考量心理力的因素，並將心理戰略的目標整合其中，而心理戰略的設計和實施，更必須和其它的四大戰略緊密相連，相互支持。

第二，心理戰瀰學研究的興起，將挑戰傳統的傳播理論。英國生物學家道金斯（Richard Dawkins）最早提出瀰學的概念，他發現在人類的演化過程中，某些的思想觀念會像基因（gene）一樣的世代遺傳，而瀰（meme）是導致這種現象的原因。人類的思想觀念係由許多的瀰來組成，而作為思想觀念組成因子的瀰，如同基因般具有複製的特性。基因決定後代的「個性」，同時由優秀基因組成的生物較能適應環境變化，並獲得較佳的生存和發展的機會。而瀰的功能亦然，優秀之瀰組成的思想觀念，不斷的自我複製並向外繁衍擴散，甚至將可成為普世的價值觀。不過，瀰和

基因亦有基本上的差別，基因是代與代間的直線遺傳，而瀰則較像病毒，會向外傳染擴散。瀰學提出的「複製」、「傳染」及「病毒」等三種概念，可望對心戰宣傳理論帶來重大的啟示，亦即：在複製（遺傳）模式下，思想傳染因子可重新予以排列組合，從而產生更具影響力的新思想觀念，然後透過「傳染」的途徑，向社會的各個階層進行滲透。至於「病毒」則指：傳播思想觀念既可添加助長複製的「瀰」，也可將不利複製的瀰，附加在敵對的觀念上，使其不利向外擴散，乃至自我消亡。當瀰學的概念廣泛運用於心理戰之上，宣傳行動將變得極其複雜而精細，宣傳者不再只是研究「人如何吸收觀念」，而是努力去尋找「觀念如何吸引人」的瀰因子。在國際網際網路日益普及化下，宣傳工具的方便和廉價獲得，心理戰瀰學有更進一步研究與發展的必要。

第三，近期有關「心理武器」的研發，將使心理戰進入可怕的「強制攻擊」新時代。顧名思義，心理戰是一種攻心的活動，然而心理戰是如何「攻心」的呢？如就攻心的過程而言，過去的主張是：心理戰活動在透過訊息的提供與傳散，企圖影響或制約人的心理現象（詳參閱本書第六章）。而如今，俄羅斯等國正積極研發的「心理武器」，據稱將可直接攻擊人的神經系統，用以催化人體產生不正常的官能反應，進而擾亂人的心智活動。不過，「心理武器」的主要用途並非在殺人，而是在使對手暫時失去心智反應的能力，然後再配合其他的心戰宣傳攻勢，一舉潰散敵方的抵抗意志，企圖達到不戰或少戰而屈人之兵的目的。因為中共屢稱必須擁有「殺手鐧武器」，有關「心理武器」的研發和運用，非常值得我國人引為警惕。

心理戰線的攻防或「觀之無形、動之無影」，然而心理戰線的失敗，卻極可能導致「害之無限」的嚴重後果。仍處於求生存的台灣，自不得不充滿戒慎警惕，去面對敵人的心理攻勢挑戰。本書中有關心理戰的部分，即在探討當前心理戰研究的發展歷程，其中又以針對性的中共心理戰研究為重點。希望能藉由研究敵人，進而探索克敵勝敵之道。而心理戰學者不僅應注意理論的形成，更應注重從理論到應用的過程，從而創新與拓展我國心理戰的研究領域。

本書論述的範圍至為廣泛，從軍事心理學的定義及發展、心理衛生、自我傷害防治等，到軍事組織的學習、訓練、士氣及領導理論研究等等，可謂內容豐富，一應俱全，然而筆者所負責撰寫的心理戰研究篇章，卻只是全書中極小的部分。本書是國內首部專研軍事心理學的巨作，全書構想及結構皆出自於孫敏華教授的策畫，換言之，本書係孫老師多年來研究軍事心理問題的心血結晶，而筆者不揣淺陋，僅以誠惶誠恐之心共襄盛舉。若論對於本書的貢獻，個人其實是非常、非常有限的。在此恭賀孫老師終於完成了大作，也感謝孫老師的盛情邀約，讓我有機會跟學有專精的專家學者們一起來學習。

許如亨

二〇〇一年八月

目錄

第二篇　心理作戰

第一章
軍事心理學緒論

前　言

　　「軍事心理學」對國內心理學者來說是既感熟悉又有些陌生的名詞，感到熟悉的是「所謂軍事心理學，就是將心理學的原理原則運用在軍事情境」，感到陌生的是「心理學的範疇太廣，軍事心理學到底包括哪些領域？專業團體的認定如何」？似乎並不清楚。事實上，各國自一次世界大戰以來，均積極發展軍事心理學，其中以美國最具代表性，目前「軍事心理學」是美國心理學會（APA）的第十九支會，會員遍及全世界。本章主要目的是介紹軍事心理學的源起及發展，內容包括軍事心理學的發軔演

變、定義、各國發展情形及應用狀況。

第一節　軍事心理學定義

Mangelsdorff（1991）認為所謂軍事心理學是將「心理學的原理原則應用在軍事情境的一門科學，屬於應用心理學的範疇」。軍事心理學應用心理學門中的領域，包括實驗、教育、社會、臨床、組織、計量、生理心理學等，應用的情境包含所有與軍事有關的議題在內，應用的對象從軍中成員到其家庭，因為對象及應用情境的特殊性，軍事心理學已獨立成一門專業的科學。此外軍事心理學涵蓋的範圍非常廣，各國發展出來的重點及內涵也不相同，其發軔多是因為軍隊實際上的需要所致。以美國為例，軍事心理學的起源在於第一、二次大戰人員甄選所需；蘇聯是在一九〇七年革命戰爭開始時，列寧強調政治思想灌輸和士氣對武裝戰鬥的重要而開始發展軍事心理學；德國則是從一次大戰戰敗後，檢討失敗原因，發現與心理學所強調的士氣有關，因此心理學如何運用在戰爭中，是德國重視軍事心理學的開始。

多數學者都認同所謂心理學是「研究個體行為的科學」，因此軍事心理學可說是「研究軍人平日及戰時行為的科學」。這個定義包括：

軍人：心理學研究的對象是個體，其目的在了解、預測和控制人的行為。軍事心理學是心理學應用在軍事情境的科學，其研究的對象是軍人，研究的目的和心理學的目的相同。在此軍人的定義是廣義的，泛指在軍中服務的所有成員，包括現役、退役、文職人員、聘僱人員，及其眷屬在內；階級包括士官、士兵及軍官。

平日和戰時：軍人的事業在戰場，「養兵千日，用在一時」，軍人的任務就是「保家衛國」，這說明了軍人的角色及任務，平日以教育訓練、備戰為主；戰時角色則是奮力作戰，以求保家衛國。因此研究軍人行為，其主要的情境就是平時和戰時。

行為：指個體自發性或受到刺激而反應的一切行動而言。就軍人的行為中，有些是可以直接觀察的，如外在服從恭敬的行為；有些行為是不能直接觀察的，如動機、情緒、記憶、思考等。除此之外，有些行為屬於個人層次；有些則是集體性的行為等，這些都是軍事心理學的研究範圍。

因此軍事心理學的定義既不是技術導向（如實驗心理學），也不是一般問題導向（如發展心理學），而是以應用為導向。軍事心理學乃是將心理學的原理原則應用在軍中，協助處理軍中所產生的需要及問題。

軍中組織的特性

軍中是一個特殊的社會團體，其特殊性如：(1)軍隊完全是任務取向，主要任務就是保家衛民、作戰及贏得戰場勝利，任何事只要與軍事任務無關的都屬次要，這點強烈影響到軍事心理學研究的取向及內涵；(2)軍人和平民最大差別在軍事的內涵，軍中環境較民間團體緊張慎重，因為軍中成員平日備戰，戰時作戰，其武器裝備有其危險性，因此軍中人員的甄選、訓練，及各式武器裝備的品質都會嚴重影響到戰爭的結果；(3)美軍每年將近有六百名民間心理學家參與美軍研究計畫，以軍中人員及經費規模而言，相當龐大，對整體國家安全而言，是最重要的團體之一。因此其內涵自然應當特別受到重視。除此之外，軍事組織和人事政策是一個封閉的系統，軍中人力最主要的來源是未接受過軍事訓練的民間男性；軍中所需的技能，和一般行業大不相同，也和一般人民平日所需，或是專業技術相關很低，軍中專業技能無法直接運用於民間各項工作中。因此這種封閉的人事系統，包含人員的甄選、安置及訓練，都是軍事心理學的重要內涵及議題。

其次軍隊在平時的任務也是相當的多元複雜，各種和平任務的維持及救災救難工作，社會大眾都認為軍人應負起責任。事實上現代軍隊的工作專業性愈來愈高，擔任非戰場工作愈來愈多，且需要專業技巧才能順利完成。但是縱使在平時，軍事任務的特色多半是危險的、高壓力的，甚至有

時充滿危機，時常處於有毒、複雜，或昂貴的機器環境中，而執行任務的軍人不過是服役兩年的義務役士兵。因此如何讓短期服役者，很快熟練軍中情境及各種專業技術，也成為軍事心理學重要的領域。

第二節　軍事心理學的發展

第一次大戰以前，軍中根據的法則多是過去累積的經驗、傳統的智慧、一般的常識、精細的觀察，及思考的創造等。心理學在軍中幾乎沒有任何的發展。一次大戰時，因為需要短時間內甄選出大量服役者，這項工作遠超過軍中的過去經驗，於是一九一七年附屬於美國心理學會督導的一個委員會組織，由耶克博士（Dr. Yerkes）領導（Driskell, 1989），提供美軍協助甄選兵員。其最主要的貢獻是研發陸軍 Alpha 和 Beta 測驗，並負責測驗的研發、甄試及錄取等相關事項。這是世界第一個在軍中實施的心理學研究計畫，這個研究計畫包括美國當時頂尖的心理學者，如桑代克（Thorndike）、賽司通（Thurstone）、歐地斯（Otis）等，他們完成了第一個軍中心理測驗，順利達成軍中大量及快速人員甄選的目的（Dreskell, 1989）。當時每個月需甄選的人數高達十八萬人，美國軍方希望心理學者能提供快速且有效的工具，因此效度研究在當時緊急需要下無法達成。這份心理測驗總共施測一百七十二萬六千九百六十六人，包括四萬兩千名的軍官。除此之外，這個小組還發展一套評量方法，用來評估軍中精神疾病的病患、提升戰場人員素質及維護士氣相當有幫助，因此耶克博士和他的小組成員可說是美國軍事心理學發展的起點，從此心理學不但在軍中取得合法的地位，也證實了心理學能協助軍中從事人員甄選、訓練、動機的提升等工作。也因為美軍運用心理計量工具作為甄選工具，心理學自此正式成為美軍事科技中應用的一部分。

一次大戰結束後，心理學在軍中的研發工作也告一段落，當時負責甄選的心理學者都回到民間。直到一九三九年美軍重整軍備時，軍事心理學再度受到重視。同時國家研究委員會（National Research Council）成立了

心理學緊急召集小組，小組下分設了不同的委員會，其中國防研究委員會委員會專責軍中人員甄選與訓練，且於一九四三年併在應用心理學的委員會中。一九四一年美國航空心理學委員會也成立，目的在幫助空軍飛行員的甄選與訓練。

一九三九年美軍發展了陸軍普通分類測驗（Army General Classification Test, AGCT），取代了過去的陸軍 Alpha 測驗。這份測驗在二次大戰時，共施測了一千兩百萬軍人，此外研發出一連串為特殊任務甄選的測量工具，例如：甄選飛行員、海軍航海員，及其他各種專業工作者。測驗的方式除了紙筆測驗外還包括實作測驗。這種以心理計量測驗甄選人才的方式，不但是美國，英國也效法實行。

二次大戰時，隨著戰事的升高，軍中領導人才的重要，軍事心理學開始對「領導」議題加以探討研究。起初軍中的觀點認為優秀的領導者是「天生的」，只需透過甄選的過程，找出具備優秀的領導特質的人即可。可是軍中領導人需求量大，以此方式甄選根本不敷所需，再加上這時「行為論的領導學派」盛行，此一學派認為優秀的領導者可以透過後天訓練和培養。而以部隊的實務經驗，發現這兩種方式都相當有用，因此「領導」自此也正式成為軍事心理學中的一個重要研究議題。

二次大戰時，即使軍中的設備及武器不斷更新，但使用武器的是人，因此如何能有效的使用這些科技工具，也成為軍事心理學關心的議題。在消極方面，如何了解人的潛能及限制；積極方面，如何使人與科技作更完美的搭配，這是人因工程（human factors）在軍事心理學崛起的原因。例如：飛行員座艙與各控制器的位置安排、雷達觀測員的觀測順序、夜間視覺輔助器等。其設計之優劣，對戰場任務的執行有相當程度影響。當然其他影響任務執行的因素，如溫度、高度、毒物、緯度等，也成為軍事領導者相當關心的議題。

除此之外，二次大戰中軍事心理學的範疇，因實際需要，將研究觸角延伸到社會學和社會心理學的領域，開始發展心理戰技術、戰俘，及小團體表現評量技術。如何透過了解人們的文化和性格，了解預測行為的發展。之後繼續發展了態度的評量、如何激勵士兵，及增進團體凝聚力的研

究等。因此一九四三年的心理學學術刊物 *Psychological Bulletin* 約有一半以上的論文都是與軍事心理學有關，一九四三到一九四五年間四分之一的心理學者從事的是與軍事心理學有關的研究議題。

心理學成功的應用在二次大戰，戰後軍方希望繼續研究發展軍事心理學，海軍參謀長一九四五年宣布繼續支持民間機構基礎軍事心理學的研究工作，一九四六年國會成立了第一個國家級的海軍研究中心，接著國家科學基金會（National Science Foundation）也於一九五〇年成立，性質與海軍研究中心相似。軍中人事研究工作目前由成立於一九七二年的陸軍研究學會（Army Research Institute, ARI）中的行為及社會科學部門負責，空軍則自一九四七年單獨成立了人力資源研究中心，專責空軍人員的甄選與訓練。也是目前空軍人力資源實驗室的前身。

二次大戰時許多軍民研究合作機構都因戰爭結束而終止，但是專業的學術團體如美國心理學會的十九支會「軍事心理學」卻於一九四六年成立，為軍事心理學進一步研究應用及有興趣從事這領域工作者保有繼續開發探討的基礎。

軍事心理學開始於一次大戰，奠基於二次大戰。行為科學活動和研究團體是各國軍隊建立保持或創始軍事心理學的原因。例如：澳大利亞在軍中建立起一支心理部隊，專門研究軍中的人力及人事方面的問題。各國軍隊心理學的組織中，均聘用多位軍中及民間的心理學者。這時軍事心理學蓬勃發展，已將心理學成為軍中正式且重要部門之一。在許多國家，軍中是聘請心理學家最多的組織。國際應用軍事心理學會（International Applied Military Symposium, IAMPS）正式於一九六三年成立，成為各國軍事心理學者交換研究及心得的地方。直到最近，類似活動仍然持續不斷。

心理學在軍事部門的定位既不是純技術（例如：研究）取向，也不是問題（例如：甄選或安置）取向，應該是實際應用取向。當軍事心理學將焦點放在應用軍事情境時，對軍中的貢獻和價值是無可取代。軍中有許多情形和一般組織不同，各國軍隊的性質規模也不盡相同，因此如何將軍事心理學能實際運用軍中，首先需了解軍中的需要，其次配合軍中的特性文化，發展出適合軍中模式且具有心理學專業的方法，實際運用於軍中，解

決現實需要的問題。以我國為例，軍中目前成員的主力是義務役的弟兄，他們來自社會各角落，服兵役是國民應盡義務，對他們而言從適應軍中生活到成為有戰力成員並不容易，過程中常有適應不良、情緒障礙、身體疾病，甚至自我傷害等案件發生，當軍中的集體管教無法解決這些問題時，「心理輔導」即應運而生，成為當前軍中運用心理學於部隊中較明顯的例子。

軍中基本的成員是人，而非武器。因此軍事心理學的焦點放在軍中的人。其主要目的在增加預測士兵達成任務的能力、減低或破壞敵人達成任務的能力。軍事心理學是一門科學，需透過人的頭腦、心智工作達成任務，而非經由「事情」，為的是增進軍中人員的效率及單位的效能，因此舉凡領導心理學、士兵心理學、軍中心理衛生軍中人員的甄選、訓練、教育、適應、戰場心理學，及心理作戰等，都是軍事心理學的研究重點。

第三節　各國軍事心理學的發展與回顧

壹、美國

兩次世界大戰中，民主國家和集權國家，都極盡所能的爭取勝利，因此心理學在軍事上的應用與發展，被視為重要課題。以美國為例，一九一七年第一次世界大戰時，美軍為了在極短時間內甄選出大量適用的軍官，在一九一七到一九一八年間，根據第一個團體智力測驗——陸軍 Aplha 測驗，檢測淘汰了不適服役的人員，且成效不錯。同時成立了十七個戰爭心理問題委員會，研究各項問題，如新兵的檢選、飛行人員的選拔和訓練、視覺和聽覺在作戰時有效的運用、心理疾病的矯治，以及士氣和宣傳等。一次大戰很快結束，這些研究並未能有顯著的成就，但已奠定下心理學在軍事應用的基礎。

二次世界大戰時，美國陸軍、海軍、空軍、科學研究發展署、軍醫署，都有心理學者積極負責研究心理學在軍中的應用，陸軍最主要的是人

員的選用，運用心理學的方法將新兵分類，予以適當的訓練與派職。後來發展出陸軍普通分類測驗，及陸軍分類組合（Army Classification Battery, ACB）來鑑別人員的基本能力差異和某種特殊能力傾向，這對軍中數以百種的專門性工作的分類及甄選，貢獻極大。

空軍方面，軍醫署有心理處負責飛行員的選拔，該處同時設置數個研究單位與測驗中心，分別發展出飛行員、轟炸員與領航員的性向測驗，由測驗中心實施。海軍方面在人事署的主持下，發展出一種類似的分類訓練計畫，執行程序雖與陸軍不同，但目標和效果相同。軍醫署中，特別對精神疾病或心理異常的人員，利用心理測驗進行淘汰。除此之外，美國的科學研究發展署，主持關於感覺與知覺方面的心理測驗，武器與裝備的設計與試驗，軍中專門人員的選拔和訓練等工作。

二次大戰結束後，美國西點軍校成立了軍事心理系和領導學系，三軍亦繼續研究發展的工作，且將軍中應用的性向測驗，發展成一種三軍共用的武裝部隊職業性向組合（Army Service Vocational Aptitude Battery），各軍種都可以運用這測驗組合上的分數，作為特殊人員的分類依據。

美國的軍事心理學是以實用主義為導向，凡是軍事領域所涉及到有關心理學的問題，幾乎都作過相關研究。第一次大戰期間，研究重點為新兵的甄選、視覺與聽覺問題、飛行的心理問題、訓練與軍紀的心理問題、情緒障礙者的心理治療等。二次大戰時，戰爭心理學為美軍最重要的研究領域，包括戰略心理、作戰社會心理學、心理戰、軍事工程心理等。近年來美軍在軍事心理學主要研究的課題有：軍事人力資源、軍人評量、軍事訓練、軍事組織效率、作戰心理學，及軍事工程心理學等。這些研究成果，不僅為軍隊建設所用，而且為國家安全總體戰略所用。從美國對蘇聯、巴解組織、中美洲國家的行動中，都可以看到軍事心理學的影子。特別是波灣戰爭中，心理戰即成功的扮演重要角色。

最近美國軍事心理學期刊所發表的文章指出，軍事心理學除了領導統御、人員甄選、心理衛生治療、人因工程、認知知覺心理學及戰場心理等之外，女性軍人、公平就業機會、兩性平權，甚至軍中性騷擾的議題都是美軍研究的重點，由此可看出軍事心理學的發展，和整個時代背景及軍方

需要有關，所探討的議題也愈來愈多樣化，除此之外美國在軍事心理學的研究及相關資料，可說是居世界之冠，美軍休士頓健康服務部門的 Mangelsdorff 在一九九一年與以色列的軍事研究專家 Gal 集合了七國（澳大利亞、德國、以色列、荷蘭、紐西蘭、英國及美國）軍事心理學專家，共同合寫了一本《軍事心理學》的書，包括了七篇三十九章，七篇的內涵分別是人員甄選評量、領導統御、人性因素與軍事績效、環境因素與軍事績效、個人和團體行為、臨床和組織心理學，以及特殊議題如說服、人質協談、女性軍人、戰俘的復健與適應等議題。從以上內容可了解近年來美國軍事心理學發展的重點。

貳、德國

一九一八年一次大戰德軍戰敗後，檢討其失敗原因，不論是戰鬥力大小、軍民的信心勇氣，都與心理學有關，軍隊作戰固然重要，心理戰和經濟戰必須密切配合，於是建立「整體戰」觀念及作法。希特勒上台後，德軍自一九三四年開始重整軍隊，實行「整體戰」，提出了「建立德國精神」的口號。德國軍事心理學就成為實行整體戰的重要手段和工具。德國政府內成立了心理參謀本部，接受最高統帥的領導。由十五個心理實驗室組成，分布於陸、海、空各部門，心理參謀部的組成單位，包括：(1)研究；(2)攻勢心理戰；(3)守勢心理戰等部門。主要工作有心理研究、心理選擇、心理運動、心理情報工作等四個方面。具體研究課題有動員心理學、領導心理學、軍事生活心理學和戰鬥心理學等。當時在軍事心理學的發展上，已超過美國。到了一九四〇年美國參加戰爭時，德國在運用心理學支援作戰上，已超過其他國家。

二次大戰自德國發動攻勢以後，開始時戰無不克，很快的席捲歐陸各國，然後進軍北非，那時德國的軍事心理學除了本國軍隊的心理研究實驗外，還從事間諜情報工作，為當局判斷戰略狀況，分析佔領區的形勢及被佔領國的政府、軍隊、人民等各種分析。但這種優勢並沒有維持多久，因為當時德國的心理學，含有少許哲學意味，對於軍事心理學的研究，缺少

科學實驗方法與技術。就人才甄選來說，雖然他們也應用各種測驗，但多半以領導人員與智者的評選，不如美國的科學、客觀。

二次大戰以後，德國在建軍受了限制，有關心理學在軍中的應用，已少有特殊的資料和突出的貢獻了。近年來，德軍對現代戰爭軍隊活動心理的分析、士兵訓練、教育心理應用、核爆對士兵心理和行為的影響、核子戰爭的準備，以及「心理戰」的理論應用方面，都在陸續發展中。

參、蘇聯

蘇聯的軍事心理學的發展史，可說是和蘇聯的武裝部隊歷史結合在一起。一九○五至一九○七年的革命戰爭開始，列寧強調政治灌輸和心理準備對革命群眾的武裝戰鬥的重要性。列寧界定蘇維埃士兵的基本特質：政治覺知、無產階級、紀律、視死如歸、革命毅力和決心、英雄氣概、勇敢及組織。

一九二○年代以後，蘇聯的軍事心理學者特別重視飛行員、駕駛員、步兵和坦克兵的工作心理生物特質；改進職業選擇的方法，對專業技術的工作如砲兵、機關槍手，從事工作分析。同時設計心理與生理的訓練方法，務其在各種軍事活動中，提高工作能量和減低疲勞。一九二四年空軍成立了中央心理生物實驗室，重點在研究軍人的生理及心理特點、軍事工作效率、如何提高軍事院校的教學品質、飛行員安全和飛行員飛安事件原因等。發現其中 90% 飛安事件是由於個人因素，因此對飛行教官有加強訓練心理學的迫切需要。航空心理學的發展在蘇聯一直佔有重要地位，一九三五年創建了巴夫洛夫（Pavlov）航空研究所。

二次大戰時，蘇聯深感軍事人員應灌輸他們要完全忠於祖國，高度戰鬥精神，對敵作戰的決心。因此軍事心理學者的工作重點，以前方作戰需要為依歸，改進教育和訓練體系、設計增進視覺和聽覺的敏銳度、加強眼睛適應的方法、研究偽裝和偵察的生理心理基礎，以及解決傷兵重建和復職等實際的問題。

蘇聯軍隊在一九五○年召開了軍事心理科學會議，總結過去的經驗教

訓,奠定軍事心理研究方向和課題,在這個階段,蘇聯軍事心理學主要集中於蘇聯軍人個性的形成及影響途徑、特種兵心理素質、軍事指揮心理、心理訓練、教育訓練心理和軍事管理等專題研究上。五〇年代以來,蘇聯軍事心理學研究機構日趨健全,一九五九年列寧軍事學院中設立了軍事心理學教研室。一九六二年成立了軍事心理學科研小組。從一九七〇年開始,蘇聯各高等兵種合成指揮學校普遍設立軍事心理學教學課程和研究機構。參加軍事心理學研究的,不僅有專業的軍事心理學者,還有部隊的軍事指揮官、政工幹部等。

近年來蘇聯軍事心理學的研究更加廣泛,主要研究的課題有:軍人在火箭核戰爭條件下的心理狀態及心理訓練、指揮官戰術思想和教育才能的培養、不同軍種不同人員的意志培養和心理訓練、軍人遵守命令紀律的心理問題、預防事故的心理條件等。這些研究的成果,在《戰爭心理學》、《軍人集體心理學》、《蘇聯軍人的訓練與教育心理學概念》、《軍事教育學與心理學原理》、《新武器與軍人紀律》等一系列的軍事心理學著作中均可看到。但自蘇聯瓦解後,部隊士氣低落,相關研究與著作也跟著停擺。

幾十年來,蘇聯已經形成了具有自己特色的軍事心理學體系,他們將軍事心理學定義為「研究軍人和軍人集體在軍事活動中心理活動規律的科學」。研究要有明確的方向,一切以列寧主義為指導,以辯證唯物主義、蘇聯軍事科學和巴夫洛夫高級神經活動學說為理論基礎。軍事心理學的主要任務是「研究軍人和軍人集體心理的影響,揭示現代戰爭條件下軍人心理訓練的規律性,探討保持高度戰爭準備的心理學基礎、研究提高軍事訓練效能的心理學方法、研究提高軍事效能的社會心理學問題、探索軍隊思想教育工作中的心理學問題等」。

肆、中共

中共的軍事心理學以毛澤東的思想為最高指導,尤其是在人心、士氣及精神因素上,毛澤東認為「戰爭——從私有財產和有階級以來就開始,

用來解決階級和階級、民族和民族、國家和國家、政治集團和政治集團之間，在一定發展階段上矛盾的一種鬥爭形式」（王振興，1988）。並且認為在這種特殊的社會交往中，起決定作用的是物質因素。同時人心向背、士氣高低、人的認知、情感、意志等各種精神心理因素，對戰爭勝負同樣具有重要作用。

在戰爭指導方面，提出了戰略上要藐視敵人，戰術上要重視敵人的戰爭思想。中共的革命戰爭，開始就是在敵強我弱的形式下進行的，為了消除對敵人的恐懼心理和鼓舞革命隊伍有必勝的信念，毛澤東提出了戰略上要藐視敵人，戰術上要重視敵人的心理思想。這個思想在戰略上應該是「以一當十」，戰術上「以十當一」。對戰爭形式的估計上，堅持立足於最壞情況爭取最好結局。

中共在解放前，對軍事心理幾乎沒有研究，五〇年代到六〇年代，軍事心理學主要的重點在航空心理（飛行員）的問題研究。但是整體而言並沒有完整有系統的研究。一九八六年在中國心理學會的協助指導下，召開了首次「軍事社會心理學學術討論會議」，並成立了第一個軍事心理學的組織，隨後西安、長沙、石家莊、山東等地區性的軍事心理學組織紛紛成立。一九八七年九月，軍事科學院、國防大學等十一個各單位聯合組織召開了「中國軍事心理學一九八七年學術討論會」，會議主題以作戰心理研究為主軸，這些活動及組織推動了軍事心理學的研究與發展，近年來中共在軍事心理學研究人員與著作都有顯著的提升，主要的著述有《軍事心理學》、《作戰心理》、《帶兵心理學》、《第四種戰爭——中外心理戰評說》、《戰士心理學》等。但中共的軍事心理學的發展，是以毛澤東、馬克思思想為最高指導原則，相關的著作及研究，多半是論述及自己經驗整理，並無太多科學的研究方法及數據。不過在中共的軍事社會科學院中，設有軍事心理學課程，也編有軍事心理學的教材。教材中將軍事心理學分為四大篇，分別是軍人心理、教育訓練、軍事管理及作戰心理等（王振興，1988）。

伍、我國

中國幾千年來，發生過大大小小無數次戰爭，累積了豐富的戰爭經驗，與軍事心理學有關的著作，浩如煙海，其中蘊含的軍事心理學思想，博大精深。例如：孫子兵法中提到「知己知彼，百戰百勝」，這是戰爭指導上的至理名言。但如何才能做到「百戰百勝」呢？「用兵之要，必先查敵情」，孫子首先提出來的問題就是「兵者國之大事，死生之地，存亡之道，不可不察也」。對敵人視察分析，不僅要從政治、經濟、天時、地利方面著眼，還要顧及其民心、士氣及國君、將領的心理狀態。戰爭指導，志在求勝，致勝的第一要件孫子認為是「道」，道者，令民與上同意也，講得是要使人民群眾和統治者保持意見、心理上的一致。

居安思危，有備無患，也是戰爭指導中的重要原則。戰爭勝利的結果，與戰前的準備關係密切。各項準備中，以精神、心理的準備最重要。正如孫子所說「故用兵之法，恃兵有以待也；勿恃其不攻，恃吾有所不可攻也」。所以中國古時非常重視民眾戰鬥意志的培養，強調一個國家或民族，沒有武器裝備就不可能獨立，只有做好物質心理上的準備，才能立於不敗之地。

我國自民國三十八年政府遷台之後，在軍事心理學的發展，可分為兩方面。第一，心理測驗在人員甄選的應用。第二，軍中心理衛生工作的研究及實務方面。

我國軍隊以心理測驗作為甄選工具始於民國三十六年，由程法泌先生主持，因為空軍的人員素質較高，測驗不僅作為分類，更用於空軍官校的招生上（顧吉衛，民46）。民國四十一年，國防部成立了心理研究室。仿照美軍方式建立軍事人員分類任職制度，由路君約、孫敬婉及顧吉衛先後主持實施與編製各種測驗。完成新編普通分類測驗及若干軍職專長測驗之後，首先舉行全國軍官分類，每一個軍官必須接受智力與軍職專長測驗。民國四十一年海軍總部第一署成立分類供求室和心理研究室，四十二年春兩室合併改稱為分類研究室，民國四十四年全軍改編，將室改為科，隸屬

人事署，由路君約負責海軍測驗的編製和實施工作（路君約，民44）。同時期陸軍總部人事署也成立分類任職單位，由徐正穩主持人員分類測驗之編製與實施工作（徐正穩，民46），早期因美軍顧問團及美援支持，國軍大量編製普通分類測驗、多因素性向測驗及數以百計的軍職專長測驗，但後來因美軍顧問團撤離及美援停止後，這項工作就停頓下來，直到政戰學校六十八年成立軍事心理研究中心及七十一年成立心理系之後，軍中心理測驗的發展與應用才又再度發展。不過軍中使用「智力測驗」作為甄選成員的工作，卻是從未間斷。不論是中正預校、軍官學校、預官考選、教官甄試及碩博士入學考試，均各有其不同「智力測驗」標準。

民國七十三年，空軍官校有鑑於飛行員訓練成本過高，飛行員甄選模式不盡理想的情況下，成立了「航管中心」，專門針對飛行員，進行一連串的甄選模式、心理測驗及心理諮商工作的研發，至今已有十多年，頗有成效。近幾年來，國防部因時代變遷，適才適用愈發受到重視，因此委請政戰心理系研發一連串的心理測驗，包括智力測驗、預官潛質測驗、軍官性向測驗及軍人適性量表等，針對不同的軍中族群，其目的均是幫助軍中人力資源作更有效的發揮。

民國八十八年，國軍有鑑於過去招募人才均為臨時編組，比照美、日、新加坡等國家，成立「人才招募中心」，專門從事軍中人才招募與甄選，希望將軍人招募成為常態性工作，並將軍中情況、軍人的特色、優點，以行銷方式帶給社會大眾，擴大軍中人才來源，提升人力素質。

軍中心理衛生工作，最早可追溯到民國四十八年國防部頒訂的「個別教育」，其目的是為輔導思想偏差偏激方面的問題。而後民國七十六年國軍個別教育手冊根據時代需要作了修訂，個別教育的對象，思想問題和行為問題是輔導兩大重點，但負責個別教育的是一般幹部，因此個別教育雖說是軍中輔導（心理衛生）的起源，但以專業人員擔任輔導工作卻是從趙老師開始。

民國六十八年，陸軍有鑑於民間張老師的成效良好，部隊人員管理日漸複雜，設置了「趙老師」信箱，由預官採臨時編組的方式，成立了軍中第一個輔導組織。其服務對象包括生活適應問題、人際關係不良者、家庭

關係、感情困擾、生涯規畫、人生觀探討，及其他各種疑難雜症等問題者。陸軍實施後效果相當不錯，其他軍種遂先後成立，包括海軍「張老師」、空軍之「孫老師」、警總（現軍管部）的「周老師」及憲兵的「康老師」等。

國防部於民國八十年五月十四日，頒布了全軍設立心輔官的總長令，心輔官不再採任務編組，而是常設機構實缺編製。從此軍中心理輔導工作更往前邁向一大步，進入另一個里程碑。全軍心輔官的編製，分兩年四期完成，最初半年是各戰鬥單位成立心輔官，接著是訓練單位，第三階段為各軍事院校，最後是各總部及國防部，於八十二年七月全部完成。軍中心理輔導工作自八十二年推行以來，每年輔導人數超過六萬，對解決官兵情緒困擾、促進部隊團結，成效普獲肯定。但近年輟學單親之青少年觸犯重大社會刑案多起，類似具暴力傾向、人格違常之統計約五萬多人，這些人服役當兵後，對部隊領導統御、軍紀安全、心理輔導等工作均為重大考驗。

民國六十六年總政戰部主任王昇有鑑於社會變動快速、軍中成員問題日增的情況下，成立了「軍事心理研究中心」，希望藉此了解軍中成員的狀況、各項問題的根源、未來發展的方向、以提出因應的具體建議。因此「軍事心理研究中心」當時有多位人員參與，其中包括兩名專任的研究人員鄭伯壎、洪光遠。從民國六十六年到七十三年止，其間共探討了三十多件與軍中有關的研究議題，為以科學化方法探討軍中現狀，及軍事心理的研究風氣，開了先河。也為軍事心理學的研究人才預先鋪路。只可惜「軍事心理研究中心」在民國七十三年因為經費任務重疊等種種因素，從常設性組織改為臨時交辦研究機構。而兩名專任的研究人員，則繼續在政戰學校心理系擔任教職的工作。

民國七十一年，政戰學校成立「心理系」及「社工系」（含專科班），這是軍事教育體系，首度成立與心理學有關的科系。自八十九學年度開始，兩系為提升國軍心理及社工專業人才的素質，成立了「軍事社會行為科學研究所」，下設「軍事心理研究組」及「軍隊社會工作研究組」，對未來軍事心理學研究及實務的人才培育，有相當的幫助。

民國八十八年，國防部有感於軍中成員日趨複雜，軍中問題性質不斷改變，有必要成立一個長期研究軍中問題或官士兵行為的研究中心，於是在八十八年正式成立「官兵行為諮詢研究中心」，聘請政治學、心理學、社會學、新聞學，及輔導學的專家學者，成立了諮詢委員會。並每年固定編列經費，研究目前軍中最關心最需要長期了解發展的議題。

綜合上述各國軍事心理學的發展，歸納出以下結論：

一、軍事心理學重視實用

各國開始發展軍事心理學，都是因為實際上的需要所致，希望能藉以解決軍隊所面臨的各種問題。以美國為例，是因一、二次大戰時，需要短時間內甄選大量適合軍中的人員；蘇聯則是發現一次大戰戰敗，是因為民心士氣關係，後來遂致力於軍事心理學的探討研究。

二、軍事心理學和國家政治發展相關密切

共產主義的國家，軍事心理學的發展，均以政治掛帥，研究的內容主題受到相當的限制。例如：中共以毛澤東思想為指導；蘇聯以列寧思想為依歸；美國則是以理論及實驗的研究為基礎，研究結果有科學精神及證據，且因為是民主國家，許多研究和論述發表在各期刊書籍，故美國是世界各國中軍事心理學論著最多的國家。

三、軍事心理學研究重點會隨著時代及各國需要而改變

過去的戰爭和現在戰爭，在型態上有所不同，一次大戰時，步兵幾乎是軍隊的主體，佔了將近60%的人數，但現代戰爭，以科技戰、資訊戰為主，戰爭講求速戰速決，例如：波斯灣戰爭。此外軍中成員素質及年代不同，心理需求與問題類型也不相同，例如：抗日戰爭時、政府遷台後，到

目前新新人類時代，其發生問題的類型、心理需求皆不相同。美國是募兵制的國家，美軍駐守地點全世界都有，不限於國內。二次大戰結束後，美軍參與全世界重大戰爭有如韓戰、越戰、巴拿馬戰爭、波斯灣戰爭等，故美國軍隊的組成成員、問題類型、重視問題可能都與國軍有所不同。

四、軍事心理學有共同處

雖然軍事心理學研究的重點會隨著時代及各國的需要而改變，但綜合各國的研究，有些議題卻是千古不變，例如：領導與士氣、軍中人員的甄選教育及訓練、戰場的心理、軍人的心理衛生及心理戰等。

第四節　軍事心理學研究範疇

綜合上述各國軍事心理學的研究、發展和運用的情形，雖然各有重點，但不外下列幾點：

壹、軍中人力資源的管理

軍中如同一個小社會，需要各種不同專長的人參與，就工作性質而言，陸海空三軍，陸軍有步兵、砲兵、裝甲、通信等不同兵科；海軍艦隊上的專業分工更為精細，有艦長、兵器長、輪機長、雷達官等等；空軍有飛行員、維修人員、戰管、氣象、通航等不同專業；以職務來分，又可粗分為指揮職、幕僚職及專業職。因此如何做到了解人、找出適合的人才，加以適當的訓練，做出人與事之間正確的選擇，使每個人都能人盡其才，與工作之間作最好的搭配，增加工作的效率及個人工作的滿意。美國軍方在一九八五年發展 A 計畫（project A），就是一項基於個人工作表現將人事標準統整發展的一項努力（Bormqn, Pulakos, & Motowidlo, 1986）。需要發展的任務包括評估工作表現的效標（包括認知、非認知及背景變項的測

量），發展測量士兵的效率及訓練表現。美國軍方估計這項計畫每年將可節省一億一千萬經費。我國軍方負責人力資源管理的聯參部門，也有類似構想，希望在志願役軍官官階少校時，透過過去考績、個人志趣及性向測驗，決定其未來軍旅生涯發展，而非所有軍官的生涯發展，都是循相同模式的經管路線，希望藉此達到人與工作表現間最好的結合。因此人力資源管理，是世界各國軍隊努力的目標。

個人的能力，應當以測驗、晤談及以往工作績效記錄為根據，對於沒有特殊技能的人員，亦可用測驗來鑑別其能力傾向，以便給與適當的訓練。透過人力資源管理的甄選技術，協助軍隊選出適合的人選，同時讓個人更了解自己的能力、性向、專長，使適當的人擔任適當的工作。這樣不但可以增加工作的效率，個人也可以施展他的特殊才能，工作自然可以勝任愉快，士氣因此會提高。有關這方面的研究重點有發展多元性向測驗、多元職業性向測驗、電腦適性測驗、情境測驗、工作表現的非認知性測量、情緒管理能力測驗、各種人事資格甄選測驗等。

貳、航空心理學

航空心理學開始於一次大戰，許多研究始於桑代克擔任航空問題的國際研究委員會的主席開始，航空心理學中最受到重視的是飛行員的甄選及訓練，主要因為飛行員的要求高，體能、身高、視力、智力等各方面都要有相當水準；訓練培養時間長，取代性低；訓練成本及飛行器造價昂貴，許多飛安事件的發生與人為因素有關；一個微小錯誤可能造成致命難以挽回的結果，因此世界各國都相當重視飛行員的甄選及訓練工作。

飛行員甄選起源於一九〇三年美國北卡州的 Kitty hawk 基地，距今已有九十多年的時間，幾十年來軍中甄選飛行員的工具，可分為：(1)心理動作能力／速度；(2)智力或性向；(3)人格或特質等三方面。不同年代這三種甄選方式的內涵也有些不同。第一次大戰以前，心理動作能力重視的是生理適應能力；二次大戰時是飛行員甄選進步最快的一個時期，七〇年代F-14 飛機的發明影響革命性的心理動作能力甄選方式，F-14 飛機是從手控

進入自動化控制的重要分水嶺，因此飛行員在心理動作能力，不像以往重視體力耐力和身體協調能力，而是更重視注視雷達、反應快速的能力（Driskell & Olmstead, 1989）。在智力及性向甄選，最早以學業成就當作評量標準，二次大戰美國心理測驗發展快速，一九四一年Flanagan的團隊發展出兩種套專為飛行員甄選所用的測驗，名為 ACQE（Aviation Cadet Qualifying Examination），內有五個分測驗，分別為判斷（judgement）、動機（motivation）、決定或反應的速度（speed of decision/reaction）、情緒控制（emotional control）、分散注意能力（ability to divide attention）。另一測驗名為 ACB（Aircrew Classification Battery）。ACQE 與 ACB 都屬實作測驗，而非傳統紙筆測驗。這段期間除了美國採取以測驗甄選方式外，其他如英國、加拿大，甚至德國，也都相繼採用。一九四五至一九七〇年間智力與性向仍是甄選飛行員的重要變項指標，甄選測驗的發展大多以美國和加拿大為主。以人格測驗作為甄選及訓練指標開始於一九四〇年代，結果效度並不顯著，在這期間只有德國採用人格特質作為預測飛行成果的甄選工具（Ansbacher, 1941）。從一九三二年到一九四八年 Ellis 與 Conrad 收集了九十多篇有關人格特質與飛行表現的研究，結論是人格特質不是一個有效的預測指標，之後也有將近兩百多篇以 MMPI（Minnesota Multiphase Personality Inventory）、Guilford-Zimmerman、Taylor Manifest Anxiety Scale，以及 Hangman Manifest Anxiety Scale 等量表來預測飛行員的表現，結果都未達顯著。而另一些研究則發現飛行員的「動機」要比人格特質更有預測力（Sells, 1956）。

我國空軍官校於七十八年開始實施飛訓輔導及飛行員心理甄選之研究開發工作。專門成立一個「航管中心」，負責空軍官校學生心理輔導及測驗研發之工作。目的是發展「心理測驗甄選模式」以先期甄選具備飛行潛質的學生入校，提升飛訓素質及完訓率，減少訓練成本。並持續收集各年班飛行成績以驗證心理測驗甄選模式之結果，並藉此修正並維護模式之準確性。過去十多年來研究成果除了與美國、南非、新加坡飛訓學校及部隊研討航空心理及訓練等事務外並研發「飛行潛質測驗」，目前運用在空軍官校飛行專業軍官班入學甄試測驗，據此以為錄取成績之依據及運用於空

官申請入學甄試測驗、先期甄選適飛之學員，因此得以節省訓練經費。除此之外也研發了「飛行性向測驗」，共計有語文、數學、非文字、機械等分量表的基礎題庫。心理測驗研發小組近年來發表的論文有「性向測驗初階飛行訓練表現之效度研究及變項選取」、「訓選甄選心理測驗預測模式之精進」、「飛行與壓力調適」、「刺激複雜度與呈現方式對心象旋轉之不同階段的影響」等二十餘篇研究。

參、軍中的領導統御

美軍的領導統御與理論發展模式密切相關，一次大戰時，充斥著「特質論」，認為領導者是與生俱來的特質，因此重視的是甄選。二次大戰時領導的焦點放在領導者的甄選和訓練的過程，成立了 OSS（Office of Strategic Services），目的是篩檢偏差行為者以避免進入軍中。軍中領導人員，關係著士氣的維護與建立，領導人員的選擇和訓練，成為軍事心理學最重要的課題。美國西點軍校和加拿大皇家軍事院校，相關心理學的系名，都稱之為「軍事心理及領導系」（military psychology and leadership），足見領導統御在軍事心理學的重要性。除此之外，軍中不同階級所需的領導方式，也應有所不同。不同的工作性質、軍種，其有效領導的風格也有所差異。將級指揮官和少尉排長需要的領導訓練及特質是不同的。修護廠的廠長和飛行大隊的指揮官，所需要的能力和特質又不相同，不同層級和工作性質的領導者，戰時和平時所需領導能力及特質等，如何來甄選？如何訓練？才能成為優秀的領導者。都是軍事心理學關心的重要焦點。

除了領導者的甄選和訓練之外，領導統御方面還重視的是團隊精神意識，因為軍隊是以基層部隊為主，如班、排、連等，且任何任務都需團體達成，且團體發展出的凝聚力、向心力、彼此情緒支持力量，是戰勝的重要因素。因此如何發展出有效率、向心力高的團體、領導者和團隊精神之關係、團體學習階段等都是未來研究的重點。

肆、一般人性的了解

在軍中軍官和士兵都應具備心理學的常識，以便對「自己」及「他人」有所了解。軍官首先應了解自己的動機、情緒、個性、缺點、優點，才能掌握自己，控制自己。例如：若是自己屬於完美性格，對部屬要求很高，就應該多給部屬放鬆的機會，不致讓他們壓力過大。其次了解部屬的特性、情境的特性，以及部屬在不同情境下的反應，以便領導、管理和激勵部屬。例如：部屬是高焦慮特質或個性衝動者，應如何加以導引，才能發揮其潛能，不致造成部隊管理的壓力。就部屬而言，對自己、同儕及長官，了解程度愈高，愈能相處愉快，部隊適應愈好。此外軍官和士兵都應該知道，當人面臨恐懼、驚慌、高度壓力時，會產生何種反應？應如何因應？同伴間若產生暴躁、憤怒、鼓動的情緒，應如何降低消除等。作戰時應如何激勵部屬及同儕的士氣等，都是軍人應了解的。

伍、工作效率的增進

軍事心理學對於外在因素，如高壓力、飢餓、疲倦、惡劣環境對人的影響，有相當的研究，如何在這些情境下，降低壓力感，增加工作效率，也是軍事心理學努力的目標。

陸、教育與訓練的方法

二次大戰以前，美軍訓練工作多具有個人色彩，並以師徒教導方式為主。二次大戰時改變為以上課講授方式，但結果是達到表面效度，實質效果不佳。在這期間軍方也採取與民間大學或機構合作的方式，進行軍中專業的訓練，但缺乏一致性，訓練沒有標準成為嚴重缺失。二次戰後，美軍開始以「系統研究」（system approach）的方式進行訓練的評量。系統研究最重要的是仔細分析工作內容，確定目標。一九七〇年美國防部發展出

一套工具系統發展（Instructional Systems Development, ISD），分為五階段。這五階段分別是：(1)分析工作內容以決定訓練標準；(2)訓練設計；(3)發展教導活動；(4)具體推展；(5)評量。

除此之外軍事人員的精神氣質教育、自動習慣的訓練、動作技能的學習等，都需要運用到心理學的原理原則，以獲得良好的效果。例如：如何運用增強削弱原理，使單調標準化的制式軍事活動，訓練成自動化行為；以及透過內化外塑原理，將軍人的志節情操教育，成為其一生牢不可破的觀念。因此未來軍中的教育與訓練方式，也是軍事心理學研究重點及努力方向之一。

柒、進行心理作戰

心理戰是一種「概念化的行為」，也是一種攻心術，目標在攻心。效果反映在心理上，必要時透過其他工具來達成目的（如宣傳、情報等），而為擴大及延續心理戰的效力，又以思想戰為前導，並動員軍事、政治、經濟、文化、外交等各方面的資源。故有學者說：「心理戰是除掉純軍事行為外，其他一切從精神上去致勝敵人的一種戰爭」。

美軍以心戰作為（psyops）取代心理作戰（psywar），美軍心戰作為包括支援戰略、戰區、戰術三層次的傳統攻、防、轉進、欺敵的心戰作為，一直到支援或執行特種作戰的敵後滲透、顛覆、情蒐、宣傳的心戰作為，再到和平時期的反毒、反恐怖主義、人道救援、救災救難、武力展示、外國內部協防以及秘密行動的心戰作為等等。另外還配合其他軍、民事單位，聯合執行災難民疏散、戰地宣導，以及敵戰俘營的審訊、情蒐、難民處理等活動。

中共對心理戰的界定，是征服人心的戰爭，任務是發覺敵方在政治、經濟、社會以及軍隊士氣方面的弱點，有計畫的通過宣傳或其他手段，影響對方、中立者和友邦的意見、情緒、態度和行為，使其朝向有利於己，不利於敵的方面轉化，從而達到己方的目的和目標。

從一次大戰以來，心理戰的理論不斷的在因應社會環境的變遷，手段

和方法也一直在變，不變的恐怕只有攻心為上了。心理戰的戰法得因時、因人、因地不斷創新，研究發展是無止境。或許可將心理戰視為一種「說服的藝術」。在積極方面希望能瓦解敵人士氣，運用各種謀略達到致勝目的；在消極方面，防禦性建立本國人民的心防工作。故現代世界各國，如蘇聯、中共、美國，無不積極發展心理戰，我國也有「心戰總隊」的正式單位，目前兩岸關係是我國未來發展的最重要影響因素，與中共的心理戰尤其重要，因此心戰在軍事心理學中扮演重要角色。

心理戰就內容而言，可分為宣傳、謀略和安撫。最早的心理戰是謀略戰，從拿破崙戰爭之前的所有會戰型態戰爭，都是講究威懾或欺敵的謀略戰，第一次世界大戰之後，到韓戰、越戰等長時期戰爭，以宣傳戰為主流，一直到波灣戰爭爆發，戰爭轉為速戰速決，謀略戰又成為用兵重點。

捌、軍中心理衛生

心理衛生工作在積極方面，希望建立一個心理健康的軍中環境，使成員均樂在工作、願意投入工作；消極方面能防止或減少心理疾病的發生，使軍中危安事件降低或消失於無形。目前我國的軍中輔導（心理衛生）工作，就是朝這方向努力，希望建立三級防處系統。連輔導長為第一線的心輔官，主動掌握心緒不穩的官兵，運用輔導技巧與能力，協助官兵紓解心理問題；次級危機處置由心輔官擔任，處理經連隊輔導無明顯改善之個案轉介，協助及強化初級防處能力；國軍各五級醫院設置「地區心理衛生中心」，除直接受理地區內三軍未編製輔導人員之個案輔導，凡經連隊、心輔官輔導無顯著改善者，均交由各「地區心理衛生中心」，結合醫院醫療資源與社會支持網路，發揮矯治、醫療與心理重建功能。三級單位系統若能配搭良好，將可軍中「心理衛生系統」充分動員，達到防範於未然的目的。

心理衛生工作可分為平時和戰時，平時的心理衛生工作重點包括個人適應、家庭適應、軍中適應等，戰時心理衛生工作重點則在預防及治療戰場壓力症候群，目的是防止軍人成為「創傷後壓力病患」（posttraumatic stress disorder, PTSD），除了戰時之外，軍人參與救災救難工作之後的心理復健，也是未來心理衛生工作的重點。國內的九二一地震、大園空難及新加坡空難時，國軍均參與救災，其中尤其以九二一地震救災參與人數最多、時間最久，災後心理復健較受到重視，未來除著重於災後復健之外，之前的預防行前的規畫講習等，也應一併列入心理衛生規畫範疇。

第五節　軍事心理學未來研究的趨勢與展望

現今世界各國，除了集權國家外，國防經費多半逐年下降。預算減少，自然影響到軍事心理學的研究與發展。未來除了解決軍中問題及滿足成員需要的議題外，其他議題的空間會逐漸縮小，研究品質的要求會愈來愈高，無論是甄選、訓練、心理輔導、心理戰等，都會面臨相同結果。因此整體而言未來有關軍事心理學的研究，將更重視經費成本及成果品質。

其次傳統上軍人就是保家衛民，為作戰而訓練，所謂養兵千日用在一時，但現代軍隊任務，比過去複雜。以美軍為例，聯合國維和部隊，到他國執行和平維持的工作；國軍部隊參與口蹄疫、九二一救災、桃芝颱風救災的工作等。因此軍事心理學未來研究範疇，也應隨著軍人任務角色而轉變。下列就軍事心理學未來研究的趨勢與展望提出幾點看法：

壹、人員甄選

二次戰後心理測驗中的紙筆測驗的發展並無太大的突破，但是九○年代後，科技與電腦發展快速，許多傳統測驗理論無法做到的部分，現代測驗理論及電腦設備都十分可行。因此未來軍中人員的甄選，將以電腦適性量表、模擬機具及大量題庫應用 IRT（Item Response Test）現代測驗理論的測驗，都會相繼出爐。這些甄選的工具，是希望招募優秀人才進入軍中，確保軍事訓練的品質，以提高軍中素質，進而保護國家安全。以我國為例，將愈來愈重視「人才招募」。除此之外，飛行員的甄選及訓練，仍

是軍中人員甄選相當重視的部分，未來甄選方式將以電腦或機具的模擬測驗為主，發展出低成本、經濟、省時及有效度的甄選工具。在心理動作能力上，戰鬥飛行員對雷達及武器反應的速度將是甄選的重點；智力與性向測驗雖然繼續扮演重要角色，但因現代飛行員所需的是一個多元及統合的能力，因此甄選測驗將朝向智力及性向與人格測驗整合，發展出一種全方位的心理能力測驗，對評量飛行員的判斷及作決定的能力更加有幫助。至於人格特質方面，過去多以臨床心理測驗或心理病理測驗為甄選工具，但對預測飛行員表現並不顯著，無法有效預測或解釋（Dolgin & Gibb, 1988）。最近十多年來，由於工業與組織心理學家參與組織甄選研究工作，發現有些與臨床測驗無關的人格特質，如壓力容忍度、人際關係能力、自我肯定能力、成就動機等，與飛行員的表現及態度有相關（Helmreich, Sawin, & Carsrud, 1986）。且因為冷戰後期，世界各國的國防預算都有下降的趨勢，因此飛行員的甄選以經濟方便為主軸，訓練亦同。

貳、軍中訓練工作

訓練是軍中目前及未來最重要的工作之一，原因有：(1)軍中工作複雜度高，各軍種有不同的專長，每項職務及專長都需要訓練來培養人才；(2)每年進入軍中的人數眾多，以我國為例，義務役每年約十三、四萬，志願役每年也有數千人，加上工作輪調，重新學習新技能的人數更為可觀；(3)軍中可供訓練的時間相當短，以服役士兵為例，入伍訓練八週，專長訓練十二週之後，就分發到部隊，實際執行任務。因此訓練內容、方式及結果，相當重要；(4)軍中有許多特殊人才，如潛艦人員、飛行員、航管員、情報員等，都需要有特殊且專門的訓練，才能達成任務。因此如何將軍中訓練工作提升，攸關國家國防的品質及國家的安全。

因此軍中未來的訓練工作有下列幾個趨勢：(1)重視訓練結果，所有訓練都是「為用而訓」、「為戰而訓」，因此訓練成果是評鑑訓練內容好壞的決定性指標；(2)縮短訓練時間及經費：在各國國防經費緊縮下，以及役男服役時間縮短，軍事訓練的過程及方法，以省時、省錢、有效率為主，

才能符合實際所需；(3)訓練方式多採取電腦輔助、光碟互動教學及人工智慧（artificaial intelligence）等來增加訓練效果。

參、人因工程

軍事任務的達成雖然需要精密的武器，及高科技的設備，但任何的武器與設備都是由人來操作，因此機器與人之間如何配合，設計時如何考慮到人的心理、生理、習慣、方便使用等各種因素，就成為軍事人因工程的重要課題。

肆、心理衛生

未來軍中心理衛生工作除了加強平常時期的三級防處系統，更應未雨綢繆，重視戰時的心理衛生工作，提早規畫戰時負責心理衛生工作的人員編組、訓練內容、工作方式等。

我國軍中成員可分為義務役和志願役，目前軍中的個案多以新進人員的義務役士兵為主，志願役軍官的比例甚低。但事實上志願役軍官對軍中的影響更甚，無論是其個人的壓力管理、情緒管理、心理健康的程度，均影響部隊的領導及士氣。因此未來心輔工作服務的對象，除義務役弟兄外，更應針對志願役軍士官的需要，設計出適合他們的輔導工作內涵。例如：生涯輔導、結合專長訓練、就業服務的轉介、婚姻輔導、親子關係，甚至把軍官們的配偶、子女也列入輔導範圍。美軍心理衛生中心服務的對象中，一半左右是軍人的眷屬，因為職業軍人長期投入部隊，除了休假時間外，幾乎二十四小時都待在部隊，休假與妻子孩子的時間也不見得能配合；另一方面軍人養成教育偏向權威性格，這種性格和現代社會強調雙向溝通，並不相同，因此未來軍中心理衛生工作研發這類服務項目。

軍中組織是科層體制型態，輔導類型屬於組織輔導，且軍中文化、個案類型、組織型態和一般輔導有所差異。因此使用的理論模式、介入策略和諮商語談也應因應軍中文化而有所不同。今後應多研發與軍中文化相關

的研究、評估，並藉由研究回饋實務工作者，使其修正工作策略與方法。並將結果回饋應用到部隊的幹部及心輔官，如此才能不斷精進軍中心理衛生工作的深度。

伍、心理戰

　　未來戰爭型態偏向科技、資訊戰，尤其網際網路的發展，地球成為無遠弗屆的社會，因此未來心理戰的重點應是資訊網路戰，需要提早因應與預防。整體心理戰的作為，應積極規畫戰時如何與其他軍事活動配合，採有效心理作戰；致力發展造成癱瘓對手軍事指揮系統、採取點穴戰破壞對方重要據點、或是採取謀略戰，塑造某方面訊息等。目前兩岸關係處於一種非敵非友微妙關係狀態，文化經濟方面彼此互通有無，但政治軍事方面仍處敵對，心理戰在這時扮演重要角色。如何發揮宣傳、謀略戰，使得大陸百姓能了解同情我方立場，作為我方政府後盾的籌碼。除此之外，任何國際外交，無論對大陸、美國、日本、歐洲等世界各國，都脫離不了心理戰，因此國內應更積極培育心理戰人才。在平時方面，建立守勢心理戰，使民眾有全民國防的觀念。因此無論資訊科技戰、攻勢及守勢心理戰，都是未來國內心理發展重點，此外對於心理戰人才培育，也是不容擱置延緩的。

結　語

　　軍事心理學起源於軍中的需要，藉由心理學的原理原則，協助軍中研究現象及解決問題的一門學問，因此其性質是偏向實用性的心理學。所包括的內涵無論是人員甄選、領導統御、心理衛生、教育訓練、心理戰，甚至戰場心理學等，對直接間接獲得戰場勝利，均有相當助益。我國有系統研究軍事心理學的起步並不算早，未來在軍事預算並不寬裕情形下，如何將這門學科廣泛且有效運用到軍中，還有待進一步努力。

參考書目

王振興（1988）。**軍事心理學教程**。北京：軍事科學社出版。

李文進（民87）。飛行與壓力調適。**空軍學術月刊**，495期，42-48頁。

周泰立、陸偉明、鄭秋瑾、吳瑞屯（民85）。激複雜度與呈現方式對心象旋轉之不同階段的影響。**中華心理學刊**，38卷1期，31-40頁。

陸偉明（民84）。性向測驗初階飛行訓練表現之效度研究及變項選取。**測驗年刊**，42期，103-112頁。

鄭芬蘭、陸偉明、常建國、李紀蓮（民87）。訓選甄選心理測驗預測模式之精進。發表於「心理學在人事管理上之應用」學術研討會論文集，93-116頁。

顧吉衛（民46）。測驗與我國軍事人員之選擇，**中國測驗學會測驗年刊**，5輯，350-355頁。

Ansbacher, H. L. (1941). Murry's and Simoneit's (German Military) methods of personality study. *Journal of Abnormal Psychology, 36*, 589-592.

Bormqn, W. C., Pulakos, E. D. & Motowidlo, S. J. (1986). Toward a general model of soldier effectiveness: Focusing on the common elements of performance. *Paper presented at the meeting of the American Psychology Association, Washington D.C.*

Dolgin, D. L. & Gibb, G. D. (1988). A review of personality measurement in aircrew selection. *Namal Monograph, 36,* Pensacola, FL: Naval Aerospace Medical Research Laboratory.

Driskell, J. E. & Olmstead, B. (1989). Psychology and the military research application and trends. *American Psychologist, 44, (2),* 43-54.

Gal, R. & Mangelsdorff, A. D. (1991). *Handbook of military psychology.* John Wiley & Sons.

Helmreich, R. L., Sawin, L. L., & Carsrud, A. L. (1986). The honeymoon effect in job performance: Temporalincreases in the predictive power of achievement motivation. *Journal of Applied Psychology, 71*, 185-188.

Hilton, T. F. & Dolgin, D. L (1991). Pilot Selection in the Military of the Free World. In Gal, R. & Mangelsdroff, A. D. (1991). *Handbook of Military Psychology*, Chapter. 4, 81-101, John Wiley & Sons.

Sells, S. B. (1956). Uber den Anteil der individuellen Eigenschaften der Flugzeugfuhrer und Beobachter an Gkugunfallen. *Zeitschrift fur angewandte psychologie, 15*.

思考問題

一、軍事心理學的定義和心理學的關係如何？

二、請敘述軍事心理學的發展。

三、我國軍事心理學發展經過？各國發展軍事心理學的共通點？

四、飛行員甄選為何受到重視？未來甄選方式如何？

五、何謂心理戰？美軍及中共作法有何不同？

六、軍中領導統御研究重點為何？

七、軍中為何重視訓練工作？未來訓練工作的趨勢？

八、根據你個人的觀點，你認為我國未來軍事心理學發展的重點及方式應如何？

第一篇

軍中心理適應
與健康心理學

篇一第

熱廠理心中事

學理心隊對軍

第二章
軍事健康心理學

前　言

　　俗話說：「健康即財富」。美國哲人歐文（Owen）說：「健康是富人的幸福，窮人的財富」，人生要先有健康，才有一切，但隨著社會環境變遷、競爭激烈、生活緊張、壓力沈重、使得心理疾病不斷的增加。一個心理不健康的人或心理失常的人，在生活上將失去行為的統整性，除了需要別人照顧外，嚴重者尚會影響他人的生活，並造成他人的威脅，所以心理健康不論對個人、甚或家庭、社會及至國家都是很重要的。

　　世界健康組織對健康的定義為：「心裡的、社會的及心靈上的安適狀

況」；美國心理學會健康心理學分組的首任主席 Joseph Matarazzo（1982）提出了健康心理學的定義：「健康心理學是集合了心理學中特定的教育、科學、專業的成就以及貢獻於有關健康之提升與維持、疾病之預防與治療、及健康、疾病、功能不良之病因及診斷相關因素之辨認，以及分析與改進健康照護系統與健康政策的制定」。而本文作者將健康心理學的定義應用在軍中，因此軍事健康心理學即是：「運用健康心理學的原理原則於軍事情境中，使軍中人員達到身心健康，並提升國軍整體戰力為目標」。因軍中環境與社會環境不同，以國軍而言，義務役的士兵年齡多介於十九至二十三歲，志願役軍士官約二十二至四十歲者最多，因軍中情境產生的壓力及情境特殊而產生不適應感的情況均會發生，因此健康心理學在軍中的運用是相當重要的。

　　本章提供讀者了解在軍事情境下，常見的壓力、情緒、適應及藥物濫用等問題，並提供因應之道。

第一節　壓力──定義、來源與因應

　　近年來由於社會急遽變遷，多元的價值及富裕的生活條件影響下，使得進入軍中的役男，於服務期間產生的適應問題日趨嚴重，除了造成國軍的負面形象亦引起國人的高度關切，歸究其原因，乃是軍中要求對命令貫徹、絕對服從、刻苦耐勞，使得這群剛進入軍中的新新人類，頓時感到手足無措，而感到「壓力過大」，並衍生出各種壓力症候群，如焦慮、憂鬱、逾假、甚至自我傷害事件。根據鄭泰安（民75年）的研究顯示，國人平均每四人之中，就有一人感受壓力，且呈現生理及心理疾病比例高達五分之四，況且軍中乃是一高壓力情境，故壓力問題實為當前軍中心理衛生工作，不可忽視的一環。

壹、壓力的定義

對壓力的定義，不同的研究者有不同的看法。大致可分為「刺激取向模式」、「反應取向模式」，及「互動取向模式」。分別說明如下：

一、刺激取向模式（stimulus-oriented theories）

代表人物如 Holmes 與 Rahe（1967）認為壓力是：「當遇到外界的事件而失去生活的平衡時，個體為了恢復原有的平衡狀態所需花費的精神和體力上努力的總量」。因此以刺激為基礎的觀點，認為個體在一段時間內所經歷的生活事件數量或事件改變量，即可代表個體在此時段裏所遭遇到壓力的大小，例如：「上級交付的重要任務」。不過由於刺激取向忽視個體反應，更不重視個體對壓力事件因應評量的歷程，因此，刺激取向無法解釋為何個體在面對相同的壓力源，卻有不同的認知及因應的歷程。

二、反應取向模式（response-oriented theories）

此模式以 Hans Selye（1983）為代表，他認為壓力是個體在面對任何內在外在刺激的要求時，在精神上或身體上所產生的非特定反應（non-specific）。因為是非特定的反應，所以相同的反應可以經由不同的壓力刺激，對個體生理上所造成的變化或傷害而產生。生理學家或醫學家普遍採取這種「壓力是一種生理反應」的看法。但反應取向模式僅著重於個體的內在生理或心理反應，忽視外在情境刺激與個體對壓力的評估過程。例如：「訓練成效驗收時，令我感到心跳加快、口乾舌燥」。

三、互動取向模式（interaction theories）

又稱為關係模式或處理取向模式。這類學者認為，壓力既不只是一種刺激，也不只是一種反應，他們強調壓力在個體反應與環境刺激間有個體的認知與因應的過程。Lazarus 與 Flokman（1984）為這理論模式的代表人物。他們認為認知評估與因應是界於個人與環境關係之間，用以決定壓力大小的兩項關鍵性歷程，其中因應是一種用以處理被個體認定為具有壓力或是會引發個體情緒的情境歷程。例如：「當兵後女友變心，但我覺得彼此若真不合，遲早都要分手，所以雖然有些惆悵，但我相信很快就會過去」。

貳、軍中的壓力

小明是一位入營服役一個月左右的新兵，他最近常感到容易疲倦、注意力不集中、容易緊張流汗，自述壓力很大。很多剛入伍的新兵都有類似的壓力感覺。大雄剛從軍校畢業，分到部隊擔任排長職務，發現以前軍校所學的東西，都派不上用場，長官要求高、弟兄不配合、對業務又不熟悉，每天晚上都到一、兩點才能休息。半夜惡夢連連，經常夢到被長官責罵的場景，白天做事也戰戰兢兢的，因此軍中不僅士兵有壓力，軍官也有壓力，歸納起來，軍中壓力可分為三種類型：

一、軍事情境壓力

最易感到軍事情境壓力的是軍中新進成員，例如：新兵、剛分發下部隊的軍士官兵等。因為軍事情境的要求如內務整理、作息固定、戰技體能、生活管理等都與以往生活不同。根據 Homes 與 Rahe（1967）的研究，任何環境的變動與變化，都屬於壓力的一種。蔡文佩（民 84）調查北部某新兵訓練中心的二百名新兵，排序出依壓力發生的頻率，前幾名的壓力源

為：(1)操課時間不准上福利社；(2)要求短時間內完成指定工作；(3)公共電話太少不敷使用；(4)一人犯錯全班受罰；(5)浴室空間擁擠；(6)屬於自己時間太少；(7)訓練標準操在班長手中；(8)上廁所時間緊迫；(9)日常生活規矩嚴。新兵壓力源與身心困擾成顯著正相關，個人壓力源能解釋情緒化與焦慮的 29.33%；領導風格壓力源能解釋無助與憂鬱的 25.96%。新兵入伍後其身心困擾較入伍前明顯升高，但偏差行為下降。孫敏華（民 89c）研究役男軍中壓力來源，以平均數的大小排名，前五名的分別是：(1)軍中受限太多；(2)軍中生活枯燥乏味；(3)缺少自己的時間；(4)睡眠不足；(5)薪餉不夠支出。從以上研究結果發現役男的壓力來源多為因軍中情境的特殊性所造成限制上的壓力，如軍中受限太多、軍中生活枯燥乏味、缺少自己的時間、睡眠不足、薪餉不夠支出、不准上福利社等軍事情境壓力。除此之外，研究發現士官兵常見的生活壓力有值勤時間長、休假不正常、管教方式不公、生活緊張及長期疲勞等（朱美珍，1998；洪光遠，1998）；而在基層志願役軍官方面則有任務執行方式、與長官共事經驗、工作與個人生活平衡、評比調動與升遷、輔導管教部屬、工作性質、長官非理性行為及人際干擾等（余安邦、曾麗娟，2000）。而新兵精神病有兩個發病的高峰期，即入伍後兩月和分配後兩個月，其原因主要是對環境及人際關係的不適應。

二、人際壓力

軍隊中的人際關係可分為與長官、同僚及部屬三方面。其中與長官的人際關係對志願役軍士官影響較大，對義務役影響也不小。因為政策指導、做事風格方式、甚至單位工作氣氛都與長官領導風格有關。軍中常說「長官決定一切」，許多制度都是靠人來執行，在執行的過程中，難免會有一些長官的想法、領導的風格及個性因素加入。因此不同長官領導風格會給部屬不同程度的壓力。孫敏華（民 89a）追蹤役男服役歷程的研究，一位受訪者提到：

比較前後兩任連長的作風，有著極大的差別，像我們前一個連長，他就是非常的強勢，完全不給別人面子，開口閉口就是罵人，就連軍官輔導長都被罵得狗血淋頭，在部隊面前把你說的一無是處，然後所有阿兵哥膽顫心驚，有那種不敢回連上的感覺。……大家的壓力變得很大，會不想待在連上，每天精神壓力都繃得緊緊的，事情會推展得很順利，績效也不錯，但是人與人之間的關係比較差。……現在這個連長很認真，比較會用一些制度方法去推動事情，比較有技巧，二者有明顯的不同，一個傾向集權，一個偏向有組織有規模的領導。他會建立制度，建立之後就運作得很順暢，大家做起事來也都得心應手。

同儕之間的人際壓力有許多，如學長制。學長制一直是軍中的一項傳統的管教方式，軍中重視倫理及階級，在美國著名的軍校養成教育中，稱一年級新生為「老鼠」，如同過街老鼠人人可打。希望藉由各種辱罵踐踏的方式，除掉新生的驕傲，磨練其挫折忍受力，重新塑造一個服從命令、有鋼鐵般意志力的軍人。除了深層的意義之外，事實上學長制也有經驗傳承、師兄帶師弟的意味。所以學長制本身的精神立意良好，只是服役或軍校所謂的學長，只不過大幾個梯次，年齡差距並不大，經驗差異也未達顯著，但卻擁有管教和賞罰的權力。因此在權力的使用過程中，常發生不當的情形。故剛入伍的新生或剛下部隊的弟兄，多半不喜歡這項制度，心理上有莫大壓力。但到了自己當學長時，觀念又會改變，普遍資深士兵都會感到現在學長學弟制比以前淡薄，學弟學習狀況較以往差很多，原因為沒有學長壓力。

另外軍中成員來自四面八方，每個連的成員從碩士級的二等兵到身上刺龍刺鳳有前科記錄的弟兄都有，而軍營多為大寢室，隱私性不足，任務及出操不論自己喜歡與對方接觸與否，都毫無選擇性。這方面的人際接觸對內向、封閉、不善與人相處的弟兄，皆造成不同程度的壓力。

三、個人家庭等其他的壓力

　　陸軍總部（民 84）研究五百九十四名陸軍軍士官的壓力源，從四千七百五十三件壓力事件歸納了十大壓力類別，屬個人壓力的有：「個人觀念不健全」、「體能欠佳」、「感情受挫」、「人際關係不良」及「退伍前惶恐」；孫敏華（民 89c）的研究，在前三名的家庭壓力為「在軍中擔心家人」、「為家人或家中的事情煩惱」及「家人住院或生病」。個人與感情壓力的前三名分別是「擔心服役與社會脫節」、「擔心退伍後的就業問題」及「所學無法發揮」。「談戀愛」與「缺乏異性交往機會而煩惱」則排名第四和第五。

　　Backer 與 Orassanu（1992）回顧美國軍中壓力源與績效相關的研究，將軍中壓力分成三大類：(1)生理類；(2)心理類；(3)社會類。生理壓力源有①疲勞：睡眠剝奪的影響視任務的種類、剝奪時間長短，以及個人的生理時鐘而定；②環境壓力源：包括噪音、溫度、高度等，假如工作需要高度專注，噪音會影響其工作表現；低溫對手腳不靈活影響最顯著。心理壓力源包括：①戰場壓力：戰場壓力是多種壓力源（噪音、危險、疲倦等）的組合，難以用實驗室或模擬情境來研究，戰場壓力會增加錯誤的機率和認知的窄化，可透過個人和團體的凝聚力改善；②時間壓力：時間壓力會減少參與決策過程的人數和決策的品質，此外心理壓力還有單調無聊、孤立、擁擠等。軍中的社會壓力源則包括家庭關係、與長官及其他人際關係。

參、壓力的因應

　　Lazarus 與 Folkman（1984）對因應的定義為：「個體改變其認知方式，處理經認知評估判定有壓力或負向情緒的需求」。他們將因應策略分為兩大類，第一類策略是直接處理壓力來源，不論經由外顯的行動或是經由心智的活動去解決問題。第二類的策略則是改變自己對該情境的感覺或

想法，而不是問題解決策略，他所針對的目標是在減緩壓力所造成的情緒衝擊，讓自己覺得舒服些，即使威脅性或傷害性的壓力源並沒有改變。

　　許多研究者都認為因應具有兩種主要功能：第一，處理或改變壓力的來源。第二，調適對於問題的情緒反應。而健康或適應的結果是有效因應的產物而非僅是壓力存否的結果，此一看法也已逐漸受到承認（Holroyd & Lazarus, 1982）。不同的因應會影響健康結果。Lazarus 與 Folkman（1984）研究壓力的評估、因應對健康狀況、心理症狀的關係，發現評估對身體健康的解釋變異小，對心理健康解釋變異大。許多研究生活和工作壓力的研究指出，無論是重要生活事件或日常生活小困擾，對壓力的影響均不及個體評估和因應過程重要（Folkman, et. al., 1986）。

　　過去三十年來因應的研究都強調個人在特殊壓力的情境或壓力化的社會情境，研究的共同結論有以下四點（Folkman & Moskowitz, 2000）：

一、因應具有多元化的功能，不僅是調節壓力，還可以管理引起壓力的來源。
二、因應受到評估壓力內涵的影響。
三、因應能力與人格特質有關，如樂觀性、神經質及外向性。
四、社會資源的運用也影響因應能力的好壞。

　　軍中的研究發現主要的因應策略有：積極因應、壓抑、忍耐、消極因應、向幹部求助（卓淑玲、邱發忠，民88）；楊宗德（民87）以政戰學校學生為對象的研究中發現，學生在處理困擾問題也以依靠自己為主，其次才是朋友、學長。孫敏華（民86）對自殺已遂及未遂的研究，發現個體運用負面性的問題導向及情緒導向因應行為對於自殺已遂及未遂具有相關性。在基層軍官方面「正向思考」、「計畫性解決問題」這兩個因應方法的使用對於個體之組織承諾、工作滿意與身心健康都有顯著影響，使用傾向愈高，則個體的組織承諾與工作滿意都高，身心健康也佳，而「消極性行為」則反之（余安邦、曾麗娟，民89）。

　　孫敏華（民89c）研究役男的壓力因應，在積極因應壓力方面，一般

士官兵最常用的方式為「逛街」、「規畫自己的時間」、「自我充實轉移注意」及「當作是一種挑戰」。最少使用的方式為「盡量遵守規定」、「聽音樂」、「和同袍打屁開玩笑」。在消極因應方面，一般士官兵最常用的方式為「默默忍受」、「心中謾罵，敢怒不敢言」及「抽煙」。最少使用的方式為「藉著服藥來減輕痛苦」、「認為一了百了可以解決問題」及「喝酒」。

孫敏華（民 89c）研究役男的壓力可解釋其 16.6%軍中適應的狀況。因應方式可解釋其 42.5%軍中適應的狀況。路徑分析也說明役男軍中適應的結果，「因應方式」比「壓力來源」對「軍中適應」影響力大，這和過去許多研究結果一致，無論是重要生活事件或日常生活小困擾，對壓力的影響均不及個體評估和因應過程重要。也就是雖有壓力，但只要多以「積極方式」因應，適應一樣良好。這項結果提醒我們，若要達到適應良好，當培養軍中成員積極因應壓力的能力，而不只是在降低環境壓力下功夫；而且適度的壓力，才會有好的績效。例如：對役男的體能戰技、軍事紀律要求高，雖壓力較大，但只要能積極因應，一定會提升役男的挫折忍受力、體能及部隊的戰力。

肆、人格特質與壓力因應的關係

從理論來看，人格是個人在對人、對己、對事物，乃至於對整個環境適應時所顯示的獨特個性（張春興，民 81），這種獨特個性的內在傾向即為人格特質。軍中成員入伍時已具備某些適應環境的獨特個性，亦即擁有某些內在傾向的人格特質。在壓力事件對身心健康影響的機制中，人格特質佔了很重要的地位，由於人格特質是個人成長過程中，得自遺傳與環境的交互作用而形成的想法與作法，是較不輕易改變的特質。因此對軍中成員而言，人格特質不僅反應出個人選擇使用某些方式去適應的能力，而且間接影響評估因應行為的歷程（Lazarus, 1984）。

Powell 綜合各人格理論，建立其現代人人格型態之六項分類：(1)自律型（Controlled Personality）；(2)悲觀型（Pessimistic Personality）；(3)敏感

型（Prickly Personality）；(4)戲劇化型（Theatrical Personality）；(5)活動型
（Active Personality）；(6)樂觀型（Optimistic Personality）。Powell認為人
格類型差異在程度上多於嚴格之類別，每一個人不會僅屬於一種人格型
態。人格特質和適應確實有些關聯，例如：悲觀型的人格特質，較多愁善
感、做事存失敗心理、好挑剔，容易注意到人生的悲劇與矛盾；活動型人
格特質，不計較小差錯、喜歡接受挑戰、容易適應變化、效率高等；因此
悲觀型人格在適應的過程中，自然不及活動型的好。但powell認為無人完
全屬於任何類型，僅是較接近某一分類而已，而且每一類型均有適應正常
者，每種類型的人各有其強弱點。除了人格特質外，個人所在的社會文化
力量逐漸受到重視，若是個人特質與環境的要求能配合，其適應自然較順
利。因此良好適應除了與人格特質有關外，也和所處環境及與環境互動能
否達到和諧及滿意有關（俞筱鈞譯，民85）。

在預測適應或不適應行為的人格理論類型中，「五種人格理論」受到
廣泛的肯定（Costa & McCrae, 1992; Marshall, Wortman, Nickers, Kusulas, &
Hervig, 1994; Trull, 1992），針對這五種人格類型，研究人員做出下列結
論：

一、神經質的人格類型（neuroticism）

神經過敏幾乎是不具適應性的人格特質。與沮喪、焦慮、自我貶抑、
心理不健全、難與他人相處、悲觀、無助、低自尊、無法釋懷的氣憤、生
活無法滿足者有關，其因應的方式傾向於一廂情願的想法與自責的不適應
類型。

二、個性外向人格類型（extraversion）

個性外向是屬於適應性的人格特質，除非他變得太極端。適度外向與
低程度的沮喪、焦慮、正面的自我形象、良好的心理衛生、人際關係、樂
觀、希望、高自尊、對生活滿意有關。然而，假如外向變得太極端或太執

著，則與衝動、侵略性、自我陶醉與狂亂的行為有關。

三、思想開放人格特質（openness to experience）

思想開放為相當中性的人格特質，與正面的自我形象、樂觀、好奇相伴出現，但假如思想開放，變得太極端或太固執，則會變成衝動、狂亂的行為。

四、和藹可親人格特質（agreeableness）

和藹可親與良好的人際關係、親近他人、健全的心理衛生、樂觀、良好的自制力和對生活的滿足有關。假如和藹可親變得極端，則會顯得缺乏個性。

五、負責盡職人格特質（conscientiousness）

負責盡職與低程度的沮喪和焦慮以及正面的自我形象、良好的自制力、健全的心理衛生、樂觀和對生活的滿足有關。假如負責盡職變得太執著或太偏激，則會讓一個人變得太過於依賴他人。

除此之外另一個非常不適應的人格特質類型為壓抑，壓抑類型者是以一種非常偏離的角度來看這世界，他們長期壓抑自己「不接受」的情緒，並且幾乎不知道他們已失去了自我。壓抑因應類型者有兩個缺點：(1)生活在太多壓力下而沒有做出適合的因應反應，將會造成傷害；(2)壓抑使得人感到孤立，長期壓抑自己的自發性，表現的像每件事總是在自我控制下，則很難與他人維持有意義的關係。

上述文獻看來，人格特質不僅對適應結果有所影響，對適應過程中的因應方式亦有所影響，一般而言，樂觀、自信、自尊、少憂慮等人格特質採取的因應方式較為正向積極，悲觀、自信低、自尊低、焦慮等人格特質

所採取的因應方式多為負向消極。

國內研究適應的多篇論文中，也有類似或相同的結果。潘正德（民85）和楊宗德（民87）均以賴氏人格量表研究大學生的人格特質與生活適應及學業成績的關係。潘正德的研究結果證實了大一新生的人格特質與生活狀況有顯著的相關，八項人格特質能有效預測六項生活適應，預測變異量在24%至45%之間。人格特質愈不穩定，社會愈不適應，愈不反省者，或抑鬱性、感情變異、自卑感、神經質、主觀性、不協調性、攻擊性、思考外向性愈明顯者，其整體生活適應人際交往都較差。相反的，愈外向者或活動性、領導性、社交性愈明顯者，其適應狀況也愈好。楊宗德的研究結果為：人格特質與生活適應有顯著相關，其中活動性強、安閑的、社會外向三項人格特質與生活困擾總平均呈顯著負相關；不協調的、抑鬱性大、變異性大、自卑感強、神經質強等人格特質與生活困擾總平均呈顯著正相關。王梅君（民86）以六百八十九位駐防本島及離島的士官兵為研究對象，結果顯示士官兵的人格特質顯著影響其軍中適應，當個體情緒不穩定時，會對生活事件產生較多的壓力感受，其身心症狀的嚴重程度較高，同時在身心健康上也會出現一些不適應的表現。

孫敏華（民89b）研究役男的人格特質與軍中適應的研究中發現，役男的「焦慮壓力」和適應總量表相關最高 r ＝－.76，其次是「憂鬱壓抑」r ＝－.70，和「自卑孤僻」相關－.61，和「攻擊衝動」相關－.52，和「自我中心」相關－.48。也就是役男愈「焦慮壓力」、「憂鬱壓抑」、「自卑孤僻」、「攻擊衝動」、「自我中心」，軍中適應愈差。人格特質的五個分量表「攻擊衝動」、「憂鬱壓抑」、「孤僻自閉」、「焦慮壓力」，及「自我中心」與軍中適應總分的複相關為 r ＝.824***，達.001 顯著水準。人格特質可解釋軍中適應變異量的67.9%。遠高於「壓力」及「因應方式」對軍中適應的影響。影響軍中適應的人格特質分量表中，以「焦慮壓力」和軍中適應的相關最高 r ＝.759，預測力高達57.6%。可見「焦慮壓力」和軍中適應之間關係的密切。

為何個性愈焦慮愈容易給自己壓力者，軍中適應最差？作者認為這類人在軍中的環境，常容易陷入過度擔心害怕，因為焦慮容易給自己壓力，

所以做事較沒計畫，無法分辨事情的輕重緩急，並且不注意所遭遇問題，對眼前立即要處理的事情都難以應付，更遑論做短、中、長期的軍中生活規畫，所以學習成效差。再加上軍中的環境，對役男而言，在其人生中是一個大的轉折點，與役男之前的學校家庭生活完全不同，「焦慮壓力」者在環境的轉變適應程度，本來就很緩慢，軍中又是以任務達成為導向，凡事要求「一個口令一個動作」，對於跟不上團體者，常因連坐法關係必須承受同儕與長官的壓力，甚至遭到其他弟兄的排擠與嘲笑，軍中有句順口溜「不打勤、不打懶、只打不長眼」，焦慮壓力者常因擔心害怕成為箭靶，成為不長眼的眾矢之的。因此對軍中情境沒有掌控感，適應自然較差。

因此未來在幹部教育或心輔官訓練中，應特別加強對這類個性者的觀察及實際案例探討，尤其「內向壓抑沉默寡言」容易被忽略，「焦慮壓力」者易感受團體的壓力，「完美性格」者容易鑽牛角尖想不開，如何早期發現這群不易適應軍中生活者，給與適當的處理與輔導，讓軍中成員在兩年服役生涯中，能平安順利的渡過。當是軍中心理衛生工作努力的重點。

第二節　情緒──定義、情緒智力

情緒的反應和經驗是我們日常生活中不可或缺的部分，我們每天都會有情緒：雀躍於工作表現獲得肯定，對朋友不幸的遭遇傷心，或因某人自私的舉動而激憤。情緒透過表達以互相了解、彼此共鳴，情緒實質地影響和調節我們日常生活的行為。雖然情緒是我們在社會生活中自然而然形成的，但是，它也同樣需要學習和使用、掌握和整飾。細觀近年來的社會事件或人際衝突，可以發現大多數都與情緒有關。常常由於不適當情緒表達或是因應技巧的缺之，而造成令人遺憾的結果。亞里斯多德曾說：「問題不在情緒本身，而是情緒本身及其表現方法是否適當」。所以，情緒即是無時無刻存在心靈中，且直接對應於生活的實際需要上。

軍隊是一個階級權力明顯劃分，官兵弟兄們彼此關係生死與共，悲喜同享的團體，在朝夕的密切互動中，難免會因個人或團體的多種因素而產生許多個人的情緒，其中尤以負面情緒產生的影響性與殺傷最大，程淑華（民88）的研究支持負面情緒導致較低的自我效能的論點。我們不能否認軍隊是一個官兵互動密切，且講求團隊表現、共同績效的組織，負面情緒感染與惡性的人際互動易造成軍中不安，影響整個部隊紀律和士氣，甚而對國家的安全形成威脅。是以如何加強軍中情緒教育，提升官兵的情緒適應，使個人對於情緒變化可以有良好自我覺察與約束，並能適度的運用理性，乃成為當前重要課題之一。

壹、定義

中外學者對情緒的定義不盡相同，但是基本上情緒是由內、外在刺激所引發的一種激動狀態，而此狀態是由主觀的感受、生理的反應、認知的評估，和表達的行為四種成份交互作用而成，並且極易因此產生動機性的行為（曹中瑋，民86）。由於情緒是一種非常主觀的經驗，個體間自然會有很大的差異性。同樣的事件對不同的人所引發情緒強度，可能從毫無反應至非常激烈，即使引起相似的情緒強度，個體的表現方式也會有極大的差異。張春興（1989）認為情緒是由某種刺激（外在的刺激或內在的身體狀況）所引起的個體自覺的心理失衡狀態。失衡的心理狀態含有極為複雜的情感性反應，喜、怒、哀、懼、愛、惡、欲等七情。

西方學者亦對情緒的看法分歧，Schachter（1970）指出：「根據我的基本假設，情緒是連繫個人與某種身體狀況的標貼。個人所描述的情感則是認知因素及生理喚起（physiological arousal）狀況的一種共同作用」。Kleinginna與Kleinginna（1981）綜合各方的觀點，為情緒下了一個統括的定義：「情緒是一組複雜的主觀因素和客觀因素之間的交互作用，受到神經系統和荷爾蒙系統的調節，它可以：(1)引起感情經驗，諸如警覺、愉悅或不快樂等情感；(2)產生認知歷程，諸如與情緒有關的知覺、評價和分類的工作；(3)活化一般的生理適應為警覺狀態；(4)導致行為，這些行為通常

是表達的、目標導向及適應的行為」。這個定義統括所有可能性，也指出了情緒的複雜度。

貳、情緒智力

個體對情緒的處理能力，我們使用 Salovey 與 Mayer（1990）的情緒智力概念來說明，將情緒智力定義為：「體察自己與別人的情緒，處理並運用情緒訊息來指引自己的思考與行動的能力」。因此情緒智力包括三方面，即情緒評估與表達能力、情緒的調整能力，以及情緒的運用能力。

一、情緒評估與表達能力

㈠個人部分

首先包含注意及明瞭的辨識歷程，因為個體的注意力資源是有限的，所以通常會依強度（intensity）、大小（size）、對比（contrast）、運動（movement）及新奇性（novelty）等原則來注意外界刺激，而注意他人的情緒反應時，則採選擇性注意（selective attention）原則去捕捉訊息，一般人注意他人的情緒反應時，多從眼睛開始逐步掃描；另外以情緒反應的明瞭性（clarity）來說，早在一八七二年達爾文（Charles Darwin）就曾在《人類及動物的情緒表現》裡，提到人類表示情緒的許多方式都是遺傳來的，原來都具有生存的價值。其次為描述情緒可以分為口語與非口語描述，以平靜、非批判的方式敘述情緒的本質，是一種較為有效的口語表達方式，但很多人可能在本身辭彙不足、耽心過度表露會遭到傷害，或破壞現有人際關係及文化教育要求下隱藏感情，故對一般人來說完整描述情緒並非易事，而非口語描述較不容易掩飾。

㈡他人部分

情緒同理，它強調人我之間的互動情形，從情感性的角色來看，意指個體考量他人感覺或情緒的能力。這類的角色取替應包含二種能力。一是

個體辨識他人情緒的能力。如快樂、生氣、傷心和害怕等情緒間的區別。二是指個體利用線索來推論他人情緒的能力。如在什麼情況下，阿福會覺得高興？而情感性角色取替可分成辨識、推論和行動幾個歷程，和同理心的發展之間有很大的關聯。同理心以 Mayeroff（1971）的說法最為傳神：「關懷一個人，必須了解他及他的世界，就好像我就是他，我必須能夠好像用他的眼看他的世界及他自己一樣，而不能把他當成物品一樣從外面去審核、觀察，必須能與他同在他的世界裡，並進入他的世界，從內部去體認他的生活模式，及他的目標與方向」。

二、情緒的調整能力

(一)調整自己的情緒

Mischcl 與 Mischcl（1983）的實驗清楚說明，在延宕（控制）與調整自己的情緒能力較佳，獲得成功的機會較大。

(二)處理他人的情緒

對大多數的人而言，在長期的智育教育後，要處理他人的情緒，似乎是件陌生又困難的事，以 Carl Rogers 的觀點，當別人和我們分享情緒時，如果個體能具備「一致」：包括真誠；「無條件地正面關懷」：包括接納與關懷；「準確的同理心」：即一種能深入他人主觀世界，了解其感受的能力，則接受協助的人會減少防衛並開放其內心世界，有助於建設性議題的探索。

三、情緒的運用

情緒運用可從行為論者對人們如何調整和修正自己情緒感到興趣（Thayer, 1989）看出端倪，而情緒管理近年來亦成為人們在日常生活中所需具備的最基本技巧之一。研究證明人們除了能夠敏感於自己的情緒程度之外，他們亦能判斷、評估某一情緒的重要性，並且足以決定初步調整策

略（Mayer, Salovey, Gomberg-Kaufman, & Blainey, 1991）。這種情緒經驗的管理屬於個人的心理過程，會因人與情境不同而有個別差異。在林林總總探索人們處理情緒策略的研究中，Rippere（1977）發現人們較常使用的幾種情緒管理的策略為：社交的（訪問朋友）、認知的（想個理由）、運動（散步）、直接行動（修正情形）、分散注意（忙碌）以及聽音樂。Morris 和 Reilly（1987）整理一些文獻而辨識出以下的情緒調適行為：自我獎賞（從事愉快的活動）、利用酒精或降低壓力、表現行為（面部和手勢的改變）、認知重組、問題導向（增加努力和毅力），以及與他人結合。卓淑玲（民 86）將情緒調適的方法分為正面情緒以及負面情緒兩種。政戰幹部較常使用的前五個增進正向情緒的方法依序為：與朋友交心、與家人朋友分享快樂、做長官信任的好幹部、放鬆自己和努力學習。至於調適負面情緒的前五種方式分別為：「自評以萬事豈能盡如人意，只求無愧我心」、「思考解決之道或直接解決問題」、「忍耐」、「從事愉快的活動或專注於嗜好」、「當作一種磨練」。

　　某些策略明顯的無國界之分，但研究顯示卻有效果上的差別。例如：社交和認知這兩種行為是人們改變負面情緒最常使用，同時也被認為是最有效的策略。其他諸如運動、音樂、食物以及宗教等也是受試者最常使用的情緒管理策略，也被認為較具有效果（Thayer, Newman, & McClain, 1994）。而以從事興趣、愛好、看書或工作等使自己忙碌的行為雖也是人們常用的方法，但是在處理情緒上只具有中等的效果。此外，社會支持也是個人處理情緒的重要方法之一，而研究則已指出女性在情緒低落時容易尋求社會互動（Amirkhan, 1990），她們藉由食物來調適情緒的次數也比男性來的頻繁。

參、軍中情緒研究的討論分析

　　卓淑玲、程淑華等人（民 89）研究軍人的情緒管理，受試者對「不輕易地表露個人感受是身為一個軍人先決條件」，贊同與非常贊同的有五成五。另一項是「部隊是一個講究任務達成的團體，個人的情緒感受是不用

太在意的」，贊同與非常贊同的有二成八。各級軍官自覺的情緒辨識能力並無差異，校級軍官在自覺的情緒表達能力優於尉級軍官，可見校級軍官在情緒智力上優於尉級軍官。部隊情境認知與情緒智力中外在思考傾向向度的相關較高，部隊情境認知的「打混心態」與情緒智力各向度的相關最高，其中又以與「外在歸因」的思考方式相關最高。由於「外在歸因」是軍中情境的努力無用、犯錯是運氣差以及只看實際事物等三個項目所組成，因此愈高的外在歸因傾向，對軍中愈易有打混心態的可能。

分析發現部隊認知的「不公平性」與情緒智力的「縈思易怒」調整方式，對個人壓力有較高的助長效果。而在任務前妥善的分配、獎懲公平、實施情緒教育課程，都可以減少負向情緒感受，降低壓力。情緒智力與壓力感受對自我效能具有解釋力，其中壓力頻率感受是減低因子，而情緒智力的「轉換心情」、「情緒表達」、「情緒辨識」是較大的助長因子。研究發現公平性的建立、工作掌握感及意義度、能提高其壓力忍受度，而情緒管理部分，情緒覺察、情緒表達與轉換心情的情緒調節方式也有助於軍官自我效能的提升（卓淑玲、程淑華，民89年）。

由研究的結果可知，當個人情緒智商愈高時，個體能夠認知與預期自己達成目標遠景的能力愈強，亦能知覺自己適應狀況良好，以及工作表現不錯。再者，情緒智商高的士官兵在遭受他人情緒事件傳染性比較而感受到的個人情緒負荷與工作負荷也較輕，同時也比較不會知覺到連隊上的任務負擔過重，團體壓力過大。此外，他們對於軍中所持負面觀點較少，也不易認為軍中是一個弱肉強食、賞罰不公以及管教、訓練不合理的地方。綜觀上述的結果顯示情緒智力的高低與個體對某些事物的知覺程度有關，也就是說情緒智商的高低與個體對某些事物的知覺程度有關。它在個人與連隊、壓力感受、對部隊的負向認知、工作表現上均有顯著的影響力。因此，情緒智力的重視在目前的軍事情境，可發揮相當程度的功效。

第三節　適應──定義、適應方式

壹、定義

　　適應（adaptation）一詞最早是生物學上的名詞，是達爾文一八五九年在《物種原始》（*The origin of species*）一書中，提到進化論時最先使用的。達爾文認為生物進化的法則是優勝劣敗、適者生存的自然法則，生物為了生存，適度的改變自己，以期與客觀的環境相配合，謂之適應。所以只要物種能生存下去，就是適應成功。後來的心理學者應用此種學說，將適應視為個體與社會環境奮鬥的過程，並將 adaptation 改為 adjustment（Hettema, 1979）。

　　近年來研究適應的心理學家們，對適應的解釋及看法，各有不同的角度。經研究者的整理及歸類，可根據其強調的內涵，分為下列四類：

一、強調人與環境互動的過程

　　強調適應是人與環境互動過程的學者中，有的以交互作用（interaction）為重點，亦有以過程（process）為重心的。之中最具代表性的學者為 Arkoff（1968），他對適應的定義是：「人與環境的交互作用。交互作用指的是人與環境間相互容忍或影響的調和過程。既然是交互作用，所以人的適應是動態且雙向的，而不是一成不變的」。

二、適應是人與環境互動的結果或狀態

　　此一觀點重點在強調人與環境互動的結果，而結果大都指正面的價值或意義。例如：Lindgren 與 Fish（1976）認為心理與情緒的健康就是適應；柯永河（民78）認為適應是心理健康的表徵，心理健康者的適應性行

為多而不適應行為少，心理不健康者之適應性行為少而不適應性行為多。

三、適應是人與環境互動的技能與方式

晚近學者們對適應的界說，已漸漸著重排除困難，減低壓力及解決問題的方式或技能，例如：Nihira（1978）認為是個體適應自然環境和社會情境的能力，此種能力包括獨立能力、個人責任感、社會責任感，及人際適應。

四、綜合觀點（壓力的因應行為）

學者們對於適應的界說，除了採取上述三個觀點外，還有持綜合觀點者。如Lazarus（1976）和Weiten（1986）兩人都認為，適應既是人與環境互動的過程，又是人與環境互動後的結果。

綜合以上討論可知，「適應」是個體與環境的互動過程中，個體能勝任環境要求，並且產生較為正向之情緒反應及達成外在要求。在軍隊的環境來看，其可以定義為：「當個體進入軍事情境時，面對軍事要求、生活特性、不確定感、壓力等時，所引起心理及行為的狀態從不和諧逐漸轉為和諧的歷程，並且對軍事任務、常規要求等能夠勝任」。

貳、軍人的適應

國軍成員可分為志願役與義務役兩大類：志願役指的是軍事院校畢業的軍官、士官、轉服的預官或是指職軍士官，也就是服務於軍中，出於自我的選擇，軍士官職務，是他的職業及生涯。若以制度而言，志願役軍官可說是募兵制；義務役成員，則是因為憲法規定：「服兵役是國民應盡的義務」，凡是中華民國國民，年滿二十歲的男子的義務，屬徵兵制。這兩大族群的軍中成員，其軍中適應的程度與發生問題的類型，有些不同。根據國防部輔導服務處的統計，國軍八十七年度接受心理輔導的官兵共有七

萬四千多人次，依求助類別及比率為：適應不良佔 19.12%；精神失衡佔 10.21%；身體問題佔 9.17%；精神異常佔 4.34%。過去三年來的統計資料也顯示，適應不良輔導人次一直是輔導類型的首位。

參、役男軍中適應的特殊性

適應是一種個體與環境的互動過程，人類終其一生需適應的層面相當多，如家庭適應、學校適應、職業適應、社區適應、婚姻適應等，而役男的軍中適應在人生的過程中，是相當特殊的一個階段，其特殊之處不僅在軍中環境與其他環境不同而已，還包括我國憲法規定服役是國民應盡義務，在我國年滿二十歲的男性，都有當兵的義務。

作者歸納役男軍中適應的特殊性有下列幾點：

一、服役是強制性無選擇的

我國憲法規定，除律定之老弱、婦女、殘疾及重行犯等，可以「免役」或「禁役」外，凡身心健康之國民，均有服兵役的義務。因此在我國，一般正常男性滿二十歲後或求學告一段落之後均需服役。服兵役是目前我國男性的義務，也是必經的人生階段。因為是憲法規定，故對役男而言，服役是強制性且幾乎是毫無選擇的。

二、男性為主的社會

服役是我國男性應盡的義務，目前軍中雖有志願役女性的加入，但畢竟是少數，且多半分布在師級以上單位，義務役役男所接觸的基層士官兵，少有女性。這和一般社會以兩性為主的結構上，有著很大的差異。

三、軍中階級分明,強調絕對服從

為因應作戰的需要,軍隊的訓練皆講求階級,強調服從。相對於目前整個社會逐漸趨向民主開放,重視個人意見的情況下,軍中適應對現在的年輕人而言,較以往農業保守社會更加困難。

四、人際互動複雜無個人隱私

軍中是社會的一個小縮影,役男來自社會每一階層每一角落,社會有何種人,軍中就有何種人。因此以教育程度而言,有碩士級的士兵,也有小學未畢業的役男;以社會的歷練來說,有前科累累全身刺龍刺鳳的士兵,也有從未離開家門父母過度保護的役男;以接觸的對象而言,除多元異質的同袍外,還有學長、長官等。一般役男居住的空間活動的範圍,都是以團體為主,寢室多是大寢室,在這樣環境下,幾乎沒有個人隱私。另外軍中是一個封閉強制性的社會,在這團體中,身旁的對象不但無法選擇,也無法不接觸。因此對役男而言,需要適應的人際複雜度及強制接觸性,均超過人生其他各個層面階段。

五、團體及任務為取向

目前的社會講求尊重個人、個人表現、個人風格等,而軍中剛好相反,以團體為主,少談個人。在團體取向下,要求齊頭式平等,例如:以體能而言,役男均需通過三千公尺跑步、折返跑、仰臥起坐、伏地挺身等項目。每單位成績以團體表現來計算,因此若單位中個人表現不佳,常會蒙受很大壓力。且軍中任何活動均以任務達成為主,在任務第一目標完成的原則下,少論及個人狀況與需求,這些都需要役男適應調整。

六、作息正常缺少變化

軍中生活相當規律刻板，作息正常。每日生活流程，訓練項目，要求重點，多半都相同。軍中生活規律正常變化少，久了以後會容易感到單調枯燥，對喜歡生活隨性所至、富有變化、刺激性高的現代年輕人而言，無疑也是一大困難與挑戰，役男也因此需要調適。

七、軍人角色保國衛民

軍事訓練的主要目的，是訓練役男從「老百姓」轉變成「保國衛民的軍人」，這種角色上的轉變，對剛從學校畢業或是二十歲的年輕人，不但心態上需要調整，體能也需要增進，才能擔負起保衛國家的重責大任。

八、軍人適應好壞影響層面大

過去幾年來，軍中內部問題時有所聞，有管教問題、自我傷害、攜械殺人、畏罪逃亡等，不少個案的原因與其適應有關。一般成員進入軍中時，面對生活環境驟變而形成心理壓力，導致焦慮不安、恐懼等心態，容易造成對部隊環境適應不良，再加上軍人取得槍械容易，因適應不良臨時起意，以致造成擦槍走火，不但造成個人及家庭的悲劇，亦對部隊戰力及士氣產生負面的影響。

肆、志願役軍官的適應重點

就志願役的軍士官而言，軍旅生活是他的職業也是他的生涯，因此義務役弟兄在軍中生活單調枯燥、不自由、作息固定等生活特性對職業軍官來說，都不再是問題。而志願役的軍士官在適應方面的重點有：

一、軍中採輪調制度

　　職業軍官平均二至三年就必須輪調一次，因為軍中的學經歷需不斷的歷練。以兵科的軍官來說，整個軍旅生涯必須領導職、參謀職輪調歷練，因此在其軍旅生涯中，會不斷的接受新的工作角色、新的工作內容、遇到不同領導風格的長官、不同的工作地點，甚至部屬也不停的在變換。因此對職業軍人而言，對適應環境中的人、地、事、物的能力要相當強。

二、軍中階級分明

　　對長官絕對服從，長官對部屬的影響力幾乎是絕對的，如何與長官相處共事，幾乎是所有職業軍人首要面對的。若是長官的領導風格與自己迥異，或不恰當的領導方式，身為部屬的只有不斷的調適自己，去適應長官。因此與長官相處人際互動，是軍人生涯中最重要的層面。

三、軍旅生涯和家庭關係

　　軍人的角色是保家衛民，若服務於一般部隊，除休假時間外，幾乎二十四小時都待在軍營，近年來國防部對剛畢業的軍官實行所謂「在籍分發」，所以服務地點離家不會太遠，但是兩年後開始輪調，還有可能調到外島，且階級愈高，愈不可能在家附近。因此對軍官而言，不能朝九晚五上下班照顧家庭孩子，是他們與家人共同要面對的問題。

四、未來生涯發展

　　職業軍人面對的是一生的志業，面臨的是自己生涯發展，以及未來結束軍旅生涯後與社會銜接的問題。以服役時間最長的軍校正期生來說，目前規定服役期限是八至十年，因此服役期滿時約三十歲上下，正值人生生

涯發展重要階段。若將軍旅當作終生生涯發展，軍中也有服役年限的限制。因此就職業軍人而言，遲早都要面臨未來生涯轉變的問題，如何培養第二專長，為將來生涯作準備，都是他們的重要課題。

伍、軍人良好適應的結果

根據作者對軍中適應的研究結果，認為所謂「軍中適應」，可分為四個層面，分別敘述如下：

一、認同軍中

以義務役弟兄而言，能坦然面對，認為別人能我也能，接受認同軍中，有榮譽感、認同感。志願役軍官則是認同軍中，願意對軍旅生涯作承諾（commitment），工作認真負責投入。

二、良好的軍中人際關係

以義務役弟兄而言，與長官同僚相處良好，能放下身段和三教九流交朋友，服役期間很快融入這個大團體，和大家打成一片。志願役軍士官，則是與長官相處良好，帶領部屬能得心應手，和同僚相處融洽。

三、習慣軍中生活

對義務役志願役而言，均為能順利完成任務，習慣軍中生活作息及操課。休假正常、有正常的休閒時間、有紓發情緒的管道。明瞭軍中遊戲規則，接受軍中訓練與磨練。對軍中的環境、作息、要求及各項規定都能習慣適應。

四、生理心理健康

　　義務役志願役的健康身心理為：三餐正常、大小便睡眠正常、活潑有笑容、情緒穩定波動小、不會有一股不滿想發洩的情緒。

　　近年來軍隊成員的適應問題逐漸的引起注意，尤其當軍中自裁事件發生時，便引起相當多家屬對其子弟在軍中服役的適應狀況起疑慮。而軍中對此領域的探究也開始展開，由此，軍中情境適應問題的研究開始成長，且有愈發蓬勃之勢。經回顧過去研究發現，關於軍事組織研究如後所述：

　　朱美珍（民 87）以政戰學校四百八十四名學生為對象，以自編之「生活適應問卷」為工具，結果發現政戰學校學生在生活適應問題的方面有：「與學長、隊職幹部的關係」、「對連隊生活管理不滿意」、「認為賞罰不公及獎勵不合理」、「生活不充實」。而且遇到困難不會向隊職幹部反應，覺得隊職幹部不了解同學。楊宗德（民 87）以政治作戰學校一年級一百五十七名新生為研究對象，以自編之「生活狀況調查表」，並且採用「賴氏人格測驗」作為調查的工具，其研究的結果為：⑴個人人格特質與生活適應有顯著相關；⑵正期班新生就學意願與生活困擾無相關，與未來前途的困擾之相關則是極為顯著，而在學校生活困擾之相關也達顯著；⑶生活困擾的主要來源，前五項依序為：不適應軍事訓練、學校生活、社交生活、未來前途、學習適應。以上的五項困擾來源在男、女性別方面皆相同；而在最感到困擾的問題方面，也都與不適應軍事訓練及社交生活有關。

　　孫敏華（民 88）編製一份適合評估役男軍中適應狀況的量表。經志願役及義務役軍中成員半結構的問卷調查結果，軍中適應量表包括了：「習慣軍中」、「軍中人際」、「身心健康」及「心態接受」四個向度。另外，洪光遠（民 87）研究發現役男常面臨的壓力包含了：「個人觀念不同」、「生活環境改變」、「任務繁重」、「體能欠佳」、「領導統御失當」、「管教錯誤」等。而卓淑玲及邱發忠（民 88）研究顯示。士兵在部隊遇到適應問題為：「擔憂與外界關係中斷」、「不適應長官領導風

格」、「混的心態」、「擔心訓練與工作」、「困擾於軍中人際」、「營舍、伙食不好」、「害怕資深弟兄」等。綜合研究可以發現，軍事情境裡，大多適應問題在軍事生活的不適應、軍事訓練、與外界隔離等層面，並可知軍事環境影響個體行為的優勢性。

中共解放軍報（1998.12.17）第八版指出，新兵適應不良的原因有：(1)從經歷家庭式親情體系依賴情緒，到部隊上下體系、服從意識的轉變。新兵會產生想家、想父母、懦弱、委屈、愛哭等現象；(2)由寬鬆社會環境養成的散漫，轉而緊張正規紀律嚴明的行為，新兵容易產生不適應，感到畏懼，不知所措；(3)新兵入伍後，一些人要經歷從喜歡享受轉變成喜歡吃苦、甘願奉獻，尤其是駐守沿海開放大城市的新兵，如不能適應這個轉變，會失去前進的動力和信心，表現為牢騷滿腹、焦慮、抑鬱、萎靡不振或怨天尤人等；(4)新兵從單純天真浪漫轉變為正視現實、服從分配。新兵富於想像，充滿憧憬，想在部隊學技術、成材，甚至想當英雄。而部隊現實是平凡而普通，例如：有些新兵被分配到炊事班養豬、種菜、做飯等，部分人感到失望、沮喪或有懷才不遇、後悔的想法，甚至消極抵抗。

從以上的資料得知，有些研究將適應視為人與環境互動的過程，有些視為互動的結果或是技能，本文偏向將適應視為結果。不論中共或我方，軍中新兵適應問題都相當類似，解決之道在於：培養服役的正確認知，服役是國民應盡的義務，役男應抱持正確態度，服役前或選擇軍事生涯之前，多方蒐集正確資訊，從了解、接受、適應到認同軍中；志願役軍士官更應將軍旅視為個人生涯發展，做好個人的前程規畫。其次多培養自己積極因應壓力的方式。入伍前調整自己作息時間體能狀態，使進入部隊後適應時間縮短。若有痼疾及各種特殊身體心理疾病，應於入伍時告知部隊，使部隊長能正確對待，以防意外發生。

朱美珍（民87）建議軍旅生涯適應問題的解決措施：(1)精進領導幹部的輔導技巧：①主動關懷；②連繫家屬或朋友；③紓解壓力；④培養人際關係；⑤培養休閒生活；⑥善用領導與輔導技巧；⑦加強各項宣教；⑧善於運用社會資源網絡。(2)相關單位的配合方案有：①加強領導幹部的專業職能；②加強資深弟兄的專業職能；③改善軍中環境；④針對新進弟兄適

應問題研擬預防措施；⑤尋求家屬的協助；⑥尋求社會環境的配合。

第四節　藥物濫用及防治

　　台灣自一九七〇年代邁入現代化與工業化後，歐美的藥物副文化也開始流行，並日趨嚴重。近年來藥物濫用罪犯人數大幅增加，不但侵入學校、家庭、社區，更藉著役男入伍滲入軍中，濫用的年齡層也有下降的趨勢。影響層面不僅戕害個人身體健康，更衍生許多社會問題與犯罪行為，破壞社會安定與發展。根據周碧瑟（民 83）針對國高職中學生展開調查，發現國高中吸毒率為 1.4%，這尚未涵蓋輟學青少年吸毒率；而國防部最近從新兵入伍尿液篩檢中發現：毒品陽性率為 4.39%，幾乎每二十個人就有一個。

　　在現代的社會，長期的使用神經作用物質，已成為公共危險的重大原因之一，軍中由於任務執行上，成員需要保持高度的警覺心，以防止危安事件的肇生，才能使任務順利遂行，故對這類物質濫用的防處，已成為軍隊的重要議題。

壹、何謂藥物濫用

　　美國精神醫學會所出版的《精神異常診斷與統計手冊》對藥物濫用的分類，該手冊在第一版將這類問題稱為藥癮（drug addiction），一九六八年第二版稱為藥物依賴（drug dependence），到了一九九四年第四版稱為物質濫用（substance abuse）。所謂物質濫用是指一種適應不良的物質使用模式，導致臨床上重大損害或痛苦，在同一年內出現下列各項中一項（或一項以上）：⑴一再的物質使用，造成無法實踐其工作、學業或家庭的主要角色責任（如：與物質使用關聯而一再曠工或工作表現不良；與物質使用關聯而曠課、休學或被退學；疏於照顧子女或荒廢家事）。⑵在物質使用對身體有害的狀況下（如因物質使用而功能損害下仍開車或操作機

器），仍繼續使用此物質。(3)一再捲入與物質使用關聯的法律糾紛（如因物質使用關聯的不當行為而被逮捕）。(4)縱然由於物質使用的效應已持續或重複造成加重此人的社會或人際問題，仍繼續使用此物質（如：與配偶爭執有關物質中毒的影響、與人鬥毆）。

貳、藥物濫用原因

有關藥物濫用的原因，有四種成癮理論。分述如下：

一、生物學理論

此一理論在於強調遺傳體質的易感染性，生理系統包括細胞的變化，皆可能造成成癮物質在大腦經由正增強作用（如吸的快感）或負增強作用（避免戒斷症狀的痛苦等）而成癮。這都會造成一個人藥物濫用的可能性的增加。

二、社會文化學說

近二十年來有許多相關文獻指出社會與文化（規範、人際關係）對藥物濫用產生的影響，尤其是來自同儕的壓力。根據法務部及軍中煙毒犯的研究顯示，超過 50%初次吸毒的動機是來自朋友的驅使與誘惑。

三、心理分析學說

認為驅使一個人藥物濫用，可能與其內心世界的人格發展偏差有關，因其無法解決個人與現實環境互動中產生的挫折、焦慮、無助等心理情緒，而導致低挫折容忍度及低自尊，因此往往藉由藥物濫用來宣洩自我無法控制的負面情緒，企圖降低內心的衝突。

四、行為學派理論

認為任何一種行為，不論好的或壞的，都是透過觀察、模仿、認同和學習而來。從研究資料顯示，藥物濫用者「初次嘗試」的主要原因，就是好奇心作祟，加上交友不慎、結交毒客惡友，為尋求被認同感，以致於以身試毒，造成終身遺憾。

從七〇年代開始，國內外有關青少年藥物濫用的實證研究很多，且共同指出，濫用藥物的原因非常複雜，絕非單一因素使然，不論第一次或是持續使用的原因，其原因不外乎：

一、個人心理因素

低自尊、反抗權威、好奇心、挫折感、課業工作壓力、衝動、逃避現實等人格結構上的問題。

二、家庭因素

破碎家庭、父母不睦、管教不當、不認同父母、父母本身用藥或默許、忽略及示範等增強因素。

三、社會因素

交友不慎、缺乏對同儕壓力及脅迫用藥的技巧，缺乏社交技巧等因素（楊菊吟，民85）。

參、藥物濫用的階段與危害

服用藥物後，會使人漸漸成癮，藥物成癮是藥物濫用者終生最大危害，一般人藥物成癮是漸進式和階段性的，可分為下列幾個階段：

一、起始階段

開始用藥時往往是為了好奇，解除憂慮痛苦，而嘗試吸食或注射藥物。

二、繼續階段

繼續使用藥物，可分為兩種情形：㈠週期性，即遇到聚集時便吸食；㈡間歇性，即心理不快或適應不良時，也會吸食。在此階段不一定會成癮，也可能服用數次後會自動停止服用。

三、沈迷階段

對於心理不穩、意志不堅、憂鬱煩悶或不滿現狀的人，會因此藉由藥物逃避現實和脫離苦境，因此漸漸的使用藥物成為習慣性，會有部分心理倚藥性產生。

四、成癮階段

使用者往往意識不清、無法自我控制、表現出時哭時笑、言語不連貫、幻覺、定向力障礙，以及偶而會有暴力行為。成癮者產生心理依賴，也可能有生理依賴。

五、戒斷階段

這是最嚴重的成癮階段。此時藥物改變了生理狀態，若不繼續使用便會出現嚴重的症狀，所以必須繼續使用藥物。處於此一階段的人，會表現出嚴重的精神病態，失去原有的社會功能，行為常有反社會傾向，甚至毒品犯罪，此時需對其人格加以重建，才能使他脫離此種苦境。

藥物濫用對人的危害，包括生理、心理、社會生活等各方面，說明如下：

一、生理的損害

長期的藥物濫用會直接造成消化、呼吸和神經系統的毛病：

(一)用藥反應

吸食強力膠及注射速賜康者的反應，個案主觀感覺會有視幻覺、輕飄飄感、朦朧狀態、耳鳴、聽幻覺、愉快興奮、頭暈、思想判斷障礙。外表行為會有步態不穩或酒醉狀態、語音不清、情緒不穩、思睡、膽子變大。長期吸膠會造成腦部及心、肝、腎等難以復原的病變。

(二)急性過量中毒反應

紅中致死量為 3gm，若因耐藥性提高或不小心，有可能一次服用超過三十顆達致死量，而發生急性過量中毒反應。長期藥物濫用者會因為生活中只在乎毒品忽略正常飲食，造成營養不良改變生理外觀。在身體不佳加上個人衛生習慣不良時，使用污染的針頭注射藥物，更使人無法抵抗疾病的感染，例如：許多染上 AIDS 患者是毒癮者。

(三)戒斷症狀

重度用藥者較容易產生戒斷症狀，以速賜康最為明顯，白板紅中次之，強力膠最輕微。速賜康戒斷症狀在停藥後一兩天發生，可能持續五至七天，但不如嗎啡戒斷之嚴重。常見症狀有：打哈欠、腹瀉、胃口不佳、流眼淚、渴望藥物、流鼻涕、失眠、顫抖、噁心、焦慮等。有心戒毒者所面臨最大考驗就是毒癮發作時生理戒斷的痛苦，使人感覺生不如死。

二、心理的反應

藥物濫用會改變人的思考、感覺和反應，使人陷於迷幻狀態不想動彈，對生活缺乏計畫凡事沒有動機、沒有社會歸屬感、提不起勁去追求成就、尊嚴和榮譽、甚至否認社會規範的價值。藥物濫用者有兩個主要心理現象，一為無動機症候群，一為吸食行為的升級。後者對台灣吸食者的升級路線，可能是吸煙→強力膠→中樞神經抑制劑→速賜康。藥物也易使吸毒者情緒變得極不穩定，容易焦慮，喜怒無常無法控制，對自己形象愈加不滿，而貶低自我價值形成性格上的扭曲。這些現象皆因為對毒品的依賴使人無法自主，以致生活方式改變，中斷了學業、工作與人生的正常發展，造成更多的挫折而不得不再逃到毒品中，暫時忘卻痛苦，形成惡性循環（蘇東平，1981）。

三、偏差行為的威脅

藥物濫用者無法控制自己的行為，法律的規範和社會道德的約束降低，之後最易伴隨著性行為、破壞行為及犯罪行為。說明如下：

(一)較容易有性的濫交與雜交

且女性比男性嚴重，在迷迷糊糊中發生性關係甚至被強暴皆有之。高金桂（民73）研究國內二百三十一名煙毒犯，吸毒青少年和正常青少年，

在婚前性行為方面有顯著差異，吸毒青少年約 70%，而正常青少年只有 15%。且吸毒青少年在早年，即具有各種不正當的生活經驗，偶有或經常嫖妓者，佔吸毒青少年的 60%。

(二)容易有破壞性行為

蘇東平研究（1981）二百一十二名國內青少年吸毒犯中、三分之二以上曾有犯罪紀錄，其中 31%涉及人身犯罪；44%涉及財物犯罪；藥物濫用者在成癮之後為了維繫藥物來源，會衍生出以財產為主的犯罪行為。

(三)與犯罪不道德行為及黑社會組織間容易產生關聯

吸毒者一旦上癮之後，若無法擺脫吸毒的習慣，從此就成為毒品的奴隸，尤其多數毒品具有耐藥性，也就是當使用某種毒品一段時間後，需要的毒品會不斷增加，久而久之喪失了獨立的心智，形成嚴重的社會問題。黑社會組織常用毒品控制娼妓，當少女感染毒癮之後，無法忍受毒癮的壓力，只好聽命於黑社會組織，形成嚴重的犯罪與危害社會安全的來源。

四、社會生活的破壞

吸毒者常無法正常工作，無法對家人或朋友負起重要的責任，於是產生人際的疏離。高金桂（民 73）的研究指出，吸毒青少年中，經常逃家者佔 87%，正常青少年只有 13%。另外吸毒者早期深受吸毒團體的影響，特別是犯罪黑道組織的影響更大，逐漸對吸毒副文化產生高度認同，使其無法接納整體的社會價值，排斥社會規範。藥物濫用者在施用期間，身心和社會生活已被破壞殆盡，從矯治機構出來之後，除了留下標籤之外，又得在面對許多原先不願面對的事實和環境，如早先失敗的學業、被破壞的婚姻或家庭、失意的工作和破碎的人生。此外他們的生活中容易有意外產生，美國有一半的車禍致死是飲酒過量，還有許多人服用過量的鎮靜劑或安眠藥意外死亡或結束自己生命，用藥過量致死是吸毒者最後的悲劇。

肆、軍中藥物濫用的防治

藥物濫用防治需同時從供給面及需求面著手才能全面防止。供給面包括消滅毒品並阻止毒品流通，立法列管，一般由警政人員負責處理。需求面部分，其策略主要是針對藥物濫用者的預防和治療，並配合宣導措施，由醫師、心理師、警政人員、社工人員、教育人員以及戒毒成功者共同推廣與輔導。而國軍針對物質使用的防治，均訂立相關的規定，通令各單位予以執行，除了吸煙區及禁煙區的設立外，對於酒後駕車者亦予以嚴處，在反毒方面更是不遺餘力，因軍中特性在更易掌握人員動態之有利條件下，推展反毒工作績效實為顯著。以下分三方面說明：

一、拒毒方面

八十七年五月二十日總統公布「毒品危害防制條例」，及八十八年三月衛生署訂頒「濫用藥物尿液檢驗機構認可及管理相關規定」，於八十八年六月二十八日令頒「國軍官兵濫用藥物尿液篩檢作業實施計畫」乙種，俾供各單位作業規範，受檢對象包括入伍新兵、監所收容人、一般部隊追蹤及懷疑篩檢，而篩檢品項以安非他命及嗎啡為主。

二、反毒宣導方面

預防方面，結合「莒光園地」電視教學，製播反毒教育專輯——藥物濫用防制，以及衛生保健系列「大家一起來反毒」，向全軍官兵宣教，期能認識毒品，達成反毒共識；持續運用勝利之光、奮鬥、國魂等刊物，刊登「反毒」漫畫、專文；青年日報以社論、新聞報導、圖片、讀者投書等配合刊載「反毒」文稿；漢聲電台以新聞報導、訪談、評論、專題報導等方式，於全省調頻調幅網及各地方電台實施反毒宣導；各軍種部報刊配合刊載反毒文章。

三、戒毒方面

(一)戒癮設施

自八十三年起分別於國軍北投醫院、國軍高雄總醫院、國軍花蓮總醫院、國軍左營醫院等成立「藥癮治療全日病房」，服務項目包括：藥酒癮戒斷與治療，服務對象包括：國軍官兵藥癮個案由部隊送來戒治者、民眾藥酒癮個案主動尋求戒治者及藥癮特別門診轉介之個案。國軍北投醫院藥癮科除提供短期住院治療外，並針對藥酒癮個案進行門診團體心理治療與「草山學苑」之復健追蹤治療，服務大臺北地區軍中藥癮個案，協助毒品成癮者遠離毒品，以達戒毒之目的，並建立軍中特有之藥癮治療模式及追蹤制度。

(二)心理復健設施

國防部配合「國軍精實案」，完成「國軍輔導定位編組」規畫，調整各級部隊心理編組及人力，計成立一百八十七個「心理衛生中心」、七個「地區心理衛生中心」，並建立「國軍心理輔導三級預防體系」，於八十八年度對具有煙毒紀錄的官兵，實施輔導計二千九百零三人次；另據統計同年度涉及吸食、持有及販賣安非他命、毒品、禁藥人員，入營前有違犯紀錄計三千四百六十四人，入營後再犯計二六〇人，再犯率為 7%，顯示防制毒品蔓延之成效。

(三)追蹤輔導設施

從新兵入營至退伍止，各階段均按規定實施尿液篩檢作業，針對陽性反應施用毒品之官兵，全面實施勒戒治療，國軍各級部隊並已列管吸毒人員資料，藉由官兵役前之前科資料及不定期之尿液篩檢，加強國軍官兵個案追蹤輔導，以維護官兵身心健康，達到戒毒成效。

結　語

　　過去的幾十年中，由於醫學的發達及醫療網絡的建立，人們的壽命得以延長，此時發現人們是否因科技的便利，而過得更快樂、更健康？健康心理學家試圖在人與環境建立橋梁，而軍事健康心理學則是希望以健康心理學為軟體，促使軍人與軍隊的介面緊密結合。而「健康」工作的執行經緯萬端，以目前軍中的心理衛生工作做法來看，尚稱不足，為使其更臻完善，未來如能結合軍中各項資源網絡的整合，相信更能提升軍人在服役過程中身、心、靈的安適狀態。

　　健康心理學的概念，橫跨個體的生命週期，而軍事健康心理學所要做的並不僅僅是役男於服役階段消極的適應良好，更積極的希望健康的概念能深植於每位服役的弟兄，使其於退伍後將健康的概念推及於社會上。使人人都能達到「在營為良兵，在鄉為良民」的建軍目標。

參考書目

王梅君（民 86）。**軍中適應問題探討**。國軍八一八醫院，未出版。

朱美珍（民 87）。軍校學生人際關係與生活適應之研究──以政戰學校為例。**復興崗學報**，63 期，149-165 頁。

余安邦、曾麗娟（民 89）。**國軍基層幹部壓力來源與因應方法之研究**。國防部官兵行為研究專案。

周碧瑟（民 83）。**青少年用藥盛行率與危險因子探討**，衛生署編印一九九四藥物濫用防治研討會報告。

卓淑玲（民 86）。**政戰幹部之情緒管理策略研究初探**。政治作戰學校心理系。

卓淑玲、邱發忠（民 88）。士兵生活適應問題、因應策略及相關變項關係之初

探。**復興崗學報**，68 期，165-202 頁。

卓淑玲、程淑華（民 89）。情緒智力與情緒感染在壓力情境中對官兵自我效能
　　與任務成就之影響。**「國軍官兵行為研究」專案研究報告**。

洪光遠（民 87）。新新人類部隊生活適應問題的探討。**軍事社會科學半年刊**，
　　創刊號，131-151 頁。

胡正申（民 87）。軍中人際關係之探討與輔導策略的運用。**復興崗學報**，63
　　期。

蘇東平（1981）。**青少年濫用藥物之社會心理因素及臨床研究**。行政院國科會
　　專案計畫研究報告。

俞筱鈞譯（民 85）。**適應與心理衛生——人生週期之常態適應**。臺北：揚智出
　　版社。

孫敏華（民 84）。軍中生活壓力與身心健康之研究。**中華心理衛生學刊**，2 期，
　　59-74 頁。

孫敏華（民 86）。自殺危險警訊之研究——以軍中為例。**輔大應用心理學報**，
　　6 輯，23-54 頁。

孫敏華（民 88）。**役男軍中適應之研究**。政治作戰學校軍事社會科學研究中心。

孫敏華（民 89a）。役男服役歷程及影響其適應因素之研究——以個案縱貫法探
　　討。**軍事社會科學學刊**，7 期，103-134 頁。

孫敏華（民 89b）。役男人格特質量表之編製及與軍中適應之研究。**中華輔導學
　　報**，7 期，97-130 頁。

孫敏華（民 89c）。役男壓力來源、因應方式與軍中適應關係之研究。**中華心理
　　衛生期刊**，13 卷 4 期，1-31 頁。

陸軍總部（民 84）。**官兵生活壓力與調適**。陸軍總司令部八十四年元月份大「主
　　官座談」。政三處專題報告資料，未出版。

曹中瑋（民 86）。情緒的認識和掌控。**學生輔導通訊**，51 期。教育部訓委會。

黃惠惠（民 80）。**助人歷程與技巧增訂版**。臺北：張老師文化事業公司。

高金桂（民 73）。**青少年藥物濫用與犯罪之研究**。臺北：文景出版社。

張春興（1989）。**張氏心理學辭典**。臺北：東華書局。

張裕隆（民 75）。**達觀進取——如何調適自己**。陸軍總部。

傅仲民（民 84）。國家對藥物濫用防治策略之研究。**復興崗學報**，56 期，195-216 頁。

程淑華（民 88）。認知和情緒在衝突管理措施改變上之影響。**應用心理學報**，7 輯。輔仁大學出版社。

曾華源、郭靜晃譯（民 87）。**跨越生活危機，健康心理管理**。臺北：揚智出版社。

楊宗德（民 87）。政治作戰學校正期生新生學校生活適應與人格特質分析。**政治作戰學校軍事社會科學研究中心，心理學在人事上之應用學術研討會論文集**，247-276 頁。

楊菊吟（民 85）。從矯治社會工作觀點探討國軍藥物濫用問題防制之道。**復興崗學報**，58 期，87-111 頁。

張春興（民 81）。**心理學**。臺北：東華書局。

鄭泰安（民 75）。工作壓力。**心理健康週專題座**，中國心理衛生協會，衛生署聯合主辦。

蔡文佩（1996）。**入伍新兵社會支持與身心困擾之探討**。國防醫學院碩士論文。

蔡文佩（民 84）。**入伍新兵社會支持與其身心困擾之相關因素探討**。國防醫學院護理研究所碩士論文。

潘正德（民 85）。大一新生人格特質、生活適應與學業成績的關係暨相關因素之研究。**中原學報**，24(2)，35-51 頁。

佚名（1998）。重視新兵的心理保健，**解放軍報**。12/17：8

佚名（2000）。新兵下連來，如何防心病，**解放軍報**。3/23：8。

鍾明鈞（民 89）。生活壓力與社會資源對陸軍士官兵部隊適應之實證研究。**復興崗學報**，70 期，131-165 頁。

蕭仁釗、林耀盛、鄭逸如譯（1997）。**健康心理學**。臺北：桂冠圖書公司。

Arkoff, A. (1968). *Adjustmnet and mental health.* New York：McGraw-HillBook Company.

Agnew, Robert (1999). A General Strain Theory of Community Difference in Crime Rate. *Journal of Research in Crime and Delinquency, 36(2),* 123-146.

Amirkhan, J. H. (1990). A factor analytically derived measure of coping：the coping strategy indicator. *Journal of Personality and Social Psychology, 59*, 1066-1074.

Ashtom, H., & Stepney, R. (1982). *Smoking : Psychology and pharmacology*. London : Tavistock.

Backer, P. R. & Orasanu, J. M. (1992) Stress and performance training: A review of the literature with respect to military application. *Paper presented at the Annul Meeting of the American Educational Research Association.* (San Francisco, Arria 20-24, 1992)

Baum, A. (1990). Stress, intrusive imagery, and chronic distress. *Health Psychology, 9*, 653-675.

Billing, A. G. & Moos, H. (1985). Psychosocial stress, coping depression. In E. E. Backham, & W. R., Leber, (ed.). *Handbook of depression : Treatment, Assessment, and Reserch,* 940-974. Homewood, Illionis. The Dorsey Press.

Coyne, J. C., & Holroyd, K. (1982). Stress, coping and illness : A transactional perspective. In T. Millon, C. Green, & R. Meagher (eds.), *Handbook of clinical health psychology.* New York : Plenum.

David F. Marks, Michael Murray, Brian Evans and Carla Willig (2000). *Health Phychology. Theory, Research and Practice.*

Folkman, & Lazarus (1984). *Stress, Appraisal, and coping.* New York : Springer Publishing Company.

Folkman & Lazarus (1988). Coping as mediation of emotion. *Journal of Personality and Social Psychology 54(3),* 466-475.

Folkman, S. & Moskowitz, J. T. (2000) Posssitive affect and the other Side of coping. *American Psychologist, 55(6),* 647-654.

Hobfoll, S. E. (1989). Conservation of resources : A new attempt at conceptualizing stress. *American Psychologist, 44,* 513-524.

Holmes, T. H., & Rahe, R. H. (1967). The Social Readjustment Rating Scale. *Journal of Psychosomatic Research, 11,* 213-218.

Holmas, T. H. & Rahe, R. H. (1967) The development and implication of a personal problem-solving inventory, *Journal of Psychosomatic Research, 1,* 213-218.

Holroyd, K. A. & Lazarus, R. S. (1982) Stress, coping, and somatic adaptation. In L. Goldberger & Breznitz (Eds.), *Handbook of stress* 21-35. New-York : The Free Press.

Kanner, A. D., Coyne, J. C., Schaefer, C., & Lazarus, R. S. (1981). Comparison of two modes of stress measurement： Daily hassles and uplifts versus major life events. *Journal of Behavioral Medicine, 4,* 1-39.

Kleinginna, P. R. Jr., and Kleinginna. A. M. (1981). A categorized list of emotional definitions, with suggestions for a consensual definition. *Motiv. & Emot., 5(4)* 345-79.

Lazarus, R. (1976). *Patterns of Adjustment.* New York： McGraw-Hill.

Lindgren, H. C., & Fish, L. W. (1976). *Psychology of personal development.* New York : John Wiley & Sons, Inc.

Mayer, J. D., Salovey, P., Gomberg-Kaufman, S., & Blainey, K. (1991). A broader conception of mood experience. *Journal of Personality of Social Psychology, 60,* 100-111.

Mischel, H. N., & Mischel, W. (1983). The development of children's knowledge of self-control strategies. *Child Development, 54,* 603-619.

Morris, W. N., & Reilly, N. P. (1987). Toward the self-regulation of mood： theory and research. *Motivation and Emotion, 11,* 215-249.

Newman, P. R. & Newman, B. M. (1981). *Living： The process of Adjustment, Home-wood Illinois：* The Dorsey Press. Patty, W. L., & Johnsor, L. S.

Nihira, K. (1978). Factorial descriptions of the AAMD adaptive behavior scale. In W. A. Coulter & H. W. Morrow (eds.). *Adaptive behavior: Concepts and measurements,* 45-57 New York: Grune & Statton .

Rippere, V. (1977). What's the thing to do when you're feeling depressed ? ——a pilot study. *Behavior Research and Therapy, 15,* 185-191.

Salovey, P., & Mayer, J. D. (1990). Emotional Intelligence. *Imagination, Cognition and Personality, 9,* 185-211.

Sarason, I. G., Johnson, H., & Siegel, J. M. (1978). Assessing the impact of life changes：Development of the Life Experiences Survey. *Journal of Consulting and Clinical Psychology, 46,* 932-946.

Schachter, S. (1970). The assumption of identity and peripheralist-centralist controversies in motivation and emotion, in M. B. Arnold (ed.), *Feeling and emotion：The Loyola Symposium.* Academic Press, New York and London.

Selye, Hans M. D., (1980). The Stress Concept Today, in I. L. Kutash, et al. (eds.), *Handbook on Stress and Anxiety : Contemporary Knowledge, Theory, and Treatment.* Jossey-Bass, San Francisco.

Thayer, R. E. (1989). *The biopsychology of mood and arousal.* New York: Oxford University Press.

Thayer, R. E., Newman, J. R., & McClain, T. (1994). *Success of mood change strategies judged by mental health professional.* San Diego, CA：American Psychological Society.

Watson, D. L. & Tharp, R. G. (1985). *Self-directed behavior：self-modification for personal adjustment (4th.),* Monterey, California： Brook/cole Publishing Company.

Wheaton, Blair (1990). *Where Work and Family Meet: Stress Across Social Role. Stress Between Work and Family.* Charpter 8. Edited by John Eckenrode and Susan Gore: Copyright by Plenum Press, New York.

思考問題

一、何謂健康？何謂健康心理學？何謂軍事健康心理學？

二、試說明壓力的定義，並舉例說明。

三、你對軍中學長壓力看法如何？你覺得學長制度應如何執行才能達到原來設計的效果？

四、試分析壓力對軍人的影響？若領導者嚴格要求士兵，造成士兵極大的

壓力反應，你的看法為何？

五、人格特質與壓力因應之間的關係為何？

六、情緒智力包含哪些層面？軍人應如何提升情緒智力？

七、志願役軍官適應軍中環境的重點有哪些？

八、從役男的角度，應如何努力才能盡快適應軍中？

九、你對藥物濫用的了解為何？

十、藥物濫用的危害有哪些？應如何防治？

第三章
兩性關係與女性軍人

前　言

　　由於女性勞動市場人力充沛，婦女積極爭取非傳統性工作機會、加上世界各國面臨缺乏高素質兵源的窘境，因此開發女性人力就成為各國軍中重要的人力資源政策。以我國為例，過去的二十年來台灣地區婦女勞動參與率大幅提升了十個百分點。而造成女性勞動參與率提高的因素不外有：女性教育程度提高、女權倡揚、兩性平等觀念提升、婚育年齡延緩、育兒數目減少、社會對已婚女性工作態度的改變，以及產業結構的需求等。軍隊原本是男性專屬的行業，近年來因招收高素質人才不易，且軍中有逐漸

轉向高科技專業化的趨勢，不再只是體能為主，因此隨著世界各國潮流，逐漸開放女性進入軍中。女性進入以男性為主的軍隊之後，會產生何種問題？女性軍人的壓力有哪些？世界各國運用女性軍人的政策如何？女性能否擔任戰鬥職務？以及軍中性騷擾的問題等。都是本章欲探討的問題。因此本章從女性在軍中的角色、女性軍人的壓力、女性擔任戰鬥職務、軍中性騷擾等方面分別探討女性軍人的議題。

第一節　女性在軍中的角色

　　世界各國中，女性軍人較多的是西方工業化國家，其中除了以色列採募兵制外，其餘各國女性軍人都是「志願從軍」。女性軍人最多的國家是美國，其次是中國大陸、英國、法國等。目前全球的女性軍人約在五十萬人上下，佔全球軍人總數的 2%。大多數國家開放女性軍人服役是在七○年代，以下對各國女性軍人作一簡單介紹：

壹、臺灣

　　根據歷史的記載，中國婦女最早從事軍事活動最早可追溯到商殷（公元前一千三百多年），從晉代開始，幾乎每個朝代都有婦女從軍的事蹟，有的是男裝入伍，有的是以女性身分馳騁將場。唐初男女都具尚武精神，一般女子多能騎馬，甚至可以參與軍事活動。清末太平天國提出男女平等、天下大同的思想，受到女農民和少數民族婦女的響應，所從事的工作看護、站崗、放哨、收集情報和戰鬥等工作。由此看來，中國歷年來婦女大規模的戰爭中。絕少構成戰鬥的主力，婦女加入軍隊主要的作用在於支援或補充男性角色的不足。

　　國軍運用女性人力起源於北伐時期的護理工作隊，擔任戰場救護工作，八年抗戰時期，因應軍事需要，成立醫護人員訓練班，擔任戰場救護工作。民國三十六年國防醫學院成立護理系，民國四十年政戰學校招收女

生。畢業後分別從事護理及宣教的工作，民國八十年國防部為了因應男性志願役官士不足及社會女性人力充沛的情況，擴大招收女性專業士官班，八十四年三軍官校、國防管理學校，及中正理工學院開始招收正期女性學生。故目前招收女生正期生的軍事院校有三軍官校、政戰學校、國防醫學院、國防管理學院等六校。招收專科班的有海軍官校（航海、輪機、通信電子）。招收女性專業軍官班的有空官飛行科、空軍航空技術學校、國防管理學院、聯勤兵工技術學校、政戰學校、陸軍通勤電子學校、後勤學校、動員學校等八校。招收女性專業士官班的有陸軍後勤學校、海軍技術學校、空軍技術學校、國防管理學院等。

自民國八十七年三軍官校均有女軍官畢業，他們分發到基層部隊從排長歷練起，海軍官校畢業女官到艦隊服務，空軍官校女官擔任飛行員，這些女性軍士官打破以往女性在軍中扮演護理、行政、宣教等支援性的角色，開展我國女性角色在軍中歷史的新頁。

貳、美國

美國女性最早加入軍中是在美國獨立戰爭時，約有一萬名女性自願加入自衛隊，擔任護理、救援、洗衣等工作。美國內戰時，有更多婦女在州及聯邦政府號召下擔任護理工作，除此之外，少數擔任護理工作之餘的婦女，還兼負偵探和偵察的工作，如 Mary Walker 是美國第一位女軍醫。並在一八六五年得到榮譽獎章。

因此一九四一年以前，美國女性加入軍中服務多是護理性的工作，其他的工作如接線生、文書、洗衣等。隨著二次大戰護理工作需求大增，約有三十五萬的女性在軍中服務，主要工作仍以護理為主。工作地點不只在美國本土，還遠至非洲、歐洲、印度、中國、甚至到西南太平洋的小島等。二次大戰中女性軍人表現最突出的應是「美國女性飛行員」（woman's airforce service pilots），她們飛行時數超過六十萬英里，擔任過無數空襲任務、教過數百名飛行員。其中三十八名在執行任務時英勇喪生。

護士對戰場的貢獻也很卓著，幾乎是哪裡有美國軍人，就一定有護士

隨行，許多護士因此喪生或受傷，她們的行為與戰士無異。特別是一九四二年在陸軍外科醫院，日本人擄獲了五十四名美軍護士，將她們關在菲律賓的監獄中繼續照顧獄中傷患，長達三年之久，直到戰爭結束。最近一項研究顯示，美國女性退伍軍人，7.4%是從二次大戰、韓戰或越戰回來，其中73.5%戰時擔任護士。

二次大戰的過程中，美國民意要求女性上戰場，特別是未婚女性，民意希望他們被徵召，以減少已婚父親上戰場的比例。三十五萬名女性服役的結果，在美國內部民意評價相當高，認為他們表現優異。二次大戰結束後，美國軍方開始考慮女性在平時的角色，是否應該給她們一個永久且適當的地位？美國國會終於在一九四八年以兩百零六票對一百三十三票通過美國婦女服役法案。杜爾門總統親自簽署了條約，且建立了婦女在陸海空軍的永久合法地位。

越戰時，約有七千五百名婦女前往越南，80%以上擔任護士。他們和男性一樣，目睹戰場上發生一切，砲火的無情、無盡的傷亡、手術台上救人動作從無間斷。因此越戰結束後，9%的女性及15%男性退伍軍人，成為「創傷後壓力病患」（PTSD）。從一九八〇年代，女性在軍中的角色更加的擴展，任務更加多元化。一九八三年戰役中，參戰二百名婦女中有二十四名擔任飛行員、工程師、投擲炸彈者。一九八六年利比亞戰役中，女性擔任坦克部隊並執行轟炸任務。海軍女性飛行員更執行登陸及反利比亞登陸的任務。一九八九年將近八百名女性軍人參加巴拿馬戰役，在此戰役中實際經歷真槍實戰，兩性合作在此獲得極高評價。

隨著女性在軍中人數的增加，對女性軍中角色與發展產生很大的影響，特別是一九八九年「巴拿馬戰役」和一九九〇年的「波灣戰爭」，引發女性在戰場中角色的辯論，也間接促成了國會在一九九一年廢止海空軍禁止女性駕駛戰鬥機的禁令。一九九三年初美國國防部長宣布各軍種允許女性飛行員駕駛戰鬥飛行器，一九九四年一月又下令允許女性申請任職海軍及海軍陸戰隊支援單位，自此廢除「危險衡量法則」，同時美國將軍中80%的工作，約二十六萬個職務開放給女性。就美國而言，開放女性官兵在軍中的工作範圍和擴展其戰鬥角色的政策趨勢，已是不可擋的一股潮

流。

參、加拿大

加拿大的女性進入軍中，最早可追溯到一八五五年西北部的叛亂戰爭，以及一八九九年波爾（Boer）戰爭中加拿大的女性軍護。一次大戰時，護士分派到海外、醫護船、還有緊急救難單位，總共有五十三名護士殉職。二次大戰時，總共有五萬名護士被派到陸、海、空三軍的醫療單位。一九七八年加拿大開始掀起人權運動，女性在軍中工作機會得以擴展，一九八七年底為止，服役中的八萬五千名志願役軍人中，女性佔了9.2%，同年對女性諸多限制也解除。因此女性經訓練合格後可以擔任戰鬥飛行員、執行戰鬥及戰術直昇機，反潛艦的任務等等。一九八九年初，人權法案依法院的規定，徹底的去除「排除女性戰鬥任務」的規定，將一切兩性歧視的規定消除，除禁止女性上潛艦之外，其餘和男性相同。在可預見的未來，加拿大會逐漸穩定的發展出平等、穩健的軍中兩性關係。

肆、丹麥

二次大戰時，估計約有七百名丹麥婦女志願參加反納粹的活動，其中一百人與正式軍隊保有密切聯繫。一九八八年七月，丹麥除去對女性參加戰鬥任務的限制，女性軍士官可以擔任坦克車的駕駛、傘兵、突擊兵、步兵等。目前丹麥的女性軍人約一萬六千人，佔軍人人數的5.2%。女軍人也可服役於女性家庭防衛（woman home guard），在這可以以晚間和週末時間完成基礎訓練，畢業時可以以軍中特種訓練或是家庭防衛訓練畢業。

伍、法國

一次大戰時，法國約有三萬名女性護士投入戰場，超過十五萬的女性擔任文書及輔佐性工作。二次大戰女性在法國軍中，仍以護士、文書及各

種輔佐性工作為主,其中不少勇敢的女性,擔任反抗運動的成員。直到目前為止,法國軍隊仍堅持「女性排除戰鬥任務」的原則,不僅如此,許多艦隊上或飛機上與戰鬥無關的任務,也禁止女性擔任。目前法國約有一千名的女性軍人,可是她們的工作及扮演的角色,只有從傳統文書轉變為稍具科技取向的工作而已。

陸、德國

二次大戰時,鼓勵女性從軍服役最早的是德國,德軍取名為「從軍年」(duty year),女性進入軍中以輔佐性工作為主,不涉入戰鬥任務,因此並沒有實質的地位。聯邦政府到目前為止,仍只接受女性擔任醫官角色,如醫生、牙醫、藥劑師、獸醫等。德國軍醫系統中 7.1%是女性。現在德國面臨每年志願從軍年輕人日漸減少,很可能會考慮以女性人力來填補這些需要,但可預見的是,軍方會強烈反對。

第二節　女性軍人的壓力

壹、婚姻、家庭、小孩

根據國軍現況,女性軍人與男性軍人結婚的比例比較高,男性軍人則與平民女性結婚較多,其原因和軍中環境及相處時間有關。男女性同為軍人結婚稱為雙軍職家庭,這類家庭的女性面臨的問題有:期望配偶與自己派駐地相近、擔心二人同時被派赴遠地服務(如外島)、憂慮小孩無人照料管教、兩人在部隊服務時,女性通常需要暫時犧牲自己,選擇一個較輕鬆可以上下班的工作,以及自己與配偶同在升遷過程中,彼此競爭等問題。

美國國防部的資料顯示,許多家庭的小孩,會因為父母同是軍人被派往國外,疏於照顧而離家出走。波斯灣戰爭中因大量徵調後備軍人,其中

女性後備軍人佔了13%，這些女性大多有小孩。很多媽媽軍人在派赴波斯灣戰場六個月之後，造成母子關係的疏離；有的小孩因生病乏人照顧，因而去世；有的先生父代母職，為了小孩辭去工作；另外在軍營中小孩的成長歷程，也是被關心的焦點。一般在軍事基地成長的孩子，必須經歷一些軍中特有的約束規定，例如：小孩的頭髮需依照軍隊標準規定等等。因此美軍在一九八九年通過「軍中小孩照料法案」及增設「日間寄養中心」，但數量仍無法滿足需求。國內女性軍人雖不致和美國女軍人相同，但在協助育嬰育兒的需求上，卻是相同的。尤其日後女性軍人任務多元化，和男性同樣需長時間待在軍隊中，這方面的問題會更加凸顯。為留住高素質人才，未來應盡早規畫。

貳、生涯發展與角色職務

　　世界各國女性均相同，除了戰爭時期，只有極少數女性直接從事作戰外，所擔任的角色大多為行政性及輔助性的工作。但隨著女性人數的增多，女性在軍隊的角色與職務愈來愈廣泛。目前美國女性軍人可以參加火箭飛彈部隊，女憲兵在巴拿馬戰役也一戰成名，女將軍更有數名之多。我國女性軍人未來的發展是否如此？以八十七年畢業的三軍官校女生為例：陸軍官校畢業者，僅能選擇工兵、通信、運輸及化學兵四個戰鬥支援官科。海軍為使女性和男性擁有同樣的升遷發展管道，將畢業女軍官分發到六艘二代艦服務歷練。這些轉變軍中男性成員看法如何？未來男性軍人可否接受自己直屬長官是女性？孫敏華（民87）的研究，八成五覺得「女性軍士官的人力運用是目前及未來的趨勢」，八成以上軍中成員認為「單位中有女性同事，會增加工作氣氛。」當問到「你很難接受自己的隊長、師長（或艦長）是女性嗎？」者，有七成六持否定回答。因此整體而言，目前軍中同仁相當歡迎女性的加入，並不認為會造成管理上的困擾，且對女性擔任高階指揮職也抱持肯定態度。

　　長期以來女性在軍中擔任多以後勤、行政及護理工作為主，並未有機會歷練軍中主要領導職，因此立法院基於兩性平權的觀點，希望未來軍中

有女將軍的出線。就軍中的升遷經管而言，前一個職務的歷練，是擔任下一個職務的基礎，而且重要主官指揮職的歷練，絕對是升遷的必備條件。因此對女性軍人而言，基層領導職未經歷，絕不可能升遷到高職。短時間內要從基層培養出一位領導指揮職的女性，並不容易。另外女性在升遷過程中，除制度上的公平性外，同儕及長官對其能力的懷疑，也是需克服的障礙，一位服務軍旅二十五年即將退伍的上校女軍官說道：

> 在我從事軍旅生涯時，我所付出的心血往往是同等級男性的兩三倍，我不但要努力工作力求表現，還要不斷為自己披荊斬棘爭取向上的機會。我今天快退伍了，只有一句話，希望有關當局提供女性一個平等發展的空間與機會。

一位少將指揮官曾表示：

> 我所接觸的女性軍士官，進來程度都比同期的男性為高，做事也認真負責，可是對當主官好像沒有企圖心，意願都很低。因此考慮升遷時，並不完全是主官喜歡用男性，女性本身的意願也是很重要的。這當然有幾個原因，第一：大多數女性軍士官進入軍中，是為了一份有保障待遇不錯的工作，並沒有將軍中視為大展雄圖的地方。第二：女性多以家庭為重，考慮到將來結婚有小孩，無法將全副精力放在工作上，有了小孩之後，更容易因為家庭及小孩因素，無法全力投入工作，例如：一般部隊晚上留守加班，是家常便飯。階層愈高機會愈多，這點女性的配合度也不高，因此不但長官在升遷不會考慮她們，她們自己也會考慮適不適合？幾番思量結果大多數女性寧可選擇較為輕鬆負擔小的非主官職。

孫敏華的研究中，有八成五認為「女性除了懷孕生子期間，不適合擔任指揮職外，其他其間應和男性平等」。但是有六成四認為「未來女性居高階仍是不可能」，七成八認為「目前經管升遷制度，對女性而言仍是不

公平」。因此可預測的未來，隨著女性進入軍中的人數愈多，擔任軍中各種職務愈來愈廣泛，從民國九十年開始，國軍已為女性軍人規畫出明確的經管路線，政策上明確給與女性平等歷練機會，讓軍中女性擁有和男性一樣的經管升遷，有歷練基層指揮管理職工作的機會，因此未來我國軍事體系中，女性將軍的出線是極有可能的。

參、性別角色與特質

軍隊無論在活動的形式和意識型態上，被描述為男性主宰的典型組織。許多軍事訓練的內容，非常強調傳統男性陽剛特質，如攻擊、勇猛、堅強、果斷等，並認為這些特質是作戰時所必備的。軍中的女性軍士官被一般人視為，是較具有男性特質的一群女性。這樣的看法正不正確？女性因為較具男性特質，才會考慮進入軍中？或是進入軍中之後，受到環境影響，才變得較具有男性特質？國外的研究認為一般而言，女性進入軍中後，會變得趨中性化及兩性化，並不會男性化。

Defleur 和 Warner 以「班性別角色量表」（*Ben Sex Role Inventory*）（沈明室，1998），研究美國空軍官校學生，有關女性角色態度的變化。發現不論男女學生經過軍事教育之後，都變得較沒有傳統的態度，兩位學者將之歸因為空軍官校第一次實施男女合校。在性別認同方面，他們認為強調男性特質的軍校教育，會使男學生強化其男性化性別角色，女學生傾向兩性化或女性化；對軍事價值及態度認同方面，女學生比男學生認同程度高，這並不代表女性比男性更適應軍中的生活，而是有些軍中的價值觀，男性早已習以為常，不認為是進軍校才能獲得的。

孫敏華（民87）的研究中，比較軍人（包括男女各半）對女性軍人和一般女性的看法，女性軍人在六項男性特質方面均比一般女性為高，達顯著差異。依其差異高低程度為「獨立」、「主動」、「支配」、「邏輯」、「攻擊」、「主觀」等。顯示國軍不論男女，都認為女性軍人較一般女性更具有男性特質。而軍隊傳統男性化特質，使得女性進入軍中之後都有一段調適期，不論是固守其原有的女性特質，或是改變原有女性特質

與男性特質相似，都要經過一番調適過程。一位女性軍官說到：

> 進入軍校後，尤其是入伍教育時，常讓我忘記自己是個女人，長官要
> 求我們樣樣要和男生一樣，每天和男生生活在一起，除了每月月經來
> 潮時，才會感覺自己還是女兒身。

肆、組織文化的排斥與歧視

軍隊主宰者為男性，因此軍中文化是以男性為主導的文化，這使得男性價值觀充分反映在軍隊文化中。進一步而言，就如一位美國陸戰隊的女性軍人所說的，軍中男性和一般同儕男性比較，政治態度上傾向於保守和傳統，因此軍事組織的主導性規範及價值觀，不單來自男性主義，還較趨向保守與傳統（沈明室，1997：67）。

身為一個女性陸戰隊員非常的辛苦，但男同事並不會對女隊員表現出如對一般男性軍人在專業上所要求的相同水準。這是一種誤解，也是一種態度。當你作錯事，他們就會說：「看吧！女人就是這樣」。一位台灣少校女軍官也提到：「當你工作表現良好時，長官和同僚認為你是應該的，軍中女性程度本來就比較高嘛！但是當你『出苞』時，他們就會說『女人就是女人！』」

美國海軍軍官寫給「海軍時報」的讀者信函指出「戰士即殺手！假如有人不能殺人，不論何種原因，那個人都沒有資格被稱為戰士。女性在戰場上無法和男性競爭，如同無法在專業運動與男性競爭一樣。女性的力量和速度在世界運動的紀錄無法超越男性。一般而言，女性比較弱小，速度也較慢。是力量而非軟弱，才能贏得戰爭和戰鬥」。美國尾鉤事件發生的主要原因，也是因為以男性為主導的陸戰隊文化，強烈排斥女性成員的加入，藉此表達他們對女性的敵意及不歡迎。這種態度會打擊女性，使其感到孤立與不被接受。

這種情形在我國軍隊中並未發現，根據孫敏華的研究（民87），有八

成六的軍中成員不贊成「軍中是一陽剛社會，不適合女性軍人的加入」。且有七成六認為「國軍應比照先進國家，多開放各種戰鬥職務給女性軍人」。但是覺得「女性軍人的工作以行政後勤為主，未來勢必減少男性在這方面的職缺派任，對男性軍士官也是不公平」的也有七成二。因此未來軍中，應往兩性平等平權方向努力。才不致有男性認為對女性過度保護，女性卻自覺不公平的情況產生。

第三節　女性擔任戰鬥職務

女性從軍的歷史由來已久，但傳統上女性在軍中擔任的都是支援及輔助性的工作，真正戰場或戰鬥性的任務，全世界包括美國在內，都還沒有完全開放女性參與。反對女性擔任戰鬥任務的原因有：女性的體能較差無法發揮軍隊戰鬥的效能、又有懷孕養育孩子的天職，波灣戰爭中被俘虜的兩名女性引起世界矚目，則是擔心遭到性侵害，因此女性不適合擔任戰鬥職務。其次認為女性不容易和男性一樣，培養出「袍澤式情誼」，而這種情誼是把一個普通士兵轉變成驍勇善戰的鬥士，把一群烏合之眾轉變成精實勇猛的戰士的重要原因。

以體能差異而言，現代戰爭中，使用精密武器和電子武器的頻率漸增，完全依靠體能的部隊其重要性已日益降低，另一方面因為科技戰爭使用精密武器的緣故，說明軍中需要高素質的人力的必要性。因此儘管在男性團體中女性會帶來負面的影響，男性的袍澤情誼，並非是戰爭致勝的唯一關鍵因素，而且團體凝聚力高低並非取決於性別因素。另外從成本和利益的角度考量，一般女性若要達到和男性同等程度的體能，需要花費更多的時間來訓練；但另一方面，女性從軍者的素質較高，相對可以減少體能以外的訓練時間及成本。

以美軍為例，一九七三年兵役制度由義務役改為志願役，同年判決女性與男性享有相同的入伍機會和條件；一九七五年的「公共法94-106」要求國防部准許女性進入國防部的軍校，因此同年有一百一十九名女性進入

西點軍校，八十一名進入海軍官校；一百五十七名進入科羅拉多空軍官校，但是州立軍校卻到一九九六年才開放女性就讀。自此女性雖可以自由的選擇進入軍校就讀，但各軍種仍禁止女性擔任戰鬥性的任務，因為一九四八年的「女性武裝部隊整合法」規定女性不應被派到空軍與海軍及艦艇上參加戰鬥任務。因此空軍指稱戰鬥任務飛機是指運送武器彈藥對抗敵人，所以戰鬥機和轟炸機不可以派遣女性，但偵察機可以；海軍指稱戰鬥機艦主要任務是搜查、偵察和接觸敵人，因此驅逐艦、航空母艦及其艦上的飛機是不派女性，勤務支援艦就可以；海軍陸戰隊則不派女性到戰艦艇或直接戰鬥單位；陸軍雖不在規定法令內，但陸軍仍規定不得將女性派遣到直接與敵人戰鬥的工作。直到一九八九年巴拿馬戰役和一九九一年波灣戰爭，才打破美軍的「戰鬥排除法則」（combat exclusion laws），也因女性官兵在波灣戰爭中的表現，是促使國會立法解決一九四八年限制女性擔任海空軍戰鬥機艦之法條。

國內三軍官校自民國八十四年開始招收女生，八十七年第一屆三軍官校女生畢業，畢業後分發的工作與男性相同，但仍有限制，如陸軍女性不能選擇步兵、砲兵、裝甲、憲兵等戰鬥兵科。孫敏華（民 87）的研究問到「女性應該可以上戰場，擔任戰鬥性工作」，贊成者有 67.2%，再問到「女性上戰場只有增加麻煩，無法提升戰力」，反對此一看法者有 77.4%。因此就我國而言，並不排斥女性擔任戰鬥性的工作。但作者以為相關性的配套措施，如宿舍的設備、軍中男女兩性文化、觀念改變，以及女性懷孕政策的制訂等均完備後，再循序漸進的開放各項戰鬥性工作，是較佳的選擇作法。

第四節　軍中性騷擾

壹、美國「性騷擾」的定義

隨著女性人數的增加，軍中內部管理也面臨了相當的挑戰，其中性騷擾的問題最受到重視。因此根據美國平等就業機會委員會對非法性騷擾的定義有四類：

一、**交換條件式**　以某種利益作為交換。明示或暗示以性方面的要求，作為員工或求職者取得職務、喪失職務或變更其勞動條件的交換。也就是說，女性員工若拒絕上司或雇主的性要求，就可能會喪失某種工作上的權益，包括得不到晉升的機會，甚至會遭受到降級、減薪或其他工作上的刁難與報復，因此對於女性的人格尊嚴及工作權益造成相當大的侵害。

二、**敵意環境式**　任何讓當事人感到不舒服的工作環境（如開黃腔、張貼帶性意味的海報、不堪入耳的言辭、不尊重的態度、無禮的生理接觸、性誘惑等）都屬之。在工作場所中，單方面以與「性」有關的語言、舉動或其他方法，對員工或求職者造成困擾。此類的性騷擾，從口頭上的開黃腔、吃豆腐、色瞇瞇的窺視、肢體上的毛手毛腳，到被迫陪老闆應酬等都算。

三、**以性徇私式**　長官只獎賞或照顧那些順從其性要求的部屬，拒絕其性要求者，往往無法獲得應有的公平待遇。有人與上司有性的交換，而換得較好的工作待遇，對其它受雇者，也是一種不應有的騷擾。例如：和上司有曖昧關係而得到升遷，或工作比較輕鬆等。

四、**外來侵犯式**　個人受到單位以外的人，以帶有性意味的言辭，身

體碰觸、不尊重態度或強迫行為之騷擾時屬之。

貳、臺灣「性騷擾」的定義

我國行政院勞委會已研訂「兩性工作平等法」，將性騷擾定義為：

一、企圖強暴。

二、威脅順從其性要求，否則在工作上會遭遇不好的結果。

三、順從其要求，而答應其工作上的好處。

四、暴露性器官。

五、違反當事人意願的撫摸。

六、提出性要求。

七、有性意味的身體碰觸。

八、性誘惑行為。

參、易發生性騷擾」的場所

國外研究指出容易發生性騷擾的工作場所有以下特徵（Friedman et. al.,
1992; Stanko, 1992）：

一、沒有反性騷擾政策或處理性騷擾的管道、程序的工作場所。

二、縱使有反性騷擾政策或處理性騷擾的管道、程序，但是其相關之
規章、例律文載不清楚，或只有具文而從不執行的工作場所。

三、傳統上以男性為主或是以純女性為主的工作場所。

四、升遷、考詮、獎懲、沒有清楚標準，而足以讓上司弄權的工作場
所。

五、升遷除了考慮其工作表現良好外，尚需要參酌其知識與經驗的工
作場所，或是完全不需要參酌其知識與經驗的工作場所。

六、工作單調、固定、重複和低技術層次，常人較易勝任或工作較易

取得的工作場所。

　　七、下情無法上達的工作場所。

　　其工作單位經常或偶而發生。但也並未對性騷擾行為分類。

肆、美軍性騷擾調查結果

　　根據美國國防部的報導，性騷擾在美國軍中相當的普遍，最令人矚目的事件，莫過於一九九一年的「尾鉤醜聞」。「尾鉤協會」是指由海軍及陸戰隊的飛行員所組成的私人俱樂部，因海軍和陸戰隊的飛機降落在航空母艦上，較短機尾必須裝置尾鉤鉤住攔阻鋼纜，以利安全降落。故以「尾鉤」為名。事件發生在第三十五屆尾鉤部隊的年度聚會時，有二十六名女性官兵（其中一半是海軍飛行員）在經過飯店三樓的走道中，遭到一群尾鉤協會的會員毛手毛腳、毆打或剝去衣服，引起輿論譁然。也引發各界對女性官兵角色的爭議。尾鉤事件造成多位高級軍官的下台，這事件所以會擴大，是因為海軍領導階層未能妥善處理受害者卡琳中尉的投訴，迫使她向新聞界公開，以求軍方重視與合理處置。而整件事件的背後含意，則是尾鉤部隊的男性敵視女性，將女性排除戰鬥角色之外，不能與男性平等的參加戰鬥，視她們為二等公民。這件事雖使美國軍譽受損，但卻也引起美國防部重視軍中性騷擾的問題。

　　除此之外一九九六年美國陸軍阿伯丁（Aberdeen Proving Ground）基地及空軍基地都曾傳出性騷擾的醜聞。甚至階級高達中將的女軍官，也不能避免。二〇〇〇年美國三星女中將陸軍情報副參謀長甘乃蒂，提出一名男性將領四年前在五角大廈的辦公室對她性騷擾，使美軍形象重創。

　　美國防部於一九九五年曾對性騷擾問題作大規模的問卷調查（莫大華，1997），受試樣本約四萬七千二百人，和一九八八年首次進行的調查比較，證明性騷擾問題普遍存在軍中。就兩次調查比較，性騷擾有減少的趨勢，性騷擾的方式也有降低（總體由 22%降為 19%，女性由 64%降為 55%，男性由 17%降為 14%）。

表 3-1　美國防部一九八八年及一九九五年調查性騷擾方式比較表

性騷擾方式	女		男	
	1988	1995	1988	1995
任何方式	64	55	17	14
強暴或攻擊	5	4	0	0
強迫示愛	15	11	2	1
觸碰、逼迫	38	29	9	6
眼神、姿態	44	37	10	7
信件、電話	14	12	3	2
強迫約會	26	22	3	2
嘲弄、戲謔	52	44	13	10
吹口哨、信件	38	23	5	3
其他	12	12	3	3

　　至於性騷擾的侵犯者依比率的高低是同事、較高階的官兵、其他軍人、直屬長官及下屬；發生場所多在工作場所和工作時間內，多是自行處理而未報告，若是報告則多向直屬長官報告。整體而言，美軍性騷擾情形相當普遍（比率在 60%左右），就發生軍種言，以海軍陸戰隊最多，空軍最少。但就投訴與成立案件數量而言，空軍較其他軍種普遍。受害者絕大多數是女性資淺士官兵，也有少數是男性。以性嘲弄或戲謔為主要侵犯方式；性騷擾的場所與時間多是基地內的工作場所及期間。

　　目前美軍的各軍種都有正式的規定禁止性別歧視與性騷擾，並規定對觸犯者的罰則。為了做好事前的預防工作，各軍種都會要求男性軍人參加講習，以培養他們對性騷擾和性別歧視的敏感度，並熟悉這方面的軍事法規。

　　這類預防、偵察及處罰性騷擾的正式體系產生了複雜的結果。一位美國女性軍人說道：

　　性騷擾至今仍是一個大問題，為了怕被報復，女兵不願披露性騷擾事

件。問題的焦點是受害者，而非加害者。因為仍要受他們的指揮管轄。

　　這說明了要遏止性騷擾的風氣，需配合單位指揮的風氣。假如女兵發現長官支持且實際貫徹性騷擾防治法規，就顯示上級較不會容忍性騷擾，會減輕女兵的壓力（沈明室，1998）。

　　一九九一年七月，尾鉤事件後，美國國防部長錢尼發布國防部消除性騷擾的策略，要求各軍種配合擬定相關政策。表示美軍對性騷擾「絕不寬容」。一九九四年國防部長裴利（William Perry）下令將「國防部平等機會委員會」升格，從由次長主持的諮詢委員會升格成由副部長主持的決策委員會，隨後並成立「歧視及騷擾專案小組」（Task Force on Discrimination and Harassment），進行性騷擾調查研究，同年八月再度發布禁止性騷擾及防治性騷擾計畫綱領（Sexual Harassment Program Guidelines）。綱領要求各軍種擬定相關計畫，計畫中包括：發布政策聲明，以確定性騷擾不再發生、不被寬恕及容忍；建立軍文職人員性騷擾訓練需求；建立品管機制以保證性騷擾計畫的進行；禁止對性騷擾申訴者及證人進行報復，並建立調查迅速解決報復申訴者的程序；通知軍文職人員若未服從既定政策者，將反映在其年度考績及適任報告上，並有可能遭到行政紀律獲法律處分；建立免費的諮商熱線，以提供保密的協助；國防部及各軍種的監察系統在視察各單位時，應適當的調查，以優先條件檢視部隊的性騷擾教育、防治及解決申訴成效。

　　由上述結果得知，美軍在訂定性騷擾防治法，比一般職場嚴格，除了宣傳教育、申訴制度外，軍中本身的監察系統也將此項工作列為優先考察的重點。並將其結果反映在考績上，對當事者能發揮更大的嚇阻效果。

　　不同職場中特別制訂性騷擾防治法，會牽涉到兩個問題：(1)工作場所性騷擾的問題能否用制訂特別法的方式加以預防或處理？換言之有無必要立新法？(2)如果答案肯定的話，如何在法律設計上平衡騷擾人與雇用人（或行政機關）彼此間之法益保護，不僅不能偏向與被騷擾人的權益保護，同時亦應兼顧「被指稱」為騷擾人權益的保護（避免被過度敏感者誣

陷），及工作場所和諧氣氛之斟酌。因為如果一味偏向被騷擾人（特別是女性）的權力保護，將難保工作場所的工作氣氛及生態巨變，人人自危（尤其男性），造成兩性緊張關係，對工作效率亦將發生負面影響。因此在法案制訂必須面面俱到，才不致於造成更多爭端。除訂定相關條文外，法律條例能否落實更是重要。要不然徒有法律條文，卻從未應用在真實情境中，或案例發生時，扭曲法律條文，就算再好的性騷擾防治法，也只是「花瓶條文」而已。

伍、臺灣性騷擾調查結果

孫敏華（民 87）以軍中兩性為對象，研究軍中性騷擾行為，結果發現國軍部隊「與性別有關的騷擾部分」的比例最高，近 8%有時有或經常有聽到長官或同事講黃色笑話，55%曾經歷對身材或性特徵發表評論，5%有經歷過性別歧視的評論，同事（長官）講述他個人的性生活有此經歷者有28%。其次是在「性騷擾的物品」中，有經歷過色情圖片、刊物展示者佔13%，張貼色情海報者不到 5%。在「言語上的挑逗行為」部分，被詢問過性生活方面的隱私者佔 15%；其次有 12%受試經歷過雖屢次拒絕，仍繼續邀約的困擾。再其次是被言語挑逗或引誘過者佔 11%左右。「身體誘惑部分」其中除曾被色瞇瞇的盯視佔 12%，其餘均在 10%以下。較嚴重的性騷擾行為中，除有性賄賂經驗者佔 1.1%外，其他如性強迫經驗者佔 0.7%，性侵犯同事或長官對其暴露性器官者佔 0.7%，企圖強暴者佔 0.5%。從以上的結果了解，軍中性騷擾行為的流行率與其嚴重性呈反比。

被性騷擾程度與年齡有關，愈年輕被騷擾的比例愈高。差異較大在性別歧視與性騷擾語言上。以學歷而言，高學歷較低學歷者容易遭到性騷擾，這可能是高學歷者對性騷擾較為敏感、忍受力較低，所以有此結果，這兩項結果均與國外研究結果相似。

與呂寶靜（1995）以國人為研究對象的結果相比較，軍人在說「黃色笑話」、「講述個人性生活」、「發表性別歧視」，及「對她人身材性特徵評論」等性騷擾比例較高。研究者曾聽過多位軍官說過

軍中生活較為單調乏味，所以大家常會想些方式來調劑，再加上大家
都是男性，開起玩笑來比較沒有忌諱，更喜歡以性方面的話題為主，
達到娛樂大眾的效果。

例如：說說黃色笑話，開開黃腔、其中不乏帶有性別歧視及揶揄的意
味。而呂寶靜的研究結果，則是在「色瞇瞇的盯視」、「做出違反意願下
的撫摸與親吻」、「以言語挑逗或引誘」、「表現具性誘惑的行為」、
「令你不自在的性注意」、「帶有性意味的姿勢」的比例較高，當然這仍
不足以斷定一般國人職場上這類性騷擾行為比例高，還需更多的證明及研
究來證實。

國內外在處理性騷擾問題時，都面臨到一個難題，就是性騷擾的定義
困難，定義太過廣泛，兩性打擊面太廣，不易實施，更不易落實。且造成
實際工作中，男女關係緊張，職場中在缺乏「俏皮話」或「幽默對話」的
情形下，使得工作中緊張關係氣氛難以紓解，甚至產生對立，失去原來立
法的精神。再加上軍中女性人數日漸增多，參與的工作範圍愈來愈廣，若
所訂定的性騷擾防制規定太過嚴格，將使得男性主官不知如何執行，為避
免使女性軍人被摒除在外，間接造成對女性軍人的排斥。因此作者認為軍
中性騷擾防治，應從基本的教育方面著手，具體建議如下：

一、將性騷擾防治納入兩性關係的課程中，兩性關係課程列入基礎、
　　進修及深造教育，成為常態性的教育課程，課程內容以強調兩性
　　相處的積極面與消極面。積極面的部分，重點在建立兩性平等和
　　諧的社會，消極部分強調懲罰層面及對方感受上，並加強官兵對
　　性騷擾的敏感度訓練。

二、確定性騷擾的定義及判定標準，給與性騷擾明確定義，並將定義
　　的範圍包括抽象及具體兩部分，在抽象定義中，應包括：(1)故意
　　行為；(2)性（色）慾行為；(3)違反受騷擾人之主觀意思，明顯可
　　見者。在具體定義上，可列舉嚴重性騷擾行為，例如在刑事上可

罰之行為，輕微的如身體之接觸與其：色情行為之展示。除此之外，可編製一本《軍中兩性關係》小冊子，內文清楚說明舉例，對性騷擾行為設定判定基礎。例如：在異性面前講黃色笑話，使用明確性暗示語言或性侮辱語言等，算不算是性騷擾？以減少對性騷擾定義的疑惑及認定的困難。

三、成立專門委員會或性侵害防治中心，並明文規定委員會成員的背景、女性委員的比例、案例處理的流程、完成的時間等。並參考國內其他職場或案例的處理經驗，負責宣導或處理有關性騷擾的相關事件。

四、成立受騷擾的輔導管道，建立免費的電話線路，並由女性輔導人員擔任心輔官，以保密的方式來協助受騷擾者，並嚴格禁止騷擾人採取報復行動。

五、嚴格執行法令，對於性騷擾或性侵害者應給與行政處分或紀律處分，單位主官亦接受連坐處分。

六、提供被騷擾人的心理輔導與治療國內外研究資料顯示，除了騷擾人需要心理治療及輔導外，被騷擾人也需要輔導矯正，才能達到矯治目的，讓此類不正常的行為根除。

七、委託專家學者進行調查研究，定期舉行性騷擾的研究，以定期掌握及檢討國軍性騷擾防治政策執行效果。

結　語

從現在及未來人力資源市場來看，軍隊要和其他各行各業競爭，爭取優秀人才的加入，將會是一大挑戰。因此開放女性成員進入軍中，是各先進國家普遍的政策。其次未來戰爭型態因科技的進步，也將逐漸改變。叢林肉搏靠體能的戰役逐漸減少，取而代之的是科技戰、資訊戰。以美軍的步兵為例，美西戰爭時軍隊總人數中，90%是步兵；一次大戰時降為60%；二次大戰時只佔35%；到了一九九〇年，更下降到16%。從這樣的趨勢看

來，未來軍隊需要的是高科技高素質的人才，實際戰場中所需的人力減少，但支援作戰或戰爭準備的人力增加。整體而言，公元二〇〇〇年時比十年前增加30%與高科技（機電）有關的工作；增加了20%電子機械的工作機會，減少了20%行政方面的工作。這不僅是美國如此，全世界也都是如此。

　　女性軍人雖參與軍中工作多年，但大多數負責的是行政及輔佐性工作，並未擔任戰鬥工作，且人數較少。但未來隨著軍中女性人數的增多，擔任的工作逐漸多元化，每個國家應針對本國的狀況及需要，制訂一套女性軍人的政策，從甄選、任用、訓練、管理、升遷、考核到退休，都有一套完善的制度。根據美軍的說法，「最平等的解決方案，就是制訂每項軍中工作的體能智力經管要求條件，並且軍中所有工作都開放給男女兩性，只要資格符合，一律平等錄用」。

　　因此對運用女性軍人的政策上建議：

一、要達平權，制度方面要公平，讓女性經管與男性相同。

二、嚴懲性騷擾性侵害份子。

三、透過教育，兩性互相尊重。

四、軍中成員心態要調整，不要將女性視為花瓶或少數民族或過度保護。

五、女性本身要淡化性別色彩，以工作表現贏得別人尊重，不要有撒嬌情緒化的行為，也不要以為自己是女生就要別人多幫忙，內部管理有優待。

六、制訂女性懷孕政策，給女性一個發揮所長、平等服務的機會。

行政院勞工委員會印譯（1993）。**各國處理工作場所性騷擾問題簡介**。臺北市。

呂寶靜（1995）。工作場所性騷擾之研究：台灣地區案例研討。**政治大學學報 70 期**，131-158 頁。

沈明室譯（1998）。**女性軍人的形象與現實**。政戰學校軍事社會科學研究中心。

沈明室（1997）。女性軍人研究的內容與發展。**國軍八十六年軍事社會科學學 術研討會論文集**。

莫大華（1996）。美國女性官兵擔任戰鬥職務政策之探討。**美歐月刊**，10 卷， 43-59 頁。

莫大華（1997）。美國軍中防治性騷擾問題之研究──兼論對國軍的啟示。**國 軍八十六年軍事社會科學學術研討會論文集**，104-124 頁。

唐先梅、曾敏傑（1992）。台灣已婚職業婦女工作壓力的來源──間論職業別 間之比較。**勞動學報**，2 期，79-104 頁。

陳膺宇（1997）。軍事社會學之研究-兼論我國研究現況與展望。**第一屆軍事社 會學學術論文發表**。

陳膺宇、陳志偉、張翠萍（1998）。女性軍人個人特質與環境適應之研究。**國 防部研究計畫**。

孫敏華（民 87）。現職軍士官對女性軍人態度之研究。**軍事社會科學半年刊**， 3 期，1-30 頁。

劉梅君（1996）。女性人力資源開發與國家政策。**勞動學報**，5 期，89-108 頁。

蕭維民（1997）。**本軍女性軍士官人力運用之研究**。三軍大學海軍學院海軍正 規班論文，未出版。

顧燕翎（1989）。中國婦女地位的演變與現況──一個女性主義者的觀點，**當 今婦女角色與定位**。國際崇他社臺北三社。

Anne Hoilberg (1991). Military Psychology and Women's Role in the Military. in

Handbook of Military Psychology. 725-738. John Wiley & Sons, New York.

Binkin, B. (1986). *Military technology and defence manpower.* Washington, D. C. : The Brooking Institution.

Fitzgerald, F., Sandra, L. S., Nancy, B. M., & Janice, S. (1988). The incidence and dimensions of sexual harassment in academic and workplace. *Journal of Vocational Behavior, 32,* 152-175.

Gruber, J. E. (1990). Methodological problems and policy implications in sexual harassment research. *Population Research and Policy Review, 9,* 235-254.

Sandra, C. S. & Mady, W. S. (1992). Women in the Armed Forces. *Intrnational Military and Defence Encyclopedia,* 2948-2949.

Tangri, S., Martha, B. & Leanor, B. J. (1982). Sexual Harassment at work : Three Explanatory Models. *The Journal of Social Issues, 38(4),* 33-54.

思考問題

一、軍中為何要用女性軍士官？

二、試敘述各國軍中運用女性人力的情形。

三、女性軍人的壓力有哪些？

四、女性進入軍中後，會變得更男性化？或雙性化？試從研究及個人經驗回答。

五、無論各國對女性擔任戰鬥職務一直有爭議，其原因為何？美國及我國的現況如何？

六、你個人對女性擔任戰鬥職務的看法如何？

七、性騷擾的分類有哪些？軍中容易發生性騷擾的原因？

八、軍中應如何防治性騷擾？

九、未來軍中運用女性人力資源的趨勢如何？

📁 第四章
軍中自我傷害防治

前　言

　　根據行政院衛生署八十九年的統計，「自殺」名列全民死因之第九名，且近年來國內自殺率有逐年升高的趨勢。其中男性自殺率是女性的兩倍左右；自殺是十五至二十四歲年齡組死亡原因的第三名（僅次於事故傷害和惡性腫瘤，男性自殺率仍為女性的兩倍），是二十五至四十四歲年齡組死亡原因的第四名（行政院衛生署，1997）。國軍成員年齡多集中在二十至三十歲，來自社會各階層各角落，「軍隊乃社會之縮影」，社會有什麼問題，軍隊自是避免不了，且近年來台灣社會變遷快速，生活水準大幅

提高，家庭子女人數減少，致使年青人的體能及挫折忍受力均有減弱的趨勢。軍隊基於任務需要，對成員的要求與訓練嚴格，日常生活因種種限制，顯得單調枯燥，成員在適應軍隊團體生活及任務訓練的過程中，難免有些壓力。若成員在入伍前就具有的一些潛在社會心理病因，如家庭、感情、個性、健康等因素，極可能造成不良適應或其他種種問題，值此之際，若還有其他刺激或誘因，少數意志力較差者即有精神崩潰或消極頹廢，因而產生自殺的念頭及行為。

軍中的環境與組織型態，與一般社會相比，有其獨特地方，例如：強調紀律服從、生活嚴肅單調、弟兄朝夕相處、幾無個人隱私等；且軍人的角色任務，以保衛國家安全，悍衛社稷國土為主。自殺事件發生在軍中，不但個人及家庭受到影響，軍隊的士氣與紀律更受到挑戰，甚至影響到部隊、國家的安全。因此全世界的軍隊，均視自殺為敏感話題，莫不希望傾全力來防治自殺的發生。因此本章的重點除了探討自殺的理論類型、危險警訊外，更從防治的角度來探討軍人自殺，全章共分五節。第一節自殺的定義、歷史、理論與類型。第二節軍人自殺的研究。第三節自殺的危險警訊。第四節自殺防治。第五節軍中自殺個案分析。

第一節　自殺的定義、歷史、理論與類型

壹、自殺的定義

英文「自殺」（suicide）一詞，是由拉丁字「sui（自己的）」與「cidide（殺掉）」而來。有關自殺的定義很多，涂爾幹認為：「自殺係個體以積極或消極行動，且深知此行動的結果，而直接或間接致使自身死亡」。世界衛生組織對自殺及自殺行為的定義為：

一、**自殺行為**（suicide act）　動機明白，而有不同程度致死性的自殘行為。

二、自殺（suicide）　造成死亡的自殺行為。

三、自殺企圖（suicide attempt）　未造成死亡的自殺行為。

因此可將自殺定義為：「個人決定以自己手段來結束其生命，或是一股動機想毀滅自己，或是以此為達成目的之工具，於是選擇一種自己認為最有效的方式來達成自我傷害或死亡的目的」。因此本文所提到的自殺，包括：⑴自殺意念或想法；⑵自殺企圖；⑶自殺身亡三種類型。目前軍中對「自殺」一詞，普遍以「自我傷害」稱之，本章此二名詞的內涵與意義幾乎相同，可互相通用。

貳、自殺的歷史

自殺行為可追溯到人類開始記載歷史時。古埃及時代（2000 B.C.）有一本很有名的小說，劇情乃在描述一個人與自己靈魂爭辯要不要自殺。這個男人自述他的生命充滿了無盡的痛苦與災難，因此他很認真的計畫自殺，並未顯露出任何宗教方面的恐懼或害怕。

早在基督教傳入西方社會之前，自殺在希臘和羅馬是非常普遍的，早期的基督徒也接受這種行為，特別是遭到迫害令人難以忍受時。自殺在這時期，無論直接間接，都建立在去除痛苦、獲得快樂的基礎上。聖經新約對這問題也只有間接談到猶大的死亡。好些世紀以來，宗教領袖都未譴責過這項行為。

古希臘哲學家蘇格拉底卻認為自殺是件不道德的事，他認為生命是上帝所賜，故人類無權除去這不屬於自己的東西。此一「自殺是不道德」的說法，後來廣為流傳。自殺成為西方傳統的禁忌，乃是從 Flarins Josephn（39A.D.～100A.D.）開始，他是以色列最偉大的歷史學家之一。古代以色列人強烈關心他們這小小遊牧民族的生存問題，縱然只有一個猶太人自殺，他們也將之視為是威脅整個民族生命。其他信仰上帝的人也視自殺為背叛上帝及拒絕永生的行為。

這樣的邏輯思想漸漸轉移到法律條文上，英國對自殺未遂者的處罰乃

是沒收他們的財產，十六世紀開始將自殺者視同謀殺罪，但到了一八二九年英國議會決定廢止。除了英國外，許多國家也視自殺為重罪。他們處罰自殺未遂者的方式為監禁。William Blackstone 是英國最有名的法學家，他認為自殺應受雙重咒罵，因為他背叛上帝和君王。但是英國法庭漸漸發現他們沒有能力阻止人們自殺，因此一九一六年將自殺未遂監禁的條文改為由親戚朋友將其拘禁。直到一九六一年英國議會才廢止「自殺是犯罪」的條文。

近幾十年來，幾乎每個國家都取消法律上對自殺者的刑罰。一九六八年美國醫學學會宣布「某些州的法律視自殺為一種罪……，但也從無處罰……因此這項罪行也無法成立」。近年來由於心理衛生對自殺的研究，愈來愈傾向於以人道立場為研究基礎，希望從自殺者的生理、心理、社會、文化等不同角度來研究並預防，因此目前西方國家對自殺的看法轉為多元，也希望能多了解、預測及預防自殺。

台灣早期對自殺的態度沿襲中國傳統，包括孔孟、佛家思想，以及傳說中的英雄人物等。歷史上有許多因喪國戰敗而自殺的帝王將相，例如：項羽、李後主、明崇禎皇帝等；也有些臣子百姓為了顯示對國家皇帝的忠貞而集體自殺；有時皇帝為了保持貴族的面子，會賜臣自盡而不處以極刑，這類死者都受到大眾的認可及支持。但因適應不良或心理問題而自殺者，死者雖不至於被譴責詛咒，但大眾態度可能從同情、悲傷、悔恨、轉變為軟弱、甚至丟臉。儒家思想對這類行為的要求更是極為嚴格。

近年來隨著社會的進步開放，台灣社會也與歐美相似，傾向人道立場，從自殺者的生理、心理、社會、文化等不同角度來研究並達到預防的目的。據 Headley 與 Farberow（1983）多年對台灣自殺的研究，其結論為：⑴民國三十八年國民政府遷台，大量大陸移民來台，造成社會整體結構的崩解，自殺率上升。台灣自殺率有三次達到高峰，第一次在二次大戰後；第二次是大陸移民政府遷台；第三次是台灣開始轉型進入現代化的過程時。⑵年輕人自殺的比率大增，其原因為與家人發生衝突或感情受挫。⑶自殺已遂男女比例是 1.5：1，未遂比例是 1：3，男性自殺的方式通常較為激烈，如跳樓、臥軌、槍械等。女性較溫和，所以男性自殺已遂比例高於

女性，女性自殺未遂比例高於男性。⑷自殺身亡者以年青男性最多。從文化因素來看，台灣自殺的個案顯現出憤怒—攻擊—依賴的特質，他們希望經由自殺來解決人際關係或挫折等問題。近年來，老年人的自殺率有增加的趨勢，他們多為孤獨、疾病纏身、人際關係不佳，且感到寂寞、無助、無望，希望能藉自殺解脫痛苦。

綜合而論，各國對自殺的態度隨年代和文化而不同。「生命是神聖」的假設，各國之間亦有不同看法；對「不計一切代價挽救生命」也有些爭議；自殺究竟是理性或不理性，研究的學者亦有不同的看法。因此就如同許多社會問題般，自殺不是一個單純的問題。各國社會均以多元角度看待，整體而論，世界各國均傾向於挽救生命，防治自殺。

參、自殺理論

有關自殺的理論很多，以下列出幾個較具代表性的：

一、生理理論

生理理論認為自殺與個人生理因素有關，這派理論指出生理因素易轉換成自殺的潛因，體內生理化學的改變使得個體容易情感或精神失常。研究支持這樣的說法，報告指出憂鬱症患者腦脊髓液中 5-JIAA 的濃度高者較低者自殺的機率高，亦有研究指出尿液中脛皮質類固醇濃度較高者自殺危險性高。家族及遺傳的研究中有學者指出自殺可能與遺傳有關（邱獻章，1991）。但許多自殺與生理的研究仍有爭議，也有證據顯示和成人比較起來，生理因素較能預測青少年的自殺行為（Henry et al., 1993）。

二、心理學理論

傳統心理學理論乃從心理分析角度出發，特別強調過去經驗對現在及未來的影響，佛洛伊德（Freud）認為人類具有生與死的本能，自殺是意味

著個人潛意識的仇恨心理，內射為對親愛對象的攻擊，即個人的自殺行為，是潛意識中借自己的手殺死心中欲攻擊對象的內射作用。荷妮（Horney）也強調個體所產生的焦慮，主要是由於幼年時期的恐懼、不安全感、愛的需求及罪惡感等複雜的情緒所形成的怨恨受到潛抑，被潛抑的怨恨會在潛意識中支配個人行為模式及人格傾向，若個體缺少攻擊對象，或無法向該對象發洩攻擊受挫時，即會轉向自身攻擊導致自殺。

梅寧哲（Menninger K. A.）研究自殺個案，指出自殺的心理因素有下列三種：(1)殺人的欲望（wish to kill），源於對所愛的人一種愛恨交織的情緒；(2)被殺的欲望（wish to be killed），源於對失敗或罪惡的內疚；(3) 死亡的欲望（wish to die），源於要逃出不能忍受的生活情境的幻想。林憲認為當個人內在不快樂因素或外在環境衝突因素達到令人無法容忍程度時，則易產生自殺行為。造成個人內在不快樂的原因為失去其重要該擁有的東西，例如：身體健康、愛戀對象、自尊心及成就感等。而外在環境衝突至令人無法容忍的因素則有：罹患絕症、年老體衰又乏人照顧、失去生命中的重要他人等。

以心理分析的模式來說，青年正處於自殺的高峰，因為青春期乃是發展自我毀滅驅力的關鍵期。這時自我的力量不足，可能導致青年走向自我毀滅的道路。因此心理分析學家認為自殺行為的出現只不過是將外在憤怒轉為內部一種潛意識死亡的願望而已。

三、社會心理學理論

社會心理學理論強調情境因素影響自殺行為，例如：家庭因素、環境改變、社會因素、童年被虐……等。其中又以社會學習理論最具代表。社會學習理論認為青年的自殺行為多半是由於模仿家人和朋友而來，例如：當家中有人企圖自殺時，青年學到的是自殺乃是解決問題及獲取他人注意的可行方法。尤其當父母親對自殺者表達強烈關懷與注意時，更增強了他們採取自殺來解決問題的可能性。

家庭系統理論不將自殺視為個人問題，而認為自殺是家庭功能失調所

引起的，家中自殺成員已在不知不覺中幫助家庭遠離痛苦事件，而暫時將其他的家庭問題放置一旁。所以一旦自殺成員回復正常，其他家中成員又可能發展出問題行為來代替轉移焦點。許多研究說明自傷或自殺的孩童是父母及家庭敵意的收受者，這些孩子常因家庭系統中缺乏有效的溝通，覺得不被了解、不被關心，因此治療這類自殺行為者，要從調整他的家庭功能、彼此互動上著手，而不是僅處理他本身的症狀而已。

四、社會學理論

法國社會學家涂爾幹可說是以科學方法研究自殺學的始祖之一，他將自殺已遂者分為四種主要類型，這四種類型主要是根據社會機構（例如：家庭、教會、政治系統）的統整程度以及社會中的限制幅度而定（Durkhelm, 1972）。

(一)利己型（eqoistic）自殺

此類型因個人不理會社會團體給與的責任及束縛，過度以自我為中心，不承擔責任也不參與團體活動，個人與社會的關係過於疏遠，缺乏宗教、家庭的依附、連繫及參與，導致社會控制力對個人的減弱。因此當面臨問題時，無法依賴團體或克服危機，且不會顧及行為對他人的影響，在這種利己的價值觀中，生命被視為個人私有財產，個人隨其自由意志全權處理，結果造成生命目標的偏失，本位主義過於濃厚，在孤獨及目標受阻的情形下，極易有自殺行為。

(二)利他型（altruistic）自殺

由於個人與團體間的整合過於嚴密所致，個人完全被團體所吸收，一切均以團體至上，放棄個人存在的價值，隨時準備犧牲小我，為團體的目標和利益效命。也就是當個體感到自己與社會國家合為一體時，利他型自殺（高社會統整）的無條件犧牲就可能產生，例如：日本神風特攻隊的英雄式自殺。

(三)無規範型（anomic）自殺

多半發生在標準社會約束但突然解體的情形下，例如：股票崩盤或高離婚率的社會等，社會變遷規範力量轉弱以致於人際關係淡薄，固有的道德和社會均衡被破壞，個人缺乏明確的指引，導致無所適從、紛亂及缺乏規律狀態，社會控制力鬆散，因而產生無規範自殺，又稱道德頹廢型自殺，這種自殺在變遷迅速的工業化社會中最為常見。

(四)宿命型（fatalistic）自殺

與宗教或神秘主義有關的集體自殺，利己、利他與宿命型是屬於兩極端不同的類型，涂爾幹的研究偏向整個社會，而非個人特質的了解。涂爾幹認為社會上的自殺多半屬於利己及無規範型。但若是社會或習俗禁止自殺，自殺類型就只有利己和利他兩種。

五、精神病理理論

根據一九九二年英國政府公布的衛生白皮書中，所列的數據為：(1) 90%的自殺死亡者為精神疾病患者；(2) 66%在自殺前一個月內看過家庭醫生；(3) 40%在自殺前一週內看過家庭醫生；(4) 33%在自殺前清楚的表達了自殺的意圖；(5) 25%為精神科門診病患。鄭泰安在花東地區研究一百一十七名自殺已遂的個案發現，97%在自殺前都是精神疾病患者，其中憂鬱症最多，其次是酗酒，兩種疾病共存比率同樣最高（鄭泰安，1993）。臨床證明約20%左右的自殺企圖者有精神症狀，其中尤以憂鬱症和精神分裂症者居多。

沈楚文醫師認為憂鬱症因極度消沉、悲觀、強烈內疚、自我譴責、覺得人生乏味、生命無意義而萌厭世念頭。精神分裂症，因退縮、孤僻、古怪、常受幻覺、妄想和奇異思想干擾支配而有自殺念頭。精神病的自殺衝動常受其妄念和幻想所支配，由於其多變不可預測，自殺行徑多半是怪異令人不解。有的對死亡存有幻想，以為自殺可以陪伴已死的親人到幻想的

極樂世界團聚，也有聽到聲音指示而自殺者。

六、統合性心理理論（integrative psychological theory）

　　有些學者認為以往的理論都無法完整的解釋自殺行為，因此嘗試以多向度的觀點及各種可能的因素來解釋。Farber（1968）認為自殺是社會與心理因素交互作用的結果，這些因素包括知覺、社會、人際、心理與文化等因素，彼此交互作用之後導致無助感的產生，進而引發自殺行為。

　　Shneidman（1988）以十個與自殺有關的心理因素為基礎，發展了一個立體方形的理論模式。他指出自殺其實是痛苦、壓力和混亂三種因素在程度上總和的結果。痛苦是指個人主觀經驗到難以忍受之心理痛苦；壓力則是指任何加諸於個體身上的外在事件；至於混亂則是指個體情緒煩躁的狀態——這是自殺企圖發生的一個關鍵心理因素。根據 Shneidman 的看法，他將這三項因素均分成五等分，當三個層面的狀況達到最高點時，自殺行為就有可能發生。

　　作者認為，不能單以一個理論來概括自殺行為，必須了解自殺者的社會及個人的意義，例如：有些社會自殺行為表示個人生活情況不良，或個人想轉移靈魂至另一個境界的方法，或達到報復目的一種手段。因此不可輕易的以理論去解釋個人的自殺行為。其次如果沒有參考自殺行為的具體實例是無法了解自殺行為的情境意義，也唯有藉著廣泛的觀察和收集了解自殺者平日之言行舉止，才能兼具理論和經驗的科學實證效果。

肆、自殺類型

　　根據美國國家心理衛生研究院自殺防治中心的分類，將自殺或自殺行為分為以下三種：

一、自殺已遂（completed suicide）

顧名思義，所謂自殺已遂者，就是故意將自己致死且已身亡。美國在過去的三十年內，十五至二十四歲的青年人自殺率有非常明顯的升高趨勢，且變成僅次於意外死亡和他殺之後的第三大死因。每年約有五千人（十五至二十四歲）死於自殺，平均每天十四人。根據國內衛生署「生命統計」的資料顯示，台灣地區的自殺率起伏相當大，平均約在十萬分之十與十一之間。自殺專家均一致認為，自殺已遂者有低估傾向，理由為死亡原因謊報，例如：跳水自殺身亡報成意外死亡，故真實的數字可能高於實際統計數字。

二、企圖自殺（attemped suicide）或非致命的自殺未遂

有些研究自殺的學者認為非致命性的自殺未遂和自殺已遂者有著相當程度的關聯（Maris, 1992）。以平均數而言，10%至15%非致命自殺未遂者最後死於自殺已遂。換句話說，85%至90%自殺未遂者並不是因自殺而死亡。若以人數來說，自殺未遂是已遂者的八至十五倍，而只有10%至15%自殺未遂者最後死因為自殺已遂，30至40%自殺已遂者至少有一次自殺未遂的記錄。

從研究資料中發現，自殺已遂者通常採取的方式較激烈，故一次身亡機率高約70%。未遂者多因心理及人際關係問題而自殺，所採取方式較溫和，最後死於自殺者只佔10%至15%。因此最令專家學者關心的是這群15%非致命型的自殺未遂者，最後為何還是以自殺來結束生命。

作者認為原因是：(1)對他們而言，要能永久解決生命中許多的問題只有死亡，因此唯有自殺，才能徹底解決自己面臨的一切問題。(2)累積的問題，例如：長期憂鬱、酗酒、人際關係失敗等多到已無能為力去處理面對。(3)酗酒者的年齡若超過二十至二十五歲以後，自殺身亡可能性增高。(4)缺少社會支持，通常是這群自殺身亡者的主要原因。許多自殺已遂的人

都是和社會支援隔絕,例如:酗酒、獨居、離婚、失業等。⑸這群多次自殺最後身亡者,多半都擁有長期自殺的歷史,累積了發展過程中的諸多不順利,而這些都間接與自我毀滅有交互作用的潛在關係。例如:長期酗酒者、吸食大麻毒品、吸煙、人際關係失敗、性混亂、性虐待、童年被強暴侮辱等,這些問題之間的交互作用,也間接導致自殺身亡的可能性。

三、自殺念頭或想法(suicidal Thoughts)

所謂自殺想法,就是曾有自殺想法、念頭或計畫,但並未實現,因此其比例一定比企圖自殺或自殺已遂者高。根據研究結果,成人有自殺想法的從 9%到 14%。青少年從 8%到 62%(Wright, 1985)。其間數距相差如此大的原因,學者認為:⑴各研究對自殺想法的定義和期間不同,例如:只是偶而想想或有週詳計畫,發生在一年、半年或最近幾個星期等,所得結果自然不同。⑵所獲取資料不一定確實,有些受試者故意隱瞞。國內吳金水(民 78)曾於一九八三年及一九八七年兩次研究國中生的自殺意念,發現女生的自殺意念比率均超過男生,女生為 53.2%及 62.3%;男生為 34.8%及 45.2%,增加比率達顯著水準。和一般的國中生比較,他們的自我認同、自我價值與滿足感都較低,更無法相信自己、悅納自己,也顯得較不正常、不健康。一般而言自殺念頭與藥物使用(香煙、禁藥、心理疾病藥物)、抱怨身體不適(特別是容易疲倦、失眠、憂鬱、感覺緊張等問題)、低自尊(悲觀、不穩定、厭倦)和不滿意和家人的關係有關。研究自殺念頭的綜合結果,高中生有13.2%至 15.4%、大學生有21.2%曾很認真的想到自殺。

陸軍總部(1993)將部隊常見之自我傷害行為分為五種:

㈠工具型

這一類型是一種變相的求助或抗議行為,其目的並不想自我傷害,而是將自我傷害作為操縱、威脅、恐嚇他人的手段,以引起他人重視與關懷

其所遭遇的挫折、困擾或壓力。因此他們會選擇容易獲救的地點、時間，使用較溫和的方式。

(二)懲罰型

當個案受到某些團體或個人的欺侮或壓迫後，內心充滿怨恨，但在反映無效或無力反抗下，以自我傷害的行為來引發對方的罪惡感或內疚感，以報復對方。此種「烈士死諫」的方式通常發生在幹部管教不當及欠缺良好溝通管道的環境中。自我傷害者通常會以明確的訊息表達予其報復的對象。

(三)疏離型

個案失去極具價值或重大意義的事物（如親友去世、與女友分手）；或於日常生活中突然遭受意外打擊、重大或連續的挫敗（如事業失敗、降級、革職、受罰等）導致情緒及精神極度沮喪，覺得人生失去了目標和理想，內心感到極度的無望而採取的自我傷害行為。

(四)逃避型

當事人因面對陌生的環境、尷尬的人際關係或無法負荷的工作壓力，又無法調適時，可能會以自我傷害來逃避現狀，以達解脫的目的。

(五)器質型

自裁者情緒低落有憂鬱症狀的高達 70%以上，而精神疾病患者的自裁率約 20%，比一般人的自裁率高兩千倍，其中以情感性精神病、藥癮、酒癮、精神分裂者最多，而親屬有自裁的案例也不少。

第二節　軍人自殺的研究

壹、美軍自殺之研究

軍人的任務乃在保護國家安全，因此世界各國的軍方都非常重視軍人的生理及心理的健康，也都非常關心及敏感自殺問題。以往美軍都以人道立場來看待此一問題，各單位司令均直接參與自殺防治計畫。雖然法律上規定自殺者違法，須受到制裁，但這條條文卻從未使用過。直到最近美國認為企圖自殺及協助自殺者是犯罪行為，其目的為防止戰場上，軍人為逃避責任而故意自我傷害。可是從未有以這條條文治罪的案例，每年仍有為數不少的美國軍人以自殺來結束生命。

美國軍法（Lande, 1992）認為裝病企圖自我傷害（malingering）是種犯罪行為。所謂裝病意指「為逃避軍中的工作或任務，當事人本身並無身體病痛或其它心智問題，有證據證明其故意造成身體的傷害，以達到逃避的目的」。這項罪名若成立，最高罰五年徒刑。這項只有軍中才會有的罪行，愈有生命危險的任務或戰場，發生的機會愈高。這種自私行為會帶給其它戰友危險，更會降低部隊士氣。因此美國軍方希望能以嚴罰來制止。這項權力交與各單位的指揮官，只要偵察屬實，就可執行。法令雖已頒定，但認定上有困難，例如：因性騷擾，被逮捕後畏罪自殺，或因不當管教而自我傷害者，是否也要處罰。因此 Lande 建議要更嚴格定義此種行為，只有在「為逃避責任而故意造成自我傷害」，罪名才成立。

就軍人和平民比較而言，Masarky 認為軍人的自殺率比平民高，一八四六至一八六〇年中，許多國家軍人和平民自殺的比例是 1.77：1 到 6.43：1（Rothberg, 1987）。但到了一次大戰時，自殺率在第一年急速下降，戰後又迅速回升。二次大戰前，美軍自殺死亡率僅次於車禍意外死亡，到了一九五四至一九五八年軍人自殺率首次比平民低。近年美國國防部所做的研究報告無論從年齡、種族、性別等比較，都發現軍人自殺率較一般百姓

低。但其中年青白人自殺率（十五至二十四歲）有明顯增加趨勢，其比例在一九五五年為十萬人中佔 5.5 人，一九八〇年為十萬人中佔 21.4 人。軍官比服役者的自殺率低，男性比女性高。

美軍自殺已遂者大約有三分之一者已經結婚。且離婚和分居佔自殺總數 17%，但其自殺率卻高達 68.1%，比已婚者高出七倍左右。自殺已遂者自殺的地點為家中佔 42.2%，其次為軍營佔 11.1%，其他場所佔 22.5%。以自殺方式而言，最普遍的是使用槍械，男性佔 60%，女性佔 45.2%，其次男性上吊有 16.7%，女性服毒佔 27.4%。自殺已遂中 28%留有遺書，29%曾在自殺前有暗示，13%曾經有自殺的記錄。有精神科、醫院或心理諮商記錄者佔 27%。20%死前飲大量的酒，4%食用非法藥物。這些資料都顯示出美軍自殺者酗酒、吸毒以及有心理疾病者的自殺率較一般人高（Rothberg, 1987）。

美軍自殺的原因，以男女感情問題最多佔 68.6%，其次才是工作或軍中任務的困難，經濟問題佔 14%，法律糾紛佔 13.4%。男女感情問題中，又以最近離婚、分居、分手最多，佔 60.1%，其次為自殺前與對方發生爭辯佔 38.8%，因婚姻問題無法相處佔 19%，對方有通姦之事佔 13.1%。由此可見，美軍自殺原因多與個人感情因素有關，和軍中及工作任務關係較小。若以星期來做分類，發現一星期中自殺率最高的是星期一，其次是星期二，最低的是星期六和星期五。週一最高的原因是因為週一開始上班才發現自殺（或才得到報告），週六不上班，所以發現率最低。一年十二月中又以七月（高於平均數 30%）和一月（高於平均數 25%）自殺率最高。這兩個月通常是美軍任務重分配和移防時間，根據 Rothberg（1991）研究工作調動（或移防）對美軍心理健康的影響，發現剛調動的前兩個月是最重要的時間，70%的人都會害怕到新單位孤單的感覺。因為移防調動代表要重新適應新環境，建立新的人際關係，遠離舊有熟悉的社會支持系統。也就是這群新兵剛從老百姓的身分轉變成軍人，雖然人已在軍中，但未完全整合於軍中環境，換言之，未充分軍事社會化，因此孤立寂寞感較強，自殺率較高。

從以上美軍自殺研究發現，自殺者以離婚分居最多，自殺地點約有一

半以上在家中或朋友親戚家；多採槍械自殺。其自殺原因以男女感情問題居首位，且多半和離婚、分居、分手有關。每年一月、七月移防調動的自殺率最高。有些研究發現新兵和感覺寂寞者自殺率較高。

貳、以色列軍人自殺之研究

以色列軍隊成員，和台灣非常相似，十八歲以上的年青人，必須服兵役（男性服役三年，女性兩年）。近年來，以色列十八至二十一歲青年人自殺率增加快速（Fishman, et al., 1990），而這群年青人大部分都在軍中服役。服兵役是每位國民的義務及榮譽，幾乎少有例外，若不服役，可說是最大的污點和恥辱。在社會上抬不起頭來。入伍後依照各人體能分成戰場組和非戰場組，兩組差別很大，戰場組無論是基礎訓練，分科教育要求都很嚴苛，分發到各部隊正式服役，條件情況都較非戰場組差，又常面臨生命的威脅。因此 Fishman（1990）假設以色列軍人自殺的原因為：⑴年齡十八至二十二歲，屬自殺率較高的一群。若以 Erikson（1968）的理論來解釋，他們正面臨自我認同的危機（self-identity crisis），正在追求「我是誰？」、「我將來要做什麼？」等，生理心理雖漸近成熟，但還是無法完全獨立，仍須依賴父母及他人，所以這個年齡充滿內外衝突和不穩定。另一個危機則是環境轉變太快，從一個每天只知讀書的高中青年，一夜之間遠離父母家人，成為完全服從、自我克制力高、沒有自我的革命軍人，因此面臨到嚴重的適應問題，常感到孤立及不安全（Holinger & Offer, 1981）。⑵軍隊結構及文化特性的因素，Fishman 談到要成為以色列戰場上的軍人除了要有高度的動機還要加上良好體能，整個訓練環境充滿壓力，正式服勤後還有固定的在職訓練。非戰場組除了基礎訓練外，分科教育及服勤都較輕鬆，壓力較小。因此 Fishman 假設戰場組在剛入伍時自殺率較高。

研究結果證實此點，戰場組在剛入伍時自殺率較非戰場組高，但訓練三個月，團體凝聚力產生後，自殺率下降。作者認為這是因為軍事訓練結構化，規則清楚，當戰士熟悉適應，與同袍產生同生死共患難的高度凝聚

力，這時軍事訓練反成為他們支持系統之一，對自殺的免疫力增強。非戰場組剛入伍時壓力較小，故自殺率較低，但之後自殺率反而提高。這是因為焦慮重新適應平民生活及個人因素所致。另一方面，也可能是他們不易產生凝聚力及支持系統。因此 Fishman 建議以色列軍隊防止自殺方式為：⑴盡早發展部隊的凝聚向心力；⑵對適應不良的戰士所發出的訊息多加注意。

參、國軍自殺之研究

有關國軍自殺方面的研究，近幾年才逐漸受到重視，因此資料自民國七十八年後才開始保存，以自殺原因分析，根據八十四年及八十五年的統計（國防部政三處），部隊自殺原因如下：以適應不良佔 30%以上，排名第一，感情因素排名第二，家庭第三，兩者合佔 40%左右，與美軍自殺原因相似，不當管教僅佔 6%。

一、適應不良 31.2%。

二、感情因素 22.64%。

三、家庭因素 17.92%。

四、不當管教 6.67%。

五、其他 6.67%。

六、精神疾病 5.71%。

七、消極厭世 3.81%。

八、畏罪 2.86%。

九、久病不癒 2.85%。

十、債務糾紛 0.9%。

就自殺發生地點，營區內佔 58.9%；營區外佔 41.81%。官兵自殺方式在營內發生的部分以服毒三十一件較多，佔營內自殺案件的 28.4%；槍殺二十九件次之，佔 26.6%；刀戕二十八件再次，佔 25.7%；營外發生部分，以服毒四十三件佔 55.1%為最高，刀戕次之佔 19.2%。故若不分營內外，

國軍官兵自殺是以服毒佔 39.6%；次之為刀戕，佔 23%；再次之為槍殺，佔 16%；自縊和跳樓，各佔 7%及 4.8%。

　　楊菊吟（1993）以軍中自殺已遂及未遂者的隊職官及同僚為研究對象，採深度訪談方式，當問到「根據你的經驗，自殺者（包括企圖自殺、行動），多半有那些徵兆行為？」其結果為：(1)心情低落；(2)孤獨感；(3)焦燥不安；(4)悲傷、無價值感及恐懼；(5)表達死亡之企圖及行為與平日相左；(6)活動量降低及退縮；(7)罪惡感及揚言要報復。但是有一位隊職說到他所處理的一個自殺者，與平日表現一樣良好，並無任何徵兆的顯示。根據以上的資料，可以看出隊職與同僚對自殺個案呈現的主要徵兆行為，看法是一致的，也就是部隊自殺個案在企圖自殺前，最常呈現的主要徵兆是「心情低落」和「孤獨感」。但是也有一些自殺個案在自殺前毫無徵兆或線索、沒有遺書、生活正常積極。這類個案常成為自殺防治中的盲點。

肆、自殺徵兆

　　孫敏華（民 86）以軍中自殺已遂及未遂者共四十六個案例，根據他們的日記、遺書，及調查記錄等資料，進行分析，結果發現自殺的原因與徵兆少有單一，自殺往往是多方原因所造成，表現在外的徵兆也是多種，例如：某個案曾「表達死的企圖」；有「憂鬱傾向」；當晚「站衛兵」；也曾「哭泣過」。引起他自殺的原因是：「男女感情」、「家庭因素」和「個性衝動」等等。因此自殺的原因往往是多種因素的累加，超過當事人所能承受所造成，顯現在外的徵兆也相當多元。很難從單一理論窺出全貌。歸納自殺者的危險徵兆，分為下列四類：

一、情境警訊

　　情境警訊中，以危險性最高「近來神色有異，或有其他因素（如感情、家庭等），又值服勤站衛兵」時。這其中不乏有人預謀已久，甚至藉故支開另一衛兵，以達目的。還有些單位，衛哨勤務站崗不落實政策，脫

班放單哨或打瞌睡等情事均存在，造成有心自殺者的成功機會。站衛兵時因工具取得容易、槍枝致命性高，所以危險程度最高。

剛下部隊或歸建者是另一危險癥候，值得注意。原因為接觸的人、事、物都是新的，必須重新適應。若碰上自己有個人或家庭問題，四周全是長官、學長或陌生人，無人能訴苦或幫忙，較易有輕生念頭或不適應行為。

二、情緒警訊

情緒的表現中，以「自責內疚」、「有憂鬱傾向」的危險程度最高，其次是「強烈痛苦的情緒」，再次為「哭泣」。而「孤寂失落無助」者其中有三分之二是正值「剛下部隊及歸建」時期。

三、特徵警訊

「過去曾自殺過」者佔 26.09%，已遂比例 66.67%。而身為「同性戀」自殺者，根據作者走訪部隊的經驗，因同性戀而自殺者，人數可能不僅於此，不過多半是未遂。造成的原因有：「無法適應部隊的生活管理，如團體生活毫無隱私、無法值星帶領部隊」、「遭長官同僚另眼相看甚至排斥，團體壓力太大」等。不過從管理角度來看，同性戀也給部隊帶來相當大的困擾。

四、行為警訊

將近五分之一的樣本曾以語言或文字，表示想死的念頭及行動。若加上留有遺書者，其比例為 50%。口語表達的對象以家人、同僚者多；文字表達則以生活雜記、記事本、日記、小紙條等佔多數。

「久病不癒」是另一個行為警訊，一般而言，軍中成員年齡多在二十至三十歲之間（包括尉級軍官），此一年齡層與六十五歲以上者「久病厭世」的情形不同，所生的病較不嚴重，持續時間也較短，所以採取的自殺

方式較溫和，全部未遂。

「對軍中強烈不滿」者，三分之二有精神方面的疾病，表達不滿只不過是其徵兆之一而已，已遂率為三分之二。

有「喝酒」、「吸安非他命」的習慣而自殺者，其情形為「經常喝酒，甚至有醉倒公園的記錄」、「因吸安經常有幻想幻覺出現」。喝酒者的個性均屬「內向沉默寡言」；吸安的個案均與「家庭因素」有關。

伍、自殺原因

造成樣本自殺的原因，有「個性」、「家庭」、「男女感情」、「工作壓力」、「軍中管教」、「精神疾病」、「厭世」等因素。

因「個性」原因者最多，佔三分之二左右。其中「個性內向封閉沉默寡言」佔 34.78%、「個性衝動」佔 21.74%、「完美性格」佔 8.7%。這三種性格中，以「完美性格」的已遂率最高，這類型的個案，有「寧為玉碎，不為瓦全」的情結，自殺前均有「自責內疚憂鬱傾向」，當他們決定選擇「尊嚴的死去」時，意念都相當堅決，採取的方式較激烈，且預謀多時，幾乎無生還的可能。已遂率次高的個性是「內向封閉沉默寡言」這類個性者，平日鮮少表達其想法，也少和他人溝通，同僚或長官對其了解均很有限，有部分自殺後周圍朋友感到「難以理解」，甚至事前毫無徵兆。這類個性者，縱使內心世界有波濤大浪，若不願表現或有意隱瞞，外界均很難了解。「個性衝動」者，其自殺情況多為臨時起意，憑自己的感情衝動行事，事前未加周詳計畫，就手邊最方便器材行事，這類個性事前的徵兆較為明顯，容易觀察。

三分之一的樣本自殺因素與「家庭」有關，與之有關的家庭因素有：(1)父母親過度寵愛，適應力差；(2)親子溝通不良，家庭氣氛差；(3)來自問題或破碎家庭；(4)早婚生子，婆媳與夫妻關係不和，或懷疑配偶有外遇；(5)家庭經濟壓力大，其他成員不願負責。因家庭因素而自殺者，所採取的方式較溫和，未遂比例較高佔了六成。

三成受試自殺原因與「男女感情」有關，主因多為女方要分手無法接

受、瀕臨分手時難過情緒、懷疑對方移情別戀等。因男女感情自殺者,其目的多為希望挽留對方、表現自己專情,或解脫痛苦情緒等,所採取的方式較溫和,已遂率不到四成。

與軍中有關的因素有「恐懼而無法適應」、「管教不當」、「想退訓未能如願」。其中以「想退訓未能如願」的已遂率最高,達百分之百。這類個案想退訓的念頭,都蘊釀了一段日子,對退訓抱有高度期望,但複檢卻沒通過,之前均有自殺的記錄,可能習慣以逃避方式來因應挫折及壓力。因此幹部對於曾自殺過又面臨複檢弟兄時,一是不要讓他抱有過高期望,覺得體退沒問題;另外密切注意其情緒變化,隨時加以輔導協助。

「因恐懼而無法適應」者除有一同性戀未遂外,其餘皆已遂,已遂率達八成五。這類個案適應部隊的能力差,逃避壓力的傾向強烈,自殺前對即將面臨的部隊情境壓力,有嚴重的恐懼心理。且不斷加深自己恐懼的感覺,放棄解決問題的想法,到最後認為只有死才能解決此種壓力,所以採取的方式較為激烈。這類個案另一個徵候為,曾生病或以病號脫離部隊生活一段時間,後來實在無法再請假後,怕面對即將來臨的訓練或生活,遂以自殺來逃避。

因「管教不當」而自殺者,多留有遺書,交待其不當管教的過程及人物,似有「死諫」的意味,其目的在報復懲罰對方,故已遂率只有兩成。

一成五因部隊的「工作壓力」而自殺者,全部已遂。其中軍官超過七成,士兵不到三成。其壓力源為對新接工作不熟悉、經驗訓練不足、業務繁重、各項任務未管制時程、未有相對支援,這時再有長官要求責備,或是自許完美要求高,悲劇就容易發生了。一成三的樣本疑似精神病,有些醫師已診斷確實,有些仍在觀察,有些部隊還無覺察。因精神疾病自殺者,已遂未遂各佔一半。

第三節　自殺的危險警訊

研究自殺的學者多數都認為,自殺行為是有跡可循而且可以預防的。

事前自殺者多會蘊釀出「自殺意念」，並透過行為和語言顯露出來，所以若能辨識這些徵兆，及時有效處理，便能做好防治工作。因此對自殺徵兆的了解與辨識，是做好防治工作的首要任務。

過去有關的研究大約可分為以下三類：

壹、自殺危險警訊

Pfeffer（1986）將青少年與兒童自殺的警告徵兆系統化、客觀化，下表是他所整理出來的自殺警告訊號：

表 4-1　自殺警告訊號

語言上的線索
表現出想死的念頭，可能直接以話語表示，也可能在作文、作詩、詞曲之中表現出來。
行為上的線索
突然的、明顯的行為改變。 出現與上課有關的學習和行為的問題。 放棄個人擁有的財產。 突然增加酒精的濫用或藥物的濫用。
環境上的線索
重要人際關係的結束。 家庭發生大變動，如財務困難、搬家。 顯示出對環境的不良因應，並因而失去信心。
併發性的線索
從社交團體中退縮下來。 顯現出憂鬱的徵兆。 顯現出不滿的情緒。 睡眠飲食規則變得紊亂、失眠、顯得疲倦、身體不適、疲倦。

其他研究自殺的學者也指出，青少年在自殺前有經常討論死亡、作死亡計畫、購買或攜帶武器及犯罪行為等。作者以此為架構，根據過去研

究，整理出以下結果：

一、語言上的線索

(一)自殺意念

Orbachetal（1983）認為個體自殺前，心中常存著想死的念頭，或是企圖以此方式來改變環境，脫離痛苦，對生命排斥，視死亡為一正向的吸引，生存為一負向的狀態。因此當個體透露其自殺的念頭或想法、排斥生命的價值、對死亡有正向態度，可能是一重要的自殺警訊。當此一意念形成具體計畫時，自殺的危險程度相對提高。

(二)自殺動機

青少年的自殺動機雖然不盡相同，但我們要非常小心注意，因為動機會引發行為。Kalafat（1990）指出自殺的青少年或兒童認為自殺是唯一解決問題的方法；也有些青少年其自殺行為的動機是希望獲救，以此作為溝通管道，傳達其目前無助想脫離困境的訊息。Fewmouw（1990）指出在青少年的階段中，若某一重大關係的結束（如父或母死亡、與女友分手）是非常傷痛的，自殺的動機也許是企圖結束這段痛苦的情緒；或影響重要他人回心轉意，重修舊好；或是讓他人知道自己有多絕望多痛苦；或是測試他人是否愛自己；或是懲罰他人為自己自殺的行為抱歉、難過、內疚等。無論是何種動機引起，當個體表達出明確或強烈的自殺動機時，其採取行動的可能性自然增高。

二、行為上的線索

(一)先前的自殺行為

Murphy 指出，若個體曾企圖自殺，10 至 20%一年內會重複出現自殺企圖；一年內自殺的危險性是 1 至 2%；一生中自殺的危險性為 10 至 15%。Fremouw 還進一步指出曾企圖自殺會增加自殺的危險性，其頻率、強度、

致命性及最近的企圖均可代表其危險的程度。

(二)自殺計畫與臨終安排

一般而言，自殺計畫愈清楚、愈周延，則致命性高、獲救率低、危險性愈高。Fremouw等人（1990）認為自殺計畫包括：(1)方法：是否已選定了自殺的方式及使用的工具？(2)工具之取得：選擇方式之工具能否獲得？(3)時間地點：是否已決定了自殺的時間及地點？(4)致命性：這種方式的致命性是否很高？(5)獲救率：是否會被人發現？獲救率如何？此外做了臨終安排者比未做者危險性高，臨終安排包括：(1)寫遺書；(2)放棄所持有的財產；(3)將心愛之物託他人保管照顧；(4)與親友做最後的道別。

(三)酒精或藥物

Perrone（1987）指出將近80%的青少年，企圖自殺時都有大量飲酒的情形，因此他認為飲酒會增加自殺的可能性。除酒精外，其次是大麻、興奮劑。分析二者之間高相關的原因為：(1)酒癮藥癮者自我控制力低；(2)在酒精和藥物的控制下，較易做出衝動行為；(3)他們較易受挫折及苦惱情緒的影響；(4)由於這些物質本身的作用機制會對身體有所危害，青少年用此來結束自己生命。一般而言，酒精藥物濫用者和缺乏家庭支持、社會孤立或其他的因素相關，也反應出個體因應壓力的能力缺乏。因此當個體有「長期濫用藥物或酒精的歷史」、「最近增加飲酒及藥物的使用」時，自殺的危險性增高。

三、症狀上的線索

企圖自殺的症狀中，憂鬱是最主要的。個體的憂鬱會透過情緒低落、無食慾、體重減輕、睡眠困難、無精打采、對事物沒興趣、罪惡感、注意力不集中、自殺念頭、悲傷、退縮、無助、無價值感來表現。秦燕（1991）以至榮總就醫的自殺企圖患者進行深度訪談，結果發現自殺企圖者採取自殺行為前的感受是憂鬱沮喪（28%）、無助感（20%）、無望感

（16％）、愛恨交織、報復等感覺。其個性特質可分為三類：

(一)外向、倔強、急躁型最多，或許是容易衝動、爭強好勝，而賭氣自殺。

(二)內向、順從、自卑型，這類個性可能是因為缺乏親友的支持，沒有疏通的管道，將困擾壓抑至無法承受而導致自殺。

(三)多疑、孤僻型，它常伴隨著急躁內向等人格特質同時出現。半數家屬表示這些企圖自殺者事前有徵兆，但沒想到患者會真正自殺。

根據吳英璋與許文耀（1995）的調查，新進弟兄或調至新單位的弟兄，最容易發生自我傷害的行為。因為面對的是新的環境、新的人際關係、遠離舊有的支持系統。如果弟兄不能有效處理這些壓力，則會產生情緒困擾或不健康的行為。甚至自我傷害，因此新進弟兄須注意的行為有：

(一)情緒變化較大的弟兄。

(二)常常無緣無故抱怨體力差、頭腦昏沉不醒的弟兄。

(三)常常覺得別人會排斥他的弟兄。

(四)常常覺得無助、煩惱無人可訴的弟兄。

(五)常常與別人頂嘴、吵架，或嘲笑、欺負別人的弟兄。

(六)常常請病假，怕上哨或訓練的弟兄。

(七)常常出意外或忽視危險的弟兄。

(八)喜歡獨處或經常憂鬱、情緒低落的弟兄。

貳、自殺危險程度

Maris（1991）根據過去研究，整理出十五項預測自殺的因素：

一、有憂鬱症或其他心理疾病者　15％的憂鬱症患者曾採取自殺的行動，三分之二的自殺者有憂鬱症傾向。

二、**酗酒及藥物濫用者**　超過5%會自殺，若再加上憂鬱症高達72%。因為酗酒會破壞人際關係，降低社會支持。

三、**想死的語言、自殺的準備程度、及宗教**　80%自殺前都曾用語言文字來表示自己想死的念頭；準備程度愈高，自殺已遂可能性愈大，而與宗教理念有關，則是認為死後是否有永生，能否與所愛的人相聚等。

四、**先前的自殺企圖**　非致命企圖自殺者有15%已遂，但這與年齡有關，以年輕女性最常見（如吃安眠藥），年老者有自殺企圖已遂率高達90%。

五、**採激烈致命方式者**　如槍枝、上吊、臥軌、自焚者已遂率高。

六、**孤立、獨居、失去社會支持者**　42%自殺者是獨居，50%已遂者沒有好朋友（非致命性企圖自殺者只有20%）。

七、**無望感、認知僵化者**　認為自己能做的只有自殺。

八、**年長白人男性**　佔美國自殺已遂者70%。

九、**從家庭中遺傳或模仿者**　11%自殺者家中致少有一人自殺，自然死亡者無此現象。

十、**有工作與經濟問題者**　三分之二自殺者自殺時失業，且多有工作不穩定的現象。

十一、**有婚姻問題及家族病史者**　寡婦及離婚者的自殺率高，單身者的已遂率高於自然死亡者。家族病史中有年幼失去重要他人、太早與母親長期分離、被父母虐待亂倫、經常搬家者。

十二、**有重大生活壓力事件者**　引起喪失自尊、羞恥罪惡恐懼感、失去重要人際關係地位，且持續一段時間等事件。

十三、**有憤怒、攻擊、大量分泌 5-HIAA 者**　大部分自殺者都曾經歷生氣、憤怒、不滿意的情緒，年輕人有此情緒後，較易以報復性自殺來解決。體內大量分泌 5-HIAA，易產生攻擊性行為。

十四、**有身體疾病者**　35%至 40%自殺者有重大疾病，如癲癇、癌症、胃炎等長期重大惡疾。

十五、**重複或循環一至四項，有自殺史者。**

Maris（1991）同時也指出，與其說「預測」（predict）自殺，不如說「評估」（assessment）自殺較適當，因為要能正確預測非常困難。他認為每一特殊團體（如兒童、學生、軍人），採用比較方式，找出該團體的自殺危險因素，對評估自殺較有幫助。研究方式採回溯（retrospective）或推測（prospective）均可。

參、影響自殺的中間因素

對於自殺行為的探討，除了了解不利因素外，還須了解個體的社會資源、解決問題能力的正向因素。

個人與環境間壓力適應互動過程中，「認知評估」與「因應方式」是兩個關鍵因素。Lazarus 與 Folkman（1984）將壓力調適分為兩大類；第一類是直接處理壓力來源，不論是經由外顯的行動或是經由心智活動來解決問題。所用的策略如攻擊、逃離、賄賂、妥協，或是從事體能訓練等。第二類乃認知重估，改變自己對該情境的感覺或想法，而不是問題解決的策略；它針對的目標在減緩壓力所造成的情緒衝擊，讓自己覺得舒服些，即使威脅性或傷害性的壓力源並沒有改變。

除了認知因素外，許多研究也一致認為社會支持或人際網絡是自殺者的一項重要保護因素。它能讓企圖自殺者較有活下去的理由（例如：想到自己父母、子女、朋友，自殺動機自然會減弱）。但生活壓力事件會改變社會支持系統的功能及特質，例如：改變大小、互動頻率，及穩定度等，都和最後是否採取自殺行動有關。

若遇到失去重要他人時，家人及親戚的支持是很重要的，研究結果顯示，母親死亡配偶的支持扮演重要的保護因素。在友誼方面，Maris（1981）的研究報告指出，和自然死亡者比較起來，自殺已遂者的好朋友顯著少於他們。平均而言，自然死亡的好友較自殺者多一倍。且將近一半左右的自殺者在自殺那年沒有任何親密好友，而自然死亡者只有三分之一有這種情形。

由上述資料得知，「認知評估」與「社會支持」是自殺者的一重要中

介變項，也是保護自殺的重要因素，一般而言自殺者的認知較扭曲、不理性、社會功能較差、支持網絡不健全、好友較少、對社會支持較不滿意。

第四節　自殺防治

Shneidman 指出，大多數人自殺的經驗是：⑴困擾麻煩的增加；⑵負向情緒的增加，如悔恨、罪惡、羞恥等；⑶思考過程突然僵化停頓，無法作多元的選擇；⑷持續表達想結束情緒上的痛苦。因此這幾種情況都是暫時性的，只要能解決或延緩其中之一、二，就不會想自殺。這樣的看法代表目前世界上大多數人基本的信念，認為自殺行為是短暫的、可改變的、矛盾的一種心理狀態，因此自殺防治有其必要。

作者認為，無論自殺行為反映的是情緒困擾壓力反應，或是生理的不平衡，一定要做好自殺防治工作。原因有：⑴自殺的代價太高，影響層面廣；⑵想以自殺解決問題，多為暫時性想法，只要處理得宜，消除危機，就可避免生命的犧牲；⑶個人無權結束自己生命。就個人層面而言，以自殺來逃避，不但不能解決問題，反倒衍生出更多困擾。若以此為手段，不斷使用，將喪失學習解決問題的機會。就部隊而言，不但影響部隊戰力，更打擊士氣。就家庭和父母而言，只遺留更大的痛苦與難堪，因自殺死亡，家人面對的不僅是喪子之痛，和自然死亡相比較，鄰居社區較以負向態度對待。因此應全力做好自殺防治。

Petterstol（1993）將自殺比喻成「交通意外」，絕對沒有方法可以完全杜絕，但可以從修改法令、教育群眾、改進軟硬體設施，來降低發生交通意外的機率。自殺防治也是一樣，雖不能根除，但可以從多方面防治。根據文獻資料，目前世界各國在自殺防治的作法大約可分為下列幾類：

壹、自殺預防中心

全球最早成立自殺預防中心的是英國，早在一九〇五年救世軍就已設

立自殺防護服務。美國最早則是在五〇年代，由 Shneidmen 與 Farberow 在洛杉磯成立自殺預防中心及國家心理健康機構。近幾十年來，美國各社區紛紛成立自殺預防中心。「生命線」基本上也是屬於自殺防治機構。台灣地區的生命線始於民國五十八年，由馬偕醫院引進。

自殺預防中心的主要理論依據是「自殺過程的危機處理模式」。有自殺傾向的人被認為是處在一種有時間限制的危機心態下，即時的諮商輔導可以幫助他們度過這種危機，而且可以由此重過正常的生活。典型的自殺預防中心提供一天二十四小時的電話服務，讓有困擾的人可以隨時和輔導者談談。輔導者通常是義工（接受過短期輔導專業訓練），他們運用的策略為「危機處理」方式，包括積極主動的傾聽（如信件、電話及當面晤談）、提供各種資源的服務，及幫助對方解決問題。

自殺防治中心雖然立意良好。但只能被動的等待當事人，無法主動與高危險傾向者聯絡。美國七〇年代對自殺防治中心的改良作法是「強調發掘或尋找有高自殺傾向的人」以及「為他們發展特殊方案」。前者如主動尋找剛從精神病院出院的病人、獨居年老多病的男人等。後者如設立「向外接觸方案」（out-reach program），推薦別的機構給打電話求援的人。

Miller 等人（1988）對美國設立及無設立自殺預防中心的地區做了比較，發現這些中心對 二十四歲以下的年輕白種女人有正面的影響（對其他年齡群則無影響）。因為最常打電話到中心求助的人群中，年輕白種女人佔了大多數。國內並無相關的研究資料。然而學者認為不應以自殺率當作評量的唯一效標，而強調以病人的行為變化來做測量。

貳、減少導致自殺的方法和手段

一般人很容易聯想到，去除自殺者環境中自殺的工具，可降低其自殺的機率。但也有人質疑，這些自殺者是否會找其他替代的工具？關於這類問題 Lester 等人（1980）曾作了一系列的研究：

一、武器

　　Lester 與 Murrell（1980）依美國各州的槍械管理嚴格程度，發現自一九六〇年至一九七〇年間對手槍管制最嚴格的州，其州內用槍自殺的比例最低，而且一般性的自殺率也最低。管制法中買賣手槍部分與低武器自殺率最有相關。Lester 的結論為，改用其他方法自殺並未發生在槍械管制較嚴格的州。Lester（1987b）又以「手槍管制法嚴格性的效力」及「對自殺的道德態度」對各州自殺率的解釋效力做研究。發現手槍管制的嚴格程度與人們上教堂的百分比（對自殺道德的測量）和自殺率的相關為 0.68，可以解釋 46%的自殺率。

二、汽車廢氣

　　一九六八年，美國為了環境清潔，開始對汽車做排氣控制。到了一九八〇年，汽車廢氣中的一氧化碳含量從 8.5%降到 0.05%。結果造成使用汽車自殺的困難。因為一氧化碳中毒的時間變得長些，增加了別人發現介入的時間，以及自殺者改變心意的機會。Clarke 和 Lester（1987）研究汽車廢氣去毒對自殺率的影響，同時與未實施廢氣控制的英格蘭、威爾斯比較；結果發現自一九六八年起，美國用汽車廢氣自殺的比例呈平穩的狀態，甚至有下降的趨勢（必須注意的是許多老舊排放高廢氣的車輛仍在使用）。相對之下，英格蘭和威爾斯用汽車廢氣自殺的案件自一九七〇年起則成戲劇化的增加。Lester 和 Clarke 認為，這個結果顯示把自殺方法的致命性降低，可以減少或防止自殺的發生。

三. 家用瓦斯

　　根據 Clarke 與 Mayhew（1988）的報導，英格蘭和威爾斯對家用瓦斯的去毒使得採用瓦斯自殺及其它一般性的自殺率均下降。一九五八年的五

千二百九十八件自殺案例中，採家用瓦斯自殺的有二千六百三十七件，佔總自殺數的 49.8%。到了一九七七年，三千九百四十四件自殺案例中用瓦斯自殺的只有八件，佔總自殺數的 0.2%。這樣的結果和 Clarke 與 Lester（1987）的資料有關，也就是上述英格蘭和威爾斯用汽車廢氣自殺者自一九七〇年起有戲劇化的增加，這可能是想用家用瓦斯自殺者轉而利用汽車廢氣。所以當人們中意的自殺方法不可行時，可能會轉用其他類似的方法。

　　一般人常認為自殺是那些有嚴重身心障礙的人智窮所選擇的絕望方法，這些人似乎不可能因中意的自殺方法受限而改變初衷。然而現在的觀點認為，自殺者是根據他們的理性所作的邏輯性選擇，許多自殺者被詢問時都表示他們只考慮一種自殺方式，如果這種方式被限制了，這些人很可能因此不自殺。但有關這方面的研究非常少，因此仍不足以下此一結論。Rich 與 Young（1988）以資料顯示在多倫多因手槍嚴格管制，導致手槍自殺者案例減少，但撞地下鐵及跳樓自殺者增加。所以從此看來，人們也可能會改變自殺的方式。然而，如果新的自殺方式比較不致命，自殺者生存的機會自然會增加，所以自殺防治是有可能的。

　　Lester 的結論認為，自殺預防機構應該提倡更嚴格的槍械管制法律、高自殺場所（如金門大橋）的欄杆設置、嚴格管制危險藥品（如安眠藥），及一些減低自殺性方式的可行性的有關方案。

參、媒體報導與自殺防治

　　長久以來大家早已知道自殺會「傳染」，美國在這方面的研究做的最多，其中尤其以菲利普博士最為出色（Petterstol, 1993）。他自一九七四年開始研究，每個月的紐約時報報導有關自殺的個案數，以訂戶居住地區作為根據，統計刊登前與刊登後的自殺人數。發現只要報上登載自殺的個案，訂戶中自殺的人數就會增加。如果連續刊登自殺的消息，接下來的數個月自殺的人數都較平日高出許多。菲利普認為最能解釋的理由是「模仿」。這種現象在美國比比皆是，特別發生在知名度高的人。例如：菲利

普提到當瑪麗蓮蒙露車禍死後，許多因獨自駕車發生車禍的比例大增。因此菲利普認為媒體報導就像一個引爆的機轉，許多人因而模仿。前兩年海軍陸戰隊李鎧將軍自裁上報後，陸續也有些士兵自裁，其遺書上都留有「模仿李鎧將軍」或是「碰到困難，連他都自殺了，我還有什麼辦法」等字眼，可見媒體的報導對自殺的影響。最近因經濟不景氣，媒體不斷報導自殺個案，自殺案例不斷增加，產生一股「自殺潮」，嚴重到媒體人自行呼籲，不要再擴大報導自殺了。

除此之外，電視連續劇劇中的人物影響也很大，德國的心理學家 Schmidtke 和精神科醫師 Hafner（1986）曾做過這方面的研究。他們以實際情境做研究，實驗組是播出連續劇的地區，控制組則是沒有播出地區，但和實驗組相似的城鎮。連續劇的主題是一個十九歲的男生臥軌自殺，結果播出後的五週內，和控制組比較，同年齡層男生自殺的人數增加了86%；女生增加了 75%。而在同時期，德國的男生自殺較以往增加 54%，最多的是十五至二十歲的年齡層。此一結果也證實了菲利普的模仿效應。

媒體的報導除了可能造成模仿學習的結果外，還可能對相關人產生二度傷害。例如：媒體妄加揣測自殺已遂者的死因，且作簡單歸因如「某女學生跳樓自殺，原因為功課壓力過大，父母失和」。試問現今社會，那個中學生沒有課業壓力？父母失和的家庭更是比比皆是。但此一報導出現後，其父母要承受多大的心理壓力。面對自己愛女的死亡已夠內疚難過了，還要面對外界交相批評指責的輿論壓力。更糟的是，多少青年學子會認為，只要有壓力、父母失和或遇到困難就可以選擇自殺。

因此媒體報導這類訊息時要特別謹慎小心，以防止模仿效應及二度傷害出現。Vienna 等人（1992）曾報導過：「奧地利的地下鐵自一九七八年開放以來，就經常有人在此自殺。尤其在一九八四年奧地利的報紙將此一問題做為專題報導後，利用地下鐵自殺的人數更是激增，一九八七年奧地利自殺防治協會介入，希望媒體報導的方式及角度能尊重專業並加以改變，之後大幅度改進了報導的品質，自此地下鐵自殺的人數迅速的下降」。此一經驗充分說明了媒體在自殺防治上的重要性。基本上媒體扮演的角色應為教育者及資訊提供者，重點應放在教導社會大眾對自殺有正確

的認識及態度，例如：了解人為何要自殺、不要以有色眼光對待他們、當我們身旁有人想自殺時如何能提供有效及時的危機處理，以及當一個人感到無路可走時，除了自殺還有哪些解決問題的方法等等。總而言之，要做好自殺防治工作，良好的媒體報導是不能缺席的。

肆、危機處理網絡

依照 Pfeffer（1986）的看法，自我傷害行為危機處理網絡的主要工作應有三個層次，即預防處置、危機處置及事後處置。具體目標如下：

表 4-2　危機處理網路工作層次

第一層次：預防處置
1. 消極方面：及早發現有自我傷害可能性的人，及早介入，使之消失於無形。 2. 積極方面：促使每一個人都能正常的生長，使每個人身心健康，根本不會發生自我傷害行為。
第二層次：危機處置 發現高危險狀態的，適當的介入，阻止自我傷害的行動，並消弭發生的原因。
第三層次：事後處置 對受到自我傷害影響到的所有人員，進行立即的危機處置與長期的後續幫助。

一、預防處置

預防處置階段最重要的工作是教育，其中教導相關人員對自殺的原因、類型、處理的態度原則最為重要。美國目前已有加州和佛羅里達州通過立法，學校必須開設自殺防治的課程。授課對象包括學校老師、家長及學生。每年必須有五個小時這類課程。課程內容除了教導處理原則外，還包括資源的提供、如何接觸高危險群，及如何轉介的技巧。除此之外，還可透過死亡教育、因應壓力技巧、同儕諮商來達到預防的目的。國軍目前各級教育，包括「基礎教育」、「進修教育」，及「深造教育」，都開設了自我傷害防治的課程，提供各級幹部對自殺原因、類型及處理原則。希

望能防範自殺於未然。

(一)死亡教育

其內容包括生命誕生、生命之脆弱、生命之獨特、生命之尊貴等概念。強調「死亡在生命中所扮演的角色」的覺醒，所以死亡教育不僅關係到死亡本身的問題，亦涉及自我對大自然及宇宙的感情。因此死亡教育可以提供正確的態度來看死亡及瀕死，藉以消除不合理的恐懼與迷失，降低對死亡的焦慮，了解死亡是生命的一部分。除此之外，可從下列四點著手（教育部訓委會，民 84）：

1. 死亡具有不可逆性，人一旦死了，就不可能復活，所以不能存著僥倖嘗試的心理。
2. 以自我傷害的方式達到死亡的目的，通常會給本人帶來極大的恐懼和痛苦，萬一不死可能終身殘廢。
3. 死亡不能解決問題，只會讓「愛自己」和「自己所愛的人」傷痛。
4. 死亡代表失去人間美好的一切，包括親情、愛情、財富、地位……等。

(二)因應壓力技巧

從臨床經驗和研究結果可發現，許多自我傷害的個案多因壓力處理不當，最後以自我傷害做為其解決壓力的方法。因此教育學生或大眾如何有效面對及處理壓力，實為自殺防治的重要方法。這類課程應包括放鬆技巧、問題解決技術、腦力激盪、運動管理、人際溝通、自我肯定及情緒管理等課程。學校最好能將這類課程排進既有的課程之內，鼓勵學生以討論互動方式進行。甚至將過去發生過的自殺案例提出，讓同學或士兵討論「除自殺外，還有那些解決問題的方法」？「如果你是他，你會如何做」？也可由成員提出目前遭遇的困難壓力，彼此互相腦力激盪，老師往正向方向引導，使成員能將上課結果應用於真實的生活情境中，達到預防的目的。

(三)同儕輔導（peer counseling）

運用同儕力量，則是另一項頗受重視的策略。幾乎所有自殺防治策略均會提到同儕輔導。其原因為青少年時期最在乎的是朋友同儕，Davis（1991）等人的研究發現，雖然想自殺的青少年不一定會透露此訊息，但只要他信任同儕，一定會將此訊息傳遞給對方。且最能發現和幫助自殺的人，都是他身邊的人。由此可見同儕輔導在初級預防工作的重要性。美國加州自一九八五至一九八六年，有鑒於青少年自殺率升高，共有二百零三所學校成立「同儕諮商計畫」，其重點如下：

1. 教導辨識自殺的警訊，及一般的溝通與諮商技巧。
2. 重視督導與協調。
3. 同儕訓練提供一個開放接納的情境，及參與有意義行動的機會，使受過訓的同儕能發揮影響力，創造一良好的校園文化，減少自殺的壓力來源，達到預防的目的。

二、危機處置

危機處置的目的在早期發現有自殺危機的當事人，提供適當的策略，消除其自殺的壓力源。服務的對象包括自殺的高危險群及企圖自殺未遂者。所謂高危險群意指處於自殺危機中，也就是當事人決定自殺的可能性相當高。根據研究，對於企圖自殺或自殺未遂者的處理可分為直接及間接兩部分，直接係指對當事人的處理，間接則指對環境的處理。

(一)直接處理部分

1. 視當事人的狀況決定是否送醫急救。
2. 與當事人晤談，並強調兩點：(1)延遲當事人自殺的衝動；(2)與當事人簽署不自殺合約，以合約方式加強當事人的責任感。
3. 告訴當事人，如果他有任何意圖時可打電話至何處或找誰。

4.給與當事人希望，許多企圖自殺者都是因為感到對未來沒有希望，因此治療者要讓當事人感到問題是可以解決的。治療者本身可以成為當事人模仿的對象，讓當事人覺知問題雖複雜，但仍可有系統的解決，必要時也可施與問題解決技巧的訓練。

(二)間接處理部分

在環境處理方面有下列幾項：

1.移開或不讓當事人接觸會致死的物品，例如：槍、藥等。
2.協助解決與重要他人間的衝突。
3.運用社區資源提供支援。
4.協助當事人安排未來二十四小時或數天的時間，避免當事人獨處或疏離狀態。
5.可用藥物幫助當事人入眠，好的睡眠可減少自殺的可能性。

教育部（民84）編印的校園自我傷害防治處理手冊中，有關危機處理的原則：

(一)對尚未採取行動的當事人

1.對當事人保持高度「敏感、接納、專注傾聽」。
2.鼓勵或帶領當事人向輔導單位求助，說出心中的痛苦。
3.與當事人討論對於死亡的看法，了解其是否有「死亡計畫」。
4.營造班級「溫暖接納」的氣氛，讓當事人感受他是團體的一份子，同學都很關心他。
5.通知家長，動員家人發揮危機處理的功能，隨時注意他的言行舉止。
6.若當事人堅持不讓家長知道，可技巧性的提醒家長多關心注意孩子。
7.通知學校相關人員。

8. 提供當事人「支持網絡」成員的聯絡電話。

9. 對十分危急當事人，提供與相關人員形成一個支持的網絡，隨時有人相伴。

(二)對已採取行動但未成功的當事人

1. 立即聯絡相關人員（如醫護人員、生輔組……）協助將個案送醫急救，並由送醫小組通知家長。

2. 請訓導人員協助清理現場。

3. 聯絡輔導人員協助安撫其他同學情緒，並對班上同學實施團體輔導，討論對此事件的看法及內心的感受。

4. 接納當事人的情緒專注的傾聽，並盡可能陪伴當事人一段時間至其情緒平穩。

5. 透過個案自述或其他資料，了解其自殺的動機。

6. 分別與個案及其他同學討論除了自我傷害之外的問題解決策略。

7. 請家長接個案回家。

8. 鼓勵同學對個案表達關懷，協助個案重返班級。

9. 在個案重回學校的初期，協助班級形成一個支持網絡，指定同學輪流陪伴個案，預防個案再次採取行動。

10. 拒絕任何媒體的採訪，統一由危機處理小組對外界說明。

三、事後處置

當自殺行為發生後，不論已遂未遂，除了個案本身外，對個案周遭的其他人也會造成不同方面不同程度的影響。因此事後處置就是針對受此事件影響的人提供立即性的危機處置與後續幫助，這些人可能包括個案的家人、同學、長官、同事、親友……等。事後處置的基本目標（教育部訓委會，民84）：

(一)幫助紓解悲傷的情緒和哀悼的心結。

㈡經由討論自殺行為的傳染與模仿作用，阻止再發生類似的不幸事
件。

根據研究發現，喪失重要他人之後總會有創傷的經驗及悲傷的反應，
這種強烈的悲傷對身心都有害，尤其當重要他人的死因為自殺時，這種悲
慟遠比自然死亡強烈許多，感受和自然死亡不同。除了一般的悲傷、難
過、悔痛、孤獨感外，最典型的感覺為強烈的內疚、羞愧及憤怒。Cain
（1972）研究的結果，重要他人自殺死亡後，家人有現實曲解、自我概念
的困擾、與客體關係的問題、自我傷害傾向、尋找生命的意義及長期的悲
慟等現象。此外覺得需要為自殺者負責，及容易遭到社會大眾的非議，也
是這群人經常面臨的問題。Dunn 等人（1987）研究了二十四個這類的個
案，發現剛開始的反應是震驚不相信、其次是恐懼和憤怒。都表示有和他
人談論死者的需要，但此種需要不容易被滿足，因為大多數人都不願意和
他們提及此事（或是覺得不舒服）。

以父母自殺的孩童為對象的研究顯示孩子有心理及情緒的困擾，包括
心理生理失常、肥胖、逃家、犯罪、個性、精神官能症、盲目信仰、缺乏
自制力等問題。此外兒童的罪惡感、憂鬱及自我傷害行為都持續一段相當
長的時間（至少十六年以上）。因此自殺對周圍相關的人會帶來生理及心
理的影響，如何對這群人提供特別及專業的協助是相當重要的。

Shneidman在一九六九年時曾估計每年約七十五萬人因所愛的人自殺，
而受到影響，因此他認為事後處置應從處理個人問題及改變社會觀念兩方
面著手。處理個人問題如專業的協助，改變社會觀念則需從打破社會對自
殺的忌諱著眼，薛耐德認為這些都必須透過教育來完成。例如：藉由教育
來教導大眾了解自殺行為、如何正向有效的幫助自殺傾向者，及自殺已遂
者周圍的人。教育內容不以道德批判減輕大眾對自殺者家屬的非議，降低
他們心理的壓力。

校園自我傷害防治手冊（教育部訓委會，民84）中對老師在事後處置
的建議是：

(一)對自殺已遂的個案

1. 會同輔導老師或同學熟悉的任課老師，馬上進入班級照顧所有其他同學，避免學校「大人們」忙於處理出事個案時，其他同學因被疏忽而再發生不幸。

2. 會同輔導老師與班上同學進行討論，讓同學發洩感情及對此事的想法。

3. 如有同學不想參與討論，不要勉強。

4. 與班上同學討論對此事的一致性說法。

5. 馬上過濾高危險群並協助輔導人員對特別需要的學生們進行長期輔導。

6. 向學生清楚說明何時、如何，或在那裡可以得到幫助。

7. 提醒幹部保持高度敏感。

8. 對全班同學保持高度關注，建立信心、充分給與溫暖並分享事後的心情，共同努力走出不幸的陰影。

9. 隨時留意自己的情緒並在需要時向有關人員尋求協助。

10. 研擬如何安撫慰問家長家人。

11. 如果不是發生在學校，應徵得家長同意並和危機小組討論，如何告訴同學，以免同學私下臆測。

12. 特別注意與個案關係密切的同學，如好友、有過節者、特別敏感者實施長期性的追蹤輔導。

13. 配合危機小組與家長聯繫喪禮時間、地點，以及校內如何參加追悼儀式等有關事宜。

14. 和危機小組討論如何帶領學生參加祭奠或追悼儀式。

15. 如果有校外人士詢問此事，建議他與危機小組的媒體代表談。

16. 如果有其他家長問起此事，老師的說法要和校內的共同協議一致。

17. 高危險時間應特別注意同學的特殊反應、情緒與舉動。

18. 向校長或有關人員報告事件的經過及處理情形。

19. 會同相關處室將事件的處理過程詳加檢討並做成書面報告，作為日

後校內防治工作的參考。

20.婉拒任何媒體的採訪，統一由危機處理小組之代表對外界說明。

(二)對自殺未遂的個案，基本上與已遂者的處理原則相似，比較不同的是：

1.和同學討論是否要到家裡或醫院探望未復原的個案。

2.個案若康復返校，老師應多給與關心，但切記有標記作用，也不應享有特殊的待遇，以免讓其他同學誤認自我傷害是可以獲得特權的途徑。

　　校園目前推行的自殺防治網絡的架構，軍中早有基本雛型。如基層連輔導長負責第一線的預防，危機處理由基層軍官和心輔官共同處理，監察官、軍法官、師主任等也各司其職，負責調查、辦案、統籌對外、家屬連繫等工作。但作者認為，軍中推展防治之成敗，首重預防的教育，及基層幹部對此項工作的重視。否則，徒有防治網絡的架構，而執行者的觀念作法不正確，或橫向連繫有缺失，也難將預防工作做好。

　　因此個人認為在軍隊的環境中，若要推展自殺防治工作，重點應放在教育及宣導，對象是和其業務最有相關的連營輔導長。在危機處理的層次上，應特別注意「工具型」個案，例如：某外島一位二兵，因不願服役外島，不斷以自殺來要脅幹部，目的是調回本島。對這類以自殺為工具的個案，幹部處理時要很謹慎。因為軍隊是一個團體，若完全依照個人意願，幹部未來的領導統御將面臨很大挑戰，以自殺作為威脅工具的士兵會源源不絕。但若是完全不顧及他的適應障礙，而一味要求他必須適應軍中環境，也可能使對方假戲真作。因此理想方式為心輔官以個案輔導方式接觸對方，同理對方的感受，深入了解他問題的原因、嚴重程度，及考慮各種解決問題方式，再向上回報，由各級長官決定。

第五節 軍中自殺個案分析

壹、阿雄的案例

為使讀者對軍中自殺個案有更進一步了解，本節內容為自殺個案分析，從其發生經過、原因、所留遺書、文件、軍中處理過程，及評論等角度來加以分析探討。且為避免對個案造成負面影響，名字及部分人名、地點稍做改變。個案為阿雄，是入伍五個月的二兵，二十天前才下部隊。排定某月六日晚上六點至某月九日晚上六點休假，當天逾假未歸。當晚打電話給部隊解釋為「與女友在花蓮玩，因所駕駛之車輛故障，希能延後歸營」。兩天後家屬打電話向幹部反映，阿雄已在某旅館自殺身亡。根據旅館服務生表示，他是見阿雄未續繳房租且電話無人接聽下才報警處理，打開房門見阿雄以自購之電線纏繞頸部，線端繫於房門把手，已倒地死亡。

根據訓練中心所作阿雄之「賴氏人格測驗」結果，阿雄「抑鬱性」很強，「感情變異性」較大，「自卑感」較重，缺乏「自信心」，有點「神經質」，容易受刺激、發脾氣及自尋煩惱。在適應性方面，阿雄「主觀性」稍強，凡事不太願意與別人商量，接受別人的好意及意見，「協調性稍差」，「攻擊性」較強，有敵對心理與反抗傾向。個性偏內向，有點畏縮，怕與人交際。就賴氏人格測驗的分類，阿雄屬「暴力型性格」，大體而言，具此種特性的人，會把不安定不適應的人格表現於外，較不容易接受社會的規範，容易產生反社會的行為。

據同梯要好的弟兄表示，該連在管教上並未有不當之處，阿雄的個性為沉默寡言，常心事重重的樣子，擔任實習哨時，表現極為緊張，非常不善言辭表達。阿雄在自殺前五天曾向同儕表示女友要與其分手，令他痛苦難眠，這位弟兄以自己曾發生過「兵變」的經歷開導他，勸他不要太在意，好好的把兵當完。連長經弟兄的反映了解狀況，也配合將阿雄的假提

前實施，希望他能利用假期與女友多溝通解決問題。

　　國防部根據阿雄遺書，初步研判自殺原因為「感情因素及適應不良」，家屬表示同意，僅希望部隊內部詳查。部隊即展開訪談調查，阿雄遺書所提的不當管教的長官及學長，據同梯同連的多位弟兄表示，長官平日對學兵管教方式正常，頗為照顧學兵生活起居，未發現對阿雄有不當管教情事。被點名的連上學長均表示阿雄到連上僅二十天，與他只曾短暫接觸，莫論對其有不合理的要求或管教，就連大聲說話吼叫的情形都未曾有過。而遺書中有關連坐法方面，乃是「該連於中秋節前夕因大門哨未詳細辨證，及任意放行陌生人進入營區。副排長乃集合連上弟兄實施機會教育，令阿雄對集體連坐處分感到厭惡，經了解副排長並未有不當管教情事發生」。查明結果後，向家屬說明，並解釋新進人員出公差、操課都是集體實施，並非針對阿雄一人，且為軍事訓練之一部分後，家屬即無異議。

貳、阿雄案情之分析評論

　　阿雄的個性內向、不善表達、沉默寡言、自卑感重、自信心低、有敵對反抗傾向，容易受刺激自尋煩惱。所以當他遇到女友欲分手一事，內心非常痛苦，也曾將此痛苦情緒表達出來，同梯弟兄雖曾相勸，連長也特別讓他提前放假，但均無法讓他跳出痛苦深淵，最後決定以死來解決問題。根據他的遺書內容顯示，他的死因主要有：(1) 個性因素，其中抑鬱、自卑、求完美、鑽牛角尖、攻擊性強等個性，容易造成他認知偏差及認知窄化，遺書中不斷有「別人故意針對我和我過不去」，或是「只有一死才能解決問題」、「只有死才能證明我的愛」等想法，表現在外的行為就是生氣、憤怒、適應有困難，嚴重時會以攻擊別人或自己來解決。(2)女友與其分手，想以死來證明對女友的愛。(3)因部隊生活壓力和逃亡壓力，寧可死也不要有被關的污點。(4)想要以死來報復某些長官及學長制度，除了在遺書公布他們的名字外，還提到死後要找他們算帳等話語。作者認為，阿雄自殺的主因是其個性，感情、部隊適應還是其次。這種個性的人，承受生活壓力的閾限較低，適應環境的能力差，故顯現在外的行為是逃家、逃

學、逃兵，生活適應處處易有障礙，經常給父母、老師及長官帶來困擾。不過部隊是一個大團體，目前又是徵兵制，在服兵役是國民應盡的義務下，這類個案根本不能篩選。若要預防或處理好這類弟兄，只有加強基層軍官的領導能力和觀察能力，和強化整個心輔及醫療系統。

阿雄在自殺過程有許多的掙扎，遺書中多有描述，根據資料，他在旅社待了兩天，錢也用完了，想買農藥別人不賣，想買安眠藥也買不到，回部隊又要被關，躲又躲不掉，覺得好孤單無助。在這兩天中，他寫了很多的小紙條，許多內容都顯示他不想死，但又不得不死的心境，不過最後他認為所有的災難和問題都會隨著死而化解，對死後世界的想像也是和活著相同（要求家人多燒紙錢房子車子，讓他在陰間好過）。認為自作孽所以沒有臉回去面對自己的人生，只好永別了，也就是此時他認為死去比活著面對要容易些，所以雖然不捨得離開，但最後仍選擇自殺一途。

阿雄自殺已遂一事發生時，正值部隊多起意外及管教案件被媒體炒得火熱，因此當天報紙和新聞對此事都詳加報導，其標題為「又驚傳軍中另一起不當管教案件發生，某單位二兵自戕於某旅館，遺書中包含多位不當管教者名單」。此一報導只有根據前面發生的事實報導，之後經部隊的調查，澄清了所謂不當管教的事實（多為阿雄個人認知所造成的偏差），但從此後媒體就再也沒有報導這一事件。留給社會大眾的印象是「軍中不當管教事件眾多，民眾再次將軍中的危安事件與不當管教作聯想」，對軍中的印象又添一負數。這樣的報導角度和方式似乎並不公平，長遠來看，對部隊內部的士氣、國家安全的維護，也有不好的影響。

結　語

從研究結果發現，軍中最易自殺的危險情境是「剛下部隊」及「剛歸建時」。原因為此一階段所接觸的人、事、物全是新的，四周都是長官學長，感覺陌生沒有歸屬，若加上個性內向，或碰上家庭或個人的問題，又無人能幫忙或訴苦，較易有不適應行為或輕生的念頭。因此如何使成員能

很快的適應部隊生活，學會壓力調適方法，建立自己人際網絡，應是軍中自殺防治工作的重點。事實上，部隊心理衛生工作一直將「壓力調適」及「新環境適應」工作視為重點，但成果未盡理想。作者認為原因有：(1)與整個社會大環境有關，服役弟兄均來自社會，時下家庭子女數減少，物質生活水準提高，挫折忍受力下降，軍中軟硬體設備與社會家庭有相當的不同，造成適應上的不易。(2)基層幹部年輕化，有些基層幹部的年齡比服役弟兄還小，不易產生照顧關懷或輔導的情形；且因年輕容易氣盛或情緒化，更加添管教的困難度。(3)部隊任務繁重，幹部壓力大，相關之心理衛生專業技巧不足，有心有餘而力不足之感。根據壓力因應理論，個人認為應朝兩方面努力：

一、盡速幫助成員建立軍中支持系統，如透過團體活動的設計、工作夥伴的互動、長官的投入帶動，讓新進弟兄很快的熟悉團體，交到朋友，建立軍中的人際網絡，對所屬部隊產生認同歸屬感。

二、改變服役弟兄的認知評估，高危險群服役前對服役的態度，有30%抱持著「恐懼」，一般組只有6.4%。且高危險群較常使用壓力因應方式，多屬消極負面。因此導正弟兄的服役態度，及培養其積極認知的壓力因應方式，普設心理衛生課程於基層部隊，改變弟兄們對當兵及壓力的認知。

作者擔任自殺防治的課程時，常常被問到「如何判斷對方是否會自殺」？及「如何判斷自殺未遂者已無自殺念頭」？這兩個問題都與評估自殺的危險程度有關。雖然有許多研究（包括本研究）的結果提供許多這方面的訊息，但真正評估單一個案時，還是需要從了解個案著手。了解個案壓力源從何而來？個案如何因應？壓力承受程度為何？自殺危險可能程度？作者認為 Maris（1991）和 Motto（1991）所說的最具有參考價值。Maris 認為「觀察每位個案承受的壓力，是否至其最高閾限」，也就是當事者所能承受最高壓力臨界點，來作為判斷時的參考。Motto 也認為評估自殺的關鍵因素在個案資料收集的完整與否，重點在當事者現在痛苦程

度，有無到達他能承受的閾限。每個當事者表達方式不同，有口語、身體語言、隱喻等各種不同的方式，評估者要能敏感於各種不同的訊號，及擅長各種不同的溝通方式。每一個案的評估，都應包括自殺者自殺的意圖、決定自殺的過程，以主觀及客觀因素作一判斷。因此評估個案危險程度時，評估者除了具備相關專業知識外，充分了解個案，良好諮商的態度和技巧，都是不可或缺的要件。

作者授課過程中，不斷有幹部反映自殺未遂的個案中，少部分是「有目的工具型」自殺，希望藉由自殺，達到調單位、換主官、換工作等各種目的（當然過程中個案可能是相當痛苦不堪，覺得無法忍受），這種情形以艱苦單位和外島最多，例如：用小刀割傷自己、用石頭打自己的頭、吞十元錢幣等等，目的是希望回台灣或轉其他輕鬆單位。處理這類個案的方式要謹慎。完全考慮個案情況，將使整個團體感到不公平，甚至部隊不斷有人學習模仿，造成主官領導統御的困擾。故美軍特別立法，認為故意殘害身體，達到逃避任務工作者，就是違法，此一做法，就是避免陣前故意以自殺達到逃避之目的。故輔導這類個案，「個人」與「團體」立場均要兼顧，才不致有後遺症產生。因此軍中要做好個案輔導工作，不能僅從當事者的角度考慮，還需考慮對團體部隊主官及其他成員的影響等。這和一般民間及學校輔導的情形有些不同。

作者曾遇見一位剛下部隊極為認真負責的輔導長，連上有一精神病的弟兄上吊自殺，這個弟兄之前有非常多的徵兆，包括過度自責內疚、憂鬱、行為怪異等等，輔導長也做了約談、家屬聯繫、看精神科醫師等各種防範工作，但最後個案還是自殺了。這位輔導長連續三個月做惡夢，不斷內疚自責、情緒低落，甚至懷疑自己的做法及軍旅生涯的選擇。在此種情形下，還要面對家屬的指責，協助處理各種善後事宜，對一個二十二歲的年輕幹部，的確不容易。連上其他弟兄也因此大受影響，整體士氣大為低落。因此作者認為，自殺造成的影響層面極廣，包括家人、同僚、長官及整個部隊的士氣，其課程重點除預防處置外，應加強事後處理及延伸高階軍官部分。事後處理包括家屬、媒體、行政、民意代表的各種處理過程，及自己、他人、部隊的情緒層面之處理。尤其是基層幹部，角色被認定是

「問題解決者」，但事實上他們也需要協助。高階軍官若受過此種訓練，就可擔任協助者的角色。

軍官本身的心理健康在自殺防治上扮演極重要的角色，作者發現基層軍官若壓力過大，容易失去對人的耐心與關心，對徵兆的敏感度也隨之降低，甚至造成部屬重大負面壓力的來源之一。「健康的幹部是部隊之福」，要作好自殺防治工作，除了教導幹部，如何辨識及預防處理的技巧外，增進他們福利，照顧他們權益，加強他們因應壓力的技巧，都是自殺防治未來努力的方向。

對自殺防治來說，預防重於一切，而預防階段最重要的工作就是教育。作者認為軍中自殺防治的教育，應分為三個層面：

一、普遍性的心理衛生、壓力紓解、解決問題技術、生命意義等教育。其對象為一般基層士官兵、學生等。

二、教導基層相關人員（如班長、排長、輔導長、連長等）自殺的原因、類型、處理的態度原則程序的了解等。課程內容除了以過去案例作檢討說明外，還包括資源的提供、如何接觸高危險群、壓力因應、諮商輔導，及如何轉介等技巧。以達到預防的目的。

三、教導營級、旅級、師級等中高階層軍官，如何應對媒體、家屬，及各種善後處置的原則。內容包括如何應對媒體、協助家屬處理原則、如何輔導部屬面對單位自殺的個案，及如何重新激勵部隊士氣等。

課程內容除理論部分外，將過去發生過的案例，整理歸納分析，從原因、外顯徵兆、處理經過、後續影響發展、處理成功及失敗之原因分析等層面，將之納入課程內容中，且將自殺課程正式成為軍事教育及訓練的課程。

現行各級學校推展自殺防治工作，均以網絡的觀念及作法。軍中的網絡事實上早已存在，只需將各種不同角色的幹部，加強訓練及整合，增進

橫向縱向連繫。部隊與學校另一個不同的特性是，幹部輪調的速度很快，往往兩年內，一個單位中所有成員（包括幹部及士兵）全部換過，因此幹部訓練要持續且重複不斷的實施，才能達到預期的效果。

參考書目

行政院衛生署（1997）。**台灣地區歷年自殺及自傷死亡率按年齡分表。**

沈楚文（1975）。談自殺（上）。**大眾醫學**，28 卷 7 期，155-170 頁。

吳金水（1989）。國中生的「自殺傾向」實態調查及其與「自我概念」之關係研究。**初等教育學報**，2 期，181-249 頁。

吳英璋（1995）。**軍隊自殺防治專案研究計畫期末報告。**國防部，未出版。

吳英璋（1997）。**青少年自傷行為。**教育改革與學校輔導工作研討會。教育部訓委會。

林憲（1990）。**自殺及其預防三版。**臺北：水牛圖書出版事業有限公司。

邱獻章（1991）。自殺之評估與處置。**臨床醫學**，28 期，175-179 頁。

秦燕（1991）。自殺企圖患者之社會心理分析研究。**當代社會工作學刊，創刊號**，173-190 頁。

許文耀等人（1996）。**軍隊自殺防治專案研究計畫期末報告。**國防部，未出版。

許文耀（1997）。**青少年自傷行為輔導。**教育改革與學校輔導工作研討會。教育部訓育委員會。

國防部（1996）。**軍隊自殺防治處理手冊。**

陸軍總部（1994）。**軍中自殺行為之肇因分析及防治作為。**軍中自我傷害學術研討會專題報告，未出版。

張平吾、曾豐瑞（1994）。從自殺理論探討國員警自殺相關因素及其防制對策。**警學叢刊**，23 卷 3 期，143-158 頁。

教育部訓委會（1995）。**校園自殺防治處理手冊。**

楊菊吟（1993）。**國軍自殺成因的探討與防治措施——以自裁個案的隊職與同**

僚研究為主。軍中自殺防治研討會，未出版。

楊俊麟、楊碧珠譯（1994）。自殺之預防。*中華心理衛生學刊*，6 卷 1 期，3-11 頁。

鄭泰安（1993）。精神疾病與自殺之預防。*中華精神醫學*，7 卷 3 期，123 頁。

Auerbach, S. & Kilmann, O. (1977). Crisis intervention. *Psychological Bulletin, 84,* 1189-1217.

Berman, A. L., & Jobes, D. A. (1991). *Adolescent suicide assessment and intervention.* Washington, D. C. Book Crafters.

Cain, A. (1972). *Surviors of suicide.* Springfield, IL: Chaarled C. Thomas.

Clarke, R. V. & lester, D. (1987). Toxicity of car exhausts andopportunity for suicide. *Journal of Epidemiology & Community Health, 41,* 114-120.

Curran, D. K. (1987). *Adolesscent suicidal behavior.* Washington, DC. Hemisphere.

Davis, J. M. & sandoval, J. (1991). *Suicidal Youth: School- based intervention and prevention. (1st ed.),* Californid: Jossey- Bass Inc.

Dunn, R. G., & Morrish-Vidners, D. (1987). The psychological and social experience of suicide survivors. *Omega, 18,* 175-215.

Durkheim, E. (1972). *Sucide A study in Sociology.* 臺北：開發圖書公司.

Farber, M. L. (1968). *Theory of suicide.* New York: Funk & Waggnalls.

Fremouw, W. J., Perczel M., & Ellis, T. E. (1990). Suicide risk : Assessment and *res ponse guidlines.* New York : Pergamon Press.

Hafen, B. Q. & Frandson, K. J. (1986). *Youth suicide: depression and loneliness.* Prove, UT : Behavioral Health Associates.

Headley, L. A. & Farberow N. L. (1983). *Suicide in Asia and the near East.* University of California Press.

Heiling, R. J. (1983). *Adolescent Suicide Behavior: A Family System Model.* University Microfilms Inc.

Henry, A. F. & Short J. F. (1976). *Suicide and homicide.* New York: Crowell-Collier Publishing Company, 131-139.

Holinger, D. C. & Offer, D. (1981). *Perspectives on suicide inadolescence.* In R. G.

Simmons (eds.), Research in community and mental health (2, 139-157) Green-wich, CT : JAL Press.

Lande, R. G. (1992). Suicide and the military justice system. *Suicide and Life-Threating Behavior, 22(3),* 341-349.

Lester, D. & Yang B. (1995). Do Chinese women commit fatalistic suicide？中華心理衛生學刊，8卷1期，23-26頁。

Maris, R. W. (1981). *Pathways to suicide : a survey of self-destructive behaviors.* Baltimore: John Hopkins University Press.

Maris, R. W. (1992). *The relationship of nonfatal suicide attempted to completed suicide.* In R. Maris, A. Berman, J. Maltsberger, & R. Yufit (eds.), Assessment and prediction of suicide. New York: Guilford Press.

Miller, H., Commbs, D., Leeper, J.& Barton, S. (1984). An analysis of the effects of suicide prevention facilities on suicide raates in the U. S. *American Journal of Public Health, 74,* 340-343.

Molin, R. S. (1986). Covert suicide and families of adolescents. Adolescence, *21(81),* 177-184.

Motto, J. A. (1985). *Treatment concerns in preventing youth suicide.* In M. L. Peck., N. L. Farberow & R. E. Litman (Eds), Youth suicide. New York : Springer Publishing Company, Inc.

Motto, J. A., Heilbron, D. C., & Juster, R. P. (1985). Development ofclinical instrument to estimate suicide risk. *American Journal of Psychiatry, 142,* 680-686.

Motto, J. A. (1991). An integrated approach to estimation suicide risk. *Suicide and Life-Threatening Behavior, 21(1),* 75-90.

Pfeffer, C. R. (1986). *The suicidal child.* New York: Guilford Press.

Retterstol, N. (1993). *Suicide: A European perspective.* New York: Syndicate Press.

Rothberg, J. M., Franklin, C., & Jones, D. (1987). Suicide in the U. S. Army: epidomio-logicl and periodic aspects. *Suicide and Life-Threating Behavior 17(2),* 119-132.

Rothberg, J. M., Holloway, H. C., & Ursano, R. J. (1987). Suicide in the U. S. *Military. Psychiatric Annuls, 17(8).*

Rothbbery, J. M., & Mcdowell, C. P. (1988). Suicide in U. S. Air Force Personnel, 1981-1985. *Military Medicine, 153,* 645-648.

Shneidman, E. S. (1988). Some reflection of a founder. *Suicide and Life-Threatering Behavior, 18,* 1-12.

思考問題

一、試敘述軍中自殺的種類。

二、軍中工具性自殺的處理原則。

三、軍中自殺的徵兆及原因？

四、為何全世界軍中均特別重視自殺案件？美軍對此特別立法，內容為何？

五、自殺防治的爭議有哪些？你個人的看法如何？

六、自殺防治的方式？

七、軍中如何做好自殺的預防工作？

八、為何軍官心理衛生工作與自殺防治關係密切？

📁 第五章
軍中心理衛生（輔導）工作

前　言

　　近年來由於社會型態急速改變，社會問題日漸複雜，軍隊是社會的一部分，自然受到影響，且軍中也發生多起引起大眾關心的議題，如管教、兩性、適應、自我傷害等方面的問題，相對的軍中輔導工作愈發受到重視。國軍心理衛生工作的起源，自民國四十八年實施「個別教育」起，到今日的「心輔官」及「心理衛生中心」制度建立，共四十多年的時間。若以專業人員固定編製的心輔官制度計算，至今不到十年。這十年軍中心理衛生工作隨著時代變遷需要、組織編製成長，及專業人員的增加，逐漸發

展成長，但軍中輔導是否和一般輔導模式相同？能否滿足軍中官士兵的需求契合？軍事組織對心理輔導的影響？目前現況如何？有哪些困境？未來的發展方向？都是本章欲探討的主題。本章主要目的有四：(1)軍中心理、軍中心輔工作的起源及演進。(2)軍事組織特性對心理輔導的影響。(3)軍中心理輔導的現況。(4)軍中心輔工作未來發展的建議。

第一節　軍中心輔工作的起源及演進

壹、萌芽期

　　民國四十八年國防部頒訂「個別教育」實施辦法，其目的是為輔導思想偏差偏激方面的問題。六十六年頒訂個別教育手冊，當時「思想問題」仍為個別教育的目的，而後民國七十六年國軍個別教育手冊根據時代需要作了修訂，將「個別教育」定義為：「針對某一特定對象，透過同理的技巧，與其建立和諧而信任的關係，並給與適當的輔導、幫助和啟發，期能解決教育對象的問題，使其所做所為合於部隊的要求；或者鼓勵其奮發向上，培養勤勞堅忍、冒險犯難的革命性格」。換言之，為了使每一位士官兵心理平衡、人格健全與戰志高昂，必須把握每個人的個別差異，然後因材施教，因地制宜，以收預期效果。個別教育的對象有三：第一，個人思想方面，包含認識不清者、信仰不堅者、信心不夠者、決心不強者。第二，個人生活方面，包含團體生活不能適應者、生活散漫不服管教者、個性孤僻缺乏友誼者、家境困難家人不合者。第三，個人習性方面，包含情緒不穩脾氣欠佳者、品德不端行為不檢者、自私自利鬆懈懶惰者、身體健康欠佳者。從以上敘述可看出，個別教育的對象，思想問題和行為問題是輔導兩大重點，但負責個別教育的是一般幹部，並無專業或專任的輔導人員，且訓練幹部的方式，採取頒發書籍、收看錄影帶等方式，因此個別教育雖說是軍中輔導的起源，但以專業人員擔任輔導工作卻是從趙老師開始。

貳、草創期

　　民國六十八年，陸軍有鑑於民間張老師的成效良好，部隊人員管理日漸複雜，設置了「趙老師」信箱，由預官採臨時編組的方式，成立了軍中第一個輔導組織。其服務對象包括生活適應問題、人際關係不良者、家庭關係、感情困擾、生涯規畫、人生觀探討，及其他各種疑難雜症等問題者。陸軍實施後效果相當不錯，其他軍種遂隨之成立，包括海軍「張老師」、空軍「孫老師」、警總（現軍管部）「周老師」、憲兵「康老師」等，這一臨時編組組織，於民國八十年國軍心理衛生中心成立時結束，其業務由正式編組的心輔官接手。

　　民國六十六年總政戰部主任王昇有鑑於社會變動快速、軍中成員問題日增的情況下，成立了「軍事心理研究中心」，希望藉此研究機構了解軍中成員的狀況、各項問題的根源、未來發展的方向、以提出因應的具體建議。因此「軍事心理研究中心」當時有多位人員參與，其中包括兩名專任的研究人員。從民國六十六年到七十三年止，共探討了出三十多項與軍中有關的研究議題，為以科學化方法探討軍中現狀及軍事心理的研究風氣開了先河，也為軍事心理學的研究人才預先鋪路。只可惜「軍事心理研究中心」在民國七十三年因為經費及任務重疊等因素，從常設性組織改為臨時交辦研究機構，漸漸停止其業務。而兩名專任的研究人員，則繼續在政戰學校心理系擔任教職的工作。

　　民國七十一年，政戰學校成立「心理系」及「社工系」（含專科班），這是軍事教育體系，首度成立與心理輔導有關的專業科系，兩系課程內都有相當多「心理輔導」的課程，目前已有十五屆的畢業生，是培育國軍心輔官人才的重要搖籃。自八十九學年度開始，兩系為提升國軍心理及社工專業人才的素質，成立了「軍事社會行為科學研究所」，下設「軍事心理研究組」及「軍隊社會工作研究組」，對未來軍事心理學研究及實務的人才培育，有相當的幫助。

參、建立期

趙老師等輔導機構成立後，因為任務編組關係，且擔任趙老師多半是義務役預官，無法滿足軍中需要。因此國防部於民國八十年五月十四日，頒布了全軍設立心輔官的總長令，心輔官不再採任務編組，而是常設機構實缺編製。從此軍中心理輔導工作更往前邁向一大步，進入另一個里程碑。全軍心輔官的編製，分兩年四期完成，最初半年是各戰鬥單位成立心輔官；第二階段是成立訓練單位；第三階段為成立各軍事院校，最後是各總部及國防部，並於八十二年七月全部完成。軍中心理輔導工作自八十二年推行以來，每年輔導人數超過六萬人次，對解決官兵情緒困擾、促進部隊團結，成效普獲肯定。近年來輟學單親之青少年觸犯重大社會刑案多起，類似具暴力傾向、人格違常之統計約五萬多人，這些人服役當兵後，部隊領導統御、軍紀安全、心理輔導等工作均面臨重大挑戰，心輔機構在部隊扮演的角色愈發重要。

肆、發展期

因此當民國八十七年軍中實施精實案精簡人力時，國軍心理輔導的人力編組，著眼於協助官兵適應部隊生活，人員編製不僅未減少，反增加現有心輔人力，以建立「三級防處」體系及「區域輔導網絡」。並藉由「諮商」及「轉介輔導」等措施，發揮官兵心理矯治功能，確實維持國軍戰力。心輔三級防處作法如下：

一、**連輔導長為第一線的心輔官**　主動掌握心緒不穩的官兵，運用輔導技巧與能力，協助官兵紓解心理問題；而連級主官亦應具備對部隊士氣及動向的觀察力，以迅速有效掌握問題。使基層連隊能夠發揮早期發現、迅速疏導及盡早治療的初級防處功能。

二、**次級危機處置由心輔官擔任**　處理經連隊輔導無明顯改善之個案

轉介，協助及強化初級防處能力。

三、**國軍各五級醫院設置「地區心理衛生中心」** 除直接受理地區內
　　三軍未編製輔導人員之個案輔導，凡經連隊、心輔官輔導無顯著
　　改善者，均交由各「地區心理衛生中心」，結合醫院醫療資源與
　　社會支持網絡，發揮矯治、醫療與心理重建功能。

　　在軍中正在實施「精實案」同時，所有單位人員幾乎全部面臨精簡的
壓力，心輔工作在這時期不但未精簡，反因任務需要，人員編製幾乎比過
去增加一倍。基層心輔官過去每師分派一名，現改為旅級就有一名心輔
官；北、中、南、花東、金、馬、澎湖等地區，設立了地區心理衛生中
心；本島地區心理衛生中心編配專業「心輔員」於各地區之國軍五級醫
院，外島的地區心理衛生中心則納編於各防衛部。其任務有：(1)直接受理
各地區內未能編制輔導人員的三軍獨立、分遣單位輔導工作，經各級部隊
輔導無顯著改善之個案轉介。(2)定期辦理地區內各部隊輔導人員訓練，統
合部隊輔導、醫療資源及社會支援網絡，直接支援各級部隊官兵心理輔導
工作。

　　根據心理衛生中心的運作及預期功能，國軍心理衛生中心的編組規畫
如下：

一、國防部成立「心理衛生中心」，隸屬總政治作戰部「輔導服務
　　處」，執掌輔導政策制訂，輔導行政、研究發展、輔導人員的
　　選、訓、用，及國防部官兵諮商、推廣教育等工作。

二、各軍總部、軍管部、憲令部設「心理衛生中心」，隸屬軍種政治
　　作戰部「輔導服務處」，執掌軍種輔導工作規畫、執行輔導行
　　政、推廣輔導教育、個案諮商輔導、幹部在職進修等工作。

　　民國八十八年，國防部有感於軍中成員日趨複雜，軍中問題性質不斷
改變，有必要成立一個長期研究軍中問題或官士兵行為的研究中心，於是

於八十八年正式成立「官兵行為諮詢研究中心」，聘請包含政治學、心理學、社會學、新聞學及輔導學的專家學者，成立了諮詢委員會。並每年固定編列經費，研究目前軍中最需要長期了解的發展議題。

因此軍中輔導工作，從民國四十八年「個別教育」制度以來，歷經了幾個重要階段的變化。從最早期個別教育階段的「萌芽期」，到人員臨時編組「草創期」，心輔官正式編組的「建立期」，一直到精實案擴編的「發展期」。這之間有相當幅度的改變：

一、**輔導工作的內涵**　從「萌芽期」重視個案的思想教育；到「草創期」重視個案行為輔導；至「建立期」工作重點擴大為「新進人員輔導」、「一般官兵輔導」，及「特殊個案輔導」；到最近的「發展期」，包括輔導工作網絡化、建立三級輔導機制等，其內涵除了事後輔導外，還包含事前預防推廣、幹部訓練、研究發展，及區域輔導網絡的連結。因此可說目前心輔工作已結合諮詢、輔導，及研究三方面功能的服務。

二、**輔導人員的擴編**　從沒有專業人員，由幹部擔任個別教育工作的「萌芽期」，進展到預官趙老師「半專業輔導人員」的「草創期」，再到心輔官正式編制的專業人員「建立期」，一直到與心輔官、心輔員並用的「發展期」。在編製上，早期心輔官多為少尉、中尉，總部心輔官也只是少校，擴編案後，編缺提升，現任心輔官最高編缺已到上校。由輔導人員的運用，顯示軍中對輔導的重視，及人員素質的提升。

三、**輔導功能的提升**　早期軍中個別教育的功能，著眼於傳統集體管教無法滿足需要，需要個別教育從旁發揮輔助功能，以解決士官兵的個人問題；後來輔導功能是為協助軍中處理重大案例，重點在新進人員、適應、自我傷害等問題。近年來隨著輔導工作逐漸發展，功能日漸提升，輔導不再局限於個案輔導，還包括輔導觀念預防推廣、團體輔導、幹部教育訓練、研究發展，以及書籍刊物。在功能上的發揮，提升到預防、輔導及事後處理，除協助幹

部領導統御，對軍中士氣的提升、軍紀安全的維護、防範問題於未然等都有助益。

四、**主管輔導機關的調整**　軍中心輔工作自開始成立，一直都是屬於總政治作戰部政三監察的業務，原因是政三掌管軍中士氣及軍紀，而心輔工作的特殊個案的處理，和軍中士氣的關係密切。民國八十年心輔官採正式編制，仍依過去慣例，將心輔放在政三監察內。監察主要的功能為調查辦案，需訪談筆錄和心輔強調的關係建立，需要真誠、接納、同理的作法，完全背道而馳，多年來一直頗受外界爭議。因此民國八十八年，政戰工作業務重新調整，將心輔工作自政三監察處調整到「輔導服務處」，正式將心輔工作正名，使軍中輔導工作「名實相符」。

第二節　軍中組織特性對輔導工作的影響

　　軍中實施輔導工作雖長達三、四十年，但軍事組織和一般學校、機構甚至企業都有相當程度的不同。因此本節從軍中組織對輔導工作產生影響的觀點，釐清軍中實施輔導不能完全以一般諮商理論及觀點視之，而應發展出適合軍中組織的理論及實務工作模式。

　　基本上軍隊是一個強制性高的科層體制，軍事組織對成員的支配性和控制性極大，因此組織的結構特性，除了具有科層體制的層級節制與分工明確的特性外，依軍階高低而排等級的職階體系，有助於軍隊訓練成員認同其支配服從的角色扮演，則相當強調權威性。這類組織型態和領導方式的特點是：重視層級節制、講求效率、不強調民主的領導風格。唯有如此才能有效的達成組織目標。Amiti Etzioni（摘自錢淑芬，民 81）依據人員加入組織的意願，區分組織為三種不同的類型。其中軍隊組織屬於「強迫性組織」。強迫性組織的另一個典型代表為「全控制度」。這類組織的特性包括：

一、人員的參加或脫離，都受到嚴格的限制，沒有自主權。人員加入組織，既非自由意識，亦非以合約的關係為依據，而是以強制性的法律規定之。只要具備某種條件，無論任何人都必須被迫加入該組織；如果條件不合，即使自願加入也必遭拒絕。

二、組織的領導者重視權力，組織的運作與發展端視領導者的權力是否有效發揮。

三、由於人員不能脫離組織，所以對領導者的權力和命令惟有服從，因此組織容易走入權威式的領導方式。

四、領導者既重視權力，組織型態必趨於集權制，因而形成所謂尖塔式的組織。在組織中層級數量甚多，層級愈高時，所包括的職位數目愈少，但權力愈大；反之職位愈低數目愈多，權力愈小。

如同韋伯所說「為了使軍事組織成功的達成任務，官僚式的紀律較個人的英雄主義重要」。換言之，軍事組織為了提高工作效率，而達其目的，所以採取強調階級服從和紀律權威的領導方式。

錢淑芬（民81）比較了軍隊組織之權威式領導型態與輔導本質，差異如下表。權威式的領導重視「任務達成」，強調「整體性、齊一性」，與輔導重視「關係、個別差異」的本質，相差甚遠。因此權威式領導型態在實施人情取向的輔導制度時，其實施的方式、目的、模式、適用對象等與一般輔導應該有所差別。特別需考慮軍隊組織的特性和現行作法的限制，發展出軍中輔導的特色。除了偏向組織諮商的方式外，還需針對部隊階級、問題類型、任務取向的軍中文化，研發出適合軍中的輔導模式，也就是適合軍中文化的「軍中專業的輔導工作」。

軍隊因任務需要，凡事以任務為優先考慮，在這種情形下，個人的需要及自由會受到較大的限制。軍隊特性對心理輔導影響最大的在於「個人自主性」及「選擇性」，例如：在一般學校或職場中，個人的選擇性較大，心情不好可以在下班後休閒輕鬆，不滿意工作可以選擇換工作，甚至可以決定適合自己的工作環境與種類。在部隊除了休假之外，其餘時間都必須在部隊的掌握中，且職務的改變、工作的地點、工作的性質、工作的

表 5-1　權威式領導與輔導本質差異之比較

	權威式的領導型態	輔導的本質
1.價值取向	偏重任務取向	強調人情取向的輔導關係
2.特性原則：「特殊性」、「普遍性」	強調整體性與齊一性的訓練原則	強調個別差異的原則
3.層面範圍：「團體」與「個人」	注重團體要求壓抑個人獨特性與自主性的訓練方式	注重個人抉擇和自我決定的輔導方式
4.功能性目標	領導最終的目的，在凝聚團體意識，以利目標達成，強化成員的正當行為，維持組織的有效運作	輔導的目的在創造自我、發展自我與實現自我
5.人際互動的模式	強調階級倫理忽視平等互惠的人際關係	強調互饋的人際互動，重視同理心對輔導員與當事人之間互動的重要性

（資料來源：錢淑芬（民 81）軍隊組織的領導與輔導之研究㈠，
復興崗學報 48 期，363 頁。）

時間都很少有選擇的機會。這種特性會造成心理輔導的限制。因此軍中輔導的目標，多放在幫助成員適應環境，從「認識環境」、「了解環境」、「接受環境」到「習慣環境」。成員在與環境的互動中，除了少數個案，可以因適應不良，調到其他單位或安排休假等，其他 95%以上的輔導目標，都是希望成員能接受習慣並喜歡軍中環境。

軍隊是強制性高的科層體制，軍事組織對成員的支配性和控制性極大，這類組織型態是重視層級節制、講求效率、不強調民主的領導風格。因此當「嚴格層次分明」的軍中組織碰上了「溫暖人性化」的輔導體系時，士官兵的緊張情緒有一紓解管道，鬱悶心情有人可以傾訴，問題因回報快速而得到解決時，其發揮的效果往往是相乘或雙倍的。

另外軍中個案主動前來的意願較低。原因一是軍中時間安排緊湊，個人行動受管制，士官兵不易擁有自己私人的時間，二者大部分的部隊據點分散，各部隊距離心輔中心遙遠，往返交通工具不易獲得。理由之三是囿於傳統觀念不認為自己有問題，或是認為自己可以解決，不需要心輔人員的幫助。因此軍中心輔實務的個案，根據孫敏華（民 85）的研究，以隊職

幹部轉介的比例最高佔六成二，其次是心輔官自己發現佔一成七，個案主動前來的佔一成二左右。其他來源如禁閉室、長官交辦等。其次一般士官兵對心輔中心的印象，認為是「有問題才來的地方」佔八成五，其次七成三認為「幫助解決心理困擾的地方」，六成一覺得是「權力受損申訴的地方」，五成一認為是「提供法律規章人事服務的地方」，只有二成一認為心輔中心是「提供自我成長的地方」。綜合歸納起來，軍中心輔中心在士官兵的心目中，是個有問題才來、解決心理困擾、權力受損申訴，及提供法律規章人事服務的地方。且軍中心輔工作，在士官兵的觀念中，不純然提供心理輔導而已，相關的法律規章人事服務都包含在內。這樣的現象一方面顯示軍中個案問題的內涵，部分與人事規章法律問題有關，例如：士兵被無故禁假，所引起的不只有心理問題，還牽涉到到權益及人事法律等問題。另一方面也顯示了部分單位將心輔中心與人事法律服務結合，成為「聯合服務中心」，顯示成員對綜合服務及輔導機構的需要。

第三節　軍中輔導工作的現況

壹、心輔人才的培育

　　目前軍中心輔官人才的培育以政戰學校心理系及社工系為主，兩系（科）畢業的心輔官約佔 70%。但兩系課程設計是否能達到心輔專業需求？根據美國諮商及相關教育系所認可委員會（Council for Accreditation of Counseling and Related Education Programs, CACREP），一個專業的諮商員應該具備基本的諮商理論、技術和研究的能力，應包括下面八項的專長領域（楊瑞珠，民 87）：

一、人類的成長和發展

　　包括諮商員應對正常和不正常的發展和行為、人格理論以及生命全程

的改變，有一個深入的了解。

二、社會和文化的基礎

諸如性別、種族關係、不同的生活方式、貧窮和其他文化與環境的變化因素等，對社會的改變和趨勢、社會的風俗和互動方式、多元文化主義和多元論，以及攸關社會的事項等，提供一個寬廣的解釋。

三、助人的關係

應有助人歷程的哲學基礎，提供一個基本的以及深層諮詢技巧的架構。

四、團體動力和團體諮商

包括將諮商理論應用到團體工作，團體領導能力的形成及團體諮商的技術和方法。

五、生命風格和生涯發展

包括應獲得生涯發展、休閒教育和諮商、生命風格的理論和實務架構。

六、個體的評估

包括客觀的投射測驗與其他評量方法的選擇、測驗解釋以及應用的知識和技巧。它也提供對於團體、個人教育和心理測驗理論的了解。

七、研究與評鑑

諮商員對個體和團體諮商以及心理治療的評量方法、研究、需求評估、績效評量等應有所了解。也包含了研究的倫理考量。

八、專業的定向

包括諮商員對專業的角色和功能、倫理和法律的標準，以及諮商專業者的管理和證照制度，皆應有深入的了解。

若以此標準來看軍中心輔官的課程，以大學程度為主的心輔官教育，除了「研究與評鑑」及「專業的定向」較為欠缺，其餘課程內均有包括。但社工系專科班學程，因為只有兩年時間，許多課程因時間關係無法安排，專業水準及要求更是不足。八十九年成立的軍事社會科學行為研究所的「軍事心理組」及「軍隊社會工作組」，也開始擔負起培育軍中心輔人才的工作，對軍中心輔人力素質的提升，有相當的助益。

貳、心輔人員的選訓用

軍中心輔人員自八十七年擴編案後，心輔人員包含軍職的心輔官及聘僱的心輔員，心輔官的選用標準有三：

一、以調任政戰學校社工、心理科系畢業之軍官為主。
二、國內各大專院校社工、心理、輔導科系畢業之轉服志願役預備軍官。
三、曾接受國防部「心理輔導儲備幹部研習班」受訓合格之一般軍官及女性軍官。

心輔員的選用標準為，國防部所屬各單位心輔員遴聘，由國防部及各

軍總部依員額，公開招考國內外各大專院校社工、心理、輔導科系畢業，有一年以上實務經驗人員為原則。

新任心輔官訓練，每年舉辦一次，「國軍心理輔導儲備幹部研習班」訓期四週，藉由溝通輔導觀念，精進輔導理論實務，統一諮商作法。在職訓練，則由國防部、各軍總部、各「地區心理衛生中心」，每年辦理一次「心理輔導工作人員研習」，召集所屬地區現職心輔人員，施以二至四日專業講習，以提升心理輔導人員專業知能，精進諮商輔導技巧。

初任心輔人員，由各軍總部薦報參加國防部「國軍心理輔導儲備幹部研習班」，研習成績合格，並經查核後，由國防部發布儲備名冊，各軍總部依缺額與異動狀況派職。心輔官任期以兩年為原則，期滿得依人事經管需要，適時檢討調任一般主隊職或其他幕僚職；或依當事人意願與任務狀況予以留任。

目前軍中心輔員的任用，類似一般輔導老師或專業人員，一旦擔任心輔員後，不會更動，專業經驗可以累積傳承。國內心輔人員因就業市場競爭激烈，軍中待遇條件還算優渥情況下，軍中可選擇素質高的專業人員，故心輔員有一半是國內外研究所畢業，且有相關經驗一年以上。軍中運用外聘的心輔員，使組織內及組織外的專業人員配合，其優點是工作地點固定、專業經驗可累積與軍中系統無關聯，較能獲取志願役軍官的信任等。缺點是對軍中文化缺乏了解，短時間難以深入軍中體系，且容易從純輔導專業看待事情。

心輔官的選用，以政校心理社工畢業的軍官最多，選用時間多在畢業任官兩三年後。也就是歷練過基層排長、輔導長職務後；官階在中上尉階段；年齡多為二十五、二十六歲。預官或轉服預官的心輔官也多在少尉、中尉階層，甚至比政校心理、社工畢業的心輔官更年輕。一般而言，政戰軍官歷練兩年心輔官的職務後，必須回到一般主隊職或幕僚職務。因此以這階層及年齡擔任軍中心輔官，會面臨到下列問題及挑戰：

一、軍中資歷不夠、對軍中人事物了解不夠深刻、輔導義務役士兵較沒問題，但面對階級較高年齡較大的軍官，階級及人生閱歷都有

相當障礙。因此目前心輔官服務的對象，多半以義務役的士兵為主，志願役軍官佔極少數。

二、大部分的心輔官，所學的雖是社工、心理或輔導，但畢業之後並沒有擔任專職工作，而是歷練過基層的輔導長一職後，才擔任心輔官，因此有關心輔專業已忘記不少，需重新學習銜接。

三、目前心輔官一職，根據規定以任職兩年為原則，期滿調任一般主隊職或幕僚職，因此心輔官的工作只是從事政戰工作者的一個過渡階段，歷練心輔官和一般政戰幕僚職相似，歷練完畢後必須回到政戰一般主隊職或其他幕僚職，才能繼續政戰軍官的「生涯發展」。因此心輔專業經驗無法傳承延續，一般心輔官任職兩年後，對工作才產生興趣或進入狀況，又要離職。這點對整個心輔專業影響最大。

四、軍中心輔官，因員額編製的關係，每個單位只有一人，人力太少，工作不易推展，缺乏同儕討論互動及情緒支持的機會，專業上又無督導可供諮詢，工作意願和工作品質不易提升。

參、心輔官的生涯發展

前已提及，心輔官任期以兩年為原則，期滿得依人事經管需要，適時檢討調任一般主隊職或其他幕僚職；或依當事人意願與任務狀況予以留任。但目前軍中心輔官的編製，呈金字塔型，也就是職位高者佔少數，大部分的編缺集中在中尉、上尉及少校階段。目前全軍心輔官以國防部心輔上校組長職位最高，但全軍只有一人。因此若以軍中生涯發展管道而言，一般心輔官不可能寄望於這樣的生涯發展。所以一般心輔官任職期滿後，均回到政戰系統中，歷練主隊職或幕僚職，繼續其軍旅生涯發展。少數任內表現極為優秀者，才有機會擔任高一階的心輔官（例如：從旅級心輔官升任到總部心輔官）。但擔任心輔官最長時間也不超過四、五年，終究還是要回到政戰體系，因為以軍中經管資歷來說，沒有必要主隊職的資歷，生涯發展絕對受阻。因此未來除非心輔人員的制度修改，讓心輔人員有其

本身的專業生涯發展，不然此一現象仍會存在。Mcleod（1993）認為組織中諮商員在組織中的長期生涯發展。通常缺乏升遷機會，生涯發展的路徑較為模糊。

肆、軍中個案問題類型

以陸軍為例，八十四年心理輔導個案階級區分統計，以學生最多佔26%；二兵及一兵各佔23%；上兵佔9%；下士佔7%；中士及上士佔5%；少尉軍官佔3%；中尉、上尉及校級軍官佔3%。從上述個案階級看來，軍中的個案多集中於義務役的士兵及學生，且多為軍中新進人員。個案輔導的問題類型，依序為「適應不良」居首佔20%；「身體健康」佔17%；「情緒失衡」佔11%；「人事法規」佔7%；「人際關係」佔6%；「男女關係」佔5%；「自殺防治」佔5%；「前程規畫」佔5%；「煙毒勒戒」佔4%；「家庭婚姻」佔3%；「精神異常」佔3%；「日常法規」佔3%等。由此可知，軍中個案類型以新進人員的適應及身體方面的問題最多，值得進一步探討研究。

伍、心輔人員的督導系統

軍中屬於科層體制，心輔官的編制也是如此。例如：國防部級的心輔官可以督導各軍總部級心輔官，總部心輔官可以督導師級或旅級心輔官。但這種形式的督導屬於行政督導，也可以說是因指揮層級較高，以行政方式或是命令貫徹方式，由上級要求下級完成任務。目前心輔官的督導方式，有些單位以三個月召開一次「個案研討會」，由單位政戰部主任主持，聽取相關資料而後給與意見，有些單位偶而外聘專業師資，進行討論督導。但整體而言缺乏專業方面的督導體系。

陸、心輔工作在軍中的定位

軍中設立心輔官的目的，是為了因應社會變遷、個人需求與問題日益複雜，及協助解決集體管教不能解決之問題等。軍隊是因任務需要而組成的團體，凡事以任務為第一優先考慮，在管教上也有一套訓練及管理方式，因此軍中心輔工作的作法，需結合部隊的特性及需要，以解決問題為首要，達到協助部隊管教，減少軍中危安事件，提升部隊戰力為目的。因此軍中心輔官不能以純粹心輔人員自居，必須結合組織的目標，根據作者的比較，一般諮商和組織中諮商的差異在於：

一、一般諮商與組織諮商的不同

表 5-2　一般諮商與組織諮商之比較

	一般諮商	組織諮商
目的不同	重視當事人福祉、諮商員與當事人的關係、當事人的成熟與成長	重視組織的利益、強調個人行為及領導關係對組織的績效與產能
定位不同	增進自我成長、自我實現	員工福利或主管管理的工具之一
角色不同	純粹諮商員	組織人＋諮商員＋行政人員＋透視主官心理人員
強調重點	自我了解、自我接納、自我決定	戰力、績效、競爭、注重結果

從上表得知，心輔官的角色無法像一般專業人員，只從當事人角度考慮，他必須從組織效益及結果來考量，因此整個心輔人員的訓練和養成，都應從組織中輔導員的方向來訓練。不但能做到輔導專業，還能結合部隊中的領導統御及管教作為，成為主官管有力的管理方式之一。

二、志願役軍官對心輔制度不夠信任

根據 Mcleod（1993）的歸納，組織中諮商者的工作挑戰有：

㈠來自上層長官的表現績效壓力。

㈡不易維護個案資料的專業保密。

㈢需要向長官證明費用支出的必要性。

㈣需要忍受專業的孤獨、缺乏同事的支持與互動。

㈤需要不斷教育單位同仁諮商的價值。

㈥要學會處理個案量或行政量太多的壓力。

㈦要面對人事制度的考評習慣，與諮商專業的衝突。

上述各項挑戰，軍中心輔人員幾乎全都經歷到。其中「不易維護個案資料的保密」及「人事制度的考評習慣與諮商專業的衝突」，更是志願役軍官對心輔制度裹足不前的重要理由。根據統計以陸軍為例，志願役軍官到心理衛生中心的比例不超過 3%。前面曾提到，軍中心輔官因年齡及軍中資歷太淺，或階級太低，一般軍官很少使用這體系。除此之外，志願役軍官還擔心個案資料無法保密，影響將來人事升遷。一般而言諮商所重視的是個人的福祉，以探索、反思、發展、成長、統整為其主要價值，目的是「如何協助這個人」？或「如何增進個人福祉」？而人事考評制度有其實際需要，但與諮商專業價值衝突。例如：組織在考慮員工升遷時，難免會整體評估員工所有相關資料，當然包括其個人身心特質，例如：人際關係圓融與否、處事彈性或僵硬，及特殊的個人人生經歷，例如：離婚、喪偶或其他重大創傷經驗對個人造成的影響等。這些人事資料或長官印象的建立，有的可能以關懷為導向，但是更多的是對個人持著考評、論斷、評價、判斷的價值標準，目的是「如何用這個人」？使他對組織發揮最大效能；或考量「這人可用嗎」？目前雖然心輔系統和人事系統分開，但個案資料多半經過長官評閱。在評閱過程中，會不會產生主觀印象？影響其未

來升遷？軍中是志願役軍官的生涯發展主要道路，在他們還沒有十足把握前，這些現象都會造成志願役軍官不願尋求心輔系統的原因。

第四節　軍中輔導未來發展方向

美國輔導工作發展的過程是先由全民的社會運動，在社會上造成一股共識，再經由國會立法的提議而設立的，從先天的觀點來看，它建築在良好的社會基礎之上，能反映社會的需求。我國的學校輔導工作發展和歷史軌跡裡，教育當局的高瞻遠矚與立法的強制，是學校輔導工作得以在短短的十幾年中成立並發展的重要因素。但是否反應社會的需求，則不得而知。然則三十年的光陰，學校輔導工作似未發揮其應有的功能，學校輔導人員角色之低落不言，近年來雖有許多人認知輔導工作的重要性，但也有若干討論學校輔導工作存廢的論點出現（蕭文，民87）。軍中輔導工作的發展軌跡，和國內學校工作發展有些類似。雖然經歷過「萌芽期」、「草創期」、「建立期」及「發展期」，之所以發展快速，是因為國防部大力推動，以及軍中發生數起重大危安事件及人權事件，引起社會高度關切，在立法院監察院及社會大眾的期盼下，國防部從上到下的推動，才有今天的規模。但是否能符合部隊需要，增進官兵心理的健康？為全體士官兵接受或感受對自身有助益？有待未來進一步努力。建議未來軍中心輔制度應朝下列方向努力：

壹、以組織諮商的精神為基礎

前已提及，軍中組織特性偏向權威式領導、重視任務達成及階級嚴明等特性，因此心輔工作要能貼近軍中文化，發展出軍中輔導的特色，除了偏向組織諮商的方式外，還需針對部隊階級、問題類型、任務取向的軍中文化，研發出適合軍中的輔導模式，也就是適合軍中文化的「專業輔導工作」。在輔導的精神方面，應該以組織諮商為基礎，輔導的目的在於「有

效解決個人問題，提高官兵士氣，增進部隊戰力」；輔導的定位在「士官兵的福利或協助主管領導及管理的工具之一」；輔導員的角色為「組織人＋諮商員＋行政人員＋透視主官心理人員」；強調的重點在「戰力、績效及結果」。

貳、加強三級輔導體制，重點放在初級預防

　　實際輔導工作的運作以三級輔導系統為主軸。目前軍中已有三級防處的架構，例如：連輔導長為第一線的心輔官，其角色功能為主動掌握心緒不穩的官兵，運用輔導技巧與能力，協助官兵紓解心理問題；次級危機處置由心輔官擔任：處理經連隊輔導無明顯改善之個案轉介，協助及強化初級防處能力。三級防處則由國軍各五級醫院設置「地區心理衛生中心」擔綱，除直接受理地區內三軍未編製輔導人員之個案輔導，凡經連隊、心輔官輔導無顯著改善者，均交由各「地區心理衛生中心」，結合醫院醫療資源與社會支持網路，發揮矯治、醫療與心理重建功能。三級輔導相當符合部隊所需，從人力資源的角度來看，軍中最重要的基礎在基層連隊。基層連隊發生的問題減少，部隊士氣高昂，戰力自然提升。因此只要連級主官能做好領導統御，適當處理一般性的問題，就能發揮預防問題於無形的功能。因此由連輔導長擔任第一線的輔導工作，最恰當不過。將其角色定位在為主動發現問題，及解決簡單的問題。若經連上處理無效或程度非連隊主官能處理的心理問題，才由心輔官擔任第二線的輔導，如此心輔官工作負擔不致太沉重。三級防處體系中最重要的是第一線的連輔導長，因此如何訓練基層的連輔導長，使其具備對部隊士氣及動向的觀察力，能迅速有效掌握問題。使基層連隊能夠發揮早期發現、迅速疏導及盡早治療，就成為今後軍中心輔工作成敗的重要關鍵。此外三個不同系統之間的聯繫、互動及配合也是影響工作能否順利推展的因素之一。

參、擴大輔導服務對象、方式與功能

目前軍中的個案多以新進人員的義務役士兵為主，志願役軍官的比例甚低。但事實上志願役軍官對軍中的影響更甚，無論是其個人的壓力管理、情緒管理、心理健康的程度，均影響部隊的領導及士氣。因此未來心輔工作服務的對象，除義務役弟兄外，更應針對志願役軍士官的需要，設計出適合他們的輔導內涵。例如：生涯輔導，結合專長訓練、就業服務的轉介等；婚姻輔導、親子關係，把軍官們的配偶及子女也列入輔導範圍，透過舉辦婚姻家庭親子方面的輔導，使志願役軍士官服務軍旅之際，更能注重其婚姻生活及親子關係。美軍心理衛生中心服務的對象中，如子女中途輟學、吸毒、親子溝通不良等問題，一半左右是軍人的眷屬。因為職業軍人長期投入部隊，除了休假時間外，幾乎二十四小時都待在部隊，休假與妻子孩子的時間也不見得配合；另一方面軍人養成教育偏向權威性格，這種性格和現代社會強調雙向溝通，並不相同，因此在婚姻關係及親子關係這方面的需求確實存在，期待軍中心理衛生工作研發這類服務項目。

肆、重視研究、輔導、評估及回饋體系

當今社會現象及問題不斷增加，資訊科技繼續帶動的變化已受到動搖，人在快速變遷的時代環境中需要的自我身分認同、心理健康觀、價值觀、生存／生活技能，知識及社會關係以及這些需求在不同個體、群體及不同文化社會情境中所呈現的多樣性，使多元文化思想在精神分析、行為學派、人本思想所代表之諮商理論學派之後，已成為影響西方諮商心理學的第四波思潮。Pederson（1994）認為文化廣義的包括人口背景變項（如年齡、性別、居住場所）、社經地位變項（如收入、教育、職業），及個人隸屬團體變項（如宗教、政治及各專業團體）。文化也因人、情境和時間而異。軍中組織是科層體制型態，輔導類型屬於組織輔導，且軍中文化、個案類型、組織型態和一般輔導有所差異。因此使用的理論模式、介

入策略和諮商語言也應因應軍中文化而有所不同。今後應多研發與軍中文化相關的研究、評估，並藉由研究回饋實務工作者，使其修正工作策略與方法。而將深入研究後常見的各種問題類型如軍中適應不良、情緒失衡、男女感情、人際關係、領導統御等，其原因、過程、輔導策略等作詳細分析探討，並將結果回饋應用到部隊的幹部及心輔官，如此才能不斷精進軍中輔導工作的深度。

伍、結合部隊管理、家庭、心輔網絡輔導

從一九八〇年代以來，許多諮商心理學家（Fong, 1990; Ivey, 1989）陸續提出「心理衛生或身心健康諮商」的概念，例如：Ivey（1989）認為改變應從系統（system）開始，諮商如果不能從學校、社區和社會文化的角度統整處理，則個人的改變為不可能。Fong（1990）認為改變是一個連續的過程，應同時從發展的、環境的、生態的與補救的角度介入，強調如何增進一個人在生活轉換中的能力、強度／優點、資源、因應方式等。

因此就軍中的諮商工作而言，凡是與軍中成員生活、學習、訓練有關的任何人，包括隊職幹部、心輔人員、家屬等都應納入整個輔導系統中，以便相互支援提供最佳的服務。以義務役弟兄而言，過了二十多年的家庭生活，進入部隊服役，影響他了解他最深的是家庭。進入部隊之後，影響他最大的是隊職幹部，因此心理衛生工作需結合家屬、軍中管理幹部及輔導網絡系統，從一個連續的、發展的、環境的多方面工作觀點，才能做好軍中心理衛生工作。

陸、使用短期、問題解決及預防的輔導模式

軍事單位成立的目的是以「保衛國家安全」，平日加強戰備，戰時贏得勝利，故軍中一切作為均和提升戰力有關。輔導工作也是如此，藉由心理輔導的專業，協助部隊更人性化管理、減少部隊危安事件、建構一個健康的心理衛生環境以利官兵生活與成長。但是軍中成員運用心輔體系最多

的是新進人員，問題性質以部隊適應、情緒失衡、兩性關係為主。且不論志願役或義務役的官士兵，平常戰備訓練任務繁忙，時間相當緊湊，固定長期的輔導幾乎不可能；軍中輪調移防速度快，以義務役士兵而言，新兵訓練八週，專長教育四週，分發部隊約一年七個月直到退伍，每個階段的時間都不長；軍中又以任務為導向，重視結果的達成，以利戰備的提升。因此部隊心理輔導工作，不應局限在諮商與心理治療的層面，而應從健康心理學的觀點，重視個人的免疫力、強調建構個人因應壓力的能力，朝向預防推廣方向，提早將問題解決於無形。輔導模式朝向短期諮商、解決問題的模式著手。如此才能打造一個適合部隊的輔導模式，建構出一個健康的心理衛生環境以利官兵生活與發展。

柒、加強心輔人才培育、生涯發展

國內諮商員和美國最大的不同在於培養學士級的諮商人員，軍中也不例外。目前軍中心輔官的主力在政戰學校社工（含專科）及心理系畢業的學生。建議今後應提升心輔官素質培育輔導工作者的養成計畫，師資、課程、學生、實習、督導等環節缺一不可。諮商師的訓練計畫中必須包括知識的獲得、技巧的純熟、小團體經驗、個人成長的經驗、透過督導的經驗發展出個人的諮商風格、透過各種形式的回饋修正準諮商師的諮商處理能力。近年來，CACREP的課程認可申請手冊中，諮商實習被認為是諮商員教育中最不可或缺的經驗（楊瑞珠，民87），諮商實習主要提供準諮商員在諮商技巧、策略演練、覺知自己理論價值導向、熟悉諮商議題、輔導行政、諮商倫理、專業角色定位方面成長的機會。故建議未來應：(1)加強心輔官的養成教育：目前政戰學校心理、社工兩系雖有相關課程，但仍不足。尤其社工科時間太短，各項課程只能點到為止，無法深入。(2)加強心輔官的甄選：心輔官人選的考量，人格特質、意願與專業背景同等重要。(3)建立心輔官的生涯發展系統：表現優秀的心輔官，可尋專業系統，往上發展，自成心輔體系的金字塔。使心輔人才的專業經驗得以延續，心輔生涯不再只是過渡階段。

捌、心輔官擔任諮詢角色，重視預防觀念

Herr（1989）和Keys（1989）兩人針對學校輔導改革計畫中，認為未來學校輔導工作不能以局限於眼前所出現的問題為主，相對的諮商服務必須擴及到非諮商的領域中。且學校輔導應從廣義的社區概念重新界定角色和功能，應加強與社區機構的聯繫。教育部最近提出的輔導計畫，乃結合「教務、訓導、輔導」三合一方案，其基本精神都是把輔導工作從整體的（comprehensive）和系統的（systematic）角度來看。換言之，凡是與學生生活、學習、發展有關的任何人，包括教師、行政人員、輔導人員、父母、社區相關機構都應納入整個輔導網路中。從這角度來看，軍中輔導體系，除了與三級防處有關的「連輔導長」、「心輔官」，及「地區心理衛生中心」的工作人員外，軍中其他各級領導幹部、幕僚人員等都應具備基本輔導概念，並將其納入結合，成為軍中輔導網路系統，以便相互支援提供更佳的輔導服務。並將與其他訓練單位、後勤單位、戰備單位作橫向聯繫配合。

為達成上述目的，心輔官對一般幹部，以提供心理衛生諮詢的角色，配合一般幹部的需要，提供他們對心理衛生的了解及輔導個案的策略，確實扮演好第二線防處的功能。而一般（包含領導及幕僚）幹部的配合，更是軍中輔導工作成敗關鍵，因此平日軍官養成教育多設相關課程，莒光日教學設有固定單元，專門以心理衛生工作為主的節目，不斷強化深入觀念，使心輔工作在軍中可以紮根。

玖、發展網路線上諮商

在電腦資訊科技日新月異的二十一世紀，線上諮商（on-line）漸漸受到重視，線上諮商的優點在於能「保密」及「匿名」，這對許多不能接受諮商，認為求助行為是丟臉的部隊士官兵，是一種相當安全的輔導方式。此外對於一些具有敏感問題的當事人（如家庭及個人隱私、怕人報復等問

題），或是部隊地點距離心輔中心很遠，無法運用心輔中心資源的當事人，都是一項利多。更重要的是，隨著時代變遷，未來部隊成員與社會相同，愈來愈習慣以電腦或網路等方式進行溝通，因此線上諮商將是未來不可避免的趨勢之一。對於心輔官而言，除了服務對象增加之外，線上諮商可作追蹤輔導、當事人嘗試新行為後的感想與回饋、家庭作業的規定，或是轉介當事人到相關的網站服務或聊天室，呈現出多元化諮商的傾向。

軍中實施線上諮商，對於心輔官網路使用的知識和技能需加強，除了文書運用的知識及相關圖片、資訊下載等的能力外，心輔官的打字速度、反應速度、短時間內做好諮商策略、文字表達等能力，也要有所訓練。線上諮商最重要的好處在於「速度」的爭取，不必讓當事人等太久，有些緊急事件或是危機處理的當事人，能得到及時快速的幫助。但這項服務，必須等到基層部隊電腦網路普及之後，才有可能實施。

結　語

軍中自有心輔官編製至今十年，若以人生發展階段來說，才進入青春期階段，仍有相當成長空間。目前國軍正在實施精實案，但每年心輔官在人數上，不但未縮減，反而繼續成長，表示這項工作在軍中，是受到肯定的。但正如本文中所提到的數點，如人員的選訓用、輔導專業制度的推行及各級部隊接受程度等，都期待改進。未來努力的重點希望能朝向組織諮商、三級輔導、問題解決短期模式、擴大輔導對象及線上諮商等的方向努力，使軍中輔導工作不但能協助部隊解決問題，減少危安事件，更能提升戰力，促進部隊團結士氣。

參考書目

牛格正（民85）。*諮商實務的挑戰——處理特殊個案的倫理問題*。臺北：張老師出版社。

中國輔導學會（民87）。*輔導工作新紀元——邁向二十一世紀*。臺北：心理出版社。

中國輔導學會（民88）。*輔導學大趨勢*。臺北：心理出版社。

邱珍琬（民89）。線上諮商新趨勢。*輔導季刊*，36卷4期，60-62頁。

孫敏華（民85）。國軍心輔中心個案晤談反應之研究。*復興崗學報*，58期，59-85頁。

黃惠惠（民80）。*助人歷程與技巧*。臺北：張老師出版社。

楊瑞珠（民87）。時代變遷中的諮商與輔導——多元文化與後現代的省思。*輔導學大趨勢*，73-102頁。臺北：心理出版社。

錢淑芬（民81）。軍隊組織的領導與輔導之研究。*復興崗學報*，48期，363頁。

蕭文（民87）。學校輔導工作的發展趨勢。*輔導學大趨勢*，103-122頁。臺北：心理出版社。

Fong, S. B. (1990). Mental health counseling: The essence of professional counseling. *Counselor Education and Supervision, 30(2),* 106-113.

Herr, E. L. (1989). *Counseling in a dynamic society: Opportunities and challenges.* VA: American Association for Counseling and Development.

Ivey, A. E. (1989). Mental health counseling: A developmental processes and profession. *Journal of Mental Health Counseling, 11(1),* 26-35.

Keys, S. G., Bemak, F. & Lockhart, E. J. (1989). Transforming school counseling to serve the mental health needs of at-risk Youth. *Journal of Counseling Development, 76,* 381-388.

Pedersen, P. (1994). *A handbook for developing multi-culture awareness. (2nd ed.),*

Alexandria, VA: American Counseling Association.

思考問題

一、說明軍中心輔工作的起源及演進。

二、試舉一例說明軍中心輔工作的三級防處系統。

三、軍中組織及文化特性對輔導工作的影響為何？

四、一般諮商及組織諮商有何不同？為何軍中偏向組織諮商模式。

五、目前志願役軍官求助心輔體系較少的原因為何？有何改善的方法？

六、據你個人的看法，軍中輔導工作未來發展的方向應如何？

七、線上諮商的優缺點如何？你個人認為實施這項制度，對目前軍中輔導產生何種影響？

八、你認為適合軍中輔導的模式為何？

第二篇
心理作戰

第六章
軍事心理戰研究

前　言

　　心理戰活動是人類與生俱來的一種本能，也是人類為求生存與發展不可或缺的利器。心理戰旨在鬥智和鬥志，當人與獸爭，人的體能遠不及野獸，卻能憑藉智慧戰勝兇猛的野獸。而人同時還與天爭，從採集到種植，藉由經營土地逐次獲取生存空間，逐漸宰制了初始的世界；而當人類進步到人與人爭、族群與族群爭、國家與國家爭的時代，人們除了外在的鬥力外，更多是內在的鬥智和鬥志。人們總是不斷的在思考，如何以最小的犧牲獲致最大的戰果，尤其當人類的戰爭日趨複雜化，戰場雙方的鬥智和鬥

志，更是戰爭的決定因素。

　　人類的心理鬥爭史雖與人類史一樣久遠，但人們對心理戰進行有系統的研究，卻要晚至第一次世界大戰之後。而現代心理戰的相關研究，歷經兩次世界大戰、冷戰、波灣戰爭，乃至科索沃戰爭，無論是心理戰的理論抑或心理戰的戰具及戰法等，都有不斷的突破和創新。心理戰如今已發展成為兼具完備理論與實務的專門之學。

　　心理戰攻防或「觀之無形、動之無影」，然而心理戰線的失敗，卻極可能導致「害之無限」的嚴重後果。仍處於求生存的台灣，自不得不充滿戒慎警惕，去面對敵人的心理攻勢挑戰。本篇即在探討心理戰研究的發展歷程，其中又以中共心理戰為重點。希望學者能藉由研究敵人，進而探索克敵勝敵之道。而學者不僅應注意理論的形成，更應注重從理論到應用的過程，從而創新與拓展我國心理戰的研究領域。

第一節　心理學原理在心理戰中的應用

　　心理學基本原理是心理戰活動的基石，經常運用於心理戰實際作為中。美軍對心理戰的定義是：心理戰是戰時或平時有計畫的宣傳活動，其對象是敵對、友好及中立國的人民，目的在影響其態度與行為，使之有利於達成美國的軍事及政治目標。而美國在歷次的戰爭中，又必以廣播、傳單等大肆宣傳：「美國的軍力強大，武器裝備一流，你們（敵人）如果要保住性命，最好遠離將被攻擊的目標（如多人操作武器、指揮所等）」。美國心理戰就是從對方的「心理需要」著手，然後加以「因勢利導」，利用美軍先進武器烙印於世人心中的心理定勢，來製造敵方人員心理壓力，從而達到打擊對方信心和士氣的目標；至於宣稱要打「以劣勝優」戰爭的中共，也是從敵人的心理需要著手，共軍在韓戰及越戰中（中共派員入越指導越共作戰），每對共軍參戰官兵灌輸「敵人進行一場不義的侵略戰爭，而由於敵人不義最後必遭各方唾棄（尤指美國民意），我們將獲得最後的勝利。時間因素有利於我！」，然而當戰爭陷入膠著，中共又必以美

軍戰俘來大作文章，針對美國大兵身處異鄉的孤單心境，催化其恐懼心理，伺機在美國本土掀起反戰情緒。

不過比較起來，中共可能還要更加重視心理學原理的運用。中共的戰術作為大量運用心理學原理，強調要根據對方的心理需要投餌設誘，諸如：敵人倚仗強大攻勢，急圖前進，我則可故意以弱引誘，使敵孤軍冒進；敵企圖逃跑或退卻，我則可以故意網開一面，虛留生路；敵人急於和我決戰，我則擺開與敵抗爭的態勢，牽牛就範，乘機殲敵；敵人希望我落入圈套，我則佯裝不知，將計就計；敵人貪利，我則予以利而誘之（馬忠、溫金權、周志哲與丁鳳儀，1989：125）。中共在作戰行動中如此，而在對敵宣傳中亦復如是，例如：敵對我有仇恨心理，有戒備心理，但對長期的戰場生活感到枯燥乏味甚且厭煩時，我們就可播送一些對方喜愛的歌曲和音樂，讓其產生好感，解除其戒備心理，然後擇機宣傳我軍的觀點，使其產生思鄉厭戰情緒，從而達到瓦解鬥志的目的（馬忠等，1989：126）。

第二節　心理學基本原理與心理戰

壹、何謂人的心理現象？

幾千年來，心理戰被視為一種攻心術，當和人的心理有密不可分的關係，然而「人的心理」是什麼？同時，心理戰的攻心又是如何進行的？

「心理」是「物理」的對稱，心理有別於物理，在於前者是一種心理的「現象」，雖然摸不著、看不見，但人卻可以明白的感受到，並且無所不制約人的思想和行為。心理是各種心理現象的總稱，但由於人是最能思考的動物，所以人的心理極其複雜化。人的心理現象（如沮喪、心煩意躁、快樂興奮等），普遍存在人們的日常生活中，情緒雖然捉摸不定，但卻永遠揮之不去。人的情緒是一個複雜的問題，人的情緒甚至要比人的本身更難探討清楚，例如：在某種的狀況下（如作戰），不穩定的情緒可能

影響部隊的士氣，但也可能轉化成同仇敵愾的力量。那麼，從情緒到利用情緒的過程，就處處充滿鬥智和鬥志的行為，而這就是人類社會幾千年來從未停止過的心理戰。對於心理戰素來重視的俄羅斯和中共，對於人的心理現象解說如下：

人的心理是什麼？它的本質是什麼？唯心主義認為，人的心理是一種非物質的，虛無飄渺的，永存不朽的靈魂表現。而一切物質的東西和過程，僅僅被看作人們的感覺和表象，或者是某種「絕對精神」、「上帝意志」、「觀念」的不可思議的表現；唯物主義者則認為，心理活動是身體的一種機能，「形具而神生，好惡喜怒哀樂藏焉」，心理是外界事物作用於人而引起的，「心感於物而動」，「心所以萬殊者，感外而不一也」（王振興，1989：34）。

共產黨是唯物主義論者，抱持著唯物的心理現象觀，即：心理是在實踐中大腦對客觀現實「能動」的反應。中共特別指出「能動」的重要性和心理運用價值，強調人們雖認識到心理是人體的一種機能，但究竟是身體那一器官的機能，卻不能有合理的說明，以致在很長一段歷史時期，竟把心臟誤以為心理的器官，直至十九世紀，才通過科學的方法，鑑定出人腦是人的心理器官（中共軍事科學院，1989：4）。心理既是人腦的機能之一，那麼人腦是如何產生心理現象的？

腦是人心理活動的生理基礎，人腦分為左右兩個半球，其表面由灰質組成，叫皮質，由各種複雜的結構和神經細胞組成高級神經中樞，能對來自體內外多種多樣的信息，結合著原來儲存在記憶中的信息，進行探測、篩選、識別、校正、改造、重組、儲存和輸出，並對環境的急速變化作出反應。大腦皮質以下還有間腦、中腦、小腦、橋腦、延腦、脊髓等部位，這是低級神經中樞，高級神經中樞同低級神經中樞是緊密聯繫著的，而低級神經中樞是受高級神經中樞支配。大腦兩半球皮質部位調節著人的全部行為，而人必須憑藉著大腦皮質積極的思維活動，才能「反映客觀世界」（王振興，1988：35）。

簡言之，人腦的皮質是人的高級神經中樞，職司人的接收與反應刺激的重大功能，人的心理現象就反應在於過程之中，而心理戰就在透過訊息

的提供與傳遞活動，企圖影響或制約人的心理現象，而在心理現象的強化與減弱運作過程中，中共特別強調人的能動性，並以此作為其心理戰理論的基礎，至於人腦的活動與人的「能動」產生關係為何呢？中共心理戰引用神經醫學的研究指出，人的全部心理活動，從簡單的感覺到複雜的思維，都是由包括人腦在內的整個神經系統來支配和調節的，心理現象就其產生的方式來說，是各種客觀事物以不同形式作用於人的各種感官，引起神經系統的活動，從而產生感覺、知覺、記憶、思維、情緒、意志等心理活動（王振興，1988：36）。

貳、心理現象與神經活動

心理戰活動在製造或誘發心理現象，然而心理現象不會無由而生，什麼的刺激產生什麼的反應，心理學相關研究發現，其產生的方式是「反射」，也就是說，人腦是以反射的方式來產生心理現象。所謂反射，是指人通過神經系統，對刺激物發生有規律的反應活動。人們對某種刺激的反應即反射，實現反射的全部神經結構叫做反射弧，反射弧由感受器、傳入神經、中樞神經、傳出神經和效應器官組成。不過反射弧的終末環節並不意味著終止，在一般情況下，反應的結果和反應動作本身又構成刺激，並引起一定的神經衝動，再沿傳入神經返回傳導至中樞，這種過程稱為「反饋」。有了反饋，就保證了人的活動的完整性、連續性、準確性，使之更好地符合實際情形。

反射一般可分為兩種，無條件反射和條件反射（中共軍事科學院，1989：6）：

一、無條件反射是與生俱來、不學而能的反射

如食物反射、自衛反射、性反射等。無條件反射是先天的本能反應，相對地，條件反射是在生活中學會的，在一定的條件下出現。條件反射的

形成，依賴於下列條件：(1)必須以無條件反射為基礎，在頭腦中建立起暫時神經聯繫；(2)條件刺激物比無條件刺激物稍前出現；(3)條件反射建立後，必須用無條件刺激物加以強化才能鞏固；(4)人或動物必須是健康的，並處於清醒的狀態。人可以在鞏固的條件反射之基礎上，形成第二級、第三級乃至第八級、第九級或更高級的條件反射。

二、條件反射的形成要靠腦神經運動

　　大腦神經是如何運動的？根據研究，興奮與抑制是神經活動的兩個基本過程。興奮即神經細胞或細胞群，在刺激物影響下所產生的活動狀態，能引起或增強有關的大腦皮層部分和相應器官的活動，比如官兵出操，由於大腦皮層的運動神經中樞發生興奮，四肢才能運動；抑制則正好相反，例如：晚上睡覺是由於大腦皮層的運動神經中樞發生抑制。人的心理活動就是通過一系列的條件反射來形成和發展的，而興奮與抑制是相對的，為防止大腦細胞發生疲勞和過度消耗，大腦在興奮之後往往會自動轉入抑制狀態，這種抑制叫自我保護性抑制，或稱「超限抑制」。

參、腦神經活動規律與心理戰運用

　　興奮和抑制的擴散與集中，正是大腦神經活動的重要規律，如進一步的剖析，發現在大腦皮層產生的興奮與抑制狀態，並不是停滯不動的，而是從原發部位向四周擴散，隨後又集中回到原發部位（即所謂的「神經過程的擴散與集中」），興奮的擴散與集中，使腦各部分的活動密切連結起來。大腦皮層中興奮集中的部位，叫興奮點，由於興奮的擴散與集中，人腦才能既照顧全面、又抓住重點；抑制同興奮一樣，也有擴散與集中作用，抑制擴散到整個大腦皮層，就進入睡眠狀態，反之，在睡眠時，卻仍有個別的神經細胞處於興奮狀態，就形成大腦某些區域的「警戒點」，導致人無法入睡安眠（中共軍事科學院，1988：6）。

　　心理戰研究者探求大腦神經的運動規律，並非純粹為了學術的目的，

而是更多著眼於戰爭中的心理戰運用，如上述「興奮與抑制、擴散與集中」的腦神經運動規律，很快就被運用在戰法、戰術之中，例如：共軍的游擊戰法，當共軍在數與量的對比居劣勢時，便經常採取游擊戰法對敵進行騷擾（尤其在夜間），用意在迫敵無法獲得休息，使敵長期處於神經高度緊張，片刻也不得放鬆休息，卒至瓦解崩潰其鬥志。

人腦及腦神經的活動雖然是有規律的，但當審視我們的生活經驗，卻發現人的心理並非如此的簡單，人其實還可以發揮更巨大、更驚人的力量，這就是所謂「奇妙的心靈與認知世界」。如前述，腦是心理的器官，心理是腦的機能，沒有腦就沒有心理，可是生活的經驗顯示，只有腦而沒有客觀事物的刺激，也不會產生心理。而同時，人的腦也未必就像一面鏡子，看到什麼，就完全反映出什麼來。也就是說，人的心理不僅僅在反映客觀的世界，同時也有能力去作能動的反映。

人用心智去探索自身的心理規律，也以知識和經驗去認知客觀的環境，但同時也受人的個性因素所制約，於是這就有自覺選擇和加工改造的機會，是一個能動的反映過程。所以，不同年齡、知識、經驗和性格的人，雖面對同一事物，卻能有不同的反應。而對於心理戰的防禦來說，無非就在創造積極能動的環境和能力，透過心理訓練使我方人員能夠剖析客觀的現實，以不斷追求的生活經驗，擴大人心理活動的廣度和深度，調節主觀與客觀環境的距離，以適應環境的需要和挑戰。

第三節　心理學原理是心理戰實踐的基礎

壹、心理戰的綜合性特質

人類的心理戰行為或活動存在於先，經歷了一段相當長的「不知而行」時期，心理戰相關研究才開始萌芽、茁壯，然後再逐漸發展成完備的理論體系。就一門學術的演進路徑來說，心理戰和其它的學門並無二致，然而對於研習心理戰者而言，先有心理戰活動存在、再有心理戰研究的認

知，卻具有非常重大的意義。學者必得牢固此一認知，才能深刻體會心理戰的綜合性特質。

如今日所見，即便平常的心理戰行動，都跨越了政、經、心、軍、社等多個領域，更何況戰時的全方位心理攻勢。心理戰既屬多層次、全方位的活動，則心理戰理論自然涵蓋多種的學門，諸如心理學、傳播學、軍事學、社會學、政治學、人類學、歷史學、經濟學、資訊學、神經醫學等等。而所謂心理戰的綜合性特色，主要指心理戰和相應學門既是互動關係，但同時又有選擇性的運用以建構心理戰理論，或者是借助相應學門的理論與技術來提升心理戰效率。心理戰的相應學門主要是心理學、傳播學和軍事學：心理學原理是心理戰的基礎，傳播學提供心理戰傳播理論和技術，而軍事學與心理戰形成相互策應、共同成長的關係。心理學原理之所以成為心理戰的基礎，原因是和心理戰攸關的傳播學和軍事學，同時也運用了大量的心理學原理。

貳、心理戰與各相應學門

心理戰和心理學、傳播學及軍事學等三學門，具有特別密切的關係，理由如下：

一、心理戰與心理學

心理戰作為要發揮效用，必得了解人的心理活動規律，掌握人的心理活動特點，也唯有充分了解和掌握人的心理特點，才能採取正確、有效的心理攻擊手段，使其朝著預定的方向變化和發展，造成利於己不利於敵的心理態勢，達到削弱和降低敵方戰鬥力的目的。而心理學就在探究人的心理活動規律及特點，從而能夠為心理戰提供可靠的理論依據，幫助心理戰尋找出最有效的心理攻擊方法。或許可以這麼說，如果沒有現代心理學的研究成果作為支撐，現代心理戰就不可能飛躍的發展。

心理戰雖與心理學的關係至為密切，但心理戰並非心理學的分支，心

理學也非為心理戰而存在。近百年來的現代心理學發展至為迅速，各種型態的心理學研究不一而足，例如：研究心理學的超心理學、社會心理學、人格心理學、測量心理學、發展心理學、知覺心理學、認知心理學、神經心理學、計量心理學等，又如應用心理學的輔導心理學、教育心理學、健康心理學、臨床心理學、犯罪心理學等等。而與心理戰關係密切的軍事心理學、武裝心理學、民族心理學等，事實上只是心理學體系內的極小部分，並不能充分顯示心理戰的重要性（心理力及心理戰略分為國家四大戰力及國家四大戰略之一）。此外，心理戰被視為應用心理學也頗有爭議，心理戰應用最多的還是心理學的基礎研究，而同時一般所見的應用心理學研究，也少見以軍事用途作為研究的目標。

二、心理戰與傳播學

宣傳心理戰運用了許多的傳播學理論，尤其是大眾傳播的相關部分，諸如大眾傳媒、傳播模式、傳播對象、傳播效果評估等等。宣傳是對人們的理智產生影響的意識型態活動，傳播學主要研究宣傳過程的規律、特點及宣傳效果。傳播學在宣傳心理戰中扮演重大的角色，而宣傳心理戰的目的又在於轉變對方的心理傾向。不過，傳播學對心理戰的貢獻，最主要還是在於傳播媒介或工具，心理戰的活動與目的，經常透過大眾傳播媒體（報刊、書籍、小冊、廣播、電視、電影、國際網際網路等）來實踐，因此每當有新的傳播媒介出現，心理戰的理論就隨之發生大變革，例如：一次大戰時發明的無線電廣播，使心理戰宣傳得從此邁入超越距離時空的新時代，使心理戰訊息可立即而無遠弗屆的傳散，又如電視在越戰及傳真機在波灣戰爭的宣傳心理戰中，均見大放異彩，以及國際網際網路在科索沃戰爭中小兵立大功，做到了過去所無法想像的個別訊息、聲光色、分眾卻又大範圍的傳播等。

傳播學對心理戰的啟發還不僅止於此，心理戰的主要目的之一是溝通，成功的心理戰活動，往往在促成心理戰發起者與對象之間，完全或至少是充分的溝通，化解雙方間的誤解或歧見，共同尋求符合雙方利益的目

標，而傳播學研究如傳播文化等，可幫助宣傳心理戰大幅提升心戰宣傳的效率。傳播理論將語言視為特殊的傳播工具，以精心設計的簡易傳播語言，在心戰對象的心中烙下深刻印象，讓人們便於口耳相傳、相互「學習」，使心戰訊息得以持續不斷地在目標國的社會中擴散，歷久不衰，生生不息。簡單的說，傳播學提供的傳播理論、多重的宣傳手段與工具等，均使心理戰的傳散理論不斷向前發展。

三、心理戰與軍事學

心理戰與軍事學的密不可分，其實是不言可喻的，因為人們最早就是從作戰中認識到心理因素以及其對戰爭的重要性，早期的心理戰活動多是為了軍事作戰的目的，而心理戰的理論和技術也在作戰中實踐和成長。人類的心理戰思想，本源自於古代的戰爭思想，例如：《孫子兵法》的「不戰而屈人之兵，善知善者也」、《孫臏兵法》的「伐國之道，攻心為上」以及諸葛亮的「心戰為上，兵戰為下」等等。而在當今，世界各主要國家的心理戰機構多隸屬於軍方體系，同時，心理戰相關研究人員也多具備軍事的背景，而這個道理也是淺顯易明的，心理戰既在支援軍事達成作戰目標，心理戰工作人員當須了解軍事學。心理戰顯然是從戰爭當中發展起來的，如果當年沒有軍事學的建立與發展，就不會有今日成體系的心理戰理論。

現代軍事學和心理戰呈現相互影響的發展，心理戰同軍事作戰原理早已融合，例如：兩者都講求「不戰屈敵」、「不戰而勝」，而如果戰爭不得避免，則力求「先勝而後戰」（如強固我方戰鬥意志和士氣為勝戰之條件，或者打擊敵戰鬥意志和士氣為勝戰機會）。武力戰的原則直接成為心理戰的原則，而武力戰的目標也就是心理戰的目標，兩者的目的都在消滅敵人，贏得戰爭的勝利。歷史上的戰爭驗證，心理是戰爭中足以影響全局的決定因素，戰爭中心理因素制約了戰爭的整個過程，戰爭的目的在使敵屈從我方意志，而敵屈從我方意志的過程，完成於內心的誠服，此如法國戰略家薄富爾（Andre Beaufre）所說：「只有當敵已產生某種心理效應

（psychological effect）時，然後才能算是已經獲得了一個決定性因素，也就是說，只有使敵深信再繼續戰鬥下去是無效的，敵的一切抵抗活動才會停止。」（鈕先鍾譯，1996：27-28）。

今後，心理戰仍不可能脫離軍事學的影響，心理戰必須不斷的汲取軍事學的知識，來豐富和發展自身的理論體系，當有新的作戰思想誕生，也意味著心理戰的理論將隨之成長，而新武器裝備的研發，更將提供心理戰更多的攻心技術和手段。不過現代的心理戰已不再是單純屬於軍事的範疇，一如前述的，心理戰活動早已跨越了軍事作戰領域，深廣地滲透在政治、經濟、社會、新聞等各戰線，因而心理戰理論的持續發展，也不將僅是軍事學影響的結果。

至於心理戰與其它相應學門的關係，主要在於以下的兩個方面：

第一，現代戰爭是敵我雙方的綜合國力的較量，已無前線與後方的分野，而同時雙方交鋒也不再局限於純武力的戰場，舉凡政治、經濟、社會、情報（資訊）等戰線的鬥爭，無不關係著一場戰爭的最後成敗。而在這些新的戰線中，皆有其心理因素的存在，換言之，也各有其心理的目標存在，例如：信心是經濟戰中的重要因素，敵我雙方為贏得戰爭，都必然以包括經濟戰在內的各種手段，竭力去打擊對方人民對其本國經濟實力的信心。

第二，在敵我全方位的心理戰對抗中，雙方政、經、社等制度的優劣，又成為宣傳心理戰的必然內容，要有效實施心理戰的攻防，必須相對研究敵我雙方的政經社等制度優劣點，而上述政治、經濟、社會等學門的基本理論，將有助於這些有關領域的研究分析工作。當然，心理戰工作者可透過資源整合的途徑，協調獲得相關領域專家學者的資源，但實戰證明，要有效率的展開政治、經濟、外交等心理戰攻勢，負責策畫與執行的重要心理戰人員，仍需具備上述相關學門的基本知識。

第四節　心理戰如何運用心理學原理

　　心理戰既是以人的心理為攻擊對象,則研究心理現象的心理學原理,自然廣泛運用於心理戰活動中,心理學原理是心理戰的基礎。然而,心理戰常用的心理學原理有那些?以及心理戰如何運用以產生心理效應?

壹、心理戰常用的心理學原理

　　廣義的說,所有的心理學原理都可運用於心理戰,同時,生理學的原理也可運用於心理戰活動。不過,軍事心理戰偏重戰時及戰場心理研究,例如:戰時心理、部隊心理及作戰心理等,而研究對象又可分戰鬥及非戰鬥人員,前者概指進入戰場部署的軍人,後者則為社會中的一般人民,心理戰人員應不斷的研究心戰對象的偏好和拒斥心理,然後利用以增強心理的效應。軍事心理戰常用的心理學原理包括:應激、錯覺、需要及注意等,分述如下:

一、應激

　　應激就是出乎意料的緊張情況所引起的情緒,例如:人在遇到危險、失去親人、對環境不習慣、責任加重、精神極端緊張等情況下,往往就會發生應激狀態,使日常的活動受到抑制、甚至完全紊亂失控,嚴重者且有發生感知、記憶失調之虞。當然,也可能因為應激狀態而產生正面效應的,例如:戰況慘烈反激起士兵高昂的鬥志,在高亢情緒下奮勇殺敵。不過,應激狀況一旦過度,就會產生心理和生理反應異常。

　　心理臨床實驗證明,應激的狀態主要由於心理因素所造成,只要心理的刺激解除了,一般即可恢復至正常的狀況。然而軍事心理戰的主要目標,卻在以各種的手段,造成敵方出現大量戰鬥心理異常反應。所謂戰鬥

心理異常反應，是指戰場緊張因素導致軍人大腦功能紊亂，使其心理和行為出現的失常現象。心理戰在製造敵出現戰鬥心理異常反應的同時，則採取鞏固己方心理防線的措施，以避免或減少心理異常反應的發生。

二、錯覺

人的錯覺可概分為視覺錯覺和心理錯覺。人的知覺範圍其實是有限的，人習慣於有選擇地將某些事物作為感知的對象，這些事物能引起特別的注意，以致使其它事物隱退到背後而成為背景，而認知對象和背景的差別愈大就愈突出。反之，如果被認知對象與背景一致或接近（如形狀、顏色、大小等），就愈不容易被分辨清楚，於是就造成了視覺錯覺。

視覺錯覺並不是認知的終點，進一步會造成思維判斷上的誤差，也就是心理錯覺。最常見的心理錯覺就是「杯弓蛇影」等，如人怕鬼，就把黑影當作鬼。由於情境和心境不同，所造成人的錯覺雖有不同，但錯覺終將形成人的心理壓力，錯覺有時甚至會造成人的思維紊亂、判斷錯誤。在古今中外戰爭中，常見利用事物來誘發敵方的錯覺，乃至軍事指揮失利，而在今日資訊化戰爭的時代裡，各種資訊科技將更容易造成人的錯覺。

三、需要

需要通常是人的一種不滿足之感，或者對某種對象、現象的必要感。需要感的產生，表示心理與環境的失調，必須滿足需要，才能達到心理平衡。需要是動機和行為的基礎，是激起人活動的驅力，而要想改變一個人的動機和行為，必須先從研究此人的需要著手。人的需要與多種因素有關，有自然的（如飢渴），有環境、社會等方面的（如戰爭情勢），人的需要是心理戰的重要理論之一，心理戰手段可透過強化需要來製造心理效應，當人產生強烈需要時，大腦皮層便會產生一個優勢的興奮中心，而當客觀事物正好符合人的需要，便會進一步強化興奮中心，需要愈迫切，心理戰活動所希望引起人的行為反應，便會愈強而有力。

由於人的需要與環境有關，需要由環境來強化或弱化，而如果將環境的刺激完全剝奪，人的心理將因無所依託而產生極端不適，此如心理學臨床實驗發現，將受測者置於隔離房裡，盡可能的限制外來的感覺刺激，除了吃飯和排泄外，不做任何事情，在這種與世隔絕的情況下，大部分受測者只能忍耐二至三日，最大限度的能忍耐六日，因為在刺激極少的環境下更是痛苦，而這種的心理學原理已見大量運用於審訊犯人。

四、注意

注意是心理戰最常用心理學原理之一，尤其是用在欺敵行動時。人們認知事物從注意開始，也唯有注意力集中，才能正確的認識、分析和判斷事物，然而如何使敵注意分散呢？欺敵與惑敵就在使敵產生分心的現象，在某一特定的場合與時間點上，以某種的事物或活動吸引注意，使敵注意焦點未能指向或集中應該的事物（通常無法完全吸引注意）。心理學研究表明，當人們觀察一件事物時，被同時出現的一種或幾種其他事務所吸引或迷惑，使其注意力分散到不該指向和集中的事物上，這種與「主體事物」不相干的事物就叫做「多餘的刺激」。利用「多餘的刺激」干擾對方的注意，就可以分散其注意力，導致其知覺和判斷錯誤。分散敵人注意，是迷惑敵人的重要手段。是以某種假象或施放假消息把敵人的注意力吸引過來，迷惑敵人，造成錯覺，達到偽裝自己作戰企圖的目的。

注意原理在心理戰上的更進一步運用，那就是所謂的利用「心理定勢」欺敵。心理定勢是當人們經歷或處理一件事後，會在腦海中留下印象和認識，而在以後遭遇類似的事件時，就容易根據過去的認識經驗，推演出相同的判斷。心理定勢說來是一種思維程序，而在心理形成的事先準備的狀態，按固定的傾向反映現實，從而表現出一種較穩定的心理趨向。當某種心理定勢一旦形成，就會呈現一種慣性的思維，以致身處危險而不自知。「青蛙溫水效應」就是個典型的例證，鍋中的青蛙依據水溫誤判為溫床，一再留戀進而陷入昏睡狀態，然而鍋中水持續在加溫，等到發現危險卻已來不及逃離。

貳、戰時環境及心理特點

　　根據美軍的調查報告，在第二次大戰期間，平均每三至五個後送傷兵當中，就有一個因戰爭壓力而導致精神官能失調者。而在極度艱困的戰爭中，精神傷員和戰鬥傷員的比率更高達一比三，甚至一比二（如沖繩島戰役）。美軍同時估計，在未來的戰爭中，精神傷員和戰鬥負傷的比率，將維持至少一比三的比率。（國防部總政戰部譯，1998：34-35）戰時的精神傷員是無法避免的問題，因為戰場的環境往往是十分惡劣的，戰爭可能因而帶給一般人無法承受的壓力，以至於「戰爭疲乏」現象的出現。戰爭壓力使官兵無法發揮全力，而如果作戰官兵只能發揮50%的效力，那麼部隊的整體戰鬥力，最多只能到達一半，有時甚至降減至完全失去戰力。足見這種看不見傷口的傷兵問題，確實非常的普遍和嚴重，更對部隊戰力造成極大的折損。

一、認識戰爭壓力

　　壓力是人對壓力源的反應，而壓力源可能是造成身體不適的某個意外事件或某種狀況，例如：身體的寒冷、受傷或疾病等，或者是心理上的害怕、疑慮等。戰爭壓力多導因於戰場的惡劣環境等因素，諸如：威脅生命安全的危險感，怕負傷、無法達成任務或戰敗的恐懼感等等。不過，壓力源可能對人帶來有益的影響，例如：適切地運用壓力，可以產生警覺和激勵作用，甚至可因而使部隊獲得最佳的表現。不過，戰爭壓力更多是有傷害的，因為人多因感受到威脅而產生壓力感。戰爭壓力的問題，並非完全無法可以解決，但是壓力管理的重點是預防勝於治療，其著重點在於降低官兵的壓力，避免臨戰官兵產生不利的心理反應。

　　戰爭壓力帶來生理及心理兩方面的影響，但戰場經驗顯示，精神心智能力較身體反應更快惡化，而戰爭壓力通常使戰場官兵產生下列的問題：警覺性及注意力降低，認知、推理及理解力、記憶力減退，乃至發生缺乏

統合能力、疲乏或手顫抖等生理問題，而同時人際溝通、自我控制能力也開始出現退化。美軍研究指出，戰爭壓力是導致士兵陣亡、受傷、失蹤和生病的主要原因之一，戰爭壓力使士兵產生不適當或疏忽的行為，藥物和酒精濫用也多來自於壓力。去體察壓力來源、部隊效率以及減緩壓力影響的技巧之間的關係是非常重要的，因此，在規畫作戰行動時，領導幹部應該將對抗壓力的方法納入其中（國防部總政戰部譯，1998：4-6）。

二、戰爭疲乏現象

當戰爭壓力超過了一定的強度和長度，戰場官兵就可能會產生「戰爭疲乏」現象。戰爭疲乏是一種身體的、心理的和情緒的失調，導致官兵行為失能的現象，戰爭疲乏經常是在面對危險或在困境中去執行任務時，由於沉重的心理和情緒作用而產生出來的，而如果症狀輕微，通常經過適當的休息和補充飲食之後，就能有顯著的改善，恢復患者官兵的自信心，更可由注重官兵先前的心理訓練來預防。

由於戰爭疲乏現象多半是一時的、短暫的，因此美軍要求對於患者不要使用醫療或精神病診斷的名詞，不過無法否認的是戰爭疲乏現象如果持續加劇，將使患者成為精神官能難以恢復的精神病人，以致嚴重影響部隊官兵的士氣。特別是在現代高科技戰爭的環境下，戰場情勢瞬息變化，部隊任務接連不斷，戰爭耗損異常的快速，官兵傷亡的情狀更是慘酷無比，例如：一九九一年的波灣戰爭，伊拉克部隊在一百個小時之內，便傷亡高達八至十萬人。凡此等等，皆將使戰場軍人承受極大的心理負荷。

戰爭疲乏是因為戰場壓力所引起的，因此減輕戰場官兵的心理壓力，自然有助於消除戰爭疲乏現象，而官兵自身的認知，又是能否減輕壓力的關鍵因素。何謂認知？就心理學來說，學習是刺激與反應的連結，當人們學習到壓力產生的真正原因，就學到了新的知識，而人們學到的各種知識，心理學家把它叫做認知，這些知識在經過組織後，下一次有需要時就可派上用場，從而有效減輕突如其來的壓力感，例如：對於一個擔心空襲的士兵，任何的飛機都可以造成壓力反應，但這可由認清來機的型式、方

向、性能等而獲得修正，因此部隊長官的教導和詮釋是否適切，將直、間接地影響士兵能否減輕戰爭壓力。

參、尋求心理學特殊研究的支援

心理學理論隨著時代進步而日益擴充，實際上不可能完全的吸收，心理戰工作者應該掌握心理學的基本原理，而當有特別的需要時，則可透過各種心理學專家的支援來展開工作，例如：軍事心理戰人員主要應該研究武裝部隊心理學、作戰心理等，但當宣傳心理戰有特定的對象（如敵方婦女、青少年等），即尋求在這些方面心理學專家的協助。觀察近期的戰爭，心理戰的對象有日漸分眾、甚至個體化趨勢。心理戰的訴求目標從大眾轉向特定族群，且針對不同對象傳散不同的訴求主題。在此之下，適應社會大眾的心理學基本原理，雖然仍繼續在運用，但心理戰對於各種專門或特殊心理學研究的需求，也日益浮現檯面，尤其是敵方領導階層的心理狀況、敵軍重要部隊或人員的心理特質等。

第五節　心理效應的產生過程

前述戰場壓力及戰爭疲乏現象，可以由戰場環境順勢產生，然而莫忘敵對雙方的心理戰活動，皆有擴大及持續對方戰場壓力的企圖。事實上，心理戰作為一種精神鬥爭的武器，目的就在於打擊敵方軍民的士氣和作戰意志。然而，要對人的意識和行為施加影響，必須了解心理戰活動產生心理效應的過程。分析心理戰產生心理效應的過程，在於探討心理戰活動的各個環節，以及環節間相互聯繫和相互作用的模式，從而使心理戰能夠產生最佳的心理效應。一般來說，心理戰產生心理效應的過程，大致可分為以下的六個階段：

壹、傳散心戰訊息

　　心理戰活動的起點是傳散心戰訊息，而心戰訊息的傳散工具包括視聽媒體（如電視、電影、影帶、網際網路、人與人面對面溝通等）、聽覺媒體（如電台廣播及心戰喊話）及視覺媒體（如傳單、海報、雜誌、報紙、宣傳小冊等等），心戰訊息的傳散方法與技術，當因傳散工具的特性而不同（國防部總政戰部譯，1997：167-183）。不過，本文的探討重點是心戰訊息的本身及其與心理效應的關係。心理戰活動的實施，更多是一個訊息傳散的過程，而同時也是心戰對象對於訊息的認知過程。心戰訊息要如預期產生心理效應，最重要的是訊息的本身，要針對心戰目標的需求而設計，而且要因勢利導，例如：對於遭圍困之敵，要傳遞給對方如何保住性命的方法。而由於心戰是有目標的攻心行動，心戰訊息必得是經過精心設計的，一方面要著眼於既刺激又滿足對方的需求，另一方面則要持續不斷的提供訊息，藉由刺激、反射、回饋的心理過程，強化對方的決心，最後改變其態度或行為。

貳、吸引對方注意

　　根據心理學的研究，注意是人的意識窗口，而心理戰就是在打開這扇窗口並使它不關閉。注意窗口的開啟不是獨立的，而應是伴隨心理認知過程而始終存在的，注意是心理效應過程的重要開端，沒有這個開端，心理戰訊息就無法進入對方的心理活動過程中，因此要千方百計地吸引心理戰對象的注意。而由於注意總集中在對個人切身利害的刺激上，心理戰在實施中，就應充分掌握對方的心理特點及需求。注意分有意注意和無意注意兩大類：無意注意是由事物或現象的特性所引起的注意，人對這種事物的理解也是無意的，心理戰要引起人們的無意注意，心戰訊息必須盡量具有新異性、反常性、突然性的特點；有意注意則是一種自覺的、有預定目的的注意，例如：戰時人們對戰爭形勢的發展、盟國的態度、戰爭決策及傷

亡、親人動向等情況，存在著更多、更迫切的需求，而心理戰要利用人的此一心理特點，喚起和利用宣傳對象的有意注意。人的注意要得到保持，必須根據戰爭形勢的不斷發展變化，以各種靈活的詮釋說法傳散「新」訊息，尤其要防止宣傳內容的千篇一律。

參、進行有效感知

當人的注意窗口打開後，緊接著的環節便是促使感知。什麼是感知呢？感知就是當外界事物直接作用於人的感官時，人腦產生對於事物的整體的反映。感知的內容和性質不僅與客體有關，而且受人的主觀因素所影響，並受制於個人已有的知識及經驗等。比如對於同河段地形的感知，在軍事家的眼中，江河上的淺灘、島嶼往往是完成戰鬥任務的有利條件，因為它有利於設置渡口。然而對於民航船長來說，有淺灘、島嶼的河段往往是危險的，因為它不利於行船。由於人們的知識、經驗、目標和情緒不同，對同一事物往往會有不同的感知，也就是說人的感知有選擇性，人們往往喜歡感知符合自己需要與自己已有知識、經驗、觀點相吻合的訊息和內容，反之則不予以感知或是對其加以改造，使之適合於一定的願望、觀點和情緒。因此，要使心戰對象得到有效的感知，當須注意適應性的問題，心戰訊息要盡可能地適應不同時期、不同階段和不同環境的需求，做到有針對性的有的放矢。

肆、逐次強化印象

人在外界的刺激作用停止後，事物形象還會留在人的意識裡重現，這種基於記憶所引起的結果，就是印象。印象對於心理效應的產生過程，具有不可缺少的重要意義，因為沒有產生深刻的印象，自然難期望能夠發揮心理影響的效應。事實上，印象是人在感知的過程中，產生理性階段必不可少的橋梁。正是由於印象的產生，才使得心理戰活動引起的心理效應得以持續。印象的產生依賴於記憶的參與，沒有記憶，也就不可能產生印

象。不過，印象更多是一種不經意記憶，而如果心理戰不能給對象留下較為深刻的印象，那就會事過境遷，不復記憶，心理效應的動作便會到此告終。因此，要設法使心戰訊息接收者，產生牢不可破的深刻印象。有選擇的減少其它信息的數量，使用多種的宣傳手段，以及逐次重複強化心戰訊息等，都是加深記憶、牢固印象常用的方法。

伍、逐步誘導理解

　　心戰訊息能否如預期產生心理效應，往往取決於心戰對象對於訊息的正確理解。如果心戰訊息最後不能為對方所理解，將無法產生或有效的控制心理效應。理解是在印象的基礎上，通過辨別、比較、分析、概括，將感性認識上升為理性認識的思維過程。理解表面上是心戰目標對訊息進行消化吸收，但在實際上，心戰訊息傳散的每一環節，都在以事件或事物的再詮釋，逐步地誘導心戰目標的理解。而要使心戰訊息能夠為對象所正確理解，應特別注意心戰訊息的再詮釋方法及技巧，尤其要把握住時機，要等到時機成熟，對方的心理戒備解除，才發動心理攻擊。

陸、指示採取行動

　　歷史上的戰爭經驗顯示，心理效應的產生關鍵，就在於心理戰發起者是否發出適切的行動指示。然而，過去的心理戰活動，卻多見不斷的宣揚己方立場，而同時也在駁斥對方觀點和主張，唯獨少見給對方下達行動指示，如此的心理戰活動變成純粹的宣傳，所起的效用也僅止隔空交戰的口舌之爭而已。心理戰絕不僅僅是為了宣傳而已，心理戰更重要的目的，是轉變心理戰目標群對於戰爭的態度，在使彼等接受我方思想、觀念的同時，還要促使採取策應我方主張的行動。而如果心理戰對象產生了所期望的行為，則心理的效應過程至此才得告完成。

參考書目

王振興編（1988）。**軍事心理學教程**。北京：軍事科學出版社。

中共軍事科學院「基層思想工作心理學」編寫組（1989）。**基層思想工作心理學**。北京：軍事科學出版。

馬忠、溫金權、周志哲、丁鳳儀（1989）。**兵不血刃的戰爭**。北京：軍事科學出版社。

鈕先鍾譯，Andre Beaufre 著（1996）。**戰略緒論**。臺北：麥田出版。

國防部國防部總政戰部譯（1998）。**陸軍戰場作戰壓力管理**。國防部總政戰部。

國防部國防部總政戰部譯（1997）。**美軍心理作戰技術與程序**。國防部總政戰部。

思考問題

一、舉例說明心理學理論如何運用於心理戰活動中。

二、舉例說明心理戰與心理學、傳播學、軍事學等相應學門的關係。

三、舉例說明心理戰行動中心理效應的產生過程。

第七章
心理戰的過去——
一次世界大戰至越戰

前 言

在心理戰的發展史裡，第一次世界大戰是傳統與現代傳承的一個重要階段。自一九一四年九月馬恩河會戰之後，一次大戰進入「靜止的戰爭」。「靜止的戰爭」指戰場雙方在廣掘戰壕之後，形成戰線無法突破、無限延長的對峙僵局。對峙僵局意味戰爭將進入漫長而痛苦的消耗戰，而這是一場意志力和精神上的鬥爭，雙方皆將竭盡所能地去削弱對方的軍民

士氣，打擊其戰鬥意志，不過，手段不再是子彈、砲彈，而是無煙硝味的心理戰攻勢。

第一節　第一次世界大戰

壹、靜止的戰爭

一次世界大戰進到了第二、三年，隨著戰壕的不斷出現，對峙的僵局更加牢固。現在的問題是如何打破僵局？有幾種解決辦法，首先是砲兵，猛烈砲擊可發揮打擊部隊士氣的效果，但才到了一九一四年的秋季，就已發現無足夠的火炮和砲彈可用；毒氣是第二個被用來破解僵局的方法，德國率先使用毒氣，不過效果並不如預期，英法方面很快的找到破解的方法（如防毒面具或其他簡易的工具）。雖然毒氣攻擊有效打擊敵軍的士氣，但毒氣戰對德國形象造成更嚴重的傷害，使德國人在世人心中變成了「惡魔」，德國企圖以毒氣戰打開僵局，反給敵方有力的反德宣傳題材；打破戰場僵局的最後嘗試是戰車，在一九一七年十一月的康布來（Cambrai）會戰中，戰車在步兵的前面推進，一次即突穿了敵方的四道戰壕線，幫助英軍部隊衝過堅強的興登堡防線。德軍在恐怖中向後潰逃，英軍俘獲了八千名戰俘，到了次年八月的亞眠會戰，戰車和飛機引導英軍進入戰鬥，德軍紛紛潰逃。

英、法聯軍在飛機的掩護下，坦克配合步兵發起攻擊，德軍防線迅速遭突破，大批德軍不是投降就是逃跑，其慘敗的原因，主要是「坦克所帶來的恐怖心理」。事實上，初次上戰場的坦克殺傷力並無多大作用，但在心理戰宣傳的誇大渲染後，被描述成祕密武器的坦克竟使德軍產生莫名的恐慌心理，進而達到奇襲的目的。

貳、封鎖心理戰

　　封鎖造成飢餓和宣傳戰，也促使德國民心士氣崩潰。到了一九一八年夏季，當德國人民已經接近飢餓邊緣，德軍部隊的心情也隨之低沈。德軍部隊雖比國內同胞吃得飽，但想到家人正在挨餓，使他們的士氣備受打擊。他們「感覺」到「解除困局遙遙無期，前途毫無希望」，一心一意地期盼盡快結束戰爭，以致在亞眠會戰時，前線退下來的部隊，對接替開往前線的部隊大聲喊叫：「滾回去，你們想要延長這個戰爭？」（鈕先鍾，1996：389）

　　封鎖造成的飢餓和心理恐慌，為宣傳戰帶來空前的良機。宣傳戰的目的在支配群眾的心靈，破壞其精神上的忍耐力。戰爭已陷入僵局，結束之日遙遙無期，這時正是產生厭戰心理的溫床，自從一九一七年春以後，各參戰國都已經產生嚴重的厭戰心理，而普遍性飢餓現象，又更加助長厭戰的心理，而這些都是宣傳的最佳材料。

　　宣傳戰的目標在腐蝕敵方心理，破壞其軍民的忠誠，使他們在精神上解除武裝。這種攻擊形式雖非武裝行動，但卻如此的有力，以致魯登道夫在其回憶錄裡指出宣傳和封鎖是使德國失敗的兩個主要因素：「封鎖與宣傳並肩的向德國的種族和精神作戰，這是一個沈重的負擔——當戰爭延長時，這個負擔也就變得日益沈重……封鎖與宣傳開始逐漸破壞了精神上的決心，並且動搖了對最後勝利的信心……敵人的宣傳使我們發生催眠作用。我們喪失一切的信用，而敵人的信用卻在無限的增加。」魯登道夫還表示，當時德國政府並不了解宣傳戰的性質，他們反對宣傳，認為宣傳「太過粗鄙」（鈕先鍾，1996：215）。

參、參戰國心戰作為

一、協約國心理戰

英國在戰爭爆發後,立即展開分化對手陣營的心戰謀略作為。英國聯合法國運用祕密外交,不但使義大利從三國同盟陣營中出走,並掉頭轉向德、奧宣戰。義國的「背叛」同盟國陣營,對後者的信心產生某種程度的影響。英國心理戰的下一對象是美國,美國政府及人民對參加歐戰的意願皆不高,然而英國為圖刺激美國參戰,大肆宣傳德軍專制殘暴及種族優越主義的罪證,逐次加深國際社會對德國人的憎惡。

美國參戰後,戰場形勢至此已幾可確定,眼前是德國能支撐多久的問題。美國心理戰以打擊和摧破敵軍士氣為重點。此外,當時的德國人民因受俄國革命、沙皇政權垮臺的刺激,加上俄國共產黨逐次增強對德的宣傳攻勢,使德國軍人也普遍出現厭戰、反戰的心理。這是心理戰的大好時機,美國心戰傳單於是以反戰及民主為主要訴求,猛攻德國的獨裁和官僚作風,分化德國當局和人民間的關係,並且鼓動部隊士兵反抗軍官幹部的命令。

一九一八年一月八日,威爾遜總統提出「十四點原則」(Fourteen Points),一個月後,威爾遜再進一步宣稱:「必須沒有割地、賠款和懲罰的要求。民族自決將被承認為最首要的原則,一切領土問題的解決,都必不違反有關人民的利益」。雖然「十四點原則」非為心戰宣傳而提出,但卻是最厲害的心理戰訴求之一,因為「十四點原則」抓住了德國人厭戰的心理,使他們對以和談結束戰爭心嚮往之。

法國在戰爭爆發之後的幾天之內(1914. 8. 9),就以飛機向普法戰爭(1970-71)後割讓德國的洛林地區,投下一次大戰的第一批心理戰傳單,上面印著「告亞爾薩斯・洛林人書」,鼓勵當地居民起來配合法軍行動。(吳杰明,1998:2)不過,在迷信純武力戰的法軍將領眼中,心理戰不過是一種效果不大且「怯懦與卑鄙的手段」罷了。

俄國心理戰的規模遠不及英、美，而且以對內宣傳為主。一九一七年，德國暗中將列寧送回俄國，德國原想利用他去分化俄國的內部團結，但列寧卻將一次大戰變成世界無產階級革命的「內戰」，他要求布爾什維克黨徒在戰壕中宣傳，向全世界輸出無產階級革命思想。俄國心理戰如有奇特之處，那就是宣傳加上恐怖主義手段。他們宣傳共產主義的烏托邦思想，蠱惑人民順從，而人民如有反抗即以強制手段脅迫。對飢寒交迫的俄國軍民而言，在當時除了以順從換取共黨嚴厲控制的糧食之外，似乎也沒有其他的選擇了，但這種無視國家民族利益的宣傳政策並不可取，以後的二次大戰初期俄國節節敗退，以迄二十世紀後期九〇年代的蘇聯政權解體，都是俄共當年埋下的惡因致之。

二、德國心理戰

德國當局不重視心理戰，自從大戰開打以來，德國僅在東線上對俄國採取「國內戰線」攻擊——一方面在其少數民族的國家中鼓勵獨立運動，另一方面利用流亡的俄國革命黨人，在軍隊和工廠中製造擾亂。在反敵心戰方面，德國則完全處於被動地位，而歷史的經驗與教訓顯示，對敵心戰與反敵心戰實為一體之兩面，在歷史上從未見不對敵展開心戰卻能反制敵心戰攻勢的案例。

德國忽視對敵心理戰是自動放棄權力，一次大戰到了一九一七年春，所有的交戰國都已經如此地厭戰，四、五月的阿拉斯會戰及第二次恩河會戰，英、法軍各折損近十六萬及十九萬兵力，法軍內部因而發生廣泛的叛變，而在卡波雷托（Caporetto）會戰中，單義大利就有四十萬人自動放棄戰鬥，顯示各參戰國的士氣非常的低落。士氣愈低落，就愈有進行心理戰的條件和必要，但德國卻平白流失了大好機會。

肆、一次大戰心理戰的啟示

關於心理戰對一次大戰結局的影響，希特勒在《我的奮鬥》一書中評

論說：「（在英國）……宣傳列為第一級武器，在我們的國家，宣傳才是失意政客的最愛。」（Linebarger, 1954：65）德國對英國的心理戰作為表示高度肯定，直稱英國的戰時宣傳機器與技術俱遠優於德國，同時也盛讚美國在心理戰上的成功及表現。然而美國人對此並不領情，美國戰後檢討批評英國人誇大了心理戰的威力。事實上，影響戰爭勝負的因素林林總總，而究竟那一因素產生了致命的效果，並無絕對的答案。戰爭就像一場激烈競爭的球賽，無法單靠那一個人來贏得勝利的，但持平而論，心理戰當然有其不容忽視的貢獻，否則戰爭勢必延長，而雙方的傷亡也會因而大增。

各方對於一次大戰心理戰價值的認知，將影響彼等戰後的建軍備戰思想，最後且反應在下一次的戰爭中。一向重視心理戰的英國在大戰末期，即已開始著手系統整理戰時的心戰經驗，十足顯露出繼續發揚光大優良傳統的企圖。而對於心理戰的戰爭地位和價值仍有懷疑的美國，在戰後隨即解散心戰機構並大幅裁減心戰員額，許多寶貴的戰場心戰資料，因疏於保管而平白散失，如今欲求之卻不可得。至於大戰中吃盡宣傳戰苦頭的德國，則致力於吸取戰爭的教訓，大力研發心理戰的戰具、戰法。一次大戰愈到戰爭末期，雙方愈是強化打擊對方精神力的手段，使心理戰與武力戰結合以贏得戰爭的模式，從而形成戰後戰爭思想的主流。而以下的心理戰發展趨勢尤其值得注意：

一、在打擊敵方士氣方面

從二次世界大戰一直到最近波灣戰爭不斷採行的空炸行動，曾在一次大戰中短暫出現，不過皆屬零星、個別的行動，而在一次大戰的整個戰爭過程中，並未實施大規模的空炸行動。值得一提的是，雙方都曾以飛機攻擊對方的平民人口，顯示以空炸打擊對方民心士氣的概念已然產生。心理戰的訴求對象呈現無限擴張態勢，從各參戰國本土到戰場，從國內到國際，從敵國到中立國，更從軍隊延伸到平民百姓，幾乎無所不包，使戰爭更趨複雜化。

二、在心理戰具研發方面

一次大戰中嶄露頭角的無線電，就是未來最具潛力的心理戰具——廣播，不過當時的同盟國與協約國雙方似乎都未發現此點，以致錯過了無線電在戰爭用途上的進一步開發。無線電與戰爭的另一層意義是：要想奪取權力的是心靈，而不是物質；是思想，而不是行為，可是當時的軍人並未能看清此點。此外，武器裝備不再純作軍事用途，更重要的是發揚其心理威懾的能量，例如：以新武器（主要是戰車）來對敵軍的士氣和鬥志，產生致命的打擊。

三、在心理戰準備方面

觀察一次大戰中各國的心理戰備，以英國最為突出，英國擁有當時最完備的新聞傳播制度及機構，在傳播人才與專業知識上，也遠遠領先其他國家。值得注意的是：英國將戰時所需的心理戰能力，在平時就厚植於民間。這是非常具有遠見的作法，因為等到戰爭來臨才開始培植人才、建立作業系統，就太遲了。心理戰專業單位和部隊首次出現，並且招攬各種專業人才參與作業，使心理戰活動的規模及效率均見大幅提升，如英國投下的傳單，每月平均達二至三百萬份，最多時達到五百多萬份。

第二節　第二次世界大戰

第一次世界大戰時的心理戰，基本上是一方攻、一方守的態勢，但到了第二次世界大戰，戰場的兩邊都採取絕對的攻勢。也由於各國極力發展心理戰，二次大戰隨處可見心理戰的痕跡。而心理戰發展至此，無論內涵或形式皆見空前的突破。心理戰變成一種以思想為彈藥、但威力又勝過於槍砲的另類武器。暴力的物質武器雖仍是戰爭的主要手段，但是暴力已非

無所不能，而心理戰卻可以產生比物質武器更大的效力。

壹、以思想作為彈藥的另類武器

自一次大戰末期以來，一種以「意識形態」為本質的戰爭逐漸地浮現。這種新型態戰爭與過去迥然有別，而首先發動這種戰爭的是俄國和德國。俄、德皆把歐洲當作擴張勢力的起點，歐洲民主國家若不接受強權的支配，就必須起來奮勇抗戰，而即將來臨的戰爭，就不僅是武力上的較量，同時也是民主制度、馬列思想和納粹主義之間的一場大對決。戰爭如今發生了根本性的變化，思想戰變成戰爭的主體，其對戰爭的影響，要遠比軍隊數量、武器裝備等其它的戰爭要素，還要更具決定性。

二次大戰的思想戰格局是：共產黨企圖展開顛覆資本主義社會的「世界革命」，納粹黨要建立種族和地理上的「第三帝國」，而民主國家則以民主思想對抗共產及納粹的極權思想。民主國家雖然同時面臨納粹主義和共產主義的威脅，但必須特別警惕的還是後者，因為在共產黨的眼中，戰爭既是戰爭，而和平也是戰爭，和平只是征服世界的一種工具。共產黨認為倡言「和平」是為了準備戰爭，和平時期並非戰爭結束的狀態，而是調換一個戰場──「從軍隊的戰場上移到階級的戰場上而已」（鈕先鍾，1996：252）。

貳、以心理戰代替砲兵準備的戰爭概念

德國的作戰構想始終與心理戰密不可分，希特勒從來就不認為武力是唯一有效的工具，他說：

> 我曾經向布爾什維克黨人學習……在戰壕中，步兵尚未做正面攻擊前，通常是由砲兵為其做準備射擊，而在未來戰爭中，革命宣傳所居的地位，正好與這種砲兵相當。它是要在軍隊開始行動之前，先從心理上來打擊敵人……如何在戰爭之前使敵人的精神崩潰，這是我最感

興趣的問題。凡是在第一線上有過戰爭經驗的人，都無不希望盡可能的避免不必要的流血……心靈的混亂，感情上的矛盾，猶豫不決和恐怖，都是我們的兵器。（鈕先鍾，1996：291）

希特勒認為宣傳是建立現代化力量的有力工具，他下令採取各種手段進行蠱惑人心的宣傳，甚至在宣傳的背後，頂上一把血腥的刀劍，隨時懲治那些對納粹宣傳稍有不滿或反抗的人。

希特勒強調，在戰爭前就須以一切手段去摧毀敵人的士氣，特別應該展開宣傳戰。英國戰史學家李德哈特評論說：希特勒的戰爭理論，實際上是一種使用心理武器的理論，在希特勒蓄意發動戰爭中，他總是採取雙管齊下的辦法，一手渙散敵人的士氣，另一手瓦解敵人的組織。進一步說，就是要使戰爭本身具有更多心理上的作用、用思想充作武器、用言論來代替武器、用宣傳來代替砲彈。（馬忠、溫金權、周志哲與丁鳳儀，1989：31）

參、德國心理戰

德國在戰爭初期幾乎全憑心理戰攻擊，就如探囊取物般輕鬆獲得戰果，其特色是（許如亨，2000：140-146）：

一、心理戰和武力戰相互策應

德軍在發起攻擊之前，必先完成周密的心理戰策應計畫。德國的心理戰活動充滿高效率，尤其是宣傳部長戈培爾掌控的龐大宣傳機構，能靈巧地透過國際媒體的戰爭報導，散播德軍銳不可擋與戰場恐怖情狀的消息。戈培爾重視心理學理論的運用，講求理論與實際的結合，並制定了完整的宣傳戰作業程序和規範。

二、廣泛運用廣播

戈培爾把全世界劃分成六個「廣播戰區」，根據各國人民不同的政治態度和心理特點，用不同的語言進行全天候的廣播戰。德國為了提高心戰效果，曾對廣播的內容、時機、技巧等等，進行深廣的研究。德國也利用「黑電臺」展開難民心理戰，使敵軍方民心士氣跌落至谷底。

三、在意識形態宣傳上

德國曾經成功地誘導國際輿論走向，使世界相當多的人口相信，二次大戰是全球人類在共產主義與法西斯主義間鬥爭，人們如不願選擇共產主義制度，只好靠向德、義的法西斯主義。

四、在戰略運用方面

德國心戰宣傳亦曾成功地使下一個攻擊目標誤信戰火不會波及本身，因而失去警覺與貽誤戰機。例如：英國在捷克斯拉夫淪陷後，仍然相信可以置身事外；又如即使到了一九四一年十二月六日的珍珠港事件前夕，仍有許多美國人堅信美國可以避免介入戰爭。

五、在純心理戰方面

德國宣傳機關有效率地運用威懾戰術，一方面說服德國人民，若不採取武力行動制敵機先，就得面對遭受日益擴張共黨勢力消滅的危機；一面以德軍閃擊作戰的可怕威力，恐嚇驚嚇下一個目標國政府與人民，有效地打擊對方士氣。

肆、日本心理戰

日本政府在日軍海外作戰的初期，就把心理戰列入內閣的議事日程加以管制。而由於日本人民對於向外發動戰爭，並沒有如預期的熱烈響應，日當局擔心此現象不利日後的作戰，乃在全國各地發動「國民精神動員運動」。這是一場規模空前的心戰宣傳活動，從一九三七年開始到一九四〇年結束，歷時三年多，在各級學校灌輸軍國主義思想，民眾被迫參加支持戰爭的各種集會，並且為支持戰爭而儲蓄捐輸，幾乎每一家庭、甚至每一個人的日常生活，都受此一運動的波及，人人都必須對戰爭表示支持，否則就會受到羞辱和騷擾（吳杰明，1998：170-171）。

日本的心理戰活動儘管五花八門，但論成效卻乏善可陳。日本對外心理戰始終無法奏效，主要的原因是日軍太過於殘暴。就以中國戰區來說，中國人視日本如寇讎的心態，從未受日軍花言巧語的宣傳手法所惑，而日軍雖用盡各種威脅、利誘、分化、欺騙的手段，但淪陷區各地的地下反抗行動也從未一日停止過。中國人抗戰到底的決心不但不變，而且愈戰愈勇，使侵華日軍身陷泥沼動彈不得，而日軍看威脅利誘手段行不通，轉而加強空襲、屠殺等殘暴行動，企圖藉製造恐怖氣氛，來恐嚇我淪陷區民眾不得反抗。不過，這種暴力脅迫的辦法，對中國人不但未能收效，反而更加深仇日心理與戰鬥意志。

伍、英國心理戰

英國在一次大戰期間累積了豐富的心理戰經驗，戰後，英國學界並提出較完整的心理戰理論，將戰時心理戰活動區分為戰略及戰術二層次，戰略學家富勒還創造了「心理戰」（psychological warfare）一詞，取代過去慣用的「宣傳」（propaganda）。英國的戰時宣傳分遠程及近程戰略目標：近程目標是以宣傳支援或指示敵區內任何形式的破壞或游擊行動，目的在破壞德國經濟設施、打擊德國軍民士氣以及瓦解納粹政權；遠程目標則在

防止俄國藉戰爭之便，將共產勢力帶入德國或歐陸發展。倫敦當局指出，俄國政府的宣傳品如潮流般湧入德國，如果俄共藉宣傳活動控制了德國人民，以致在德國人民心中形成親俄態度，就長遠而言，將大不利於英國人的利益（王鎮，1978：16-17）。

英國的戰時宣傳頗具前瞻性，遠在戰爭初期，英國心戰機構即向內閣提出宣傳政策備忘錄，力主在戰時即須為戰後的國家目標展開宣傳，指出如此不但可駁斥希特勒的「（國際）新秩序」主張，支撐戰場英國官兵的士氣，並且可藉以爭取外國（尤其美國）政府與人民的支持。英國的戰時宣傳主題，顯得明確而易於遵行：其對內強調德國侵略引發戰爭，造成英國人民生命與財產的重大損失，誓言血債血償；對外則依盟軍在戰場上的進展，藉有力的引證，逐次對德施加心理壓力；對淪陷區的宣傳，則以描述敵軍暴行凌虐，控訴敵人以強凌弱，呼籲盟邦及本國人民，要堅持反抗到底、準備反攻，務使敵軍無法如願以償。

陸、美國心理戰

美國在參戰後，成立戰時新聞辦公室（Office of War Information, OWI），負責美本土及海外的宣傳活動。在OWI的運作下，美國製片業拍攝了許多支持參戰的影片，以及在美各地展開如火如荼的宣傳海報活動，皆對激勵人心、鼓舞士氣，有顯著的貢獻。戰爭進入高潮，美國政府製作了一系列的宣導短片，其中最有名的是卡普拉（Frank Capra）的「為何而戰」（*Why We Fight？*）。除宣傳工作之外，OWI更組織民間社團發起全國性愛國運動，號召民眾購買公債、捐獻金錢物品及配合燃料配給制度等，使美國作戰潛力發揮到極致。

在軍事心理戰方面，美軍一向重視心理戰作為，要求軍事及心戰行動必須相互配合，在二次大戰中，美軍更創造了心戰作為（psychological operations）一詞，做為軍事心戰的專用術語。美軍心戰的作法通常是：前線部隊或情蒐偵查單位每當發現敵軍出現補給短缺、陷入困境以及指揮錯誤等徵候，立即要求心戰部隊支援打擊敵軍心士氣；如果情報顯示敵軍內部

出現紊亂，則大規模的傳單、廣播攻隨即展開，此時的傳單或廣播就能直指敵軍痛處。

　　心戰傳單是美國戰場心戰的最重要活動之一，尤其在戰爭進入末期階段，美軍大量散發心戰招降傳單，以求盡量減少敵軍抵抗及美軍傷亡。在一九四四年春的「躍島作戰」中，美國海軍空投大量傳單和沙丁魚罐頭，傳單告訴飽受轟炸及掃射已數個月的日本守軍說，他們的處境非常的危險，要求他們停止抵抗、伺機投降。據稱，這批傳單對補給狀況非常貧乏的日軍，產生很大的功效。

　　心戰廣播是二次大戰美軍心戰活動中，收效較不明顯的一環，原因是敵軍中多數的官兵沒能擁有收音機。但心戰廣播仍能在敵軍攻擊發起前，用來擾亂敵民心士氣，故仍為高價值的心理戰利器。戰術心戰喊話在二次大戰中，使用的非常有限。美軍心戰喊話部隊係登陸非洲、安其奧及諾曼第前臨編而成，且喊話有效距離僅二百碼，收效有限。不過戰車喊話無論在歐洲或亞洲戰場，均發揮了宏偉的戰果。美軍戰術心戰喊話的一般運用方式是：在整個攻勢作戰展開前，播出招降喊話；攻擊行動展開，逐次停留短暫時間，觀察敵軍反應後喊話；戰鬥暫停中間，再發起攻擊喊話；攻擊後階段實施最後喊話，待大部分敵軍出面投降，發動掃蕩攻擊，清除殘餘分子。

柒、蘇聯心理戰

　　蘇聯心理戰的主軸是思想戰，稱心戰宣傳為「意識形態鬥爭」，認為意識形態戰線上的鬥爭對戰爭有關鍵性影響，因為戰爭勝負取決於士兵及後方人民看待戰爭的態度。因此，在戰爭中為了摧毀敵人力量，不僅需要大規模的軍事攻擊行動，更重要的，要以意識形態武器去動搖敵人的戰鬥意志。

　　蘇聯心理戰主要針對德軍部隊、其他軸心國軍隊及德軍中非日耳曼民族·及敵後方民眾。蘇聯宣傳曾試圖激起德國人對普魯士菲特烈大帝時期的懷念，「提醒」德國人勿忘俾斯麥的警告：「不要對東線用兵」，鼓動

德國職業軍人起來反抗納粹黨的「外行領導內行」，號召軍方領導階層祕密發起「建立自由德國」運動。

　　蘇聯心理戰除強調意識形態宣傳外，也注重心戰謀略欺敵及心理恐嚇的運用，如在一九四五年四月至五月的柏林戰役中，蘇軍在黎明前二小時發起攻擊，併聯一百四十具探照燈，匯集共達一千億燭光的亮度，驟然射向德軍前沿陣地，使掘壕固守的德軍，竟誤以為蘇軍使用神奇的新武器，一時之間因視覺受強烈刺激而失去反應能力，惶惶然不知所措，無法進行有組織的反抗（鈕先鍾，1996：497）。

捌、二次大戰的經驗與教訓

　　長達六年的二次大戰，人們在歷經戰亂、流血犧牲之後，究竟從中學到了甚麼？也許法國的淪亡，可以給我們一點省思。法國在一九四○年的崩潰，主要並非戰術上的原因，而是士氣方面出現了大問題。自從左傾的布魯姆在一九三六年組成「人民陣線」政府之後，法國社會開始受共產主義思潮的腐蝕，全國上下充滿失敗主義的心理，許多人甚至表示寧願接受希特勒的佔領，也不要戰爭。而在不滿當時政局的法國陸軍中，也有許多軍官主張為免受到共產主義的統治，寧可接受納粹主義。一九四○年擔任法國殖民部長孟德爾（George Mandel）曾說：「法國人並無戰鬥的意志，普遍的心理都是帶著有失敗主義的傾向，法國的崩潰即在眼前。」（萬仞，1996：5）一個面臨戰爭威脅的國家和人民，卻在精神上、在心理上俱是毫無準備，其命毋寧未卜可知的。

　　二次大戰結束後，各國投注大量的人力物力，蒐整戰時的心理戰經驗和教訓，以下列舉二次大戰時期的主要經驗與教訓：

一、大戰初期的德軍快速解除對手國武裝，順利達成預定軍事行動目標，與其善於運用黑色宣傳，早在武力衝突發生前，先使敵人在心理上處於不利地位，有效先期瓦解敵方抵抗意志等，息息相

關。不過，德國的黑色宣傳對蘇聯未如預期般產生效應，原因是
蘇聯對內採取嚴厲的封鎖消息措施。

二、大戰中後期，英、美對德、日展開所謂「戰略轟炸」的大規模空
　　攻行動，企圖藉以摧毀敵方的民心士氣及戰鬥意志，不過投資與
　　報酬並不成比率，在「戰略轟炸」實施一段相當長的時間後，
　　德、日兩國的民心士氣及工業生產力仍未受太大影響，原因是攻
　　擊的目標指向平民，而非集中在交通中心、工業設施、油電廠庫
　　等戰略要地。以後盟軍修正轟炸目標後，才漸次產生效應。須知
　　以平民作為轟炸目標，不但無助於爭取對方民心，反將提供對方
　　機會，斥此為恐怖行動，進而激發抗戰到底的情緒。

三、心理戰是政治戰、外交戰、軍事戰、經濟戰等各種作戰的總合，
　　心理戰無法獨立自行展開，而以心理戰配合其他型態的作戰，較
　　可發揮戰力，反之則否。因此，在未來的戰爭中，欲早日贏得勝
　　利，擴張戰果，必得注重以心理戰為基礎的各種力量整合，而此
　　乃二次世界大戰中最寶貴的經驗與教訓之一。

四、在個別心理戰具的表現方面，廣播與傳單較具長期性心戰效果，
　　不過其效果相對難於確切評估掌握，因此為因應立即的戰術性要
　　求，必須改進廣播與傳單的投散技術，始能掌握稍縱即逝的戰
　　機，及時對敵產生心理壓力或影響。

五、蘇聯的威脅性心戰作為在戰爭末期，非但無助於號召敵軍投降，
　　反有招致頑強抵抗的反效果。不過，也不能因而抹煞威脅性心戰
　　作為的戰場價值。一個最理想但實際上卻很難完全掌握的作法，
　　應是根據時機、對象而有不同的作為選擇。

　　最後，必須強調的重要經驗與教訓是：二次大戰時的各國決策核心，
幾乎都以天才自居，相信自己的靈感，而不重視專家的意見，以致發生親
自指揮作戰（例如：希特勒和史達林）或企圖干涉軍事作為（例如：邱吉
爾）的錯誤。這種錯誤當然是影響戰爭勝負的關鍵因素之一。人們該牢記
教訓而引以為鑑，然而在日後的韓、越戰中，相同的錯誤仍一再地重複發

生，令人不能不感嘆人類的善忘本性。

第三節　韓戰

韓戰是一場沒有贏家的戰爭，南北韓雙方交戰三年多，在死傷無數之後，一切又回到戰前的三十八度線原點。在美國方面，杜魯門早在韓戰的末期，為操控「有限戰爭」不當而付出代價，同情麥克阿瑟遭遇的美國選民，轉向支持軍人出身的艾森豪競選總統，迫使杜魯門不得不放棄競選，然而麥帥又何嘗不然，仁川登陸後的過度自信，一再錯判敵情，竟使一世英名毀於韓戰。至於毛澤東因韓戰「光榮勝利」，益加意氣風發，開始建立毛氏王國，先在一九五七年搞「反右」，次年又發動了「大躍進」，結果帶來兩千萬人死於飢餓的大浩劫，成就了他在歷史上的罵名。以下就心理戰的觀點，總評韓戰交戰雙方的得失與教訓：

壹、在聯軍方面

聯軍在心理戰的能力及技術方面均遠優於共軍，後者因缺乏專業人員及戰具，無論廣播、傳單或喊話的作為上，皆只能做有限度的發揮，以傳單為例，毫無空中支援的共軍，無法將傳單做敵後深遠的投散，只能利用砲宣彈及相當原始的人力傳散或留置，而且共軍的英文傳單因設計粗糙、文法錯誤等，對美軍也不具吸引力。

聯軍在心理戰戰法方面，也有相當優異的表現，其中又以仁川登陸的心理戰思想最為突出。一九五○年八月底，南韓幾乎全境失守，僅剩釜山和大邱的最後據點，麥帥為扭轉戰局，下令著手仁川登陸計畫作業。麥帥深諳攻心戰法，使仁川攻擊行動得到空前的成功，美軍在登陸後的第十一天就收復漢城。

麥帥選擇仁川作為扭轉局勢的聯軍登陸點，但美軍參謀首長聯席會議包括布來德雷主席在內的許多人，對仁川登陸的必要性及可行性卻大表懷

疑，但麥帥認為仁川登陸之利為：(1)在心理上，登陸仁川後，聯軍得進出到敵人第一線遙遠後方，使圍攻釜山的敵軍因感到腹背受敵，內心必然發生恐懼，甚至足以動搖敵方軍心，而對聯軍來說，釜山被圍壓力因而減低，可以提振士氣；(2)在政治上，登陸仁川可以迅速收復漢城，使南韓政府的地位由動搖轉趨穩定，鞏固南韓的領導中心；(3)在戰略上，登陸仁川可截斷北韓軍的主補給線，使敵軍戰力無法維持。麥帥說：戰史證明，陸軍的殲滅十有九次都是由於補給線被截斷，由於共軍彈藥及所需補給品全須經由漢城，如由仁川登陸，無疑是給共軍一個致命的打擊（Pease，1992：126-129）。

麥帥的判斷是正確的，眾所周知，部隊斷糧、缺油及沒有彈藥的狀況下，無法長久存在。但更重要的，當前線部隊和後方的聯繫被切斷後，部隊裡的每一成員就會開始思考，要如何才能從困境中逃脫，而部隊官兵如滿腦盡是此種想法，這支部隊很快就會變成烏合之眾。而後來的情況也是如此發展，當北韓守軍被美軍登陸行動嚇得驚惶失措之際，北韓軍指揮部做了一個明智的決定：沒有讓駐守在釜山地區的北韓軍隊知道此事，但等到一星期之後，登陸的消息傳散到他們的耳中，原圍攻釜山週邊地區的北韓部隊就潰不成軍了（劉宏謀等，1968：44-45）。

不過，仁川攻擊行動也暴露出美軍心理戰的極大弱點，當時被包圍的北韓軍高達八個師，但這些北韓的主力部隊，許多成功逃返北韓，而未能逃遁的，則在南韓的後方流竄嘯聚，形成南韓社會治安的亂源。為何聯軍未能一舉殲滅被圍之敵？北韓軍在一些南韓人的掩護下，以改裝易容騙過無識別能力的美軍部隊。這顯然不是純武力戰的問題，更非軍事戰略戰術所能解決者。朝鮮半島在中日甲午戰爭後割讓給日本，韓國人從此受盡日本征服者的欺凌，他們被迫改變生活習慣，改換文字，改說日本話，一切韓國固有的文化都遭有計畫地消滅剷除，韓國人在日本高壓政策下，生活在痛苦不堪的水深火熱之中，不但沒有參與政治活動的權力，甚至連選擇職業的自由都遭剝奪。民族性強悍的韓國人民，代代相傳不可忘復興韓國，誓言不再做異國統治下的亡國奴，以致數十年來各種慘烈的抗日行為未曾間斷，而這種潛藏卻深刻的民族主義情緒，美國人永遠不能體會，美

國人總是不明白：「我們為了韓國出錢出力，為何卻沒有得到韓國人應有的尊敬和感激」。韓國人並非不知感恩圖報，二次大戰後期，韓國在英、美、俄大國的利益交換下，在密約中強被一分為二，使韓國人對建立獨立自由國家的願望，幾乎瀕臨幻滅，韓國人內心的悲痛，絕對不是美國提供軍經援助所能化解。加以北韓共產黨長期滲透南韓，因而便有一部分南韓人受共黨宣傳戰的蠱惑，在暗中策應支持北韓的行動。

聯軍如能在一開始就注意民心的爭取，利用心理戰的方法，喚起韓人的心理共鳴和認同，仁川登陸後被擊潰的北韓軍，縱使不圍殲，也無法全身而退。可惜美國及南韓政府當時並未重視此一問題，未能在政治上做到人心歸向，以致讓北韓軍脫離順利戰場，日後再起，遺留下無窮的後患。此外，將西方社會（尤其美國）起反戰情緒，完全歸因於共黨的宣傳戰技倆所致，恐怕也未盡符事實。應該是戰爭久拖使傷亡持續累增，加上敵對國的宣傳手段奏效，才導致反戰情緒的醞釀擴大。須知，心理戰是無法單獨運作的，心理戰總是在扮演催生的角色，戰略上（如有限戰爭）的失敗，是無法以戰術上的成功去彌補的。事實上，韓戰時美國社會的反戰情緒仍不嚴重，但美國主政者不細究反戰

情緒的導因，不反求諸己善加檢討本身的戰略錯誤，反歸過於敵對國的作為不當，這就註定將在下一場戰爭備嚐苦果。

貳、在共軍方面

一、韓共方面

北韓的心理戰作為完全師承自蘇共和中共。北韓一再地運用「心理宣傳」、「心理詐欺」、「心理激勵」及「心理威懾」等手段，配合策應其軍事行動，例如：北韓共軍運用心戰廣播掩飾其武力進犯意圖，在韓共揮兵入侵南韓前一週，平壤電臺不斷呼籲南、北韓共同舉行大選，企圖藉以降低南韓政府及人民的戒心，以為隨後的武裝行動排除「障礙」，等到北韓共軍越過邊界，平壤電臺更一再指控南韓軍隊發動攻擊在先，企圖混淆

視聽。

　　北韓軍在猛烈火力的支援下，進展快速，勢如破竹，很快即攻佔三十八度線以南五十里的甕津，使極具軍事價值、可直通漢城的重鎮——開城立即陷入危境。駐守開城的南韓士兵雖然奮勇抵抗，但由於共軍火力太強，加以事先全無心理準備，還是白白犧牲了。事實上，在北韓軍浩浩蕩蕩進入開城之前，北韓共諜早在城內展開內應工作。開城陷落直接威脅南韓首都漢城的安全，北韓共軍在修復南韓軍隊破壞的鐵路後，立刻攻擊漢城。正當北韓裝甲部隊如入無人之境瘋狂前進的同時，平壤的電臺配合軍事行動全日播出心戰廣播稱：「賣國賊」李承晚意圖侵略北韓，韓共被迫「正義討伐」，不久即可捉到李承晚予以正法。而漢城的一夕變色，造成居民大恐慌，紛向漢城以南的漢江逃命，數十萬難民攜家帶眷爭先逃命，因自相踐踏而死，構成一幅幅恐怖悲慘的景象。此時，北韓在漢城上空撒下大量的招降傳單，平壤電臺也增強心戰喊話攻勢，使南韓軍民更加失去鬥志，不僅悉行放棄構工多時的障礙設施，更未善加運用早先埋設好的炸橋措施阻敵前進。以後，南韓當局竟不顧數萬軍隊及數十萬名難民尚未渡江，草率下令炸毀漢江上三座鐵橋，無數的難民因而慘死江中，此對南韓軍心士氣造成的打擊，毫不亞於軍事上的嚴重挫敗。

　　北韓也極度利用敵方的報紙展開心理戰。北韓對報紙及電臺採取嚴格的控制措施，兩者刊出或播出的消息，事先必須經過嚴密的審核，而除了廣播及報紙之外，北韓對佔領區的其他的南韓媒體，如電影、雜誌、圖書等，也絲毫不放過，例如：韓共利用播映影片來召募士兵，他們以門票免費吸引南韓地區民眾至戲院，在播映政治教育影片後，將身體健全的觀眾直接送入北韓部隊充軍。

　　注重心理戰是所有共黨國家及軍隊的作法，這當與共產黨靠宣傳起家、發展勢力的背景息息相關，共黨借助心理戰去彌補其本身實力條件的不足，因此心理戰對共黨而言，毋寧是一種「弱勢爭取強勢」的競爭策略，而在韓戰的共軍心理戰方面，最具戲劇性發展效果的，就是戰俘心理戰了。共方的所有心理戰作為，無論是對外的、對中立國或是對內的，全都與戰俘問題相聯繫，共方將戰俘心理戰的運用發揮到淋漓盡致，以致聯

軍的部隊士氣，美國政府的國際形象，乃至聯軍陣營的內部團結，無一不因而受到沈重的打擊。戰俘是共方對敵心戰取之不竭的資源，而對聯軍而言，除有限運用於心戰品成效評估外，卻幾乎快要變成沈重的負擔，足見戰俘在共軍心理戰中的意義。

二、中共方面

　　中共在二次大戰及國共對抗中，已累積了豐富的心理作戰經驗，而共軍的戰法更是處處充滿心戰謀略意圖。中共慣於利用戰俘對敵進行心理瓦解，認為透過俘虜做宣傳，不但可瓦解當面敵軍的軍心士氣，而且更可在國際社會及敵國本土進行作心理宣傳戰。共軍審問聯軍戰俘的步驟及手段如下：首先，審訊戰俘以確認「價值」，以軍官幹部和擔任情報、後勤、作戰業務的士兵為首要目標，而一般士兵則被送往戰俘營，但負傷者可能遭祕密殺害；初步審訊後遭留置者，進入下一階段的審問，以篩選出願意合作，「具心戰運用價值」的戰俘；特具價值的戰俘，如高階軍官或飛行員，迅速予以隔離和後送，準備接受專業人員的特別審訊；戰俘在接受審訊前，先期完成問卷調查，審訊人員再利用問卷找問題；審問的時間及次數不定，以破壞戰俘的心理防備及適應能力；對態度強硬或立場堅定的戰俘，以剝奪食物、衣服、睡眠甚至飲水作為懲罰。總的來說，共軍戰俘營的管理類似看守所，戰俘對不斷進行的思想「洗腦」，沒有不接受的權力，戰俘如對政治教育的內容不加熟記，經抽問一旦答不出來，便會遭受程度不一的各種懲罰（王子沖，1968：10）。

　　中共運用心理學理論及心理實驗室的研究結果，發展出一套堪稱完整的戰俘心戰法則，企圖控制聯軍戰俘的意識形態及行為反應。但讓中共沒有料到的是，戰俘幫助了中共心理戰，也幾乎摧毀了中共心理戰。在戰俘「解釋」期間，經常可以見到的景象是：不願遣返大陸的戰俘高叫「我要去臺灣」十次、數十次、甚至百餘次，但中共解釋人員卻置若罔聞，一再追問「你要回哪裡去？」而當在場國際媒體記者為之先驚訝、後竊笑、再搖頭之際，中共宣傳的所有美麗謊言，透過一次又一次的戰俘與中共解釋

人員間的對話向全世界揭露。中共解釋員勸說道：「新中國」現在有自由
了。戰俘反問他：那你敢說「擁護三民主義」嗎？中共解釋員面對知識程
度不高的戰俘，挑戰他說：你又知道什麼是三民主義？戰俘想了許久，最
後氣急敗壞地蹦出：怎麼不知道？第一，人民有飯吃；第二，人民走路不
要路條；第三，人民思想有自由。你們共匪有嗎？（江海東，1955：140）
當時，中共最常宣傳的莫過於「新中國」、「新民主主義」、「土改」、
「世界第一工業國」等「進步成果」，西方社會曾有多少人深信不疑，但
沒想到一場戰俘解釋下來，讓所有的真相在一夕之間，完全暴露世人眼前。

戰俘的故事經過媒體的爭相報導，帶給中共許多意想不到的困擾和壓
力，尤其「解釋」期間發生的各種事件，更使中共宣傳的信譽蒙受空前的
打擊，但更嚴重的，「戰俘無人願意回大陸」的消息傳播開來，可能激起
更多的共軍陣前起義，選擇投奔自由的道路，這才是中共所最憂心的影
響，因此中共最後草草提前結束「解釋」，以便讓不利的情勢即早落幕。
中共原想趁此藉機在宣傳上大作文章，沒想到在對戰俘洗腦時，卻被一心
嚮往自由的戰俘反洗腦。

第四節　越戰

從一九六一年美軍入越至一九七五年西貢淪陷止，美國、南越及其盟
邦在越的作戰兵力，最多（1968）曾高達一百五十萬人，而越共和北越正
規軍投入戰場的兵力，最多時也超過了一百萬人（最少時不低於幾十萬
人）。因此，儘管越戰是由無數的小規模戰鬥所組成，但越戰絕不是一場
小型戰爭，不過越戰也不是傳統戰爭，而是以心理戰等非純武力戰為主體
的另類戰爭。

壹、北越及越共的心理戰

一場戰爭的形態通常是敵對雙方共同來決定的，在過去的戰爭中，軍

力居優勢的一方大致上可宰制戰爭的形態，但到了越戰時，這種規律已經被打破，究其原因，除了當時的美國對有限戰爭陷入迷戀外，北越也盱衡本身實力、資源及強弱點等因素，發展出剋制有限戰爭的戰略。北越深知不能在武力戰上同敵人硬拼，必須從非武力或準武力的戰線上，彌補其本身先天條件之不足，乃採取一種長期性的抗戰路線，以心理戰的諸般手段，結合「人民戰爭」的戰法，逐次消耗敵人的力量和意志，一方面藉以平衡敵人的軍事優勢，使戰局陷入僵持，另一方面則力圖刺激美國本土的反戰情緒，從而期待戰略態勢的轉化。

「人民戰爭」以「廣大的人民」為基礎，人民是力量的來源，力量蓄養在人民群眾之中，因此沒有「廣大人民」為寄生，就沒有「人民戰爭」的生存與活動空間。然而，當南越政治、經濟、社會等各方面逐漸步入正軌，對現狀感到滿意的民眾不再需求革命，共產黨即加強對人民的宣傳教育，呼籲人民莫忘祖國統一大業，而當訴求不再具有號召力，共黨又轉而脅迫驅使民眾提供支援，否則即以綁架、謀殺及其他的恐怖手段對付民眾。

北越的「人民戰爭」針對美國的「有限戰爭」而來。六〇年代中期，美國部隊直接介入越戰後，久經戰亂的南越人民，無不期盼從此能有平安的日子，而這也正是「有限戰爭」試圖達到的戰略目標之一，但這個目標始終未能達成，原因是共黨識破美國人的戰略意圖。他們要打破美國的戰略佈局，絕不讓南越百姓安穩度日，尤其在美國人到來之後，更不能讓南越人有找到倚靠的心理，進而起來對抗他們。共黨明顯刻意讓戰爭趨於無限，他們發動大小規模的武力行動，並以種種的襲擾破壞製造不安心理，他們的攻擊行動也許一時不會致命，但他們將全越南的民眾均捲入漩渦，不分敵前敵後，不分白晝夜暗，使敵永遠得不到喘息和安枕的機會，而除了軍事行動之外，其他諸如謠言、罷工、罷市、罷課、罷耕等事件，一再輪番上陣，週而復始，就像帶著毒針的蜜蜂傾巢而出，使南越民眾人人自危，讓越戰形成「無人、無地、無時、無事」不戰的無限恐怖局面。

共黨製造恐怖事件無非在脅迫南越百姓與之合作，但共黨要達成威脅群眾的目的，又必須透過媒體報導去散播威懾訊息，而西方媒體竟變成共

黨的利用工具。電視的發明及電視新聞的快速興起，帶給共黨宣傳戰無上的便利。北越的宣傳目標是誘導敵國人民反戰，阻止美國政府援助越南。儘管共軍的傷亡率極高，但只要美國投入新的部隊，北越就相對派出更多的部隊南下支援越共，於是這就變成一場意志力對抗賽，看誰能支撐到最後一刻，當美國民意對越戰煩透時，共黨即可因而獲得勝利。共產黨嫻熟於運用美國社會的心理弱點，他們深知美國人要求速戰速決，久戰是傷亡數字累增的源頭，而傷亡不斷又必將激化美國人的反戰情緒。北越及其國際共黨同路人利用美軍對戰爭新聞的鬆散管制，以及美國人崇尚言論自由權的傳統，在美國及西方國家發展共黨外圍組織，傾全力煽點反戰與親共情緒。

在戰略心戰上，共黨採取的是「勝兵先勝而後求戰」，也就是先在無形的戰場上獲得勝利，創造有利的戰略態勢，然後再展開有形的武裝鬥爭。無形的戰場是爭取人心的戰爭，而北越當局對內一再強調：戰爭不在佔領土地，而在爭取人心。北越心理戰的特點是寬度、深度及密度靈活搭配：在越共控制地區，採寬度與深度並重作法，加強思想教育，其中寬度指對群眾的大規模宣傳活動，而深度則是透過個別教育和機會教育活動滲透深化；在交戰地區，採深度與密度並重，例如：將兒童及老人送往越共控制區，施以思想麻醉教育，擔任宣傳工作；在南越控制地區，採密度與深度並重，加強對南越地區的滲透行動，同時以祕密、口語相傳的途徑，對南越民眾進行廣泛的思想滲透（John, 1971：116-119）。

共黨宣傳能夠發生作用，多半因為南越內部潛存各種問題，而共黨借力使力加速其惡化，南越軍方確實存在嚴重的派系問題，而共黨就利用一切機會，從中煽動，挑撥離間，使官員與官員相互猜忌，人民與政府相互對立，政黨與政黨相排斥，宗教與宗教相攻擊，四分五裂，各自為政。

北越及越共的心理戰因能有效隱匿意圖，經常收到很大的效果。越戰是由北越一手策畫執行，並且全盤掌控南方的解放運動，但河內當局始終不公開承認其介入。北越以「南方民族解放陣線（越共）」名義發出心戰宣傳，而「南解」實際上是北越在南越地區建立的傀儡組織，北越此舉主要在混淆國際視聽，製造該組織為越南內部自發性改革團體的假象。而越

共的心戰宣傳、心戰策反及其他恐怖、破壞等活動，亦均受北越當局的指揮，其核心幹部並由河內派遣。由於共黨的宣傳策略靈活高明，西方社會（尤其美國）的許多人士，竟錯以為越共是無組織的人民團體，和北越也僅止於互不統屬的盟友關係，而值得給與同情和支持。

在心理戰戰術方面，北越和越共頗能適應惡劣的戰場環境，雖然在心戰裝具遠不及南越及美國，但仍能以原始簡易的心戰工具來達成任務。共黨的心戰手段也顯現出靈活多變的優點，例如：心戰喊話與軍事行動綿密配合，在圍攻南越據點或哨站時，利用家屬或俘虜實施喊話；近距離衝殺搏鬥時，則實施恐怖性「大聲喊話」，以震懾敵人；退卻時，配合地雷或其他爆炸品之裝設，放置心戰傳單等，增加敵人心理上影響；面臨南越軍及美軍進剿時，利用兒童、老人、婦女等謊報軍情，以迷惑敵軍心。

貳、美越心理戰

美國最後黯然地退出越南戰場，但美國軍方卻始終不能接受敗戰的事實，他們堅稱，美軍從未輸掉任何一場的會戰。不過，美軍確實失去了軍隊最為寶貴的東西，那就是部隊的士氣和戰鬥意志。

越戰初期，美方執行心理戰任務的機構顯得多而雜亂，其包括了美國新聞總署系統的海外新聞處（US Information Service）、國務院的美國國際開發總署（Department of State's US Agency for International Development）及軍方的美國軍援越南司令部（US Military Assistance Command Vietnam）等。由於負有心理戰（含民事）之責的美方派出單位，上面各有龐大的行政機制在獨立運轉，而且彼此間又缺乏協調聯絡，就造成令出多門、工作重複的虛耗資源現象。

聯合美國公共事務辦公室也是一跨部會的臨時任務編組，在任務結束之後依令解散。韓戰時，美國駐外機構並未成立這樣的臨編組織，越戰之後，只要美軍成立戰區，而該戰區又負有執行大量心理戰活動的任務，美方就會成立這種的組織。在戰時，以臨編方式成立心戰政策指導機制，非常的有必要。理由是：心理戰訴求經常代表一國的立場或政策，而必須有

部會級組成的政策指導機制，來會商審議心理戰政策及心理戰主題等。而同時，由於心理戰活動經常涵蓋政、經、心、軍、社各層面，為發揮統合戰力，各相關部門也有必要在統一指揮下分工執行任務。不過，臨編而成的機制要發揮功能，有待其他方面的配合，諸如：當局的充分授權，納編單位的母體機構全力支持與配合，以及高素質、多能力的幕僚人員等。但是越戰時的聯合美國公共事務辦公室，似乎並沒有獲得美國當局的充分授權，各派出機構的母體機構，也囿於本位主義而未給與全力支持。

一九六七年時，軍援越南司令部決定另成立民事與革命發展局（Civil Operations and Revolutionary Development Support Agency），來統籌在南越控制地區的軍民室工作（Military Civil Operations），而原屬美國聯合公共事務辦公室職責的野戰宣傳活動，也畫歸由該局來執行。民事與革命發展局向援越司令部司令官直接負責，並向南越的各省派出省級顧問（通常是美國海外新聞處官員或美軍的心理戰、民事軍官），指導責任區內所有的軍民事活動。

民事與革命發展支援局的成立，標誌著駐越美軍的心理戰重點開始轉向越南農村，而這也是越戰的一大特色。農村是共黨發展叛亂勢力的根據地，也是戰場雙方爭奪勢力的重要「據點」，如果能在農村地區肅清越共潛伏分子，就形同斷絕北越及越共的補給線，因此必須全力加強農村工作。民事與革命發展支援局在南越各省農村展開心戰、民事及戰場綏靖工作，目標就在強化越民眾的反共信念和支持西貢政府。

南越政府為加強招撫越共及鞏固農村工作，自一九六三年二月起，在中央政府設立招撫部，大約在一九六七至六八年間，又將新聞部及招撫部合併，改稱新聞招撫部。而駐越美軍相對成立民事與革命發展支援局，該支援局派出的美軍顧問，同時也是南越農村工作的首席心戰顧問。越南農村是心戰工作的重點，這是美、越雙方的共識。美軍擁有豐沛的資源（例如：印刷機、有線電廣播器材、放映機及宣導影片等），而越方人員能充分了解農村的情況，這應是非常理想的工作機制，但由於美軍顧問掌控分配支援物資的權力，他們表現出優越的心態，使南越人員深感壓力。美軍顧問的不當心態，造成雙方協調合作的障礙，最糟的是美軍顧問直接向地

區或基層下命令。美軍顧問越俎代庖的作法,一方面引來南越官員的不滿,另一方面則平添其與民眾間的隔閡和誤解。儘管駐越美軍當局再三強調,在農村推展宣導工作,最有效的手段是與民眾進行面對面溝通,「美軍只能居於協助地位,不得代替越南人做這種涉及文化背景過深的工作」,但美軍顧問依然故我,不時違規「越位」,直接面向越南農民。

招撫計畫自一九六三年起開始實施,由南越政府負責推動工作,美方提供經費及物資支援,仿照五〇年代英國在馬來西亞的反顛覆作法,對投誠來歸者給與寬大待遇,除免除來歸越共的刑責之外,並給與金錢援助、價購(攜來)武器、工作訓練、保護家屬安全等優遇。而投誠者如為北越正規軍官兵,除了上述的待遇外,另有醫療照顧及戰後遣返的保證。

招撫工作由宣運活動(宣傳與招撫運動)開始,而接待、訓練投誠人員及協助「復原」,則形成一貫的作業。招撫宣傳以運用越共官兵「五點畏懼」及建立其「五點信心」為主要內容(許明雄,1985:49-52),而重點及目標則有三點:(1)對越共官兵展開心戰及宣傳,鼓勵其來歸;(2)策動在我地區內之越共親友家人,以各種方式,敦促其親人子弟覺醒而投誠來歸;(3)在南越控制地區,透過各種宣傳媒介,宣揚政府招撫政策,並動員全體軍民積極參加招撫工作。

招撫計畫促使了大約二十五萬的共軍官兵投誠,其中,雖然大部分為低階軍人,且投誠原因多為逃避越共徵召或脫離艱苦生活,但招撫工作仍然產生了可觀成效。越共積極反制招撫活動,透露出其部隊曾因而出現信心問題,然而招撫終究未能潰決共軍的士氣,這多少道出共軍的思想政治教育,對於安定越共軍心士氣發揮了作用。越共對「招撫」活動的破壞手段通常是:派遣經過特殊訓練的人員偽裝歸誠,前來刺探情報,以及從中進行分化和散布謠言,企圖「在沒有情緒的地方製造情緒,在已有不滿的地方使之變本加厲」。越共為使歸誠南越人員對南越政府產生不滿和失去信心,採取突擊招撫中心和招撫村的恐怖暗殺行動。越共將逃往南越政府控制地區的難民,列為攻擊和屠殺的對象。越共此舉在使「叛徒」對本身的安全失去信心,進而怨恨南越政府未能保障其安全。

參、越戰的經驗與教訓

近些年來，波灣戰爭成為臺灣軍事相關研究的熱點，但越戰的經驗與教訓，對面臨中共威脅的我們，其價值非但不亞於波灣戰爭，而且還可能有過之而無不及。「越戰經驗」的價值主要在於兩個方面：其一是時間，沒有一場戰時的心理戰維持如此長久，以致研究者可以從各種心理戰事例中去追索前因和後果；其二是人物，越共、中共、俄共、南越及美國人都參與了這場戰爭，他們當年所扮演的角色至今仍在持續中，而未來如與共產集團國家再發生衝突，「越戰經驗」就是很值得警惕的教訓。

北越及越共的「人民戰爭」抄襲自中共，並把中共的戰法發揮到淋漓盡致，讓武器裝備俱居優勢的美軍傷亡慘重，最終知難而退。一九九九年一月，美國防部向國會提出的「中共軍力與戰略展望」報告指出，當前中共積極發展的「高科技條件下的局部戰爭」理論，其內涵即為「人民戰爭」和「積極防禦」兩大概念。在中共的戰法仍將以「人民戰爭」為主軸之下，臺海將來如果發生戰事，那我們就要面對中共的「人民戰爭」戰法——一種被稱為「沒有戰線的戰爭」。這種強調以武力戰為後盾、但又非純武力的「人民戰爭」，與我們熟悉的西方作戰方式有極大的不同，而我們是否已經找到了克制之道？或許我們從越戰可看出一些端倪，而我們當應重視別人的流血經驗，也唯有如此，才能避免重蹈覆轍，從而減少自己的流血。

「人民戰爭」是中共軍事思想的重要部分，提出「人民戰爭」概念的毛澤東說：「在對敵作戰中，人不但是兵戰的主體，並且也是心戰的主體。武器是戰爭的重要因素，但不是決定的因素，決定的因素是人不是物。力量的對比不但是軍力和經濟力的對比，而且是人力和人心的對比（杜波、韓秋風，1997：97）」。因此，當物質力量不如對手之際，就要想方設法從精神力量（人心和人的能動性）去彌補。至於如何去彌補呢？中共主張「在戰略上藐視敵人、在戰術上重視敵人」，其對內不斷灌輸「敵人最後必然要失敗」的理論，如：「敵方人群是為反革命政治服務

的，他們因被迫從事反革命行為，往往在行動上是消極、被動的，而革命的一方，由於投入作戰人群的根本利益與作戰目的是一致的，因而其行動是自覺的、積極的，能充分發揮出作戰的勇猛頑強和自我犧牲精神。這樣，革命的一方在人的因素上往往處於絕對的優勢（杜波、韓秋風，1997：97）」。

生活在自由民主社會的西方人，指斥這種「人民戰爭」理論根本不符現實，而這就是研究「人民戰爭」的盲點所在。的確，中共的這一套說法並不符合實際狀況，但這並不重要，因為「人民戰爭」的爭取目標是先共黨徒眾、後戰地民眾，而要打擊的是敵人，其不必、也不期待敵人的接受共黨理論，只要狂熱共黨從眾變成「職業革命家」，他們就會「想方設法」讓更多的人民群眾深信不疑，從而產生無法抗拒的人民群眾力量。以越戰為例，北越的作法就是先培養一批「職業革命家」，這批越共幹部是「真心實意擁護革命的群眾，是真正的銅牆鐵壁」，再由他們「去發動和組織人民群眾，去打擊反革命」，他們「動員千千萬萬的民眾，組成浩浩蕩蕩的革命大軍，使敵陷於滅頂之災的汪洋大海，致敵魂飛膽喪」。而毛澤東解釋這種戰法說：「發動所有一切反對敵人的老百姓，一律武裝起來，對敵進行廣泛的襲擊，同時即用以封鎖消息，掩護我軍，使敵無從知道我軍將在何時、何地發起攻擊。總是利用民眾，製造假情況，在有組織的民眾掩護之下，造成敵人的錯覺；對敵人實行疲憊戰，從軍力、經濟力以及心理力上拖垮敵人；一方面大量地消耗（敵資源），一方面增長其思鄉厭戰、直至反戰的心理，從精神上瓦解這個軍隊（杜波、韓秋風，1997：99-100）」。

越戰時，美軍曾研擬出一套「反人民戰爭」戰法，而這種根據事實狀況及人類理性的「反人民戰爭」作法，以為只要爭取戰地民眾對軍隊的友誼，就可以摧毀越共的「人民戰爭」，事實上卻都徒勞無功。研究者指出，越南絕對多數之民眾均是堅決反共，但越共仍能進行「人民戰爭」，這豈不更令人必須警惕？而我在大陸的抗日勦匪時期，情形也是一樣，不僅戰地民眾竭誠擁護中央，就連「老解放區」的民眾亦然，然每當國軍向民眾詢問敵情，民眾不是一問三不知，就是暗中協助與掩護共軍，「連大

後方的民眾，亦有白天向政府完糧納稅，夜晚向共匪完糧納稅之事」（耿若水，不詳：74）。民眾既堅決反共又傾向於我，又為何甘心「媚共」？據當年與共軍多次交手的國軍老兵指出，其實民眾並非真正支持共軍，而是民眾懾於共軍的屠殺及恐怖報復手段，為求自保遂如同羔羊般地受共黨裹脅驅使，進行其所謂的「人民戰爭」。民眾欲求自衛，卻既無武裝、又無人領導。而共軍的報復手段異常殘酷，對不合作者及其親人經常逕予「處決」，甚至「株連九族」。因此對付「人民戰爭」的根本之道，就在於建立嚴密組織和武裝民眾的力量。只要民眾有組織的「保」及「衛」，能夠抵抗共軍的荼毒殺害，就不怕共軍的屠殺恐怖手段，民眾不受威脅，「人民戰爭」的戰法自然瓦解。

　　一九七二年六月三十日，聯合美國公共事務辦公室奉令解散，象徵美國在越南的心理戰工作告一段落，次年五月美軍完全撤出越南戰場，美國和共黨的共同目標「越戰越南化」，至此終於完全實現，然而南越淪亡的悲劇卻才正要開始。美國政府只想假武力威脅，迫使共黨走向和平談判之路。但事實顯示，美軍雖可讓共軍在戰場上蒙受物質的損失，卻始終無法折損其戰鬥意志，南北越共軍從頭至尾都保持相當高昂的士氣，此正驗證了拿破崙的名言：「世界上只有兩種力量，一是刀劍，一是意志，最後意志總是打敗了刀劍。」什麼是意志？即人民的心理與思想，共軍的宣傳作為有效地鼓舞了部隊士氣，支撐他們長期對抗敵人的意志，其以各種心理戰手段，竟能將自己的侵略和叛亂行為，戴上「民族解放戰爭」的美麗花冠，相反地，維護越南人民主自由的美國，卻被描繪成新帝國主義的侵略者。

參考書目

王鎮（1978）。**偉大的登陸**。臺北：黎明文化。

王子沖（1968）。**韓戰十八年**。作者自行出版。

江海東（1955）。**一萬四千個證人**。光華印書館。

杜波、韓秋風編（1997）。毛澤東心理作戰思想。北京：軍事科學出版社。

吳杰明（1998）。特殊戰祕密檔案‧心理戰。哈爾濱：黑龍江人民出版社。

馬忠、溫金權、周志哲與丁鳳儀（1998）。兵不血刃的戰爭。北京：軍事科學出版社。

耿若水（不詳）。越戰知經驗與教訓。陸軍總部。

許如亨（2000）。解構另類戰爭（上）。臺北：麥田出版。

許明雄譯，Robert W. Chandler 著（1985）。美軍在越南的宣傳戰。臺北：黎明文化。

萬仞（1996）。第二次世界大戰的最高戰爭指導者，國防雜誌，10 期，5 頁。

鈕先鍾譯，J. F. C. Fuller 著（1996）。西洋世界軍事史，卷三。臺北：麥田出版。

鈕先鍾譯，J. F. C. Fuller 著（1996）。戰爭指導。臺北：麥田出版。

劉宏謀、呂寶慶、蔣力及張琴友（1968）。仁川登陸戰。國防部史政編譯局。

John, Lyndon B. (1971). *The Vantage Point: Perspectives of the Presidency 1963-1969.* New York: Popular Library.

Linebarger, Paul M. (1954). *Psychological Warfare.* Washington, D. C. : Combat Forces Press.

Pease, Stephen E. (1992). Psywar-*Psychological Warfare in Korea 1950-1953.* Harrisburg, PA: Stackpole Books.

思考問題

一、試比較心理戰理論及實際在一、二次大戰之異同。

二、何謂「以心理戰代替砲兵準備」？

三、韓戰時期之心理戰特色為何？

四、越戰時期共產黨如何以心理戰支援軍事作戰？

五、試論人民戰爭與心理戰的關係。

第八章
心理戰的現在——
波灣戰爭至科索沃戰爭

前　言

　　一九九〇年八月二日，伊拉克併吞了科威特之後，作勢欲入侵沙烏地阿拉伯。美國勸說沙國當局接受美軍的協防，沙國接受了美方的提議，於是「沙漠盾牌」（Desert Shield）防禦作戰開始進入運作；聯合國安理會通過一九九一年一月十五日為伊撤軍的最後期限，但伊軍未如期撤出科威特，二天後，「沙漠風暴」（Desert Storm）的空中攻擊和地面攻擊行動接

續展開；直至同年的二月二十八日，伊拉克宣布正式「投降」，歷時四十二天又五小時的波灣戰爭，終於宣告落幕。

第一節　波灣戰爭心理戰

壹、波灣戰爭研究的意義

　　一九九一年的波灣戰爭是二次世界大戰以來，最大規模的一次現代高科技戰爭，其對以後的國際政治、經濟、軍事等各方面，都有至為深遠的影響，尤其在未來的戰爭型態方面。國際戰略學界對於波灣戰爭多持一種看法，認為「大戰」（great war）型的戰略、武器、裝備、作戰訓練等，如今都因波灣戰爭的啟示而必須改弦更張，決策官員、戰略家、政治學者、軍事將領乃至一般的軍人，都須重返課堂補修「波灣戰爭」學分。正如美國前國防部長亞斯平（L. Aspen）所指出的，波灣戰爭帶給世人「一個前所未有的良機，來評估和調整國家的安全政策和觀念（L. Aspen & William Dickensen，1992：8）」。事實上，自從波灣戰爭結束以來，各國也無不針對波灣戰爭的經驗與教訓，重新思考如何去面對未來的戰爭，並且據以大幅調整國家戰略、軍事戰略、軍隊編裝及訓練作法等。

　　波灣戰爭對心理戰研究者而言，具有以下的特別意義（許如亨，2000：389-390）：

　　第一，這是自二次大戰以來最大規模的現代化戰爭，合計雙方對陣的兵力超過百萬以上，而波灣戰爭不僅是一場有形武力的較勁，更是一場無形戰力的全方位心理戰。心理戰從戰前、戰中到戰後，幾乎無役不與，各種波灣戰爭的大小事件，也無不隱藏著心理戰的目標。

　　第二，從戰爭的爆發到結束，不但有關的報導、論述空前豐富，而且戰時檔案現正陸續解密公開，對客觀解讀和分析心理戰因素，提供前所未

有的便利。尤其美國軍方從戰前的情勢預判、針對性演訓，到進入部署後的計畫作為及初期作業，再到戰鬥中的心戰活動、成效評估和作為修正，以及戰後的支援重建復原工作等等，都留下至為詳盡的記載。如此對於觀察美國如何打一場現代化心理戰，從而吸取戰時心理戰的經驗與教訓，正是千載難逢的好機會。

第三，中共現正全力發展「高技術條件下心理戰」，而各種的跡象顯示，中共已把打一場波灣戰爭式的「大心理戰」，列為現階段的發展目標。數十年來習於「人民戰爭」的共軍，要過渡到現代化的高科技戰爭，如其自述還需「努力學習外軍的經驗」。中共現投注大量的資源汲取波灣戰爭的心理戰經驗，而未來的中共心理戰發展趨勢又如何？從中共對波灣戰爭心理戰的解讀取向，也可以獲得寶貴的「線索」。

波灣戰爭中，敵對的雙方在政治、外交、經濟、宗教、軍事等各領域，進行全面性的對抗，政治（外交）心理戰、經濟心理戰、宗教心理戰、軍事心理戰等輪番上陣，一時蔚為奇觀，足見心理戰在波灣戰爭中扮演重大的角色，然而雙方是如何轉化客觀形勢，並運用以支援達成戰爭目標的？這是本節探究的重點。

貳、伊拉克方面的心戰作為

進入一九九一年後，國際外交的折衝已陷入僵局，而美、伊雙方仍在持續增兵。此時，伊拉克的心理戰重點由國內轉向國外，目標對準以美軍為主的多國聯軍部隊，強力施展威懾心理戰攻勢。伊拉克的威懾心理戰大致分三階段：首先是嚇阻，在開戰前威脅將於全球各地發動回教「聖戰」，宣稱一旦戰爭爆發，戰場不會局限在波灣地區，將擴大至全球各地，目的在使反伊聯盟失去各國民意的支持；其次是反威懾，在美方對伊進行大規模空攻下，扣留在伊、科境內的英、美等國人員，並將他們分置於伊軍事戰略要地，目的在為科境的防禦工事爭取構築時間；最後是戰場威懾，目標指向敵方的戰鬥部隊人員，誇大「海珊防線」的防禦能力，傳散將有大量傷亡的戰場恐怖訊息，目的在打擊多國聯軍（尤其美軍）的信

心和士氣。由於發動回教「聖戰」非伊拉克所能主導,而國際恐怖主義大本營的敘利亞、利比亞及巴勒斯坦解放組織等,又在美國的利誘遊說下,不是加入了反伊聯盟,就是按兵不動,以致伊寄予厚望的回教「聖戰」,最後變成零星的騷擾事件,僅在國際媒體渲染下,一度造成西方社會短暫的心理恐慌。

伊國在反制多國聯軍空攻方面,採取扣留外國人充當「人質」的手段。「人質戰」確實對西方社會造成某種的心理恐慌,而這種心理恐慌對各國政府也形成了壓力。不過,在多國聯軍的空攻行動開始後,伊把擄獲的聯軍飛行員弄到電視上,讓他們發表譴責其本國當局的談話,企圖對多國聯軍的飛行員施加心理壓力,結果卻是弄巧成拙,多國聯軍反用之以激起同仇敵愾的心理,例如:美國一再宣傳說,所有的美軍戰俘都曾遭受肉體折磨,大多數戰俘還遭到拷打。事實上,根據美國國防部的報告,大多數的美軍戰俘還是受到相當好的待遇(軍事科學院外國軍事研究部,1992:456)。

伊心理戰的敗筆還不僅於此,而其最大失誤是對敵研究太貧乏、太淺薄,以致美國官兵不但毫不為伊拉克宣傳所動,甚且還引以為笑柄,例如:伊拉克廣播「警告」美國大兵稱:你們要擔心在美國的妻子、女友,此刻正在跟湯姆克魯斯(Tom Cruise)、湯姆謝勒克(Tom Selleck)、巴特辛普森(Bart Simpson)約會偷情。湯姆克魯斯及湯姆謝勒克是何許人也?他們皆是美國影壇最紅的明星,這叫美國大兵如何去想像大明星會去勾引他們的女人呢?更加離譜的是,巴特辛普森根本就是美國漫畫書「辛普森家族」中的一個虛構人物。

至於伊的戰場心理威懾能力如何?這是一充滿爭議的問題。波灣戰爭結束後,許多人士根據地面戰的結果指出,伊實力太過薄弱根本不堪一擊,言下之意,大有未戰已知結果。然而真實的狀況呢?美國戰略和國際問題研究中心分析說:假如海珊判斷戰爭不可避免,在八月中旬就先發制人,攻擊進入部署中的美軍,則當時的美軍既無能力保護自己,更無能力在後來發起攻勢,於是波灣戰爭的最後結果又將如何呢?(軍事科學院外國軍事研究部,1992:158)一場戰爭並非得拼到你死我活才能分勝負的,

波灣戰爭開打前,包括美國在內的各方都承認,美軍部隊傷亡到達美國社會所不能忍受的程度,波灣戰爭就將難以為繼,而專家評估說,只要一萬個美國人陣亡,美國本土支持戰爭的民意就會消失。

華府十分擔心美軍的傷亡數字,而海珊則對之抱著很大的期望。海珊在波灣危機爆發前會見美國大使葛拉絲培(April Glaspie)時,就暗示他已看出美國的弱點,他說:「我的話不是貶低你們,我是基於地理及美國的社會性質講的。在一次戰役中,美國這種社會是不敢冒犧牲一萬人的危險的。你們可以在一次會戰中折損一萬名兵力,然後調轉頭又在下一次會戰中再折損一萬人,而不考慮到輿論可能會迫使你改變政策嗎?」(解力夫,1995:57)。

海珊針對美國人的恐懼心理,部署了包括「海珊防線」在內的強固防線,而且透過媒體報導途徑,大肆宣傳「海珊防線」將使犯敵重大傷亡。而從伊防線的嚴密配置來看,也確實可對聯軍部隊構成極大威脅,諸如:在科威特海岸線方面,伊軍在科、伊沿岸水域及淺近縱深地區配署八個師,並布下了大量水雷,灘岸則設置雷場和其他障礙物;陸路方面,伊在科威特南部設置了兩道「海珊防線」,第一道防線沿科、沙邊境向西延伸,到伊、沙邊界束段,全長約一三〇公里,縱深為五至十五公里不等,內設沙牆、深溝、鐵絲網、雷區和反坦克壕溝,以封鎖敵軍接近道路,形成早期預警和阻止進攻部隊突穿部署。其中,沙牆高二至四米,係為暴露敵坦克腹部而設置,以便在其後地下掩體中的步兵、坦克和火炮獵殺突入敵軍。深溝深三至七米、寬七至二十米,主要用來阻止敵坦克或裝甲車進攻,溝內將灌注石油,點燃後可形成一道被稱為「火障壕溝」的火障,而雷區裡更埋設難以計數的地雷;第二道防線在第一道防線後約二十公里,從東向西橫貫科威特中部,並延至伊、科邊境以西附近地區,與第二道防線會合。防線內,構築大量的三角形陣地,每個三角形陣地邊長二至三公里不等,各陣地之間形成犄角,有塹壕相連,可以互相支援,而陣地外圍仍設有深溝、雷區、鐵絲網和沙牆等(有關「海珊防線」的一些數字,各方的說法不一,請參考 Watson, Bruce W., Bruce George, Peter Tsouras, and B. L. Cyr, 1993:91-92;王駿、杜政、文家成編,1991:92)。

參、多國聯軍方面的心戰作為

以美國為首的多國聯軍陣營，在波灣戰爭中締造的心理戰成就，可從一些數據得到證實。一九九一年三月二十二日，波灣戰爭的戰鬥行動已結束近月，參戰的美軍部隊紛紛調回原駐地，但部分心戰部隊仍續留科威特，協助當地的復員和重建工作。此時，主管心理戰的美國特戰總司令部，下令全面檢討波灣戰爭的戰場心戰作為。該總部的《最後總結報告——沙盾及沙暴期間的心戰作為》（*Psychological Operations During Desert Shield/Storm*）報告指出：如果不是心理戰作為成功，促使戰爭提早結束，則數十萬的伊拉克軍人頑抗拒降，在現代戰爭武器高殺傷力下，勢將導致血流成河的人類悲劇，而同時，美軍傷亡也必然相對的增加。（據一九九一年五月伊官方公布的數字，在一百個小時的陸戰階段中，伊軍共有十至十一萬人死亡，而美國防部對美國國會的報告說，美軍在整個波灣戰爭中，僅陣亡一百四十八名、戰鬥負傷四百六十七人，其中因誤傷死亡者三十五人，被俘或失蹤五十二人。）（Jeffrey., B. Jones，1994：21）此外，戰爭全程僅投入約七百名的心戰部隊，但其支援及對抗的對象均超過五十萬人；在經費支出方面，波灣戰爭總戰費高達六百一十億美元，用在心理戰方面的是一千五百八十八萬一百七十六美元，約佔總經費的千分之 0.03。心理戰顯然在波灣中立下了大功，然而美國心理戰的成功之道為何？

一、致力鞏固國內的民意支持

鑒於越戰失敗的教訓，美國政府在決定介入波灣危機後，不再忽視國內的民意反應。布希總統決心讓代表民意的國會議員，全程參與波灣戰爭的決策。布希及重要閣員持續以簡報及會談，與國會議員充分溝通意見，爭取他們對政府決策的支持。布希政府同時安排媒體採訪，直接向人民說明政府政策和行動，而美國的民意則回報以熱烈的支持。根據美國廣播公司（ABC）於空攻行動（一月十七日）後進行的民意調查，表示支持者高

達 83%，表示反對「反戰示威活動」者亦達 71%。波灣戰爭結束後，ABC再做民意調查，結果高達 90%的受訪者對布希政府表示支持，而其他機構的民意調查結果亦相同（Englehart, Joseph, 1991：183-184），顯示布希政府的國內宣傳工作成效頗佳。

二、外交與經濟心戰聯手出擊

美國主導安理會通過譴責伊拉克入侵的六六〇號決議案，以及對伊實施經濟制裁、貿易禁運、海上封鎖、空中封鎖等十一項決議案，使伊拉克成為國際社會的孤兒，並造成伊國 97%的出口與 90%的進口活動陷入停擺；美國同時協調其他國家分擔波灣戰費，而美國盟邦的踴躍捐輸，不僅解決了龐大軍費的問題，更創造了無形卻極有利的心理戰態勢；美國為確保波灣戰爭的勝利成功，特重與西歐、阿拉伯聯盟及蘇聯三方勢力的合縱與連橫。美國極力拉攏阿拉伯國家，其中埃、敘的支持，對於維持阿拉伯國家反伊聯盟具有關鍵性的影響。美國利用伊拉克與其他阿拉伯國家的矛盾關係，來鞏固多國聯軍陣營的內部團結；在國際組織方面，美國需要透過聯合國才能對伊採取經濟制裁及軍事封鎖行動，美國尤其需要聯合國的授權動武，以便師出有名。

三、心理威懾與欺敵發揮極致

美國在波灣戰爭的嚇阻階段，非常擔心伊拉克會不顧一切，攻擊正在進入部署的美軍部隊，而為了防範伊軍的「貿然」攻擊，美方展開戰略欺敵行動，誘導國際媒體報導「聯軍戰力強大，力足以痛擊任何進犯敵人」。伊方採取「穩當」的作法，以被動守勢取代攻勢作為，避免直接跟「強大的」美軍提前對陣，以爭取強化防禦工事所需時間。伊的戰略構想看起來合理，但實際上已鑄下不可挽回的錯誤，因為伊的一時猶豫，讓美軍在開戰前獲得了五個月的時間，去進行各種的軍事部署，去適應沙漠地區的惡劣環境。美國國防部說，這樣的機會是非常難得的，美軍利用這段

時間進行了數千小時的強化訓練。伊拉克因惑於「以弱示強」的心理戰欺敵手段，平白喪失了挫敵契機，自我斷送行動自由及戰爭主動權；直到多國聯軍完成戰場部署以及地面作戰計畫，史瓦茲科夫決心一舉瓦解海珊的勢力，尤其不容海珊的統治工具——共和國衛隊伊軍脫離戰場，但他擔心美國最高決策當局會出於政治考慮而勒令他停止行動，於是美軍再施心戰謀略欺敵策略，利用媒體散播「越戰證明美軍不過紙老虎」的說法，「以強示弱」，誘使伊軍產生自滿、輕敵心理。隨後，空偵衛星傳回的照片顯示，伊軍加強構工，準備長期抗戰，而且來自敵後的情報亦顯示謀略欺敵奏效，敵軍部隊已被牢牢吸住（如伊軍當局對內宣教說：美軍部隊多屬輕裝，將如伊朗人一樣，抵擋不住伊軍的重砲攻擊，我們可以逸待勞，收拾殘局（James Blackwell, 1991：183-184）。

美軍面對伊軍不斷的強化防禦工事，如何減少傷亡是制定陸戰計畫時的最重要考量，而如果採取由南而北的正面攻擊，史瓦茲科夫估計，在初期就會造成上萬名死傷。對史瓦茲科夫而言，波灣戰爭必須在最小傷亡之下獲勝，才算是獲得真正的成功，而地面作戰要達成上述的目標，必須避實擊虛，採取迂迴攻擊路線。於是美軍再施以戰術欺敵，決定採取由西向東的迂迴攻擊路線，所有已完成部署的美軍地面部隊，均需向西做大距離運動，並在陸戰行動前進入攻擊預備位置。攻擊行動展開前的部隊大調動，是否能夠不被敵方察覺，變成了這場作戰的成敗關鍵。結果美軍欺敵策略出奇成功，數十萬部隊如期完成三百英里以上的大調動。欺敵旨在對敵攻心，是高難度的心理謀略戰，欺敵構想由美軍中央總部擬定計畫，各軍兵種部隊都分配有任務，而心戰部隊扮演至為重要的角色，特別值得一提的是「特洛伊特遣隊」。該特遣隊是一個仿真陸戰隊師，由來自步兵、裝甲兵、偵察兵、工兵、建築兵及心理戰等部隊的四百六十人所組成，他們沿三十公里寬的正面部署了假坦克和假火砲，用心戰喊話器播放模仿的坦克轟鳴聲來迷惑敵人。該特遣隊的坦克從來沒有超過五輛，但他們在各陣地間不停地穿梭來去，向當面敵軍開火，並用虛構的通信聯絡、假砲兵陣地等手段，製造部署一支龐大的裝甲部隊的假象。心戰人員努力以聲、光、色各種設備，製造兩師仍在原地假象，等到伊軍發現其所面對非實力

薄弱的阿拉伯部隊，急忙調整防禦部署，但為時已晚。

　　戰術欺敵的成功，不僅使伊虛耗六個精銳師的兵力苦守海岸線，而且構工多時的反登陸設施更完全沒用武之地。心戰人員支援陸戰隊作戰曾發生一段美軍津津樂道的趣事，當戰鬥展開後，陸戰隊員緊張萬分地奮力排除伊軍設置的障礙物，突然間，從遠處傳來他們熟悉的陸戰隊隊歌，陸戰隊員暫停了下來向後方張望，露出了輕鬆的微笑。原來，戰術心戰喊話組正用喊話器為他們鼓舞士氣。

肆、波灣戰爭的經驗與教訓

一、心戰政策指導方面

　　美國心理戰在波灣戰爭中大放異彩，首功應歸功於美國的領導階層（例如：布希政府高級官員、史瓦茲科夫將軍等），都極具心理戰思想和素養，而美國的波灣戰爭政策在制定過程中，處處從充滿心理戰的謀與略著眼，讓對手摸不清美方的意圖，也使自己始終居於主導的地位，確保了戰爭中至為重要的行動自由和主動權。心理戰是一種概念、一種戰法，更是一種總體作為，任何層級的各種部隊，都可以運用來幫助本身任務的達成，但部隊指揮官必須先具備心理戰的素養，熟悉心理戰的各種戰法，了解心理戰的能力與限制，然後才可能靈活運用心理戰。

二、威懾心理戰方面

　　波灣戰爭的一大特色就是凸顯威懾心理戰。威懾，簡單地說，就是透過某種行動產生心理壓力，去強制對方做什麼（威逼），或者不去做什麼（嚇阻），目的在為己方爭取主動權，或者去限制對方的行動自由。威懾是一很難捉摸的「活力對抗」行為，首先，威懾的一方要發出足夠的威懾能量，才能對被威懾者產生心理壓力，進而制約其行為或活動。問題是即便威懾的能量是足夠的，但被威懾者仍然抗拒，威懾行動最終還是歸於失

敗，於是包括武力衝突在內的事件隨之發生，更糟的是，威懾的一方如僅是為威懾而威懾，實際上並無準備動武的決心，而發出去的威懾信號卻刺激了對方，反將導致事態的急劇升高，這時弄假成真，後果更難收拾，伊拉克威懾科威特是個值得省思的失敗案例。

三、在宣傳心理戰方面

在波灣戰爭的宣傳戰上，伊拉克明顯居於劣勢，一般指出，係因美國操縱國際媒體的報導所致。惟此種說法似是而非，美國的確企圖影響國際媒體的報導，然而一向標榜新聞自由的國際媒體，豈是任何國家所可以操縱？伊拉克在宣傳戰中落敗，主要的問題還是出在海珊當局本身。一個靠暴力奪取政權並且專制獨裁數十載的政府，從未了解過民意二字的意義，在大權獨攬的海珊眼裡，伊拉克的民意是可以控制，更可以製造的，因此各種荒誕不經的謊言說法紛紛出籠（例如：美國運送埃及妓女供美軍滿足性需求），使國際媒體對其可信度始終抱持懷疑，以致伊喪失兩次國際宣傳的大好機會；伊拉克在對內宣傳上，也沒有從歷史經驗中學到教訓。兩伊戰爭到了一九八一年底，伊朗採行一種毀滅性的新戰略，對十萬餘名志願兵灌輸天堂是「烈士歸宿」的教義，他們視死如歸，對死亡毫無懼色，在戰場上所向披靡，不但大敗伊拉克守軍，還對伊拉克士兵產生恐怖心理，各種戰場恐怖的故事在各大城市中流傳。而波灣戰爭時，如果海珊的「聖戰」宣傳也有如此效果，那麼結果又將如何？

四、在心理戰情報方面

情報是一切戰爭作為的基石，波灣戰爭的情報戰有兩點教訓必須特別牢記：其一，對美國而言，心理戰的地區研究及情勢分析沒有發揮戰爭預警功能；其二，對科威特而言，對伊的意向判斷錯誤險些造成致命的結果。美國的心理戰有關機構，從國家階層的中情局到軍事階層的第四心戰群等，都長年從事區域研究及情勢分析等情報蒐研作業。歷來的戰爭明白

顯示，心理戰經常因策應武力戰而先期展開，因此從心理戰的情報蒐研工作中，可以分析出對手國的意向，從而達到戰爭預警的功能。此外，戰爭爆發後的心理戰情報分析作業，開始鎖定敵國部隊的心理素質和士氣，在轉化為心戰攻勢的材料等用途，但波灣戰爭暴露出美軍這方面的能力仍有待加強，如美國戰略和國際問題研究中心所指出：情報部門根本沒對伊方的質量（更精確地說，是質量低劣的程度），作出正確的分析，其主因是無法擺脫對各種裝備進行數量統計的思維模式：幾乎完全依賴電子情報和系統情報手段，例如：衛星照片、信號竊聽，惟此不能揭示敵人的戰鬥力和士氣。伊拉克的戰鬥能力和士氣，一直被誇大（軍事科學院外國軍事研究部，1992：126）。

第二節　波灣戰後的心理戰發展趨勢

壹、資訊心理戰成為現代高科技戰爭潮流

　　一九九一年的波灣戰爭雖然已經結束，但是波灣的情勢迄今並無多大改變，伊拉克仍對科威特構成威脅，而且海珊不但依然在位，態度還愈來愈強硬。伊拉克自九一年波灣戰爭結束以來，已經多次拒絕聯合國的武器安檢，而美、英兩國在一九九八年底及二○○一年二月的兩度空襲伊國行動，並未屈服巴格達當局，海珊還矢言報復美、英兩國的空襲行動。他嘲弄美國不敢對伊採取地面部隊攻擊是懦夫的行徑，而伊拉克國會又已於一九九九年一月通過決議，撤銷對科威特政府及伊科兩國邊界的承認，波灣未來隨時有再爆發武力衝突的可能。海珊將會採取什麼行動？而以美國為首的西方對伊又有什麼對策？

　　事實上，美、英政府早在一九九八年聯合空襲巴格達之後即發現，軍事行動所能達成的遏制效果是十分有限的，況且西方大國在波灣的目標是「一個合作的伊拉克」，軍事遏制只能使伊拉克愈走愈遠而已。尤其對伊採取軍事制壓，反造成伊國人的民族主義情緒，並使海珊政權利用以繼續

苟延殘喘。英美在波灣地區訂下的戰略目標是：短程目標促使伊拉克遵守聯合國安理會有關管制「大量摧毀武器」（Weapons of Mass Destruction, WMD）擴散決議案，而長程目標則在轉化伊拉克並將之納入國際社會的整體運作中，使伊成為維持地區安定和平的國際社會成員，而不是製造分裂不安的地區強權。至於達成上述目標的手段如何？英美戰略界提出的對策是實施資訊戰，而計畫中的對伊資訊戰部署分戰略及作戰兩階層，在前者是公共關係及宣傳、外交及經濟戰等活動，在後者則為包括資訊心理戰在內的資訊指管作戰（C2W）六大戰法（Andrew Rathmell，1998：289-291）。

　　資訊戰是後波灣戰爭時期的一大趨勢和特色，然而更值得指出的，在和平時期的戰略性資訊戰活動，多屬心理戰相關的範疇，至於軍事的資訊指管作戰攻防活動，資訊心理戰更扮演極為重要的角色。由於資訊心理戰是現在進行式的戰爭活動，我們留在「未來心理戰」的下一章中作進一步探討。

貳、媒體心理戰為現代資訊戰的焦點

　　媒體心理戰的地位大幅躍升，是波灣戰後的另一主流趨勢，媒體報導與戰爭的關係，已成為各方矚目的研究重點，而這樣的趨勢至今仍在持續發展之中。媒體有關戰爭或危機事件的報導，不僅在提供閱聽聞大眾最新的「消息」，媒體在有意無意之間企圖影響戰爭決策，而敵對的雙方更努力透過媒體來贏得勝利。

　　波灣戰爭結束後的次年，美國決定出兵索馬利亞。長期以來，索馬利亞是個無法律秩序的國家，軍閥割據，盜匪橫行，形同無政府的狀態，加以旱災肆虐，疾病流行，人民苦不堪言，索國幾成人間煉獄。美國總統布希在一九九二年十二月指出，索馬利亞如今已有二十五萬人餓死，再不予以救濟援助，未來數月的死亡可能增至百餘萬人。在美國的策動下，聯合國安理會快速通過決議案，呼籲有能力的國家提供軍隊、現金或食物，並授權會員國組織軍事行動入索，以確保救濟物資能安全送抵廣大饑民的手

中。美國說服英國、埃及、約旦、義大利及一些非洲國家共同派兵，於是聯合國特遣部隊立即組成，各國總共派出三萬七千餘人，而美軍即佔二萬八千人，無疑地，美國主導了此一命名為「恢復希望」（Operation Restore Hope）的人道救援行動。

當時，美國的目標有二：其一，在索馬利亞最動亂的地區建立安全網，以便護送救援物資至災民手中；其二，安全網一旦建立，即將任務交給行將成立的聯合國部隊，然後撤出美軍部隊。不過問題似乎並非如此的簡單，如前述的，索國陷入軍閥割據局面，治安敗壞，民不聊生，因此要建立一個「安全的環境」，就必須考慮扶植某一派系的勢力，以作為日後新政府的骨幹，然而美國卻又與索國的最大派系立場分歧、甚至對立，美國乃採強力措施欲控制全局，於是人道救援變質為掃蕩軍閥派系行動，入索美軍因而生命安全備受威脅，而同時，國際輿論也開始批評美國企圖介入索國的內政問題；到了一九九三年九月下旬至十月上旬，先後有兩次、共四架的美軍直升機被擊落，總計十六名美軍機員喪生、八十人受傷、一人被俘。在此二次的美機遇襲事件中，美軍遇難機員的屍體都被拖到摩加沙迪遊街示眾，而一大群的暴民則沿路追逐吆喝。這樣怵目驚心的畫面，經由衛星的轉播，傳送回美國本土，引起電視機前美國民眾的譁然，紛紛抨擊美國政府政策失誤，要求美軍部隊立即撤出索馬利亞，使美國政府陷入進退兩難的困境（鄒念祖，1994：28-34）。由於新就任的柯林頓政府無意表示強硬，將救援任務交由聯合國維和部隊主導，美軍遂逐次的撤出索馬利亞。

由於媒體報導的運用成功，竟使超強的美國也栽了個大跟斗，固然與柯林頓政府是新手上路，以及索馬利亞遠離美國等因素有關。不過，自波灣戰爭以來備受注意的媒體心理戰，自此而後更加受到各方的矚目和重視，關於媒體和戰爭（或危機）關係及影響，一時間成為軍事界的熱門研究課題。而美國也僅在一年之後，成功運用媒體心理戰作為，不費一槍一彈就解決了海地危機。

海地一直是軍人專制獨裁的國家，而到了一九九〇年底的大選，文人出身的亞理斯提德（Aristide）當選為總統，他在就任後刻意排除軍人干政

的勢力，努力要建立新的民主政治體制。於是不甘失勢的海地軍方，在謝德拉斯將軍（Gen. Raoul Cedras）的領導下發動政變，就職甫屆滿半年的亞理斯提德逃往委內瑞拉。海地軍頭控制了政府之後，立即展開整肅異己的行動，在幾天之內，即有多達五百名的海地人遭集體屠殺，而美國隨即對海地實施懲罰性的禁運措施，並安排亞理斯提德赴美成立海地流亡政府。或由於美國政府的力挺亞理斯提德以及禁運措施奏效，不堪生活日益艱困的海地人民，自一九九一年十一月起開始大量偷渡美國，美國政府基於人道不得不盡量予以收容，至一九九二年七月間，被安置在古巴關達納摩美國海軍基地難民營的海地人，估計已超過三萬五千人，而難民仍如潮湧般的持續抵達，美國當局不得不積極處理海地難民問題了。

　　一九九二年二月底，美國布希政府協商海地當局讓亞理斯提德復職，而以謝德拉斯德續任海軍總司令為交換條件，而同時美國願意立即取消對海地的禁運措施，但遭海地軍人執政團悍然拒絕。布希總統面對日益嚴重難民潮問題，在五月底發布行政命令，直接遣返海上遭查獲的海地難民，但此舉遭總統候選人柯林頓的嚴辭抨擊。然而，柯林頓在當選後卻以遏止另一波難民潮為由，在一九九三年一月中旬宣布，將繼續執行布希政府的直接遣返海地難民的政策。至此，柯林頓政府也遭美國輿論批評為不人道，柯林頓為求解套，先是親自會見亞理斯提德，繼而宣稱考量將直接派兵入侵海地，以壓迫海地執政當局出面尋求妥協之道。謝德拉斯終於同意和亞理斯提德簽署「總督島協定」（Governor's Island Accord），後者得於一九九三年十月底前重掌海地政權，但是謝德拉斯在期限之前宣布撕毀「總督島協定」，使美國政府的一切協調努力盡付東流。柯林頓政府自一九九四年春起，積極運作聯合國通過加強對海地實施制裁的決議案，而美國除了率先自六月下旬起實施禁止對海地空運及凍結在美資產等措施外，並於七月三十一日促使聯合國安理會通過九四〇號決議案，授權聯合國會員國「得採取一切必要手段」，並積極準備出兵海地促使謝德拉斯政府下臺。

　　美國政府或許有對海地動武的決心，但美方更想「不戰而屈人之兵」，於是展開一場精心設計的對海地媒體心理戰攻勢。一九九四年六月

下旬，美國國安會成立「跨部會工作組」（Interagency Working Group），其成員來自國安會、國務院、美國新聞總署、國防部及聯合參謀本部等心戰相關單位。該工作組負責媒體心理戰的計畫、協調等工作，而由美軍第四心戰群抽調官兵成立的軍事新聞支援組（Military Information Support Team），來擔任執行的工作。自一九九四年的八月下旬至九月上中旬，密集對海地實施威懾心理戰攻勢，其中包括新聞發布、影片製作、心戰廣播及傳單空投等任務。美軍心戰單位製作了一系列極具威懾能量的影片，影片中美軍戰機一架架的起飛，在嘶吼響聲的伴襯下，舖天蓋地地飛向海地，而一艘艘配備先進武器的美國戰艦則升火待發，其中有艘完成戰備軍艦還怒氣沖沖地航向海地，而當這些畫面出現在海地電視上後，情勢立即發現逆轉，原先還堅拒外交斡旋的海地當局開始態度軟化，表示願意舉行談判。可以看得出來的是，美方的威懾能量雖然透過大眾傳媒來釋放，但威懾的真正目標並非一般平民，而是指向具有決策權力的重要黨政軍官員，亦即採取「製造壓力事件→吸引島內媒體報導→形成社會關心議題→散佈恐懼心理→催化民意壓力→影響政府決策」的模式。九月十八日謝德拉斯終於同意下台，十月十五日亞理斯提德返回海地正式復職，美國不費一槍一彈即解除了「海地危機」（國防部國防部總政戰部譯，1996：3-5 至 3-33）。

第三節　科索沃戰爭心理戰

壹、科索沃戰爭的背景

　　巴爾幹半島素有歐洲火藥庫之稱，原因是該地區長期以來有極其糾葛難解的種族衝突。公元六世紀末、七世紀初，屬於斯拉夫民族南支的塞爾維亞人南遷至巴爾幹半島，在今日的波斯尼亞—赫塞哥維那（Bosnia-Herzegovina）等地定居；到了九世紀，塞族人建立塞爾維亞王國，並將首都定於科索沃，而原居科的阿爾巴尼亞人則被迫遷出；十四世紀下半葉，奧

圖曼土耳其帝國向歐擴張勢力，而素以好戰著稱的塞爾維亞人，於一三八九年聯合保加利亞、阿爾巴尼亞等國，對土耳其採取主動攻擊，不幸敗北，科索沃於是成了奧土帝國的戰利品，此時，科境的塞爾維亞人被迫北遷，而離去的科索沃人則重返科境。由於奧土當局對科人施以懷柔政策，科人從此乃改信奉回教（這又成為以東正教為正統的塞人，對科索沃人不滿的原因之一）。

十八世紀開始，奧土帝國的勢力逐漸衰微，到了一九一二年，希、保、塞及蒙地內哥羅再聯手採取行動，而這次終於打敗了奧土帝國，推翻土人在巴爾幹半島的統治，而科索沃也再次被劃入為塞王國的領地；隨後進入第一次世界大戰，塞加入協約國陣營。一九一八年，一次世界大戰結束，塞聯合其他的斯拉夫民族成立了塞爾維亞—克羅埃西亞—斯洛凡尼亞王國（一九二九年改稱南斯拉夫王國），波士尼亞及科索沃分別成為該王國的行省，塞人並剝奪阿爾巴尼亞裔科索沃人的田產，後者不堪迫害紛紛逃亡土國。二次大戰期間，南斯拉夫全境一度為義大利佔領，而科索沃人卻甘願擁戴義國統治，義國則依其意願將科併入阿爾巴尼亞；一九四五年二次大戰結束，站在勝利陣營一邊的南斯拉夫，在蘇共的協助下成立南斯拉夫聯邦人民共和國，波士尼亞及科索沃成為南聯邦的加盟共和國和自治省。蘇聯及東歐共黨政權解體後，波士尼亞於一九九二年三月就國家是否獨立舉行全民公決，佔波國人口總數近三分之二的波士尼亞克族和克羅埃西亞族贊成獨立，但塞爾維亞族反對獨立而抵制投票，波士尼亞於同年五月宣布獨立，並獲准加入聯合國。此後，波國境內的三個種族爆發歷時三年半的內戰，直至一九九五年十一月二十一日，在美國出面主持下，南聯盟的塞爾維亞、克羅埃西亞及波士尼亞三共和國的總統簽署「戴頓和平協定」（Dayton Peace Agreement），波國內戰暫告結束，但種族間相互衝突事件，至今仍時有所聞。

貳、科索沃戰爭凸顯「人權高於主權」

科索沃戰爭為何會引爆？波士尼亞的脫離南聯獲得成功，對南聯的其

他共和國產生刺激作用，尤其更鼓舞非屬斯拉夫民族的科索沃人追求獨立，他們組織武裝游擊隊反抗塞爾維亞人的統治，而後者則施以無情的強力鎮壓，於是原南斯拉夫境內處處烽火連天，發生種種的血腥殺戮衝突，乃至傳出駭人聽聞的「種族清洗」事件。至於北約又如何會介入南國的內政問題？一九九九年三月二十四日，美國總統柯林頓在下令空襲南斯拉夫的同時，宣稱美國及北約之所以干預科索沃內戰，主要是為了人道理由，是避免造成種族清洗的人類浩劫。

美國及北約介入南國內戰的原因，其實更多出自歐洲整體安全的利益考量，因為巴爾幹半島是歐洲的心臟地區，而今主宰歐洲秩序的北約，如果連這裡的糾紛都解決不了，那麼北約又有何威信可言？而南國當局的「不願配合」北約安排，又是否將引起他國效法，以致影響歐洲的安定呢？不過，美國及北約還是得堅稱人道的一套說辭，因為唯有如此，才有利於展開後續的國際宣傳，以獲得介入他國內戰的正當性。美國及北約為求師出有名，以「人權高於主權」為由，對南斯拉夫進行懲罰性空襲，如此科索沃戰爭的心理戰線對抗，便將以「人權 VS. 主權」為主軸。

參、北約的宣傳心理戰

北約的宣傳心理戰作為，一言以蔽之，就是所謂的「妖魔化南聯邦當局」。北約宣傳戰一方面要煽起人們對阿爾巴尼亞裔科索沃人的同情，另一方面則集中全力凸出南國的慘無人道行徑。北約沿襲波灣戰爭時的做法，在北約總部開設新聞發布中心，每天由代表軍、政的兩位發言人輪番上陣，向常駐北約總部的幾百家媒體記者發布最新消息。北約除了利用國際媒體進行戰爭宣傳外，還以電子心理戰手段，突入南斯拉夫國營電台和電視台的中波、調頻波段，以塞爾維亞語播送反對南聯盟節目。

由於 CNN 等國際主流媒體將報導焦點集中在「哭泣的阿族難民」，尤其鏡頭上一再出現老人和兒童的無助神情畫面，至於南國境內的報導則在凸顯空襲的戰果，這就使國際輿論對阿族難民一方面充滿同情，另一方面卻又因南國受懲罰而得到心理的快慰。北約顯然已如預期般地主導了國

際媒體的報導，以攻擊行動第三天（三月二十七日）的國際媒體報導為例，概如下列：

一、科索沃阿裔遭屠殺、迫害引起北約極大的關切，北約發言人今天矢言，如果證實塞人屠殺阿裔的傳言屬實，北約將追緝塞裔戰犯繩之以法。北約今天擴大對南聯部隊的攻勢，以制止塞裔屠殺阿裔的「野蠻行徑」。在華府，美國國務院對暴行的報導「極為震驚」，並指南斯拉夫總統米羅塞維奇（Slobodan Milosevic）及塞軍領袖必須對這些罪行負責。五角大廈表示，美國軍方已擴大蒐證工作，利用人造衛星與無人駕駛的偵察機在南聯上空拍照，一來協助北約瞄準空襲目標，二來蒐集塞人野蠻屠殺阿裔的證據，並會將證據呈交聯合國在海牙的國際法庭，作為日後審判塞裔戰犯的依據。

二、北約二十四日對南聯相關的軍事設施展開空襲後，科省境內族群衝突再度升高，英國國防大臣羅柏森今天說，跡象顯示，塞軍已開始對科省阿裔展開清剿與屠殺，並砲轟阿裔聚居的村落，直到夷平為止。在地抗那，阿爾巴尼亞內政部今天說，塞軍砲轟阿人村莊，過去二十四小時已有七十多名阿人被塞軍處決。

三、美國與歐洲安全暨合作組織指出，根據逃離科省難民的消息，在科省中部的德勒尼卡，約有一萬五千至兩萬名阿裔被迫離開避難的村莊。塞爾維亞部隊趕出所住的村莊，在戰車驅趕下強迫行軍。據歐洲安全合作組織發言人指出，塞人可能企圖以大批難民作為防止北約突襲的人肉盾牌。

四、有關塞裔屠殺科省阿裔一事，泰晤士報報導，科索沃各地發生掠奪、縱火事件，阿裔在普里士提納經營的商店被搶劫、縱火，已知數個村落的阿裔男子被集體處決。科省內政廳長（阿裔）今天說，塞軍昨晚攻擊南部數個阿裔聚居的村落。而阿裔游擊隊「科索沃解放軍」也說，塞裔民兵屠殺了數百名阿裔村民。

五、歐盟昨天發表措辭強硬的聲明，譴責南聯塞軍對科省阿裔的「暴

行」，並警告加害者勢必要面對法律的制裁。阿爾巴尼亞當局也對塞軍屠殺科省阿裔的做法提出譴責，並呼籲國際社會出面干預，制止殘暴的屠殺。

肆、南聯的反制北約宣傳

由於南聯的電視及電台設施很快遭北約摧毀，因此南聯對外宣傳最主要是透過國際網際網路來進行。南斯拉夫首都貝爾格勒等地的網民和專家，在網上奮勇地對抗西方的媒體宣傳，而自北約開始轟炸行動後，北約總部的網站每天都收到數以萬計的電子郵件，其中一台電腦每天向北約網站發出兩千多封包含各種大小電腦病毒的電子郵件，使北約信息網路嚴重超載，一度造成通信阻塞。南聯為反制北約控制了國際媒體報導，還透過國際網路的直接報導，力圖宣傳北約空襲造成南國人民的災難，揭露北約違反「聯合國憲章」、干涉主權國家內政，使用禁用武器，對民用設施濫炸等。

在對內心防方面，南官方媒體反覆播放南斯拉夫人民二次大戰時抗擊法西斯侵略的影片，並連續舉行大型反戰音樂會，組織「人肉盾牌」，大力宣揚戰績和及時表彰作戰有功人員，據稱「有效地激發了人民的愛國熱情」；而由於南聯在對外宣傳報導上嚴格進行保密控制，只允許少數國家記者在經過審查後向世界報導戰況，尤其對涉及北約空襲的消息嚴格進行控制，使北約無法獲得確切訊息，進而轉用於宣傳攻勢上。

南聯宣傳指斥北約製造謠言，散布駭人聽聞的假消息，誤導國際媒體的報導，例如：北約在三月二十八日的記者會上說，科索沃阿族領袖之一魯戈瓦「已經不知去向，可能已被塞軍殺害」，而南國電視立即在四月一日的電視新聞中反擊，播出魯瓦戈與米洛塞維奇會談並簽署聯合公報的新聞後，而北約又說情報證明兩人會面的圖像是「兩年前拍攝的」，聯合公報上的魯戈瓦簽名也是假的，於是南聯又安排魯戈瓦在自己家中接見西方記者，以事實來駁斥北約的「無恥謊言」。北約宣傳確實有憑空臆測或捕風捉影之嫌，例如：說米洛塞維奇家人「已經逃到了希臘」及南聯部隊對

阿族婦女集體強暴等等;又如北約宣稱誤炸難民車隊的事件,南國電視台也於四月十八日播放一段美軍飛行員的錄音對話,揭發「北約飛行員如何在儘管只看到汽車和拖拉機的情況下,仍奉命對科索沃的一列平民車隊進行攻擊」(季卜枚,1999:9-10)。

伍、科索沃戰爭的經驗與教訓

由北約十三國對抗南斯拉夫的科索沃戰爭,總共僅歷經七十八天,而科索沃戰爭得以暫告中止,並非由於北約在戰場上獲得了決定性的勝利,而是以塞爾維亞為主體的南斯拉夫決定休戰。而如果南國當局不屈服於北約的空攻行動,那麼,戰爭將進入漫長的消耗戰時期,或者是轉入充滿變數的陸戰階段。因此,這是一場意志力的對抗,一切發生與結束在雙方決策者的心理判斷。至於南國當局為何屈服?中共的觀點或可作為重要參考,因為如同媒體所報導的,中共顯得非常注意這場戰爭的發展。

中共軍方的專家指出,科索沃戰爭是一典型的「非對稱作戰」。所謂「非對稱作戰」,用最簡單的定義,指的是雙方不在「對稱的」戰爭活動上較量,相反地,以諸般手段「避弱擊強」,爭取「以至小的犧牲代價獲取至大的戰果」。例如:以美軍為首的北約聯軍,在高科技武器系統上佔絕對的優勢,但人員傷亡是一大顧慮和隱憂。因此,美國的「不對稱」戰略是:避免地面部隊介入,僅一再增加空攻壓力,打一個讓南國無從還手的「技術差」戰爭。

南斯拉夫在這一回的「不對稱」戰爭是屈服了,以美國為首的北約獲得了勝利。但在另一回的「不對稱」戰爭中,結局卻完全相反。越戰時,同樣獲得「技術差」優勢的美國,持續猛烈轟炸行動長達數年,不但未能擊垮北越及越共的戰鬥意志,反而培養了後者驚人的抗炸能力。北越及越共誓言要讓入越美軍,陷入永無休止的惡夢之中。美軍在傷亡數字不斷增加以及美國本土反戰民意的壓力下(兩者互有因果關係),最後黯然地退出中南半島。北越及越共在這一場的意志力決戰中,獲得了「光榮的」勝利。

當然，南國當局在科索沃戰爭中，有其不得不屈服的客觀因素。自九〇年代的斯洛凡尼亞、克羅埃西亞等相繼脫離南聯邦後，南聯原有的六個共和國，現在僅存塞爾維亞及蒙特內哥羅兩個。而蒙特內哥羅及隸屬塞爾維亞的科索沃及伏伊伏丁那兩自治省，也要求分離或醞釀同南聯分離。由於南聯解體的過程中，反對分離的塞爾維亞同鄰國征戰不斷，積怨甚深，以致陷入四面為敵困境的南國當局（塞爾維亞人主導），為了保留國家民族的生機（迄今南國的戰略目標已遭摧毀千餘個），而不得不同北約妥協。

參考書目

王駿、杜政、文家成主編（1991）。**海灣戰爭心戰謀略**。北京：國防大學。

季卜枚（1999）。科索沃戰爭中的信息戰。北京：**國防科技月刊**，5 期，90 頁。

軍事科學院外國軍事研究部及中國國防科技信息中心譯，L. Aspen 與 William
　　　Dickensen 著（1992）。**海灣戰爭──美國國防部致國會的最後報告
　　　（下）**。北京：軍事科學出版社。

軍事科學院外國軍事研究部譯（1992）。**波灣戰爭──美國國防部致國會的最
　　　後報告**，附錄（中）。北京：軍事科學出版社。

軍事科學院外國軍事研究部譯（1992）。**海灣戰爭的軍事經驗和教訓**。北京：
　　　軍事科學出版社。

許如亨（2000）。**解構另類戰爭（下）**。臺北：麥田出版。

國防部國防部總政戰部譯（1996）。**美軍心理戰實錄──索馬利亞、巴拿馬、
　　　海地作戰**。總政戰部。

鄒念祖（1994）。美國的索馬利亞政策。**問題與研究**，3 期，28-34 頁。

解力夫（1995）。**海灣戰爭**。北京：世界知識出版社。

解放軍報（1999）8/18：8。

MacDill AFB (1993). *A Post-Operational Analysis of Psychological Operations dur-*

ing *Desert Shield/Storm.*Florida: USOCOM, 2-A-1.

Blackwell, James (1991). *Thunder in the Desert Storm.* New York: Bantam Books.

Englehart, Joseph P. (1991). *Desert Shield and Desert Storm: A Chronology and Troop List.* Carlisle Barracks, Pa. : Strategic Studies Institute, U. S. Army War College.

Jones, Jeffrey B., (1994). Psychological Operations: Combat Multiplier, Peacetime Contributor, *Perspectives,* Winter, 21.

Rathmell, Andrew, Mind Warriors at the Ready, *The World Today* (London), Nov 1998, 289-291.

Watson, Bruce W., Bruce George, Peter Tsouras, and B. L. Cyr (1993). *Military Lessons of the Gulf War.* London: Greenhill Books.

思考問題

一、比較波灣戰爭中多國聯軍及伊拉克心理戰之優劣。

二、試論波灣戰爭及科索沃戰爭對現代心理戰的影響。

三、科索沃戰爭對中共發展高技術條件心理戰的影響。

四、比較南聯及北約的心戰作為。

第九章
心理戰的未來──
迎向資訊化戰爭時代

前　言

　　科索沃戰爭是二十世紀的最後一次大型戰爭，不過科索沃戰爭的真正意義不在於勝負，而是標誌著人類戰爭的進入大轉型，伴隨著新世紀的開始，資訊化的戰爭已然來臨。波灣戰爭中初露頭角的現代資訊戰，在歷經九個年頭之後，無論理論或技術都有大的發展，而且終於在實戰中進行一些的驗證。資訊戰勢將成為二十一世紀的戰爭主流，而這種新型態的戰爭

指導思想，是從以往的殲滅與反殲滅戰轉至控制和反控制戰，突出的是控制敵人而不被敵人所控制，以致攻心活動將廣泛的出現在未來的戰爭中。

第一節　資訊化時代的心理戰

壹、資訊戰的未來發展充滿想像力

　　波灣戰爭結束後，各國無不積極發展資訊戰，咸指出「誰掌握了資訊戰，誰就能贏得未來的戰爭」。然而各方對於資訊戰的界定，卻一直眾說紛紜，莫衷一是。不過，資訊戰的界定爭論卻也並非毫無意義，理由是：⑴資訊戰的相關發展不但尚未完成，而且還有相當廣闊的空間，必須密切注意相關的發展；⑵「界定」的目的在明確機構權責，從各機構（尤其軍方）對資訊戰的界定，可以看出該機構的資訊戰發展目標；⑶今後美軍組織架構的調整走向及其道理所在，非常值得去深入探究（不過，爭權與卸責是官僚體系的通病）；⑷資訊戰的相關理論建構尚未定型，而且可能也沒有必要定型。如同美方資訊戰研究機構指出的，要對資訊戰下一個具體的定義，不但不可能，而且也沒有必要，「因為資訊技術的發展速度，遠超過人們的理解，當資訊技術一直向前發展、再發展，任何的具體界定都會很快就無法適用」。

　　當前，在各國皆努力發展資訊戰之際，另外更值得去重視的是資訊戰能力落後所造成的結果。但反諷的是，資訊戰能力愈強的國家，愈是重視這個問題，美方即經常對內提出警告說：「首先，未來的戰爭（無論經濟或政治的），其成功與否端視資訊戰能力；其次，我們的國家，從五角大廈到華爾街，再到各地的網路服務商（Internet Service Provider），都還沒有做好因應全面性資訊戰的準備」。美國人對資訊戰的未來潛力和威脅，要比任何其他國家都維持高度的警覺和戒心，而這或許也就是美國的資訊戰能力，為何始終能在全球保持領先的原因。

貳、現代資訊戰的內容

　　美國知名智庫蘭德公司評估，未來戰爭最重要的資產，不是資本、不是勞力，也不是技術，而是資訊。資訊來自多方面並涵蓋多層面（例如：軍事及非軍事的技術、情報、消息等等），資訊戰的本質是知識戰，資訊戰的資訊是專業知識，而國家的安全則在於確保知識能力的優勢，資訊（知識）變成一種寶貴的戰略資源。

　　資訊（知識）分為兩層：第一層是硬體的電腦、通信技術、情蒐能力等；第二層為軟體的敵社經制度、思想、意志、士氣等等。前者重在效率的提升，而後者旨在達成思想「轉化」的目的。

　　資訊化時代的戰爭就像下棋一樣，誰擁有優勢的資訊，誰就能掌握對手的意圖和「下一步」，進而控制戰爭（棋賽）的全局發展。優勢的資訊包括敵人是誰？在何處？其能力？為何而戰？何時攻擊？初始威脅，其弱點、強點、特點……等等，幾乎無所不包，而在提升己方資訊能力的同時，還要去破壞或阻絕敵方獲得資訊。美方因而提出綜覽戰場的「全視」（topsight）作戰概念，而在我方在獲得「全視」的同時，要讓敵方陷入半盲或全盲（含半聾或全聾）；緊接「全視」之後的行動在「攻心」，攻擊敵人的中樞、要害，就像下棋的「將軍」，讓敵人因遭「斬首」（decapitation）而陷入群龍無首。至於現代資訊戰的內容，美軍分別在一九九六年及一九九九年頒布的陸軍教範FM100-6 Information Operations（資訊作戰）及聯戰準則 JP3-3-13 Information Operations（FM100-6 及 JP3-3-13 係美軍資訊作戰演訓及教學的準據），有如下的界定：

　　資訊戰（Information Warfare）分成作戰（Operations）、相關資訊與情報（Related Information & Intelligence）及資訊系統（Information Systems）三部分。而在「作戰」的部分，又分指管控制（C2W）、民事事務（Civil Affairs）及公共關係（Public Affairs）等三個途徑（圖 9-1）。其中，指管作戰特別與軍方的任務攸關，再分作業安全、軍事欺敵、電子戰、心理作戰、實體摧毀及網路攻擊等六種作為（能力）；指管作戰的目

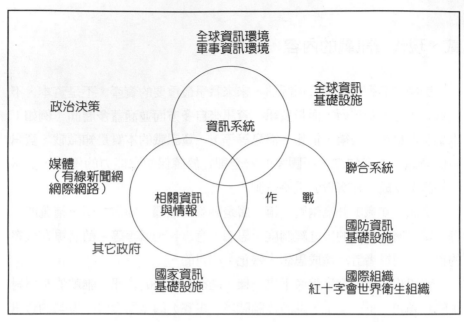

圖 9-1　資訊戰（Informational Warfare）示意圖

標在透過此六種作為的協調整合，對敵實施「指管攻擊」和「指管防護」，而其基礎來自於「資訊系統」和「相關資訊與情報」提供的資源。美軍的指管作戰定義是：「指管作戰在整合作業安全、軍事欺敵、心理作戰、電子作戰、與實體破壞，並與情報相互支援，以拒斥資訊、影響、降低或摧毀敵方指管的能力，而在敵方採取這些行動時，也可以防護友軍指管能力。」（參閱圖 9-2）

　　美軍的資訊作戰特別強調戰力整合，指出指管作戰效能的發揮，有賴指管作戰六種作為的綿密配合。而由於心理戰活動貫穿作戰整個全程，心理戰可扮演整合介面的角色。事實上，心理戰還超越軍事作為的範疇，在現代戰爭的其他活動中（例如：經濟戰、外交戰等），亦扮演極為活躍的角色。美國在資訊戰的同時凸顯心理戰，符合其軍事思想的潮流，如美國陸軍指參學院指出的：「資訊時代的心理作戰在不戰而屈人之兵，這在今日美國人愈來愈不能容忍傷亡的情勢下，具非常意義。資訊時代的心理作戰，超越任何其他的軍事手段，可以提供我們一種不必藉由流血而追求國

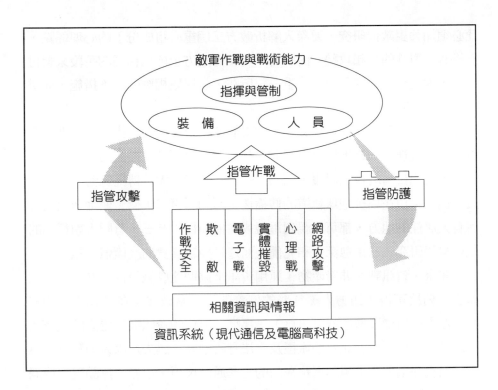

圖 9-2　資訊指管作戰（I2W）示意圖

家利益的能力」。

參、現代資訊戰與心理戰的關係

　　美軍以克勞塞維茲的「三位一體」理論，來闡釋資訊化時代的新戰爭觀。克勞塞維茲認為「攻擊敵方的重心（center of gravity）是獲得勝利的最直接路徑」，而攻擊敵方的三個重心：軍隊、政府及人民的意志，被統稱為克勞塞維茲的「三位一體」。「三位一體」的每一重心是相互影響或者是互動的，以致任一重心都是可以打擊的切入點，都可以形成心理戰活動的攻擊目標，例如：影響對方的民意，同時可以對其政府和軍隊產生影響，相對地影響其軍隊的士氣，也會改變其政府和民意的行為反應。然而由於各國的國情和體制不同，「重心」以及所能產生的效應也將不同，因

此必須加強對敵情研究，要深入解析敵方三個重心組成份子的心理弱點，然後有針對性的發起攻勢。而同時，要警惕敵方也會以相同的手段來對付我方，因此也要研究己方的「重心」所在，並採取相應的防護措施，而這就是反敵心戰。

至於心理戰為何在現代資訊戰中更能產生貢獻？美軍指出，心理戰在資訊化時代裡，因為獲得三方面的有利支撐，將使其支援能力大幅提升：其一，資訊技術的快速研發，例如：網路；其二，大眾傳播媒體的質量成長，例如：現在環繞地球軌道的傳播衛星超過一百二十個，使地球上的任何有人居住的地方，都可收視到電視或廣播節目；其三，有關人類行為的社會科學研究，愈來愈深入和完備，而這是極為寶貴的高價值資訊。

說來，資訊戰並非新產物，運用資訊來協助達成戰爭目標的例子，在歷史上俯拾可得（西方人經常舉的例證就是：拿破崙每在發起攻擊的前夕，派人向目標區傳散威懾訊息），那麼，現代的資訊戰與過去的又有何不同？這主要是傳遞訊息的途徑及方法有所不同，過去是以人力和機構為主，而現在則加入含電腦網路在內的先進通信技術。不過，無論現代或過去的資訊戰概念，都以攻擊人心作為主要目標，也就是說即便是硬體的破壞行動，最後也都指向目標群的心理，例如：波灣戰爭的美軍以戰機、飛彈摧毀伊拉克的指管通系統，企圖製造伊方當局及前線部隊的心理恐慌，進而導致錯誤的判斷和決策。資訊戰的手段既是心理戰的手段，資訊戰的目標同時也是心理戰的目標，兩者的關係就變得極其密切。由於資訊戰和心理戰在概念及作為上，均有相當部分的重疊，因此我們或可將「揉合心理戰和資訊戰概念和作為的部分」，稱之為「資訊心理戰」。

不過，資訊心理戰僅是心理戰全般作為之一，係心理戰大架構下的一個環節，而這種利用資訊進行心理戰的活動，並非人類社會的新產物，實際上它還是古老的戰爭原則，只是過去並未稱之為資訊心理戰罷了。而當人類文明進入電腦資訊化的時代，心理戰被賦予新的概念，並從而產生新的活力，於是現代資訊心理戰應運而生。現代資訊心理戰的特色是：心理戰在現代資訊科技的輔助下，吸收資訊科技的能力，轉化為心理戰的能力，全面提升心理戰活動的效率。現代資訊心理戰雖然不可能取代整體的

心理戰，但在資訊化時代逐步確立後，以及資訊相關科技的不斷進步之下，現代資訊心理戰在心理戰大家族中的地位及份量，勢將愈來愈受到注意和重視，直至成為未來心理戰活動的主流。

第二節　現代資訊心理戰理論的驗證

壹、波士尼亞內戰

　　美軍的資訊作戰教範FM100-6在一九九六年八月頒行之後，立即在同年十一月的波士尼亞維和任務中進行驗證。奉派擔任此一任務的美軍第一機械化步兵師，於一九九八年任務結束提出檢討報告說：「資訊作戰如預期在任務全程中扮演關鍵的角色，並且發揮了極大的功效」。該報告中有關資訊心理戰的結論，概如下列：

一、美國為因應未來資訊作戰任務需求，新成立的「陸上資訊作戰機構」（Land Information Warfare Agency, LIWA），依FM100-6的指導和規範，向第一機械化步兵師派出戰地支援小組，負責資訊作戰的全般策畫及協調整合工作，並且運作良好，如預期地發揮功能。

二、在火力支援、情報、公共關係、民事作戰及心理作戰等資訊作戰諸般作為中，特別突出新聞發布的重要性，從而確立媒體心理戰為未來資訊作戰主流的趨勢。

三、FM100-6的指導及規範，大致適應發展中資訊戰作戰環境，不過經實戰驗證，至少有兩點需再檢討：第一，原訂由參三幕僚負責部門協調整合，應提升由參謀長擔任，且指揮官應全程參與政策及策略指導；第二，原規定公共事務（媒體關係）與心戰活動應明確區隔，以確保新聞發布的信度，宜重新檢討，以強化兩者間協調合作，提升資訊作戰的效率。

四、在資訊心理戰的工具方面，除廣播、傳單、喊話器、電視、新聞發布之外，網際網路成為宣傳和情蒐的利器，第一機械化步兵師設立專屬網頁，並且收效良好。

五、作戰地區研究（包括人口結構、宗教信仰、風俗習慣、民意傾向、當地媒體等）及情資搜研判斷，對於爭取前置時間（lead time）及發展可行的行動方案（COA），至為重要。

　　美軍在波士尼亞內戰中得到的實戰經驗，隨後在修編聯戰資訊作戰準則 JP3-3-13 中納入，其最重大變革是將電腦網路攻擊列入資訊作戰指管作戰的範疇，指管作戰增列電腦網路攻擊後，從原有的五種作為修正為六種。網路與心理戰的關聯最主要是：邁入資訊網路的時代，已是不可逆轉的大趨勢，而龐大的人口即將上網漫遊，將改變未來心理戰的發展概念，諸如：第一，加入國際網路的人口愈多，網路心理戰就愈有必要，心理戰必須有傳散訊息的管道，在網路成為新興媒體後，任何意圖展開心理戰攻勢者，不可、也不能放棄此一潛力無窮的新一代心理戰工具；第二，網際網路的「網民」多屬年輕世代，他們的特徵是表現較強的自主及改革意識，並樂於追求外來資訊或思想，扮演意見領袖的角色，對社會中的其他人較能產生影響，他們正是最理想的心理戰目標；第三，網路和網路工具的進一步普及化，可能出現一人發起國際心理戰攻勢的奇觀，印尼華人婦女受辱照片張貼在網際網路上，引發全球性的反印情緒，進而迫使印尼政府組織特別委員會調查相關事件，就是一人也能發動網路心理戰的最好例證。

貳、科索沃戰爭

　　科索沃戰爭更加凸顯今後的戰爭，確實已經步入資訊化戰爭的時代，過去仍屬理論探討的現代資訊戰戰法，如今絕大部分都在此戰中獲得驗證：

一、資訊戰「重心」理論的實踐

　　根據中共前駐南斯拉夫武官的實際觀察，北約在科索沃戰爭中採取「五環」攻擊南斯拉夫，打一場實踐資訊戰「重心」理論的現代高科技戰爭。遠在冷戰時期，美軍即制定空襲前蘇聯的目標種類和優先次序，而當時仍為四大類，依序為核武器、常規（傳統）軍事力量、軍政領導中心及經濟目標；到了八〇年代，空襲目標種類不變，但優先次序調整為核武器、軍事政治中心、常規軍事力量、經濟目標；再到九〇年代後，在資訊戰概念愈獲重視之下，打擊目標的種類及優先次序已大幅的修正，美軍此時強調應優先打擊敵人最脆弱的「重心」──統帥機構，指出突擊該點最有可能取得決定的效果。而在統帥機構中，決策部門和決策者是最關鍵的所在。此外，與過去相比，增加了打擊敵方的民心士氣，即心理戰的目標，把打擊民眾心理列為比打擊作戰部隊更為優先的目標，顯示美軍「已將心理戰由戰術戰役級提升到戰略級」，通過打擊民心，就可以破壞民眾支持和政治控制。而在過去，只能在摧毀了敵國的軍事、物質、經濟基礎之後，才能攻擊敵國的政治和社會基礎，動搖其民心士氣，而今在資訊戰的時代，已具有直接攻擊敵國民眾心理的技術手段。北約在科索沃戰爭中的「五環」目標，依打擊優先次序為：國家指揮中心、能源設施、交通設施、民心士氣、軍事力量。

二、資訊宰制與反宰制的爭奪戰

　　資訊的宰制與反宰制是現代資訊戰的核心理論，資訊宰制與反宰制是打擊敵方重心的手段，而最終目標則在摧毀敵方的戰鬥意志。資訊宰制在使敵陷入目盲耳聾，因不明狀況、首尾不相連而心生恐慌，然後以諸般手段攻心，迫敵不戰而降或至少以戰逼和，以最小的犧牲代價贏得戰爭，至於資訊反宰制，則在防護己方的資訊能力遭壓制或剝奪。美國的《時代雜誌》報導，美軍在波灣戰爭時，曾以電子心戰飛機制壓伊拉克所有的電視

及廣播活動，然後再以強力電波蓋台，將「預製的節目或電腦合成的影像在伊拉克頻道中播出，由對方領袖宣布三軍停止抵抗」。事實上，美軍當時並未對伊實施如上述般的資訊心理戰攻擊，不過美軍確實已擁有這般的資訊宰制能力，並且已在科索沃戰爭中付諸行動。關於北約在科索沃戰爭中的「資訊宰制與反宰制」及「攻心」手段概述如下：

(一)第一環打擊領導指揮機制

摧毀南國的 C^3I 系統和防空設施，使南國當局變成瞎子和聾子，進而失去反應的能力；在北約的電子戰攻擊下，南聯盟處於信息遮蔽狀態，雷達迷盲，通信一度中斷，「連廣播電台、電視台都收視不清」（南國中央電視台在三月二十五日凌晨對北約空襲現場直播突然中斷）。

(二)第二環打擊關鍵生產設施

對南國的電力、煉油、化工、軍工企業等關鍵生產設施進行重點攻擊，通過斷電、斷水使南國人民生活處於極端困難，從而誘發恐慌、厭戰及怨恨（政府）心理。

(三)第三環打擊交通基礎設施

空襲炸毀南國十二條鐵路、五十多座橋梁、五條公路幹線、五座民用機場、一百多個無線電中繼站，造成 39% 的廣播電視轉播站線路癱瘓或嚴重損失，基本上造成南國大部分交通和電信中斷。

(四)第四環打擊國民精神心理

北約以塞爾維亞語對南國人民進行廣播，並在南國境內投下數百萬張傳單，宣傳戰爭恐怖情狀，打擊南國人民鬥志，同時將戰爭責任歸咎於南國總統米洛塞維奇及其政府，企圖煽動人們對南國當局的不滿，在精神上、心理上瓦解南國，迫其就範。

(五)第五環打擊作戰部隊

北約選擇南國的關鍵部隊為攻擊重點,包括飛彈、通信、雷達、坦克、火砲、裝甲、運輸及特種警察部隊等,而由於北約空攻的精準度大為提高,南國部隊的實際傷亡數字並不高,惟仍對南軍的武器系統及後勤補給設施造成重創,達到打擊戰力及士氣的目的。

北約的實體摧毀及心理攻擊行動,為求提高心理威懾能量和效應,實際上採一前一後的方式交替進行,例如:在空襲前,北約進行強烈的電磁干擾,使南國境內的電話、電視系統,受到嚴重的影響,曾引發南國人程度不一的恐慌和混亂,而在北約空攻行動展開後,貝爾格勒軍民曾一度產生了「空中恐怖症」,情緒變得煩躁;又如每在空襲之後,用南國廣電的中波、調頻波段進行廣播喊話,指出「沒有汽油、沒有電、沒有自由,也沒有未來,你還要為米洛塞維奇受苦到何時?」至於針對南國部隊而來的心戰傳單隊,則一再恐嚇威脅稱:「你們已無處藏身,因為無論怎樣,我們都能看到你們;不要留在這裡等死!盡快逃跑!選擇權掌握在你自己手中」。

第三節　網路心理戰及心理武器

壹、國際網路

心理戰戰具的研發成果,一直是影響心理戰能力的重要因素,因此各國總在努力開發新的心理戰具,或者探討新武器系統、新科技產品等在心理戰上的運用價值,此如傳真機在波灣戰爭中曾經小兵立下大功,而在科索沃戰爭之後,國際網路已被認定是未來戰爭中最重要的心戰工具之一,如前述,國際網路在科索沃戰爭中大放異彩,南國有效的運用以突破北約的新聞封鎖,以致成為各方觀察家矚目的焦點。不過,科索沃戰爭中出現網路攻擊能量,可能連十分之一都不到,當然這又與美國為首的北約自我

節制攸關。

　　美國是世界公認最具網路攻擊能力的國家，而美方雖然早已組建電腦駭客部隊，並且在科索沃戰爭前就已完成作戰部署，但美方有關單位表示，北約僅對南國的官方網站實施「灌爆」的小動作。美方警告說，電腦網路攻擊可對一個國家的維生系統，造成無法彌補的災難性危害，而美國在國際公約的相關法律問題未解決前，目前仍禁止實施無差別性的網路攻擊。不過，也有美國的國際法專家主張，未來美國如遭到大規模的電腦網路攻擊，就有權利實施相對性的反擊行動。

　　關於電腦網路攻擊的方式和手段，隨著網路技術的不斷推陳出新，一般評估離定型尚有一段遙遠的歷程，而就攻擊的目的而言，不外下列：

一、**癱瘓指揮管制**　對敵指管系統進行攻擊，使其對部隊的指揮管制和資訊傳輸失靈。

二、**「點穴」致命**　對敵要害部位（如指揮機構、通信樞紐等中心和渠道），用摧毀、干擾等打擊方式，給與致命的一擊。

三、**阻絕情報流通**　阻斷敵資訊（含情報傳遞）渠道的流通，使其失去戰場的主動權，被動受制於我。

四、**攻心瓦解鬥志**　透過網路對敵軍民傳散不利的消息，使彼等對其軍政領導中樞喪失信心，並伺機製造混亂，卒至失去反抗意志和能力。

五、**破壞與竊取情報**　透過駭客破壞敵方網路系統，造成全面癱瘓，並竊取敵方機密情報或重要數據等。

六、**誤導與欺敵**　突入敵方指管系統，竄改敵方資料或植入假情報，以「虛擬現實」使敵誤判情況，伺機實施欺敵作為。

　　上述的虛擬現實戰，在技術上已毫無困難，透過電腦合成的影、音、像產品不但維妙維肖，真假難辨，並且已廣泛運用在民間廣電節目中，而在未來戰爭中，如敵對雙方利用「虛擬現實」技術，使敵誤虛為實，造成決策錯誤或亂其作戰部署等，皆將可以預期，尤其是模擬敵我雙方行動、

假造己方大勝、敵方潰敗等「景象」，將是配合欺敵及謠諑行動的最佳材料，其對民心士氣可能造成的影響，殊值我引為警惕。

貳、新概念武器

以定向能、動能和智能為特徵的新概念武器，即將在可見的未來投入戰場，並導致「戰略作戰的重大變革」，因此，軍事大國無不高度重視此一類武器的研發。為何說這類武器將導致戰爭型態的重大變革，同時新概念武器又與心理戰的未來走向有何關係？這主要可分三方面來思考：其一，任何一種新武器的研發，都有心理威懾能量的考量，而威力愈大的武器雖然愈能產生心理威懾效能，但武器的威懾能量也隨著心理適應能力而遞減，而各國為求發揮武器的威懾效能，每將新武器的研發列為最高機密；其二，一些新概念武器如今已成為事實，並且已經進入量產，例如：非核電磁脈衝（NN-EMP, non-nuclear EMP）炸彈，比核子爆炸所釋放出來電磁脈衝能量波還要強好幾倍，然而製造的成本卻愈來愈低，甚至低到連恐怖主義團體都買得起（《下一次世界大戰》一書的作者 James Adams 就報導說，遠在一九九六年春，美國情報單位即獲悉俄羅斯在銷售一種名為「啤酒罐」（Beer Can）或「梅花六」（Six of Clubs）的小型武器，這種「手榴彈」爆炸後產生的無線電波頻率，可以摧毀周遭一公里之內所有的通訊或電腦設備）。其三，新概念武器的「心理武器」，已有部分完成研發及試驗，其直接攻擊人的神經中樞，將使心理戰進入可怕的「強制攻擊」新階段。

美國軍事研究期刊 *Parameters* 在一九九八年的春季號，刊出題為〈人的心智無防火牆〉（The Mind Has No Firewall）專文警告說：俄國是當今研發「心理武器」最積極的國家，而未來「首創該等武器的國家，將可獲得無法匹敵的優勢地位」。據該文指出，俄方創造了「心理恐怖主義」（psycho-terrorism）一詞，認為人體內有數以萬計的資料處理器，有腦、心臟及末梢神經的「電化學活動」（chemical-electrical activity），如果刺激特別的信號或信息，將催化人體產生不正常的官能反應。該文引述俄羅

斯專家的話說，人體是個開放系統，不管電磁、重力、聲音或其他因素，均可造成心理、精神狀態的變化。而研發中的「心理武器」，包括下列：

一、**心理干擾器**（psychotropic generator）　可經由電話、電視、收音機、乃至電燈泡等，發射的干擾人心智的強力電磁波束。

二、**自主發動器**（autonomous generator）　可在人類無法察覺的狀態下，發送足以致死的十至二十赫茲的次音頻振幅。

三、**神經系統發動器**（nervous system generator）　可用於癱瘓昆蟲的中樞神經系統，而對人類亦可能適用。

四、**超音波發散器**（ultrasound emanations）　運用於不流血開刀的一種醫學技術，但亦可用於殺人。

五、**噪聲仿真器**　能夠模仿各種武器發出的聲音，特別是模仿集群目標發出的聲音。

六、**電子嘯叫器**　發出刺耳的尖叫，通常裝在戰鬥轟炸機上，發出的尖叫聲裂人心肺，可使十公里內的人產生強烈的恐懼感。

七、**微波武器**　利用微波束的能量直接殺傷破壞目標，使敵人喪失作戰能力，達到從心理上降低敵方抵抗意志的目的。微波武器主要是產生「非熱效應」和「熱效應」，前者指當微波強度較低時，可使人出現煩躁、頭痛、神經錯亂和記憶力減退等現象；後者為強微波的照射下，使人的皮膚灼熱、眼內白障、皮膚及內部組織嚴重燒傷和致死。

八、**無噪音卡帶**（noiceless cassettes）　在音樂中隱藏次音頻振幅，不自覺的催動人的潛意識。

九、**第二十五畫面效應**（25th-frame effect）　在電視或電腦影片中的每一「第二十五畫面」，隱藏可被人體接收而催動潛意識的信息。（根據俄研究人員說法，一種定名為 Russin Virus 666 的干擾精神病毒，在螢幕上每隔二十五個畫面展現一次，可使電腦操作人員呈現精神恍惚，心律不整，進而控制了潛意識活動。）

十、**精神干擾劑**（psychotropics）　又稱「（人體）慢性地雷」

（slow-acting mines），摻雜於食物或城市供水系統，使食用者產生頭痛、耳鳴、幻覺、暈眩、腹痛、心律不整、乃至破壞人體的循環系統。

事實上，不只是俄國在研發「心理武器」，美國亦復如此。美方曾進行的昏睡劑（sleep agents）實驗，將二甲亞楓灌入空調系統中，或將二甲亞楓混入活化劑放入砲彈頭裡，爆炸後產生的氣味，可將一大群人迷昏一小段時間；又如頻閃軟光器（strobe lights），可使敵人產生錯亂、噁心，甚至會導致癲癇症狀，而更可怕的是美國研發的次音頻武器，能夠造成人體器官產生共振，造成極度噁心、嘔吐及失禁，而這種介於一到三赫茲的次音頻武器，可以讓一大群的敵人「抱著肚子在地上呻吟打滾」，在進行射鳥實驗時已獲得極大的成功。

「心理武器」的研發以及未來投入戰場，將革命性的改變心理戰的概念和戰法，尤其「心理武器」將對敵方人員產生的心理威懾效應，更是難以評估。「心理武器」是信息心理戰的典型新產物，而在各國大力開發之下，未來的發展景況如何，各方皆表示難以有效掌握。或因如此，中共在許多心理戰研究論述中，一再提及要提高警覺，防範敵人以「非致命武器」突如其來，進而導致戰場人員處於心理不正常的狀態，直間接地瓦解部隊的士氣和鬥志，卒至迫使放棄作戰。而共軍當局為了加強戰場心理創傷的救護準備，正培養一支軍事心理醫療專業隊伍，預定配備在師一級救治機關，同時研議制定戰時心理創傷的診斷標準和救治後送原則，以減少官兵因心理創傷而造成戰力折損。而由此亦可見，中共對「心理武器」的高度重視和充滿戒心。

第四節　心理戰在綜合國力理論中的新地位

壹、網路的挑戰和機會

網路作為一種潛力無窮的新興傳播工具，使網路在心理戰上的運用，成為各方注意和研究的焦點，顯示網路即將成為新一代的心理戰工具。而當進一步探究網路心理戰的特質，我們觀察到網路心理戰不是大國的專利，也不是國家、政府或組織的專擅，而是相對弱勢的國家、團體或個人，對抗強勢者一方的方便利器。

在一個社會裡，大眾媒體處理新聞事件的方式、報導的角度、記者及編輯的能力和價值觀等等，經常「霧化」、甚至扭曲了新聞事件的本身，結果是製造了另一個新聞事件，但是新聞事件的主角卻無法自力救濟，因為他（它）們沒有澄清的傳播工具，解鈴人還需繫鈴人，唯一的解套途徑還是求救於大眾媒體，只有大眾媒體才能糾正媒體的錯誤報導。戰爭報導的情況亦然，從第一、二次大戰一直到波灣戰爭，再到美國入侵海地、索馬利亞及波士尼亞衝突等，大國（或集團國）每透過操縱國際媒體報導來左右國際輿情，而國際社會充斥強勢一方的戰爭觀點時，有利弱勢一方的觀點不但被刻意淡化，有時甚至遭到淹沒而成為沒有意見的對手。於是，發動一場宣傳戰首先要考慮的因素是媒體工具，沒有媒體工具就沒有宣傳作為，各國競相成立官方、半官方及（或）「非關」官方的電視臺、廣播電台、報刊雜誌等媒體。

如今由於國際網路的崛起，大眾傳播媒體不再擁有絕對的優勢，而如果這樣的發展趨勢繼續深化，則牢不可破的「操縱媒體－控制輿情－影響民意」傳播理論，就將面臨嚴厲的挑戰。同樣地，心理戰的傳散理論，也將因為網路心理戰的應運而生，而必須重新建構。

貳、新綜合國力理論

自「軍事事務革新」蔚為全球性風潮以來，各種戰具和軍事不斷在推陳出新，在未來，除了國際網路將成為新一代的心理戰工具外，還有其它的許許多多新科技，必將在心理戰場上大顯身手，並且牽動心理戰的未來內容和外貌，例如：衛星通信技術的發達，可使前線喊話組和後方心戰中心即時連線，形成「情報—喊話稿—錄音或喊話」同步作業，前線喊話組員變成多在操作器材，火線喊話減至最低的程度，後方主控了一切作業，而所謂的「後方」可能是千里之外，這種戰場喊話的情景，絕非過去所能想像；又如電腦合成及影像投射新技術，可用以製作真假難辨的影像，以及利用基因遺傳工程技術製成的「植物毯」，將使戰場偽裝既快速又巧妙。（美軍曾在索馬利亞進行「全息攝影術」實驗，試驗當天，沙暴侵襲索馬利亞，風捲狂沙，昏天暗地。據現場的美軍陸戰隊員表示，沙霧瀰漫的空中，出現一幅大約 150 × 150 米的人頭像，幾分鐘過後，受難耶穌的影像愈來愈清晰。再過五分鐘後，沙暴停止了，而人像也消失了。）

與此同時，當前國際上的戰爭理論發展，也出現凸顯心理地位的趨勢，從國家戰略、軍事戰略、戰場上戰略、至戰術作為的實施，無不將心理戰的概念整合其中。依傳統的戰爭理論，綜合國力係政治力、經濟力、軍事力及心理力的總和，心理力與政治力、經濟力、軍事力並列為國家的四大國力，但在九〇年代後期，綜合國力的概念有進一步的發展。波灣戰爭顯示，今後的戰爭，不但是科技能力、武器系統與軍隊素質的較量，更是政治、經濟、資訊等各戰線上的全面對抗，而無論是那一方面的對決，最後皆指向建立自己的心理力，同時並瓦解對方的心理力。心理力相較於其它國力因素，雖最難以言語或文字去表明，但一如美軍所強調的，心理力是民主陣營國家最重要和最寶貴的資產。

波灣戰爭對於長期以來政、經、軍、心四大國力理論的影響是：心理力脫離與政治力、經濟力及軍事力平行發展的傳統結構，轉而成為新四大國力的基礎（如圖 9-3 所示，其原來位置由近年來快速發展的資訊力所取

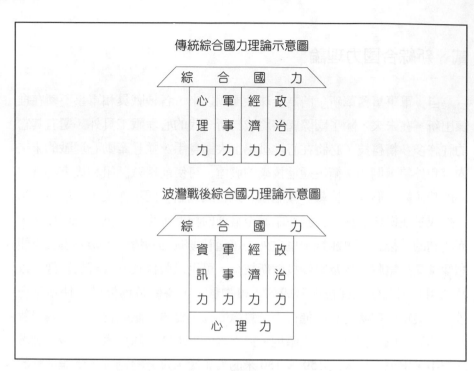

圖 9-3　綜合國力理論示意圖

代）。現代化戰爭是科技戰爭，講求謀略欺敵的運用，高科技武器系統需要高素質的人員去操作，欺敵謀略不僅使戰法、戰術變化無窮，更可減少作戰時程、降低耗損傷亡，以最小代價取得至大的戰果，達到「兵不頓，利可全」的戰爭境界。無論高科技武器的操作，或者是戰場上謀略運用，都脫離不了人的因素，人的素質決定戰爭的成敗，而人的心理素質就是心理力的具體表現。

　　新的綜合國力理論反映在國家戰略上，更注重政、經、軍、資、心等五大戰略的協調和互動關係，心理戰略和其他四大戰略緊密相連，相互支持，此如美軍所指出：「經濟是一種戰略工具，政治本身就是某種形式的戰略，軍事武力則是戰略的直接運用，而心理戰略無論在任何時期，都在支持其它的國家戰略，須與之保持密切聯繫的關係。」美軍的論點出自寶貴的戰爭經驗和教訓，即以波灣戰爭為例，多國聯軍陣營以政治外交、經

濟制裁、軍事威嚇等行動，企圖屈服伊拉克的意志，此時，心理戰融入諸般手段中，變成政治心理戰、經濟心理戰及軍事心理戰，而心理戰的各項作為，若無政治力、經濟力及軍事力來做支撐，就難期發揮心理效應，因為心理戰作為一種戰爭手段，其能量必須來自政治、經濟、軍事等力量的策應和配合。總之，國家戰略中的五大戰略，如能密切協調，彼此相互支援，在實際作為時，即可使一國之國力發揮乘積效用。

提升心理戰在國家戰略部署的地位，雖然已形成世界性的潮流和趨勢，但對於如何強化心理戰的能力，各國的作法並不相同，尤其中共從戰法為取向轉為工具取向，中共顯露開發各種新型心理戰具的企圖，在發展武器系統上強調心理威懾能量，而美國則恰恰好相反，當前的美國要比過去的任何時期，都要強調在戰略、戰術中融入心理戰觀念，波灣戰爭中大放異彩的「空地整體戰」，就是個很好的例證。而我們也觀察到：中共認為要成為世界強權，在戰略上必須易守勢為攻勢，而攻勢的心理戰更需要「物質力量」為後盾；而美國強調戰法運用，則無疑是越戰等失敗的教訓所致，美國人不再單以武器裝備的優勢為是，他們從物質力量居劣勢的敵人身上學到教訓，轉而更重視戰法上的靈活運用，將「以最小的犧牲代價贏得勝利」作為戰爭圭臬。

參考書目

季卜枚（1995）。科索沃戰爭中的信息戰。北京：**國防科技月刊**，5 期。

許如亨（2000）。**解構另類戰爭（下）**。臺北：麥田出版社。

張志誠譯，James Adams 著（1999）。**下一次世界大戰**。臺北：新新聞文化。

解放軍報（1999）。7/14：周刊。

香港東方日報（1998）。7/12。

北京中國國防報（1998）。2/27。

Arquilla, John & David Ronfeldt (1993), Cyberwar is Coming, *Comparative Strat-*

egy, *12(2)*, 141-165.

Graham, Bradley (1999). Military Grappling With Rules for Cyber Warfare. *Newsbytes News Network, 8,* NA.

Kuehl, Dan (1997). Defining Information Warfare, *The Officer, 11,* November, 31.

Rowdish, Randall G. (1998). Information-Age Psychological Operations. *Military Review, h*ttp://www-cgsc. arm. mil/milrev/English/DecFeb99/ bowdish. htm.

Sproull, Lee & Sara Kiesler (1991). *Connections: New Ways of Working in the Networked Organization.* Cambridge: MIT Press.

Thomas, Timothy L. (1998). The Mind Has no Firewall, *Parameters,* the Spring, http://call. army. mil/fmso/fmsopubs/issues/mind. htm.

思考問題

一、未來資訊心理戰的場景評估？

二、科索沃戰爭對於資訊心理戰的啟示？

三、網路心理戰的部署、策略及方法？

四、我國因應未來戰爭的心理戰努力方向？

第十章
中共心理戰及對台策略

前　言

中共當年係以經營心理戰起家，而中共亦自詡：「在歷次國內革命戰爭和反侵略戰爭中，我軍緊密配合軍事打擊，積極開展瓦解敵軍工作，為取得歷次戰爭的勝利起到了巨大作用（中共蘭州軍區政治部，1999：2）」。而中共在當前戰爭型態轉型之際則自我警惕說：「現代戰爭的作戰思想、作戰樣式和作戰手段，已經發生了很大變化，心理戰的理論、方法和手段，也隨之有很大發展，在未來高技術條件下的局部戰爭中，要充分掌握心理戰的主動權，注意學習新知識，研究新問題，探討新經驗，以適

應不斷變化的新形勢的需要（中共蘭州軍區政治部，1999：10-11）。」中
共針對「未來高技術條件下局部戰爭」的心理戰部署為何？中共心理戰將
如何策應武力犯台？凡此為本章探究的重點問題。

第一節　中共心理戰發展現況

壹、中共的心理戰思想及理論

　　中共的心理戰思想和理論，有一段從「瓦解敵軍」到「高技術條件心
理戰」的發展歷程。中共強調人類的戰爭有兩種方式：一為鬥力，一為鬥
智。鬥力是以武力戰為中心，在於用武力征服；鬥智是以心理戰為中心，
在於以智取勝，自古以來，鬥智總是與鬥力相伴而行，鬥智總是先於鬥力
而展開（王駿、杜政、文家成，1991：189）。

　　中共在過去戰爭的實踐中，宣稱已形成一套「適合中國革命戰爭特點
和我軍性質」的心理戰思想和理論（表10-1），指出：人民戰爭、統一戰
線和官兵一致、軍民一致、瓦解敵軍的思想，以及誘敵深入、擾敵打敵等
戰法，「無一不蘊藏著豐富的心理戰思想」。而中共最後以「瓦解敵軍」
總括其心理戰思想。所謂「瓦解敵軍」是指：「在敵我鬥爭中，分別採取
不同的政策和方法，瓦解了敵軍大量的有生力量。廣播、報紙、傳單、標
語、陣前喊話等各種形式的心理戰活動，像一顆顆威力無比的炸彈，在敵
人的心靈深處爆炸，引起極大混亂、恐懼和不安」（吳杰明，1998：
180-181）。中共是非常重視心理戰價值的，毛澤東將「瓦解敵軍」定為共
軍政治工作的三大原則之一，並宣稱：「我們的勝利，不但是依靠我軍的
作戰，而且是依靠敵軍的瓦解」。中共的「瓦解敵軍」戰法強調「兩個結
合」，即：軍事打擊與政治瓦解相結合；宣傳攻心與寬待戰俘相結合。

　　心理戰於波灣戰爭中發揮巨大威力後，中共開始大力發展「高技術條
件心理戰」，指出：「瓦解敵軍」強調的是教育感化（宣傳），而現代心
理戰則是以人的心理為目標，著眼敵方的心理和感情，強調的是謀略運

表 10-1　中共的心理戰思想及理論

中共的戰爭觀
人類的戰爭有兩種方式：一為鬥力，一為鬥智。鬥力是以武力戰為中心，在於用武力征服；鬥智是以心理戰為中心，在於以智取勝。心理戰是戰爭活動的重要組成部分，是一門涉及多學科、多門類、多層次的綜合學問，其中包括了心理學、社會學、政治學以及其他學科，但有著自己獨特的規律、特點和原則方法。
中共心理戰思想
中國古代兵法中有豐富的心理戰思想，首先對心理戰進行理論概括的是孫武，《孫子兵法》提出「不戰而屈人之兵」（在以強大的戰鬥力為後盾的前提下，巧用計謀不用交戰而征服敵人）、「攻心為上、攻城次之」和「三軍可奪氣，將軍可奪心」等用兵之道。而中共老一輩的無產階級軍事家，繼承這種思想並加以發展創新，如毛澤東提出了人民戰爭、統一戰線和官兵一致、軍民一致、瓦解敵軍的思想，以及誘敵深入、擾敵打敵等蘊藏豐富心理戰思想的戰法。
心理戰的內容分類
心理戰按內容分，可包括政治心理戰、外交心理戰、經濟心理戰、作戰心理戰及宗教心理戰等；心理戰依作戰形式分，主要有：宣傳、威懾、恐嚇、欺騙、引誘、詭詐、懷柔等。
中共心理戰理論
● 瓦解敵軍的「兩個結合」：軍事打擊與政治瓦解相結合；宣傳攻心與寬待戰俘相結合。 ● 瓦解敵軍的五個階段：土地革命戰爭時期；抗日戰爭時期；解放戰爭時期；抗美援朝戰爭；保衛邊疆作戰。 ● 瓦解敵軍的指揮謀略：誘敵深入、擾敵打敵、三戰（游擊戰、陣地戰、運動戰）結合、夜戰及近戰。 ● 心理戰的原則：爭取正統的地位，並以合法及道德姿態出現，在以各種手段醜化敵人的同時，宣傳共產黨的正義及道德形象。 ● 心理戰進攻的基本任務：瓦解敵方士氣；破壞敵方謀略；打擊敵國戰爭潛力。 ● 心理戰進攻的要求：服從大局，統一指揮，並注重協調整合；發揮優勢，力爭主動，以人民戰爭作為心理戰的威懾力量；把握時機，分戰前、戰時、戰終三階段，連續實施；宣傳、威懾、詭詐等手段，綜合運用，互為補充。 ● 心理戰信息製造的主要方法：利用我方戰爭潛力製造信息；利用軍事行動製造信息；利用敵方不利狀態製造信息；利用戰俘和投誠者製造信息；利用敵方樂於接受的音樂、戲劇、宗教等製造信息；利用民間傳聞製造信息。 （注重對民族心理的運用是中共心理戰的一大特色，主張在敵對雙方的鬥爭中，要將民族心理作為心理戰的重要方面，並且加以有效利用，而其「一般方法」是：第一、激起民族情感；第二、強化民族偏見；第三、製造民族矛盾。）

資料來源：中共編《信息作戰》，337-373 頁；《兵不血刃的戰爭》，40-56 頁。

用，是一種以威懾、謀略、宣傳、詭詐等多種手段綜合運用的作戰樣式，已超出了過去戰場「瓦解敵軍」的範疇。（中共蘭州軍區政治部，1999：10-11）中共主張，應基於過去「瓦解敵軍」所積累的經驗，形成一套「有我軍特點的心理戰訓法和戰法」。當前，中共雖以發展現代高科技心理戰為重點，但這並不表示中共拋棄了既有的心理戰思想和理論，中共仍反覆強調，「保全自己，瓦解敵人」的目標永遠不變，心理戰應始終圍繞著「瓦解敵方士氣、破壞敵方謀略及打擊敵國戰爭潛力」的三個面向繼續努力。

貳、中共經營心理戰線鬥爭的特色

中共心理戰大量引用心理學基本原理，主張心理戰係以某種刺激為媒介，通過對人感官的刺激和影響，引起人的心理變化，造成有利於己不利於敵的心理狀態，達到團結自己、瓦解敵人，以小的代價換取大的勝利的一種特殊作戰方法。強調未來高科技條件下的心理戰，是在大量使用「硬殺」手段的同時，以語言、文字、圖像、聲音等特殊信息媒體為武器，對敵進行「軟殺」，以精神上的摧毀削弱敵戰鬥。中共從不諱言其心理戰任務平時主在：破壞潛在敵國的內政安定，加劇敵政治、經濟、社會、民族和地區等方面的困難，加以分化、挑撥和離間；而戰時則在：破壞敵軍士氣，策動敵國民眾反戰，分化敵內部團結，以及挑起敵軍人的不滿情緒等。綜觀中共歷次對外戰爭，在心理戰線鬥爭的經營上，具有以下的特色：

一、高度利用「民族心理」，對內激化仇敵意識。中共料將以「台灣人瞧不起大陸人」為心理戰訴求主題，激起大陸民眾（尤其共軍）的民族情感，強化「民族偏見」情結，透過製造「民族矛盾」來激勵共軍作戰決心和士氣。

二、精細分析敵軍官兵心理，採取「分別對待」措施。預期中共將在各種戰術狀況下，針對當面國軍部隊的背景、任務等因素，製造

倚賴恐懼、驕橫傲慢或急功近利的心理。

三、瓦解敵方士氣，打亂敵方部署。透過包括高科技模擬仿真技術，針對我政府或作戰部隊決策指揮人員，製造旨在欺敵惑敵的心戰信息，而主要的材料和方法包括：戰爭潛力、軍事行動、不利我方的情勢或消息、戰俘和投誠者、音樂、戲劇、宗教等等。

參、中共凸顯心理戰謀略訓練及運用

心理戰是由宣傳、謀略及安撫等三類的活動所組成，其中的謀略心理戰又分威懾及欺敵兩大作為。共軍當前特重謀略課目演練，正透過演訓提升幹部的威懾和欺敵素養。共軍訓練材料指出，威懾在限制或剝奪對方的行動自由，以達成不戰而屈人之兵或少戰而勝敵的目標。就時程言，威懾可分戰略威懾及戰術威懾，冷戰時期美蘇兩大陣營的長期核武威懾，可視為戰略性威懾，而戰爭中的兩軍在戰場上對峙屬於戰術威懾；而就作為言，威懾可分為行動威懾和理論威懾，前者如軍事演習、攻擊等，後者則指把己方優勢的地位和作為，刻意的傳輸給對手，使其產生懾服的心理，從而達到不戰屈敵的目的。

表面上，威懾是強者對弱者的一種恐嚇或脅迫行動，實際上，威懾與反威懾行動經常結伴而行，例如：越戰時的美國對越共威懾以高科技武器，而越共則反制美軍以無止無休的人民游擊戰，讓入越美軍在傷亡不斷和戰場恐懼之下退出戰場。因此，威懾更多是以雙方活力對抗的形式而存在，只要威懾策略運用得當，使主客觀條件的威懾能量發揮到極致，最後鹿死誰手猶未可知。總之，威懾如今已成一專門之學，而中共正努力吸取過去戰爭中威懾行動的經驗。威懾是一種既鬥智又鬥力的心理戰行為，而中共是這方面的老手，中共在六〇年代同時與美蘇兩超強為敵，但中共的「人民戰爭」理論，在嚇阻「外來侵略」上，發揮了十分顯著的效能。

中共重視謀略心理戰係來自波灣戰爭的啟示，中共係以「謀略」的觀點去解讀波灣戰爭。中共指出，波灣戰爭不僅是一場軍事衝突，更是一場全方位的心理戰，而中共對謀略心理戰的界定是：「借助主體的經驗結構

和思維活動，篩選適當的心理攻擊措施，通過心理攻擊實踐而實現，是軍事實踐的重要內容，是精神因素通過實踐轉化為物質力量的一個完整的作戰過程。」中共進一步解釋謀略心理戰的主要形式為：「採取詭詐、示形、誘敵等手段，以施謀鬥智的方法、對敵心理施加壓力和影響」（馬中、溫金權、周志哲與丁鳳儀，1989：198）。中共置謀略心理戰為訓練重點，並呈現逐次深化的走向，要求作戰指揮幹部應時刻不忘心理戰在軍事作戰中的價值，要求利用心理戰的手段去爭取不戰而屈人之兵。

肆、中共心理戰組織運作及部署

中共涉及心理戰活動的機構相當龐雜，負責或配合執行心戰工作的大小單位超過三百多個，涵蓋中央到地方黨政軍的外交、文化、宣傳、情報、聯絡、僑務及涉台事務等部門，大概可分成政策制定與指導、心戰情報蒐研及計畫與執行三大類（表 10-2）。而就一般運作言，中共中央政治局常委會是政策制定機制的核心，由一名中央政治局常委負責督導心戰政策及日常事務，重大決策交中央政治局常委會討論議決，不過自「蘇東波事變」以來，中共凜於「亡黨亡國」的危機，由總書記親自領導的例證愈來愈多（如反和平演變決策）。此外，中共心理戰的傳統之一是注重情報蒐研工作，心戰機構同時也是情報機構，因此共軍及國家安全部在心戰活動上，遂扮演愈來愈重要的角色，此如共軍總參第二部（情報業務）、第三部（作戰計畫）及總政治部聯絡部等；至於對台心戰工作方面，主要由中共中央對台工作領導小組負責指揮調度（現由副組長錢其琛負實際領導之責，而國台辦為工作班底），參與執行或配合執行的單位囊括黨政軍各有關單位，其中一些外圍組織，如學術研究、兩岸經貿、文化交流單位及台灣同鄉會等，都負有執行對台心（統）戰的任務。

近些年來，中共愈來愈警覺到既有的心理戰組織，已無法因應未來戰爭的需求。中共軍方幾度要求應參考美國等外軍的作法，盡速組建心戰專業單位及部隊。事實上，共軍倡議籌組心理戰部隊由來已久，自九○年代初以來，相同或類似的主張不斷出現在中共軍事研究論著和學術研討會

表 10-2　中共心理戰組織體系（含對台工作）

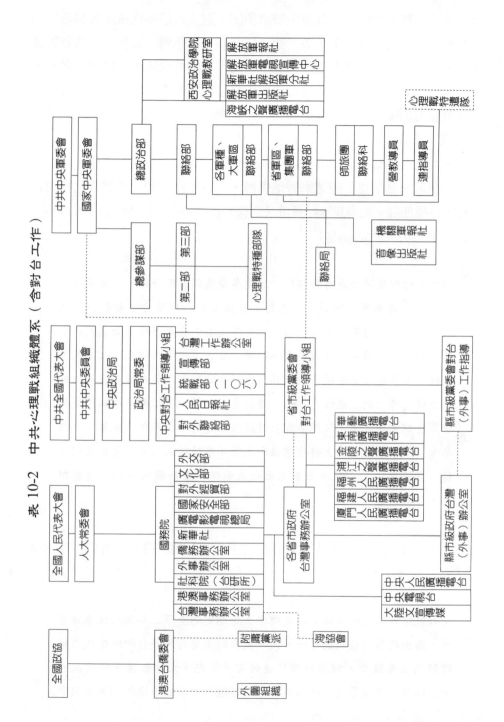

上。（周敏等，1998）中共軍方智庫指出，進入八〇年代後，各種專門的心理戰部隊大量湧現，俄、英、德、法、義、以色列、敘利亞、埃及等國都出現了專門的心理戰部隊，然而中共的「實際情況卻和發達國家差距太大」，指出心戰專業機構是遂行現代信息心理戰的機制，標誌著一國信息心理戰能力的躍進，「建立必要的心理戰指揮機構，是打贏未來信息戰爭的保證」（朱文泉、陳泰一，1999：393）。

一九九九年七月兩岸關係因「國與國論」風波再度陷入緊張，中共急於對台傳遞威懾信息，遂透過香港媒體，「在不經意間」透露「已經組建心理戰特種部隊」的消息，如香港《明報》在同年的九月十四日（A19版）引述共軍「可靠消息」說：

> 剛組建的解放軍心戰特種部隊，近期奉命展開實戰行動。近期高姿態強化報導連串軍事演習，已在對台持續施加心理壓力方面取得了效果，而這只不過是「小試牛刀」。目前總參正在部署對台心理戰的全套行動，如利用現代傳媒的文字符號、聲音、光電、圖像等信息及潛伏特工等其他隱密管道，施放具張力結構的新型能量及這些能量以外「推理想像」的「亞信息」和「潛信息」；解放軍心戰特種部隊是現任軍委副主席張萬年任總參謀長時提議組建的，去年正式成軍，由總參原主管軍事戰略的上將徐惠滋和主管軍事情報的上將熊光楷共同主持，並調集一批心戰專家制定出心戰總體規畫和戰略戰術的具體訓練、作戰計畫。

隨後，中共《跨世紀人才》雜誌（十月號）刊出題為〈解放軍攻台戰法透露〉的專文，宣稱：

> （心戰特種部隊的任務）這是總參去年制定的全軍三年訓練改革方案中，推出的高科技戰術之一。此一戰法的主要作戰平台即以現代傳播媒體為主要媒介，利用瞬間可達的電子聲光、文字圖像、光電訊息等，以及「隱蔽管道」的間諜、外國媒體及全球股市通訊網等不同管

道，施放心理戰中具有謀略、破壞作用的「第四維能量」訊息，配合「超限戰」中若干利用電子計算機不同功能「侵入」和「反侵入」的行為，散布「利我」和「害敵」的資訊，對敵人的中樞機構和領導人物造成誤導，而產生軍事性和社會性的破壞能量，即以「點穴戰」作為高科技戰爭中一種新的心理作戰形式。

據悉，共軍現正調集一批心理戰專家，規畫其「心戰總體規畫」和「戰略戰術訓練作戰計畫」，其內容概為：

以該專業單位為主，建立配套心戰機構，形成網狀心戰體系。
建立心戰研究體系，將高技術心戰知識納入高科技軍事知識範疇。
將心戰納入常規軍事訓練，加強心戰謀略手段，掌握心戰攻防能力。
強化官兵心理素質訓練，提高對實戰景象之承受能力。
加強培養高科技心戰人才，形成心戰專家隊伍。

第二節　中共解讀現代高科技戰爭心理戰

壹、致力總結戰爭經驗並學習外軍長處

中共於科索沃戰爭的經驗總結中指出，心理戰是鞏固己方陣線，推進己方戰略目標的重要手段。通過心理戰手段，可以破壞敵國民心士氣，振奮本國和盟國心理、緩和國際社會的反戰情緒；心理戰的領域正在不斷擴大，涉及到政治、經濟、軍事、外交、宗教等社會生活的各個層面，包括了經濟制裁、貿易禁運、外交施壓、文化滲透、宗教挑撥等各種手段的「大心理戰」戰略部署，主張心理戰不是任何特定單位或個人的職責，而是透過國家中政、經、心、軍、社、文化、宗教、科技等各機構的努力，甚至發動全國民眾的參與，來支援或支持國家目標的達成（此與西方的「總體心理戰」概同）。

中共的「經驗總結」特別突出媒體心理戰的重要性，如：波灣戰爭中媒體心理戰的盛況，再次出現在科索沃戰爭之中。北約極力煽動國際社會對阿爾巴尼亞族的同情和對南聯盟的不滿，為「侵略行徑」開脫，造成「師出有名」，讓各方接受和承認其行動的合理性，企圖在精神上、心理上瓦解南聯盟，迫其就範。北約除了充分利用國際媒體戰爭宣傳，主導輿論外，還不斷製造謠言，經常散布一些無法證實又駭人聽聞的假消息，誤導新聞媒體，諸如南軍隊對阿族婦女集體強暴等等，經媒體的大肆炒作讓人難辨真偽。而南聯盟也充分利用廣播電視進行輿論反擊和對外宣傳，南官方媒體反覆播放南斯拉夫人民一戰時期抗擊法西斯侵略的影片，連續舉行大型反戰音樂會，組織「人體盾牌」，大力宣揚戰績和及時表彰作戰有功人員，有效地激發了人民的愛國熱情（程飛，1999）。

總括來說，中共認為科索沃戰爭心理戰大致表現出下列的新特點（艾如松，1999）：

一、威懾手段更具強制性，高技術威懾具有突發性，可在任何時間和地區達成威懾，可以達成超強的威懾效果，進而恰如其分地體現其戰略意志。

二、宣傳手段更具影響力。一是北約的宣傳具有壓制力，其受眾面大，影響力強；二是北約的宣傳具有煽動性和利誘性，並帶有強烈的規畫色彩，已動搖南盟人民的抵抗意志為目的。

三、未來戰爭的欺騙心理戰有可能是毫無顧忌的，同時，它又富有詭詐性。

科索沃戰爭之後，中共的發展對策是：決策層必須重視敵國政、經、文化傳統的特點，尤其是對方民眾心理、民族心理和決策者心理等，同時亦應加強對敵心理戰策略、心理戰組織協調，和心理戰手段運用的研究。中共觀察近期的國際戰爭，得到發展「大心理戰」的結論，研判對我安全將有如下影響：其一，台海如爆發全面性武裝衝突，中共料將參照波灣戰爭及科索沃戰爭等模式，對台展開島內、島外的全方位心理戰攻勢；其

二，對台心理戰攻勢將與信息戰作為進行全面性整合，其中將以武力展示（武器及軍演）、飛彈攻擊、電腦網路攻擊及海上人民戰爭等，依序威懾台灣民心，企圖打擊我戰鬥信心及意志；其三，媒體心理戰已成為敵我雙方激烈攻防的重點戰線，而共軍智庫對此早展開有系統的研究，我宜引為警惕並籌謀因應對策。

貳、發展現代信息心理戰新戰法

中共發展信息戰顯以電腦網路攻擊為重點，並置提升信息威懾和欺敵的能力為重點目標。中共發展具有心理戰意圖的信息戰戰法，概如下列（趙利，1997；張永明等，1997；吳森，1997）：

一、信息威懾

巧妙地運用信息優勢實施威懾，在敵方心理上構成一種障礙，從而影響敵方的指揮與控制，達到不戰而屈人之兵的目的。實施信息威懾一般分為兩步：首先倚靠其密集、高效、實時的信息收集系統，取得勝敵一籌的情報優勢，為信息威懾創造良好條件；然後通過強烈信息壓制，配合以威懾性信息的宣傳，使對方心理產生震撼，信心喪失，防線崩潰。

二、信息肢解

瞄準信息流程中載體與能量兩個關鍵因素進行肢解、分割，以瓦解其系統結構。前者如破壞信息系統的關鍵裝備或關鍵部位，如預警雷達、通信樞紐關鍵節點；後者指信息網路的能量來源，如發電站或其他供電設施等。

三、信息遮斷

通過有效的信息壓制，斷敵信息傳播。在廣泛蒐集敵方狀況的同時，對敵方獲取情報的渠道予以阻斷，使其在信息傳送上斷流，失去戰場的主動權和部隊控制權，以致被動受制於我。

四、信息汙染

一是病毒汙染，二是信息欺騙。通過信息媒體，對敵軍隊或社會傳播令其沮喪的消息，使其喪失鬥志，對己領導集團和指揮機構產生敵意，製造混亂，失去反抗能力。

五、信息封鎖

信息防禦。主要措施：信息保密、信息反擊。以反偵查手段阻敵獲取信息，如嚴格控制己方信息傳播的範圍、強度、實限、分配配置、偽裝裝置己方系統及設備，干擾、迷茫乃至摧毀敵方信息收集系統等。

六、虛擬現實

利用「虛擬現實」技術模擬敵我雙方的行動，可以是己方部隊大勝、敵方部隊潰逃的景象，也可以是敵方指揮官的戰略部署和決策方案等，再伺機將此類虛擬信息植入敵方控制的信息系統中，使敵誤虛為實，錯誤地執行作戰意圖，或打亂其作戰部署。

參、主張以系統之後的人為主要攻擊目標

中共指出，現代高技術條件下的心理戰，完全迥異於五、六〇年代那

種隔空喊話、互撒傳單、相互策反等陳舊模式，而是一種無形、微妙、透過無限空間多層面攻擊對手內在信心和思想意志的高科技戰術。可以預見的，在未來中共對台武力行動中，電腦網路攻擊不但不會缺席，而且必將扮演非常吃重的角色。中共發展中的電腦網路攻擊戰法，主張加強心戰謀略手段，進而使敵產生恐懼和信心不足等現象，進而發揮「精神威懾」、「致敵恐慌」效果。

中共信息戰專家沈偉光指出：「信息戰對精神世界的傷害是巨大的，信息戰利用信息在敵我之間製造反差，運用心理戰和戰略欺騙等手段，動搖軍心、民心和政府信念，達到遏制敵對國家發動戰爭的意志或使其喪失戰爭能力。信息戰的真正意義是攻擊人的思想和精神，憑藉武力和經濟手段是不可能消滅一個民族，奴役一個國家。精神的威力、信息的能量，正在擊毀傳統國家，看得見的物質毀滅是可怖的，而看不見的精神摧殘是最痛苦的。就像一個人，肢體殘疾還可以生存，但如果精神失常了，思想被人控制住了，那他就是一具殭屍了」（張慧，1999）從上述可以看出，中共係從人及人的心理來看待及經營現代信息戰，亦即中共是以系統之後的人為主要攻擊目標，而這就構成以心理戰為主體的中共信息戰理論和概念。

第三節　中共對台心理攻略及部署

壹、對台統戰的實質為「剝蕉取果」

二〇〇〇年十二月上旬，中共在北京召開全國統戰會議，重申統戰是新世紀實現「祖國完全統一」戰略目標的法寶，宣稱今後要加強對港、澳、台同胞、在大陸定居台胞、前投共國民黨軍政人員等十二類人的統戰工作。統戰活動屬戰略心理戰的範疇，目的在為階段性的目標，創造有利的戰略態勢，中共稱此為「剝蕉戰略」，即：統戰在本質上是孤立敵人、逐漸削減敵人的一種戰略，在敵我力量對比未達絕對優勢的情況下，一方

面盡量找尋同盟軍，建立暫時的聯合，另方面則冷靜面對敵人，「按其周圍層次，進行逐步瓦解」，以取得最後的勝利。中共宣稱，「剝蕉戰略在我黨的歷史上，一直是運用得很純熟的一種心理戰略」，而當前的中共對台統戰目標，則在求於台灣人民心中建立接納「一國兩制」的心理定勢。

貳、經濟統戰擴大「築巢引鳥」效應

一九九九年十二月中旬，中共為吸引台商，特別制定了「台商保護法實施細則」，並大肆宣傳台商入陸投資的各種優惠措施。二〇〇一年元月起，我宣布正式實施兩岸「小三通」，而中共則更擴大「築巢引鳥」的經濟統戰攻勢。中共在我政府宣布金馬實施「小三通」之際，抨擊「台灣當局敷衍台灣同胞迫切要求兩岸直接三通的強烈願望」，然而當「小三通」陸續開航，中共的態度轉為「將會提供幫助和方便，希望台灣方面手續能夠盡量簡化」。「小三通」確有利於改善兩岸關係，但我方必須警覺，中共「促通」更多出自於對台戰略部署的考量，亦即藉由兩岸間人流、物流的擴大往來，加深兩岸臍帶相連的關係。今後，「築巢引鳥」效應如進一步發酵，恐更加速台灣產業外移大陸，以致我經濟結構出現空洞化的危機。

參、處心積慮全面對台展開分化離間

近年來，中共副總理錢其琛持續對台喊話稱：「只要把兩岸『三通』看作是一個國家的內部事務，即可用『民間』對『民間』的辦法盡快通起來」。而我某些號稱「馬祖地區代表」的人士，竟私往馬尾簽署所謂「福州馬尾──馬祖關於加強民間交流與合作的協議」。馬祖地方人士與中共簽署的協議，固不具任何法律效力，然我赴大陸探親、旅遊、就學和從事商務等國人，逐年屢見增長，單去年即達二百五十萬人次，估計台灣人口中有四分之一到過大陸，其中與對岸通婚民眾已超過了八萬對；另在兩岸貿易上，至一九九九年底，兩岸貿易總額累計達一千六百億美元，大陸既

是今日台灣的第二大出口市場，同時也是最大的貿易順差來源地。中共利用我少數國人「利益掛帥」的心理弱點，處心積慮企圖分化離間我地方與中央、人民與政府間關係，在促成「以商圍政」、「以通促統」的戰略態勢上，確有相當大的操作空間，深值我有關單位引以為警惕。

肆、對台「文攻武嚇」當前備而不用

中共在美國小布希政府甫就任之初，因基於長遠的統戰利益考量，不得不營造和善的形象，以致不復年前我總統大選期間，動輒對台施加「文攻武嚇」手段。不過，今後兩岸如進行政治談判，中共為增加我方（談判人員）的心理壓力，勢將隨時再對台展開「文攻武嚇」。「文攻武嚇」旨在製造我人心不安，「文攻」訴諸理性和情感，意在喚起台灣民眾認同「大陸市場商機無限」、「一國兩制」合情合理、兩岸血脈相連密不可分，而「武嚇」則在誘導國人體認中共「絕不坐視台方長期抗統」的決心。近期，中共對台「文攻武嚇」轉向媒體心理戰的運用，例如：共軍總政治部依中共中央「加強對台鬥爭，特別是軍事鬥爭準備及予台獨分子震懾力量」之指示，於二○○○年五月開拍一部十二集的《砲擊金門》（即八二三砲戰），以及在同年的六月，中共中宣部主導拍攝電影《英雄鄭成功》等，透過衛星頻道對大陸內外播放，以「作為全黨全軍和全大陸人民反台獨及對台武嚇的思想準備」。中共「文攻武嚇」似已產生某種程度的效應，大陸歸來的台商、老兵等，出現愈來愈多贊成「一國兩制」的聲音，另近一年來的幾次民調也顯示，贊成統一的台灣民眾，有相當幅度的成長。值得注意的，「文攻武嚇」只是手段而非目的，中共及共軍高層深研「康熙攻台」的「因剿寓撫、以戰逼和」策略，顯露中共最終仍將以戰爭手段解決「台灣問題」。

伍、對台軍事準備突出「非對稱戰法」

中共近些年來的對台策略，似有愈來愈趨於武力威懾的走向，從一九

九六年我總統大選期間的飛彈試射、針對性軍演，到一九九九年「國與國論」風波時透過媒體施放「一看、二批、三準備」、「五日攻台」、「打、封、登」等訊息，再到我新任總統就職以來的不斷放話「進行軍事鬥爭準備」，中共更多地提起武力解決「台灣問題」的論調。事實上，中共早已對台進行心理戰相關部署，而我宜提高警覺的是未來策應武力攻台的心理戰作為。

共軍指出，實施非對稱作戰可達成突然性，可收出其不意的效果，可加速作戰進程，並可最大限度減少傷亡。中共在對台作戰準備方面，至少突出以下的三意圖：其一，共軍深入蒐研威懾策略運用，期以優勢兵力及武器質量恐嚇台灣，誘使台灣軍民滋生「失敗主義」心理，自我設限或節制軍事反擊行動，乃至完全喪失「行動自由」，目的在使我無法有效掌握戰機；其二，武力攻台必採奇襲突擊方式，犯台前先行滲透潛伏人員，四散謠諑，秘密破壞，攪動混亂我民心安定，同時迷惑我方的情勢判斷，為爾後戰術欺敵行動預作準備，一俟發動戰事，即可裡應外合，獲致勝利；其三，在預期美方終將介入台海衝突之下，研採「非對稱作戰」的變形戰法，以密集的飛彈攻擊及局部兵力，伺機突入我方的戰略要點，從而導致台軍民的強烈撼動，造成外力不及挽救的危局，以戰迫「和」，速戰速決。所謂「非對稱作戰」的變型戰法，係在「以弱擊強、以少勝多」的指導下，採取一切可能的手段對付敵方而「超限戰」就是「非對稱作戰」的變形戰法產物。

陸、對台「非對稱作戰」以人心脆弱為前提

共軍的對台「非對稱作戰」構想，係以台灣人心脆弱為前提。多種的跡象顯示，中共係就一九九六年軍演台灣出現的搶購民生物資、移民國外、股匯市大跌等現象，判定台灣人民將經不起「要點被突破」的心理撼動，以致或可透過空前強力的武裝奇襲行動，一舉突破台灣的心防，產生土崩瓦解的效用。台灣的人心是否真如中共認定般的脆弱不堪，仍有待進一步觀察，但中共對台「非對稱作戰」以台灣人心脆弱為前提，則國人應

有警覺，當台灣的人心愈脆弱或顯露出脆弱，愈可能引來中共武力侵犯的企圖，反之，我國人如能內求團結一致，表露誓死抗敵進犯的決心和意志，則將對中共的武力威懾形成反威懾效用（威懾與反威懾的效應過程如圖 10-1）。隨著兩岸交流接觸日益頻繁，部分國人的敵情意識趨於淡薄，在心理上逐漸出現自我鬆弛、甚至疏於防備。值此，為確保台灣的安全不受威脅，國人當應強化心理防線，慎防中共對台「非對稱作戰」的陰謀得逞。

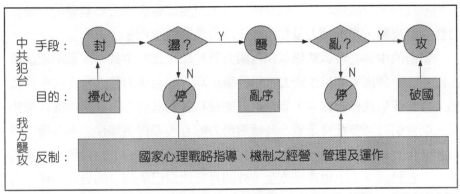

說明：中共的對台「不對稱作戰」構想，判以台灣人心的脆弱為前提，而國人應有警覺，當台灣的人心愈脆弱或顯露出脆弱（如封鎖台灣後造成動盪、甚至混亂），愈可能引來中共武力侵犯的企圖（三棲進攻）；反之，我國人如能內求團結一致，表露誓死抗敵進犯的決心和意志，則將對中共的武力威懾形成反威懾效用，遏制中共興起動武圖謀。（上圖係由國防大學戰略研究所所長曾章瑞博士提供，謹此致謝）

圖 10-1　中共武力犯台及我方反制（威懾及反威懾效應）三部曲

柒、策應武力犯台的心理戰略指導

　　中共對台策略有明顯偏向擴大心理攻略的趨勢，準備全方位、大力度展開台灣人心爭奪戰，所謂「盡一切可能爭取和平統一」、「要與廣大的台灣同胞一起堅決阻止任何製造分裂的圖謀」、「什麼問題都可以談」云云，亦即中共「將工作作到台灣島內」的心理戰略。中共今後的對台策略

及部署，已然產生新的思維，就是：承認「兩岸統一於近期之內無以達成」，從而轉向就大戰略的層次來尋求出路，產生以心理戰略為主導的統一新策略，在拉住台灣不獨及備戰不求戰的基礎上，為兩岸的「自然統一」，創造有利的戰略態勢。至於中共的心理戰略指導，研判如下：綜合運用政治、經濟、科技、軍事、外交及思想文化等各種力量和途徑，影響改變台方民眾、團體、軍隊、政府、領導集團的信念、態度，企圖產生心理「磁吸效應」。必須指出的，這種「不戰屈敵」的心理征服，絕非僅是「和平統一、一國兩制」心戰宣傳而已，而是以綜合國力為基礎的一種綜合性心戰攻勢，是多種力量和多重手段的長期性操作。

當前的中共心理戰略係以綜合國力為基礎，正如中共心理戰略理論所指出的，一個國家如果生產力水平持續提高，綜合國力強大，人民生活富裕，社會矛盾就相對減少，容易形成團結和諧的社會心理氛圍；而如果相反，則會引發諸多社會矛盾，為敵對勢力的心理戰提供條件。中共稱，以精神文化實施心理滲透，是現代心理戰的主要手段之一。綜合國力落後的國家，在精神文化上也難免產生「外國月亮比自己的圓」的自卑心理，高度發展的綜合國力，將有力提高整個民族的素質，促進國家的精神文明建設，從根本上提高民族自尊心和自信心，提高抵禦「不良文化」侵襲的能力。

第四節　反制中共對台心戰攻勢

中共以發展綜合國力為基礎，對台展開創機造勢的戰略心理戰布勢，其運用大陸市場商機、文教交流、大國地位乃至舉辦奧運等，力圖塑造民族光榮感，發揮心理「磁吸效應」，爭取台灣民心歸向。與此同時，中共又時而武嚇威懾台灣人民，反覆傳散「攻台必勝」、「台方必敗」的各種「理論」，「理論戰爭」成為敵我心戰攻防的一大特徵，兩岸正在展開一場激烈的人心爭奪戰。

壹、警惕國人出現「和平麻痺」心理

　　或由於中共長期以來對台「武嚇」，最後總以草草收場（且不論中共是否刻意如此），使台灣民眾開始出現「見怪不怪」的心態。而長此以往，恐將自然助長國人的「和平麻痺」心理之虞，一旦中共對台發動奇襲，我方可能措手不及。就軍事作戰而言，中共為求勝算採突襲方式武力攻台，實乃必然之舉，因而我方更須探究共軍將如何奇襲以及有效強固國人心防之道。國人長期處於安逸，心防脆弱實為台灣安全的一大隱憂，如何強化全民心防，成為當前國家安全上的極重要課題。

貳、亟待建立國家心理戰略指導機制

　　我早年曾設立跨黨、政、軍、新聞、宣傳、情報部門的中央「心戰指導會報」，後由於兩岸關係趨於緩解停止運作，改由軍方負責心理戰及反心戰，在國防部總政戰部下設心戰處，負責執行心理戰的政策計畫、研究發展及作業等工作。惟就一般國家作法，國家心理戰略歸屬國安會職責，而且心理戰活動經常涵蓋政、經、心、軍、社等各領域，故國家階層的總體心理戰作為，應在統一的思想概念下籌謀運作，進行任務分工及跨部門資源整合，始能產生分進合擊的統合戰力。因此，我今後亟需建立國家階層的心理戰指導機制。

參、在鞏固心防及反制武力威懾方面

　　強固國人心防工作，涉及內政、國防、經濟、教育及新聞局等各政府部門，宜由國家戰略權責單位制定「國家心理戰略計畫」，協調各有關部門就職掌研訂具體配套措施，並成立專案編組長期追蹤執行成效，持續不斷檢討缺失，修正相關的計畫及作為；在反制武力威懾方面，當面臨敵武力威脅，我方可嚴正宣示「誓死保台」、「決不坐以待斃」的決心，但不

宜表明具體的報復措施及目標，可留下廣泛的想像空間讓學界及媒體「發揮」，從而使敵方思慮戰爭的風險和代價。

肆、在調整國軍心戰編裝方面

國軍心戰工作主要分為兩大部分：其一，對大陸心戰任務，係循廣播心戰、空飄心戰、錄像心戰、海外心戰、謀略心戰等作為，傳播「台灣經驗」，宣示政府大陸政策及反制中共歪曲宣傳；其二，結合台閩防衛作戰構想，強化部隊心戰訓練，並透過敵情教育，鞏固國軍官兵心防，提升部隊心戰能力，有效支援軍事作戰。今後，我宜配合國家及軍事戰略之指導，適時調整國軍心戰編裝，全面提升軍事心理戰的支援效能。

心理戰是「低投資、高效益」的一種戰爭利器，也是相對弱勢者對抗強權，求生存與發展不可或缺的工具。當前，中共對台展開全方位心戰攻略，企圖突破我國人心防，達成「不戰屈敵」或「以較少犧牲奪台」的目標；至於我方心戰，則在爭取大陸民眾認同「台灣經驗」，引導共同追求「政治民主、經濟自由、社會多元」的未來中國。兩岸皆在力爭未來命運的主導權，而兩岸之間的民心爭奪戰早已展開，並且必將扮演極關鍵的角色。國軍負有捍衛國家安全職責，對此已有深刻的體認，今後當努力提升我心戰及反心戰能力，以周密的部署及準備，迎接敵人的強力挑戰。

參考書目

中共蘭州軍區政治部（1999）。心理戰知識。人民軍隊，6761 期，2-8 頁。

王駿、杜政、文家成主編（1991）。海灣戰爭中心戰謀略。北京：國防大學出版。

吳杰明（1998）。特殊戰秘密檔案——心理戰。哈爾濱：黑龍江人民出版社。

吳森（1997）。未來信息戰的幾種樣式，解放軍報 8/6：6。

朱文泉、陳泰一（1999）。**信息作戰**。北京：軍事誼文出版社。

艾如松（1999）。心理戰的新特點，中共**中國國防報** 7/14：3。

周敏、韋學良、俞學標（1998）。心理戰已經扣響戰略大門——新軍事革命與心理戰學術研討會，**解放軍報** 3/10：6。

馬中、溫金權、周志哲、丁鳳儀（1998）。**兵不血刃的戰爭**。北京：軍事科學出版社。

張慧（1999）。訪信息戰專家沈偉光，北京**國防大學學報**，2 期。44 頁。

張永明、孫宏山（1997）。多樣式的信息戰。**解放軍報** 8/12：6。

程飛（1999）。攻心為上——從科索沃看未來宣傳戰。**解放軍報** 8/18：8。

齊暢（1999）。解放軍攻台戰法透露。北京**跨世紀人才月刊**，十月號，40 頁。

趙利（1997）。美軍信息戰戰法種種，**解放軍報** 9/16：6。

思考問題

一、中共心理戰的特色、強點及弱點為何？請舉例說明。

二、試論中共心理戰將如何策應武力犯台？

三、二〇二〇年前中共心理戰的發展重點及策略。

🗁 第十一章
二十一世紀的心理戰略

前　言

　　東歐及蘇聯的共黨政權相繼瓦解之後，國際媒體宣告稱：「東西冷戰結束！後冷戰時期來臨！」東西冷戰真的已經結束了嗎？這顯然是充滿爭議的問題。顧名思義，冷戰就是熱戰的對稱，冷戰當與熱戰相對的存在，只要有對抗的意識和行為存在，則敵對的雙方不是在熱戰就是在冷戰，而熱戰是短期的、一時的，唯有冷戰才是長期的、常態的。因此，熱戰或有結束之期，唯冷戰必普遍的存在。再睽諸當前的國際形勢，以美國為首的西方仍在持續推動和平演變，而中共及俄羅斯等則力圖抗衡之，尤其中共

現被美國社會視為未來的最大威脅（如二〇〇一年四月下旬發布的一項全美民調顯示，四分之三以上的受訪者認為中共終將威脅美國安全），甚至美國當局在規畫未來十年戰略部署時，已正式將中共列為「頭號敵人」。

中共一再表明堅持「四項基本原則」（堅持社會主義道路；堅持人民民主專政；堅持共產黨的領導；堅持馬克思、列寧主義、毛澤東思想），宣稱：「社會主義遭到的嚴重挫折，不過是社會主義在向前發展的歷史長河中出現的一段曲折，它改變不了社會主義必然替代資本主義這一世界歷史發展的大趨勢」（李長喜、賈春峰，1991：41），中共如今取代蘇聯成為美國的「頭號敵人」，而中共被認為是「一股正在上升的勢力」（arising power），美國布希政府將中共定位為「戰略上的競爭對手」，美、中對抗之局儼然已經形成，因而或許可說美、蘇冷戰已告段落，但美、中（共）的冷戰則正方興未艾。

第一節　心理戰略的理論發展

壹、現代心理戰略思想的源頭

冷戰是以心理戰活動為主體的對抗活動，在過去一段相當長的時間裡，西方社會即以冷戰作為心理戰的替代詞。冷戰的主要特徵是意識形態對抗，而意識形態攻防（思想戰線）又是心理戰的最主要內容。對心理戰研究者而言，冷戰更具探討價值，因為冷戰不但體現心理戰的最高目標——不戰而屈人之兵，冷戰同時也將心理戰活動提升到大戰略的層次。美蘇冷戰對人類的戰爭思想產生重大衝擊，數千年來「戰而勝之」的戰爭思想，如今因美蘇冷戰的過程和結局，開始發生了動搖，如何「不戰」勝敵已成為各方努力探索的課題。

長久以來，孫子的「不戰而屈人之兵」之說，被視為現代心理戰思想與理論的源頭，然而「不戰而屈人之兵」卻是為實戰而講的。孫子說的「先為不可勝，待敵之可勝」，以及「攻心為上、攻城為下」等等，雖然

蘊藏著「不戰而勝」的思想，但《孫子兵法》卻是為了贏得一場實戰（a real war）而作。不過，孫子的戰爭思想仍為兩千年後的冷戰戰略，預先提供了理論基礎，例如：「不戰而屈人之兵」強調的：「以軍事實力為後盾，倚靠謀攻之策，借助外交手段，形成強大的心理攻勢，威加於敵，造成敵方軍心的瓦解，迫使敵方懾於可能蒙受的重大損失而屈敵，因而不用訴諸戰爭，以此來達到自己的戰略目的的戰略思想。」

　　至於西方的現代心理戰略源頭呢？中共戰略研究人員稱，李德哈特（Liddell Hart）的「間接路線」（indirect approach）無疑是現代心理戰略產生與發展的淵源（永青，1994：2）。事實上，「間接路線」重在戰術作戰層次，而非戰略的層次，還是在講一場實戰，因而無法適用於和平時期的戰略部署。「間接路線」考量的是「在戰爭爆發後」，如何以「實戰」給對手造成一種心理作用，從而以較小的代價贏得戰爭。「間接路線」主張迫敵分散兵力，選擇意想不到的行動路線以獲致奇襲效果，打擊敵弱點，不過以奇襲、欺敵等手段去打擊敵軍士氣與鬥志，充其量只是戰術層次的作戰理論，距離「不戰而勝」的理想目標還很遙遠。

　　真正把心理戰思想提升到戰略層次的是法國戰略家薄富爾（Andre Beaufre），他在一九六三年出版的《戰略緒論》（*An Introduction to Strategy*）一書中提出「間接戰略」（Indirect Strategy）一詞指出：所謂獲得決定者，就是必須首先創造出一種狀況，然後加以擴張，以使敵人的精神產生足夠的崩潰，足以促使其接受我所欲強加其身上的條件。薄富爾的「間接戰略」主張：只有使敵深信繼續戰鬥下去是無效的，敵的一切抵抗活動才會停止。（鈕先鍾譯，1996：27-28）「間接戰略」道出了戰爭的定律：戰爭的真正目的在使敵屈從我方意志，而敵屈從我意志的過程，完成於內心的誠服。不過，當薄富爾提出「間接戰略」理論之際，東西陣營對抗早已經進入了冷戰時期。值此可證，現代西方的心理戰略是隨著時代潮流演進的一種戰略思考。

貳、在冷戰中孕育的現代心理戰略

　　心理戰活動突破軍事戰略的範疇，成為大戰略及國家戰略的重要組成，始自於第二次世界大戰後。二次大戰甫告結束，以美、蘇為首的東西兩大陣營就開始進入軍事對峙。

　　一九四六年三月五日，英國前首相邱吉爾在美國密蘇里州富爾頓市（Fulton）的威斯敏特學院（Westminster）發表演說，他斥責蘇聯採行擴張主義，意圖染指全世界，警告西方社會說：蘇共集團正在波羅的海的斯得丁（Stettin）至雅德里亞海的里亞斯特（Trieste）之間，設下一幅無形的「鐵幕」（iron curtain），使得無法計數的人們即將面臨被奴役的命運。邱吉爾提出的鐵幕一詞，從此成為共產勢力的代名詞，而鐵幕內外共黨與反共陣營的對抗，開啟了歷時半世紀的東西冷戰時代。不過，邱吉爾並非首位認清蘇共擴張共黨勢力意圖者，在他發表演說的前一個月，美國駐蘇代辦肯南（George F. Kennan）就已經密電國務院，建言美國對蘇聯採取「圍堵」（亦稱「遏制」）的戰略部署。肯南於次年調回美國務院擔任政策計畫處長，而同年的七月，他在《外交事務》（*Foreign Affairs*）季刊，以「x」之名發表〈蘇聯行為的根源〉（The Source of Soviet Conduct）一文，指出「擴張為蘇聯的本質，美國不可能以協定或妥協來獲得安全」，主張對蘇聯的擴張勢力「採取一種長程、有耐性、但堅定而警覺的圍堵」（"X", 1947：581）。

　　肯南後來出版《冷戰：美國外交政策研究》一書，更深入的解說「圍堵」戰略的構想：要持續地依靠美國軍事力量作為制止蘇聯擴張主義的一種工具，但不是在戰鬥中使用軍事力量，而是希望不求助於戰爭就能支持美國的政策目標。一九五三年艾森豪入主白宮，歷時近四年的韓戰結束，次一年，杜勒斯國務卿即以肯南的「圍堵」理論為基礎，提出核威懾的「巨型報復」戰略，主張以美國的核武優勢和強大的空軍作為嚇阻力量，而一旦嚇阻失敗，就對蘇進行大規模毀滅性核報復。杜勒斯宣稱，美國將不再如韓戰時的自縛手腳，會在自己選定的時間和地點，實施自己選定的

報復手段。

　　「巨型報復」戰略拉開了美蘇核競賽的序幕，而隨後提出的「靈活反應」等核威懾戰略，更擴大美蘇核武器質、量競賽的規模，使識者處於憂慮美蘇大戰及世界末日即將到來的恐懼中。核武戰爭始終沒有成為事實，然而核戰可能帶來的毀滅性後果，卻大大改變了人們對武力戰爭的認識。核戰的毀滅性使人們漸次認識到，暴力不是解決國際糾紛的唯一手段，人類文明要繼續向前發展，人們就必須另闢蹊徑，找到一個能屈服對方但不必遭遇共同毀滅命運的對抗方式，而這就為後來被歸納成和平演變（Peaceful Evolution）的現代心理戰略，提供了孕育的溫床及養分。

參、和平演變戰略的理論演進

　　和平演變作為一種心理戰略，從肯南提出「圍堵」戰略到前蘇聯的瓦解，有一段理論演進的過程。某些研究者將和平演變戰略簡化成：以肯南的〈蘇聯行為的根源〉一文和邱吉爾的「鐵幕」演說為理論基礎，以「杜魯門主義」為基本綱領，以「馬歇爾計畫」為具體措施（原馬歇爾計畫的援助規模達二百二十億美元，而後美國國會刪減為一百七十億美元，而實際支出則為一百二十億美元，其中的半數為援助法、德兩國，足見其防共染指的戰略部署）。事實上，比較當年肯南的「圍堵」理論和後來形成的和平演變戰略，就會發現兩者之間存在著相當的差距。如前述，肯南雖主張「採取一種長程、有耐性、但堅定而警覺的圍堵」，但在完成「圍堵」的態勢之後呢？肯南並沒有明確的交代，而「圍堵」更多的是在強調「美國不能容許強權支配歐亞大陸」，要對蘇聯的擴張共黨勢力，長期「維持堅定而警覺」的態度。肯南的「圍堵」建言得到當局的採納，於是美國在歐亞大陸邊緣地帶的國家，先後簽訂多邊或雙邊的共同防禦條約，如北大西洋公約（1949）、東南亞公約（1954）等。而同時，對共黨勢力的圍堵防線也很快就出現缺口，因為到了一九五〇年就爆發韓戰，使得「圍堵」戰略的可行性一度備受質疑。

　　相對於「圍堵」戰略的採取被動、守勢防禦，和平演變戰略強調採取

積極主動的攻勢。而從被動到主動、從守勢到攻勢的戰略構想轉變過程，更值得心理戰研究者去深入探究，也唯有透析這一階段冷戰思維的演進，方能藉以探求下一階段冷戰的因應之道。關於和平演變戰略的形成歷程，綜整如下（李長喜等，1991：17-19）：

一九四七年，肯南發表〈蘇聯行為的根源〉一文，形成對蘇進行「遏制（即圍堵）」戰略的理論雛形。

一九四九年，美國務卿艾奇遜主張對中共打一場「沒有硝煙的戰爭」，建議制定新的政策，鼓勵和支持中國大陸的民主個人主義者從內部推翻共產黨，使中國和平演變成資本主義；之後，繼任國務卿的杜勒斯提出「要用西方的價值觀念，縮短共產帝國主義的預期壽命」，認為「用和平手段取得勝利」是西方對付共產主義的「高尚戰略」。肯南提出的遏制戰略轉到杜勒斯手裡，正式「演變」成了和平演變的戰略。

一九六一年，甘迺迪就任美國總統後提出「和平戰略」論，主張美國不僅要「高談解放」，而且還要採取具體措施，並制定執行這些措施的計畫，給鐵幕後面那些仍有可為的自由人士以大力的支持；在波蘭以及其它已出現的「鐵幕裂縫」中，逐步地、慎重地、和平地促進更密切的關係，培養自由的種子。

七〇年代以後，尼克森、雷根及布希政府接棒持續推行和平演變戰略，從政治、經濟、思想、文化各方面對社會主義國家實行全面的滲透，以「促使共產主義向多元制和平過渡」，朝自由市場經濟方向發展，以便「使共黨國家改變整個政治和經濟制度」。其間，尼克森鼓吹「不戰而勝」論，指出「可從長期鼓勵蘇聯本身內部的和平演變」；雷根推出「促進民主運動」論，指出「最終的決定性因素是意志和思想的較量」，並號召西方國家共同對蘇聯展開「思想和價值觀的和平競賽」；布希則在國際形勢趨向緩和的大背景下，利用社會主義國家遇到的一些困難大搞「攻心戰」，大力推銷西方的意識形態和價值觀念，以促使社會主義國家發生「根本的體制性變化」。

第二節　和平演變與反和平演變

壹、和平演變戰略的內容

　　和平演變戰略是大戰略層次的思維，內容包括在政治、外交、軍事、經濟、文化及心理戰等領域的作為。和平演變是將民主陣營國家的資源結合起來，對蘇共集團發動長達數十年的「人心改造」攻勢，可說是人類史上最大規模、最複雜的心理戰略工程。

　　對於廣土眾民、實力相當的對手，武力征服的手段是不可行的，克勞塞維茲以拿破崙征俄失敗為例說明：「只能利用其本身弱點加以征服，亦即利用其內在分裂的效力。而要打擊這種弱點，必須對這個國家做深入其內心的煽動。」（鈕先鍾譯，1996：96）所謂「做深入其內心的煽動」就是攻心戰，至於應以什麼手段攻心？克勞塞維茲的《戰爭論》主張：在發動戰爭之時，應先對為何而戰、為誰而戰等問題提出「解答」，也就是以宣傳手段去告知敵方人民，戰爭的殘酷本質不利其生存與生活，促使其起來反對充當政客利用的工具，進而製造讓對方政府頭痛不已的反戰情緒。和平演變戰略不啻正是克勞塞維茲主張的具體實踐。

　　和平演變攻略先從軍事「圍堵」行動開始，「圍堵」在制止共黨的勢力繼續向外滲透，就造成雙方陣營的武力對峙和軍備競賽。軍備競賽的實質是一種國力消耗戰，故亦有（如大陸方面研究）主張，冷戰是東西兩陣營在綜合國力上的大對決（而這解釋了今日反和平演變如火如荼的中共為何積極經營其綜合國力）；政治戰及外交戰進行一連串的拉攏、分化、孤立行動，而其目標確保軍事「圍堵」的延續，要在歐亞大陸、甚至全球的範圍形成大範圍的圍堵部署，必須借助政治外交的結盟來完成，北大西洋公約及華沙公約是東西兩大陣營結盟的最佳典範，而國與國間的結盟必須有「基礎」，於是經濟上的相互援助或合作計畫便應運而生，其中最突出的是馬歇爾計畫。

馬歇爾計畫是和平演變過程中極關鍵的經濟戰，若非馬歇爾計畫的經援策略成功，歐洲國家藉以振興凋敝的經濟，維繫國家運作於不墜，蘇聯染指歐洲的企圖可能就要得逞。一九四六年，蘇聯一方面唆使希臘共黨發動武裝叛變，另一方面向土耳其要求共管達達尼爾與博斯普魯斯兩海峽。長期以來，希、土接受英國的經濟援助，但如今英國已因戰爭的消耗而自顧不暇，希、土因無力抗拒蘇聯可能淪陷，英國遂於次年向美國求助，美國出手相援，並於同年三月發表「杜魯門主義」，宣示：「無論在什麼地方，任何直接或間接對和平所產生的侵犯與威脅，都與美國有關」，隨後撥款分援希、土兩國，而這就是經援戰略的開端，也是「馬歇爾計畫」的先聲。一九四七年六月，馬歇爾國務卿提出「歐洲復興方案（ERP）」的構想，歐洲各國相應成立「歐洲經濟合作組織（OEEC）」（後改組成「經濟合作暨發展組織，OECD」）的資源分配協調機制，在一九四八至一九五二年間共援歐一百二十〇億美元（原馬歇爾計畫的援助規模達二百二十億美元，後美國國會刪減為一百七十億美元，而實際支出則為一百二十〇億美元，其中的半數為援助法、德兩國，足見其防共染指的戰略部署主要為法、德）。（薛釗，2001：116之註八）。馬歇爾計畫獲得空前的成功，使西歐各國不僅得快速進行戰後重建，還確保了市場經濟及民主政治的發展，有效阻絕共黨勢力在歐洲的擴張，進而強固了冷戰的有形和無形防線，也為「和平演變」的攻勢作為奠下基礎。

　　和平演變既在轉化「鐵幕」國家的意識型態和政經制度，心理的目標（在心理上產生「一種認同效果」）既是最初的、也是最後的目標，因而心理戰自然貫穿和平演變的全程。至於和平演變的心理戰手段，至少包括下列：利用廣電音像等大眾媒體，向「鐵幕」裡的人民（特別是年輕一代），傳散民主、自由的思潮；利用國外深造、學術交流及人員互訪等活動，引導體認西方多元化民主生活方式，進而在共黨社會裡傳播親西方的思想，培植支持西方價值觀的力量；利用宗教信仰及活動，削弱馬克思主義的意識型態；利用提供美國的文化、貿易、旅遊資訊服務的機會，宣揚西方及美國政府的政策及立場。何以和平演變攻勢強調意識形態？這或可以尼克森的觀點來闡明，他在其《一九九九不戰而勝》一書中說到：「儘

管我們與蘇聯在軍事和經濟上較量，但意識形態是我們爭奪的根源地……如果我們在意識形態的鬥爭中打敗仗，我們所有的武器、條約、貿易、外援和文化關係都將毫無意義。」（許和震，2000：72）尼克森認為，美國在意識形態領域同蘇聯進行鬥爭，可穩居於絕對的優勢，因為自由和民主的價值觀具有極大的吸引力。但尼克森沒說出來的是和平演變的最後意圖？信仰實用主義的美國人，不會耗費無數的人力、物力資源，就只是為了捍衛自由、民主的普世價值觀。相反地，美國的和平演變戰略，更多著眼於在全世界培植捍衛美國利益的力量。美國人的主流思維認為，在世界各國都實施民主政治體制下，該國人民接納美國人的價值觀，自然對美國採取親善有利的態度，如此能促進美國的國家安全和人民利益。

貳、蘇聯的冷戰作為及失敗原因

蘇聯如今已經解體，蘇聯在冷戰中落敗是不爭的事實，而人們或從成敗論英雄，以致認為蘇聯在冷戰中毫無作為可言。事實上，蘇聯不但採取積極作為，而且還在政治、外交、軍事、經濟、科技、宣傳等各戰線，同美國展開針鋒相對的全面對抗。在心理戰線上的鬥爭，蘇聯絕對是個可敬的對手，蘇聯在經營「和平攻勢」上，不但理論或實際，都積累了極豐富的實戰經驗。

整個冷戰時期，蘇聯共產集團極力擴張勢力，欲以革命戰爭理論赤化世界。整套革命戰爭理論中，創始者為馬克思與恩格斯，列寧深受克勞塞維茲的戰爭論影響，而提出革命戰略理論。「革命戰爭」源起於原始的游擊戰法，二次大戰時，共黨將此戰法提升到戰略層次，發展成一種以劣勝優的特種戰法，在各地進行武裝鬥爭，逐次顛覆、摧毀現行政府、社會制度，而發生在中國的就是「人民戰爭」。「人民戰爭」理論在六〇年代中期曾風靡美國軍事界，造成一窩蜂研習的熱潮，其特點是：

一、多型態的總體戰

戰爭不是孤立現象，要在政治、經濟、心理領域中使用各種方法來進行，而軍事乃是最後手段，所以使用武力與使用和平方法，都是戰爭。

二、武裝暴動

武裝暴動就是奪取政權，是實行「無產階級革命」必不可缺的一個過渡，但它不是單純的軍事行動，而是以群眾運動為基礎奪取政權的。

三、黨的絕對領導

一切工作必須在黨的領導下，黨指揮槍以及一切的一切。

四、強調人的因素

將戰爭與人民結合。

五、重視辯證法的運用

戰爭的目的就是「保全自己、消滅敵人」，根據矛盾統一法則，認為進攻和防禦都是相互倚存、相互關聯而又相互轉移；亦即攻中有防，防中有攻，攻可轉化為防，防可轉化為攻，必須靈活運用，才能使敵轉強為弱，自己由弱轉強，達到戰爭目的。

而在心理戰線的方面，蘇聯的手法可以所謂「和平攻勢」為例說明。根據列寧的理論，「和平攻勢」的目的在利用契機，轉換敵我雙方的力量對比，「和平攻勢」戰略是「凝聚力量的手段」，或者是「讓出空間以贏得時間」的謀略。列寧認為，在決定行動之前，必先將敵我力量與條件做

一精確的對比，然後主動以各種方法及手段，擴大敵人力量的不利變動，加強自己力量的有利變動，且其範圍不受限於國度及社會階層，如此可變敵的有利條件為不利條件，變敵的後備力量為我方後備力量，或至少變為中立的力量，促使敵陷於孤立，進而使其趨於瓦解，而和平攻勢戰略，正是為達成這樣的心理效應。

一九四九年三月，蘇聯在全球各地展開「和平攻勢」運動（即反戰示威活動），提出：假使全世界人都能掌握「和平」，那麼「和平」就可得救。一九五○年春，蘇聯主導在瑞典斯德哥爾摩召開和平大會，發起「斯德哥爾摩請願書」簽名活動，同年夏天在在捷克布拉格舉行世界和平大會，提出「和平十字軍」簽名活動，而據蘇聯宣稱，前者簽名者達五億人，後者九億人。中共的心理戰研究稱，蘇聯的這種「和平攻勢」先於韓戰爆發而展開，對於整個美國的民心士氣給與重大打擊，使美國不得不斷然關閉紐約的「和平運動中心」（溫金權等，1990：187-188）。

至於蘇聯為何落敗？如前所述的，美蘇因對峙進入軍備競賽，軍備競賽再帶來長期的消耗戰，結果拖垮了蘇聯的經濟，於是就有以為是經濟失敗導致蘇聯的崩潰。然而這樣的說法似是而非，就以主張此說最多的大陸學者來說，倘若經濟是蘇聯解體的純粹因素，那又如何解釋中共政權倖存的理由，中國大陸在十年文革期的一窮二白，民不聊生，比之蘇聯可說有過之而無不及，但為何中共仍得穩固專制政權。比較合理的觀察應是，經濟是基本面因素，蘇聯經濟失敗是滋生失去民心的種子，但要使種子開花結果還需灌溉養分，而心理戰就在扮演提供和催化的角色，心理戰提供的養分是自由民主思潮及市場經濟的價值觀，和平演變才是促使蘇聯失敗的主因。蘇聯的失敗絕不是偶然，西方價值觀的滲透，發揮了難以估量的作用。這種滲透在很大程度上影響和改變了一代人的主流價值觀，他的集中體現就是戈巴契夫和「新思維」，因此冷戰勝利就是西方價值觀的勝利。

參、中共警惕和平演變的目標轉向大陸

自美蘇冷戰結束以來，愈來愈多的徵候顯示美中（共）已走上對抗之

路，美國輿論發出愈來愈多的「中國威脅論」聲音，而中共則一再對內發出警告：今日的美國對中政策，就是昔日美對蘇大戰略的延續與發展。其實，中共對美國的「和平演變」意圖發生警覺，可能還要再往前追溯至八〇年代。隨著一九七九年的美中正式建交，美國人及美國文化逐次湧入中國大陸，在十年間形成一股「美國熱」，對大陸中青年知識分子的思想產生極大影響，乃至一九八九年爆發天安門「六四事件」。（李希光、劉康，1996：151）當前大陸的民族主義情緒依然高漲，而美中之間的摩擦和衝突事件正在累增。不過，各方認為美中未來發生熱戰的可能性不高，中共也不認為美國要對其發動戰爭，中共指斥「美國在妖魔化中國」，而擔慮的是「國內外敵對勢力對中國的心理戰，正毫無忌憚和無時不刻不在進行」，中共並指出：「心理戰對我們造成的損害，可能比一場局部戰爭都要深刻和危險得多」（許和震，2000：72）。

　　一九九六年四月，美國智庫重鎮之一的紐約「外交關係協會」（Council on Foreign Relations），完成題為〈結綱：與中國有條件交往（Conditional Engagement）〉的中國政策研究報告，面對逐漸強大興起的中國大陸，美國應採「圍堵」或是「交往」的策略？美國政府長期以來，奉行同中共擴大「交往」的政策，新世紀開始後，隨著國際形勢的轉變以及美國布希政府的就任，「交往」漸調整「圍交」，但仍以「交往」為主。問題是美「中」擴大交往對美方有何利益？中共是一個正在竄升中的經濟、政治及軍事強權，展翅上騰的中共將挑戰美、日等太平洋勢力，而與中共擴大交往不等於默許中共的「野心」嗎？主張「交往」（Comprehensive Engagement）的美國前國防部長裴利，在一九九六年提出「全面交往」政策時解釋說：「（美國）要從經濟整合到軍事交流，全面的、各階層的發展關係，以期使中國大陸轉型馴化」（中國時報 1996. 4. 15）。

　　美國的「交往」動機顯然並不單純，因其目的是在「馴化」對方，「交往」是一策略而不是目的。一九九八年七月十一日，裴利應「美國會議」（American Assembly）之邀在舊金山發表演說，對「交往」策略有更進一步的闡釋，他說：「解放軍在中共國家安全政策中扮演重要角色，但目前擔任要職的軍官卻少有機會和國際政治軍事接觸。解放軍當然會影響

中國未來走向，而解放軍的軍官和中共戰略專家如果偏向『對話』，並且和美軍展開合作，則各有關國家將得利不少。」（中國時報 1998. 7. 15）事實上，美方在裴利發表演說的前一年，就已經持續安排中共中高階軍官赴美進行交流活動。美方安排共軍人員參觀美國的軍事基地，讓他們親眼目睹美國軍事科技的先進，親身體會中共和美國在軍事實力上的巨大差距，藉以遏制中共萌生軍事冒進行動的念頭。

共軍研究機構指出，二十一世紀的美國對中共戰略是以心理戰略為主體，美國的戰略是「改變中國的顏色」，把中國納入美國的戰略體系之中。而美國的對華政策雖有「交往」與「遏制」的不同主張，但兩者在最終目的上並無不同，「對美國來說，這個問題絕不是是否改變中國的問題，而是如何改變的問題」。因此，「中國」必須有心理準備，在未來同美國的心理戰進攻，進行全面的交鋒。

肆、中共反和平演變的策略與部署

中共近年來逐次地強化反和平演變的措施，尤其針對共軍進行全軍性的心防教育。一九九七年八月，在共軍內部發行的《高技術條件下心戰與反心戰》一書就警惕共軍說：「隨著東歐劇變及蘇聯解體，西方敵對勢力更加受到鼓舞，感到心理戰的力量足以勝過原子彈，一顆原子彈只能把一個小小的廣島夷為平地，而心理戰、精神戰不費一槍一彈，卻可以在瓦解昔日超級大國的蘇聯及東盟中發揮作用；美國把心理戰滲透於人權問題、經濟援助、貿易往來、最惠國待遇等方面。心理戰不再是傳統上的軍事領域的鬥爭手段和武器，而成為政治、經濟、軍事、外交、文化、宗教等多個領域的鬥爭手段」（馬忠，1997：221）。

綜觀九〇年代以來的中共反和平演變作為，係以力爭持續「發展經濟」為中心，但又以防止和平演變為根本前提，換言之，發展經濟固然至為重要，但關係「亡黨亡國」的反和平演變仍列為最優先工作，而其所謂的反和平演變「重要措施」，如下列（李振城，1991：350-351）：

一、加強反和平演變鬥爭工作的領導和黨組織自身的建設。

二、努力提高工人階級的政治素質，充分發揮工人階級的政治主導作用。

三、堅持四項基本原則，反對資產階級自由化和反和平演變鬥爭的宣傳教育，要專題深入、常抓不懈。

四、建立健全反和平演變鬥爭的營報、研究、宣傳、教育的組織機制。

五、確保反和平演變鬥爭工作所需要的資金和物質、文化設施。

六、溝通信息渠道，及時提供信息資料，舉辦不同類型的研討交流會。

進入新世紀之後，中共盱衡內外情勢的演變，將反和平演變定性為心戰及反心戰作為，並將心戰及反心戰的工作提升至國家戰略階層，而其戰略指導概如下列（許和震，2000：70-74）：

一、反和平演變心理戰略以綜合國力為基礎

中共從大戰略的層次上考察，認為現代的心戰及反心戰是雙方多種力量和手段長期作用的結果。實力是實施心戰與反心戰的籌碼，沒有實力作為基礎，只能作謀略性運用，而不能在大戰略層次上發揮作用；一個國家如果綜合國力強，人民的生活富裕，社會矛盾就相對減少；反之，綜合國力弱則會引發諸多社會矛盾，為敵對勢力的心理戰攻勢提供條件。中共尤其指出，綜合國力落後的國家，在精神文化上也難免產生自卑的心理，因此發展綜合國力，將有利於促進「精神文明」建設，從根本上提高民族自尊心和自信心，提高抵禦不良文化侵襲的能力。

二、反和平演變心理戰略以價值觀為心理滲透

中共指出，國內外敵對勢力對大陸實施心理戰的主要策略，就是以各

種方式「推動我國社會價值觀念多元化的進程」，強化西方資產階級觀的傳播和滲透；西方以個人主義為中心的價值觀，正在不斷滲透中國大陸，而一個國家社會主導性價值觀取向的變化，必將影響其社會性質和發展方向的變化。因此，價值觀的競爭和較量是國內、國際鬥爭中的重要戰線，也是現代心理戰最重要的戰場，其勝負「關係到我國的前途和命運」。必須充分重視價值觀的競爭和較量，粉碎敵對勢力改變中國社會主義性質的圖謀。

三、反和平演變心理戰略以心理威懾為重心

中共主張要應付霸權主義的心理威懾，必須發展和形成適合國情的心理威懾力量，指出「批判的武器不能替代武器的批判；威懾是建立在實力的基礎之上，沒有實力的威懾不過是一個稻草人」，而「威懾力量」的運用始自於核武器的出現，當前則以信息技術為核心的高新技術武器裝備為主要。其次，非暴力性威懾因素也為威懾心理戰拓展了更廣闊的空間，「利用聯盟、操縱媒體、經濟制裁、金融襲擊、信息封鎖、網路攻擊等非暴力方式和手段」，都可以用來進行威懾心理戰。威懾心理戰不是任何人的專利，「應該發展包括殺手　武器在內的有效軍事威懾力量」（指超限戰和新概念武器）。

第三節　後共產主義時代的冷戰新思維

壹、杭廷頓的世界文明衝突論

在當前，中共雖然竭力抗拒和平演變，並且宣稱繼續堅持「四項基本原則」，然而共產主義的衰亡命運已是不可逆轉，去共產主義化如今只是時間的早晚而已。問題是在後共產主義的時代裡，取代意識形態的人類新衝突將會是什麼？美蘇冷戰結束後，當代美國知名學者杭廷頓（Samuel P.

Huntington）認為，未來主導人類衝突的根源，將是文化的差異和不同文明之間的矛盾。杭廷頓在其專著《文明衝突與世界秩序重建》中指出：「在這新世紀中，最普遍、重要而危險的衝突，不在社會階級、貧富或其他經濟團體的衝突上，而在隸屬於不同文化實體的族群間的衝突」（黃裕美譯，1997：7）。

根據杭廷頓的論點，在後共產主義的時代裏，人類的衝突仍將持續的發展下去，但是當前因政、經制度差異所造成的對立、對抗，未來將為東、西文明的衝突所取代。他指出，「文化上的差異（即基本價值觀念和信仰上的差異）是新的衝突根源」。杭廷頓進而提出警告說：世界並不是像西方在冷戰中取得勝利之後應無可避免地擁抱西方價值觀，相反地，世界正逐步邁向各種文化的衝突，在這些衝突中，西方的模式受到自我意識愈來愈強的東方文明的挑戰，諸如回教、中國、印度、日本，和東正教徒（黃裕美譯，1997：430-447）。

杭廷頓的上述等諸論點，雖與美蘇冷戰結束後東西和解氣氛極不相襯，但也並非全無根據？自從〈世界文明衝突論〉在一九九三年的《外交事務》季刊夏季號發表後，該文所引發的各方學者專家的反響，據《外交事務》季刊主編表示，「為一九四〇年代以來所僅見」（黃裕美譯，1997：I自序），足見杭廷頓的論點在西方社會得到許多認同。而對照以二十世紀九〇年代末期的衝突事件，例如：一九九八年八月下旬美國轟炸阿富汗與蘇丹恐怖份子基地，本在清剿跨越國際的恐怖主義團體，然而此舉卻造成回教國家與西方之間的日漸對立。針對此一行動，西方國家同聲譴責恐怖主義行為人神共憤，均表支持美國的轟炸行為，然而美國雖一再強調「回教子民不是恐怖份子」，轟炸行動是針對恐怖主義分子，非針對回教國家與回教人民，但中東國家與各國的回教組織卻普遍反應激烈，反美的回教國家固然予無情譴責，而一些同美國交好的回教國家也是「如坐針氈」，而以回教為主的國際恐怖主義組織更放言「美國人走著瞧」，這就使杭廷頓的文明衝突論，似乎愈來愈真實了。

杭廷頓的東西文明衝突論，引起相當震撼與猜疑，杭廷頓提出文明衝突論究竟在預防族群衝突的發生，抑或在挑動東、西民族間的新衝突，各

國或由於各自利害的考量，而抱持不同的見解，例如：中共就批判以「西方正在以人權大於主權為理論，為自己掃除稱霸障礙找到藉口」，指斥「美國大眾文化對非西方國家、第三世界國家長期抱持偏見，非西方的第三世界永遠不能進入現代世界」，並稱「杭廷頓此說在為美國的大戰略和心理戰略提供了理論根據」。（李希光、劉康，1996：204）然而各方不同的觀點中也有共識，那就是「文化心理戰」的時代已然來臨。

貳、未來戰爭心理戰瀰學理論

自從共產主義信仰崩潰的「蘇東波」事變之後，以美國為首的西方國家直認為，在共黨國家的信仰呈現真空狀態之際，應趁機盡快植入新的信仰（如西方價值觀），以防範共產主義思想反撲或回潮。（Michael Wilson，1998）那麼，如何提升心戰訊息的傳布效率，就變成重大的課題。而隨著國際網路全球普及化的趨勢，關於心戰訊息傳播效率的研究出現了新進展，也就是 meme（瀰）概念的興起，愈來愈多的研究者探討「瀰」在心戰運用上的價值。

一九七六年，英國演化生物學家道金斯（Richard Dawkins）根據基因學理論，提出「瀰學」（memetics）的概念，並創造 memes 的這個新字彙（memes 與 gene 相近，意指人類「記憶」的基本單位，源自希臘字 mimeme，國內學者將 memes 譯為「瀰」），「瀰學」因而引起國際學界的廣泛注意。道金斯在一九八九年更擴大「瀰學」的探討範圍，他發現在人類的演化歷程中，某些思想觀念會像基因一樣世世代代遺傳，而「瀰」是導致這種現象的原因。（Michael Wilson）「瀰」這個概念，指的是理念可以如同「生物」一般地進化和適應，最好的會適應環境，繼續繁衍，差的則會死去。就「瀰學」的說法，人類的思想觀念係由許多的「瀰」來組成，「瀰」作為組成因子，如同基因一樣具有複製的特性。基因決定後代的「個性」，基因的良窳影響後代的發展能力，而在物競天擇的演化法則下，具有優秀基因的生物較能適應環境變化，並獲得較佳的生存和發展機會；而「瀰」的功能和角色亦然，其對思想觀念具有同樣的影響，優秀之

「瀰」組合而成的思想觀念,不斷自我複製並向外擴散。那麼,如果能讓某一思想匯集各種優秀之「瀰」,這個思想就易為社會上的其他人所接受,進而發揚光大。

「瀰學」研究者指出,思想觀念的傳播方式是傳染的,而「瀰」是一種思想傳染因子,在「瀰競天擇」的進化論下,思想傳染因子重新排列組合,產生更具感染力的新思想觀念,向社會各階層滲透,對社會發生深遠的影響。在「瀰學」研究者的描述下,貫穿思想傳染的「瀰」似乎無所不在,而專家警告說,「瀰」不但可成為市場行銷與產品廣告的利器,有心人在推銷某些觀念時,也可以添加與主題不抵觸而助長複製的「瀰」,甚至蓄意把不利複製的瀰,附加到敵對的觀念上去。屆時,一場「瀰」的戰爭就為期不遠了。

「瀰學」的「把人如何吸收觀念變成觀念如何吸引人」的概念,對於建構心理戰訴求及提升宣傳效率,都將會大有啟發和助益。當心理戰活動吸納「瀰學」的理論,心理戰宣傳活動將變得高度周密而有計畫,經過精心設計的心理戰訴求夾帶在一般訊息中傳散,從心理戰目標的選擇到心理戰訴求的內容,再到心理戰宣傳的方式、手段等,都將以「瀰」的概念為出發,使一般的閱聽大眾既難察覺,又無力抗拒,而且凡與概念有關的事物,皆將成為心理戰「瀰」的攻擊對象,思想滲透的現象愈趨嚴重,人心變成未來戰爭的目標和戰場(許如亨,2000:508)。今後,西方要進一步擴大和平演變攻勢,將因「瀰學」而獲得新的支撐理論——在「瀰競天擇」下,資本主義之「瀰」戰勝了共產主義之「瀰」。而可以預見的,西方的和平演變心理戰攻勢,必將在現有成果的基礎上,持續增強力度並且擴大展開。

第四節　現代戰爭的心防原則與方法

壹、現代戰爭應特別重視心防問題

對敵心理戰活動經常成為各方注意的焦點，然而過去的戰爭卻顯示，心防在一場戰爭中所佔的比重往往大於心戰。心防的目的在鞏固己方的心理防線，能夠有效地抵禦敵方的心理攻擊（反敵心戰），才能建立己方強固的心理防線，因而心防與心戰是一體的兩面，能進攻才能防禦，兩者的重要性是相等的，不可偏廢其一，必須相輔相成，才能有效的控制戰爭面。而面對現代的高科技戰爭，更應特別重視和努力去經營心理防線，理由是：

一、敵人無時不進行心理滲透

由於媒體心理戰工具的方便性日增，心理滲透已成為現代戰爭的準備工作，各方在平時即見以宣傳等各種的心理戰手段，對目標國的人民及軍隊實施心理滲透，企圖分化離間對手國的內部團結，例如：前述的美對蘇和平演變及當前中共對台的「一國兩制」統戰攻勢等。試想：如果我方軍民認同敵方的政策及主張，一旦臨戰又如何能夠團結一致，誓死抗敵呢？

二、現代化的戰爭突然性遽增

戰時先發起攻擊的一方，基於減少作戰傷亡及物資損耗的考量，或者是為了達成一舉癱敵鬥志的目的，必然採取突擊或奇襲的攻擊行動，因而現代戰爭的突然性已較往昔大大增加。此外，遠距武器的大量運用及兵力投射能力的提升，也使戰爭準備時間大為縮短，戰爭行動迅速的進行和結束。現代戰爭的突然性使戰場官兵處於極度緊張，進而出現大量的心理失

調現象，嚴重者甚至有使整個部隊喪失戰鬥力之虞。

三、現代戰場的高度恐怖情境

現代高科技戰爭的特徵是高準確度、高殺傷力及高透明度，如波灣戰爭及波灣戰爭所顯示的，間諜衛星及遙控感應器等各種先進偵察裝備，能使對方的一舉一動盡入眼簾，而高科技武器的大殺傷力，更將帶給戰場人員空前的恐懼心理，如未事先以心理訓練防範、事後給與有效的心理輔導，將對部隊的戰鬥士氣、意志等，造成嚴重的威脅。

四、現代的威懾手段更難抗拒

挾帶武力威懾的敵意行動，在現代高科技宣傳工具的輔助下（如影音的合成技術），除了真假難辨之外，將更具強制和集中的效果，如波灣戰爭時美軍的預告空炸地點、目標及時間等，對伊軍士兵的心理造成強制性打擊的效果。心戰宣傳與作戰行動相配合，將給對方施加更大的心理影響，而這也是未來戰爭的必然趨勢。

五、心戰謠諑行動更具殺傷力

歷次的戰爭經驗表明，一旦戰爭爆發或瀕臨爆發，各式各樣的消息或傳言即不脛而走，而其中多為敵對一方發起的心戰謠諑行動。由於精心設計的心戰謠諑行動，必然伴隨用於印證謠諑的行動，而被列為目標區的民眾如果以訛傳訛，在有意無意間加以擴大流傳散播，將帶來自亂陣腳、人心惶惶的心理效應，其對軍隊士氣的殺傷力，要比有形的軍事打擊行動，有過之而無不及。

貳、國家安全與「全民國防」

「全民國防」是國家安全的磐石，而「全民心防」又是「全民國防」的關鍵基礎。「全民國防」旨在結合政府部門、民間企業、人民團體等各方面的資源，共同抵禦外來的威脅。「全民心防」是人民要有「居安思危」心理準備，所謂「思則有備、有備無患」，要對外部敵人保持適度的警覺，尤其要使外敵無法在我方內部製造分化。

台灣社會出現心防脆弱的徵候，素為各方所嚴重關切，並且引發所謂信心危機的疑慮。然而弔詭的是：歷經數十年來的戮力經營，今日台灣國防武力比起過去，只有過之而無不及，何以所謂信心危機反生於今日而非昨日？足見台灣的「信心危機」問題，更多來自中共「文攻武嚇」產生威懾效應有以所致。台灣已是個言論開放、民主自由的國家，各式各樣的政治主張目不暇給，但國人如果始終欠缺敵情意識，忘了戰爭的威脅，甚至忘了敵人的存在，一旦敵人對台發動奇襲，我方恐將有防衛不及之虞。反之，如國人在平時即有居安思危的心理準備，「不恃敵之不來，恃吾有以待之」，讓敵人體認對台用兵，不僅要面對國軍的堅強抵抗，更將面臨台灣全體民眾的抗擊，認真思考發動戰爭所需付出的風險和代價，如此可對敵形成某種程度的有效威懾，遏阻敵人冒然採取武力進犯行動。

「全民心防」工作的成功，促使社會各方的力量更加緊密結合，在誓死保鄉衛土的共識和號召下，一則可振奮民心士氣，再則可藉以整合民物力資源，人人有錢出錢、有力出力，在短期間動員各級政府、企業行號及學校師生等，形成有效的全民防衛體系，使我「綜合國力」發揮到極致，從而彌補有形國力的不足。

參、強固心防的基本原則和方法

中共內部研判，未來台海如生戰端，美方極有可能介入衝突，然而中共要如何面對美方軍事科技優勢以及隨之而來的信心不足問題呢？共軍研

究人員提出對策稱，基於敵對勢力在武器裝備上的優勢現實，在考慮對付巨大的「技術差」問題時，應著重的不是解決如何同它「比」，而應是解決如何「打」。共軍提出的對策是採取「非對稱」戰法，指出即使擁有最先進武器裝備的部隊，也會存在「足資利用的弱點」，要注重研究對手的心理狀態，進而攻擊敵人的戰鬥意志，以「人」、而非以武器裝備，做為軍事鬥爭的主要對象。事實上，在過去的戰爭中，每見共軍運用「攻心」的諸般手段，實現落後武器與先進戰法的「辯證統一」，追求以指揮藝術彌補武器裝備上的劣勢，在戰法上尋求契機，力圖避實擊虛、以弱敵強。此如過去的「三戰（夜戰、游擊戰、運動戰）」戰法，就是一種典型的「非對稱作戰」（中共「三戰」的十六字訣是：敵進我退、敵駐我擾、敵疲我打、敵退我追，目的在透過擾敵、惑敵、困敵的手段，將堅實而完整之強敵，轉化成脆弱而分離之敵。）由於主客觀條件的差異，共軍未必能以「非對稱作戰」擊敗美軍，然而共軍研究人員的無懼困阻，力思克服官兵面對強敵的心理障礙，頗值我方借鏡。以敵為師，足資反思。以下係就波灣等近期戰爭的經驗和教訓，綜整現代戰爭的心防基本原則和作法：

一、現代戰爭心防基本原則

　　㈠心防是恆常努力的工作，在平時應側重社會資源的整合及覆蓋面，政府及民間的各部門皆應參與或配合實施，而戰時的心防工作，更多的是危機事件的處理，成敗關鍵是有關機構及人員的處理經驗及技巧。

　　㈡國防教育是落實心防工作的不二法門，國防教育的內容主要是民族精神教育及愛國教育。各級學校是推動國防教育的據點（中共已於二○○一年五月上旬，通過國防教育法，規定小學和初中將國防教育納入有關課程，高等學校、高中等教學應與軍事訓練相結合，各級電台、電視台、報刊應開設國防教育節目或欄目，普及國防知識，並將擇取「七七事變」或「九一八事變」等造成中國創傷的紀念日，定為「全民國防教育日」。）而電視、電台、報刊等大眾媒

體是心防宣導活動的最主要管道。

㈢心防工作涉及內政、國防、經濟、教育及新聞局等各政府部門，必須成立跨部門的國家指導機制，除負責制定全般性心理戰略計畫外，並應協調各有關部門就職掌研訂具體配套措施，長期追蹤執行成效，持續不斷檢討缺失，修正相關的計畫及作為。

㈣戰時信心士氣的維持，除來自精神動員外，國家的人物力、經濟動員及交通動員等，均應在平時即完成動員準備計畫，並且得持續進行支援演練事項，而動員民物力資源必須事先完成立法，以避免招致民怨。

二、現代戰爭心防具體作法

㈠面對敵武力威脅，首應展現全體軍民同胞「誓死捍衛國土」的堅決意志，群眾集會遊行有助於提升抗敵意識和士氣，具有國家意涵的旗幟、看板、標語、口號及歌曲等等，可運用於凝聚社會團結，提振國民的信心及士氣。

㈡遏制謠言的擴大傳播是戰時心防工作的重點，政府有關部門除應即時對「負面消息」作適時澄清外，尤其應努力追查「不明消息」來源，以具體而強力的捕謠行動，及時撲滅敵方謠諑陰謀，以及制止無知民眾的傳散「不利消息」。

㈢戰爭中對於謠言不宜採取沉默或迴避的態度，而應以積極的態度適時說明真相，作出鮮明而有針對性的解釋，揭露敵人製造謠言的動機和意圖，戳穿敵人的欺騙宣傳。尤其應廣蒐各方論證資料，駁斥敵人「攻台必勝」的心戰宣傳。

㈣管制媒體的戰時新聞報導為反制敵方心戰攻勢的必要手段，而戰時必然出現的股市金融激烈波動，民眾搶購物資及移民潮，抑或不利的戰局發展等等，皆是敵方心戰用以打擊分化我民心士氣的材料，必須採取新聞管制措施。

㈤當戰爭開打之後，政府首長應適時親臨前線鼓舞部隊、激勵士氣。

此外，各級部隊主官管的領導統御作風，會直接影響該部隊官兵的鬥志和士氣，部隊長官應同下屬培養同生共死的革命情感為，完全的互信和相互支持是心防工作成功的法門。而各級政府亦應組織社會知名或具影響人士以公開談話或演說等方式，鼓舞全民抗敵的意志和決心，並適時發動各地民間社團、各界代表組團至當地守軍激勵士氣。

(六)作戰中仍應持續強化戰爭宣傳活動，尤其應反覆訴求「為何而戰、為誰而戰」等重大主題，將全民爭取勝利的目標化為鋼鐵般的意志，提高軍民對敵方心戰攻勢的警覺，揭露敵人的心戰目標、策略及手段等，使我方軍民產生預期心理，對敵心理攻擊形成免疫力，或至少弱化敵力圖製造之心理震撼效應。

參考書目

永青（1994）。心理戰戰略初探，北京**國防大學學報**，5 期，2 頁。

李希光、劉康（1996）。**妖魔化中國的背後**。北京：中國社會科學出版社。

李長喜、賈春峰（1991）。**論反對和平演變**。瀋陽：遼寧大學出版社。

李振城（1991）。**無硝煙的戰爭──「和平演變」與對策**。天津：社會科學院出版社。

馬忠（1997）。**高技術條件下心戰與反心戰**。北京：解放軍出版社。

許如亨（2000）。**解構另類戰爭（下）**。臺北：麥田出版社。

許和震（2000）。關注大戰略背景下的心理戰。北京：**中國軍事科學**，5 期，72 頁。

黃裕美譯（1997）。**文明衝突與世界秩序重建**。臺北：聯經出版。

鈕先鍾譯（1996）。**戰略緒論**。臺北：麥田出版社。

溫金權、杜汝波、周敏（1990）。**心理戰概論**。北京：解放軍出版社。

薛釗（2001）。**戰略性的思考**。臺北：時英出版社。

中國時報（1996）。4/15。

中國時報（1998）。7/15。

Wilson, Michael (1998). Memetic Engineering: Psyops and Viruses for the Wetware. http://www. 7pillars. com/papers/MemEngin. html.

" X "(1947). The Sources of Soviet Conduct. *Foreign Affairs, 25,* 581。

思考問題

一、和平演變及反和平演變是否有結束之期？

二、和平演變戰略與兩岸的未來關係？

三、中共反和平演變的作法及成敗如何？

四、我國適當的心理戰略構想為何？

五、我國戰時及平時的全民心防工作應如何展開？

第三篇
軍事人員的教育與評量

第十二章
軍事組織的學習

前　言

「學習」一直是心理學家探究的重要人類行為，在經過一個多世紀的科學心理學的探索研究，心理學對個體學習歷程及本質已有相當豐厚的成果，而此研究結果應用於教育、訓練等的領域是相當普遍的現象。

當新的成員進入軍隊，最重要的事物就是學習，學習的內容包括軍中的生活方式、思考模式、行為、組織文化、軍事技能及軍事情境基模（schema）等。當學習的事物足以應付軍事組織要求時，個人便逐漸的適應軍中生活。

本章主要是探討軍事組織的學習，經由學習理論，配合軍事組織的情境來討論軍事組織的各種現象。此外，也解讀了軍事組織文化，讓讀者對軍事組織文化有概略的了解，及介紹行動科學（action science）的學習理論，以茲提供提升個體及組織學習的方向。

第一節　學習之定義

　　個體在適應環境的歷程中，需要複雜的行為來對外在環境反應，以茲適應及達成目標。影響個體行為模式的原因，除遺傳因素之外，最主要的是「學習」因素。惟有經過學習，個體才可能在短時間內獲得知識或技能，來達成環境的要求。

　　學習是經由經驗而導致知識、技能上的相對恆久「改變」，此處的「改變」不同於「成熟」引起的改變。「相對性的持久」與疲勞或其它因素而造成的短暫改變具有不同的性質。所以學習的改變需要維持相對長的時間。在學習的內容上，主要區分為陳述性知識（declarative knowledge）與程序性知識（procedural knowledge）。前者有特定的人、事、物可資描述，易使用語言來說明，後者是某種運作或程序的知識，不易用語言描述，例如：騎踏腳車的知識往往是知其然而不知其所以然。此外，我們也可將學習的內容區分為行為、態度、認知的層面。

　　一般而言，我們很難看到個體學習的歷程，因為學習的歷程是內隱的，所以通常我們可以看到學習的結果，但卻看不到學習的本身。有時學習結果也是無法察覺的，也就是說個體有學習，但是卻不會表現出來；要讓學習結果表現出來需要有適當的動機（motivation），才能讓獲致的技能、知識表現出來。

　　Rescorla（1987）主張學習是獲得「行為」與「結果」間的關係。例如：史金納箱（Skinner boxes）實驗中，按桿子的行為早已存在了，它主要是學習到按桿子與酬賞間的關係。

　　由以上陳述可知，學習是由經驗引起、穩定性的改變及知識、技能的

獲得，職是之故，學習是一種潛在、複雜的過程。此外，學習與動機之間的關係是相當密切的，因為有些行為雖然已經獲得了，但如果要展現，則需要受到動機的驅動，才能表現出學習到的行為。

第二節　主要的學習理論

壹、古典制約學習

古典制約學習理論的發展，起源於蘇俄生理學家巴夫洛夫（Ivan Pavlov），他以狗為實驗，發現狗一聽到鈴聲，就會流出口水；據此發現了個體習得刺激間的連結（associations），這與中國成語「望梅止渴」現象是不謀而合的。下面將介紹古典制約理論的重要概念。

古典制約的基本歷程為：首由非制約刺激（US）引發非制約反應（UR），讓一個中性刺激（CS）與非制約刺激配對出現，緊接著是非制約反應的出現。經由此程序（圖 12-1），造成了制約刺激（CS）引發制約反應（CR）的學習現象（CR 類似於 UR 但不同於 UR）。

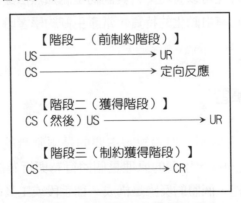

圖 12-1　古典制約學習的階段

基本上，制約學習是制約刺激與非制約刺激形成連結，逐漸由制約刺激取得非制約刺激的特性，最後，制約刺激的單獨出現，就會導致制約的

反應。例如：在巴夫洛夫操作狗的實驗裡，當他把一塊肉呈現給狗時，狗的口水流量會增加；且若單獨搖鈴時，狗不會流口水。但當巴夫洛夫先讓狗聽到鈴聲，然後拿肉餵狗，如此反覆一段時間之後，狗聽到鈴聲，就會流出口水。因為狗學習到了鈴聲（CS）與肉（US）的連結，就是狗一聽到鈴聲，就會流出口水。

古典制約作用是被動的，一項事物出現時，就會以某特定的方式反應，所以，它只能解釋簡單的反射行為，而且古典制約的學習歷程大部分是無法監控的。在軍隊裡，我們也看到古典制約的現象，如：一聽到「連長」的字眼，便會覺得恐懼，聽到「輔導長」的字眼便覺得溫暖感覺，此因為連長凶悍行為與連長的表徵產生連結，而輔導長較溫和支持角色與其表徵產生連結。

以前國共鬥爭的時代，兵荒馬亂，常有軍人扮成老百姓寄居於民家，以逃避被殺害。但有人想出了一個妙策去分辨誰是軍人，當去搜查民家的時候，他就大喊「立正」，當混入老百姓中的軍人聽到時，便會不由自主的做出立正動作，而洩露了軍人身分。此種現象就可闡明「立正動作」與「立正」產生連結。

由古典制約的特性可以發現，古典制約是認知無法穿透的，在潛意識的狀態中發生，也具有自動化的特質，當產生制約學習時，通常很難去改變或去除。

貳、操作制約學習

在巴夫洛夫的古典制約理論裡，主要的是兩刺激的連結，（US 和 CS）。而在操作制約裡，學習的原理是個體行為與行為結果增強物的連結。操作制約學習裡，個體的反應是構成一種手段或工具的性質，以便獲得酬賞或避免懲罰。就古典制約來說，個體的反應不會影響條件和無條件刺激給與。就是說，不管條件反應是否發生，條件刺激和無條件刺激的發生是不變的。但操作制約學習則不同，個體學習到的反應，會影響到酬賞的發生或懲罰的不發生。

🔍 實務看板

```
***********************************************
*                                             *
*  記得作者在軍旅一段時間中，曾當過侍從官，當長官要我進其辦公  *
*  室時，就以按鈴顯示，作者當時階級較低，見長官都會緊張，所  *
*  以，每當長官按鈴召喚（聽到鈴聲），焦慮的情緒就油然而生。之  *
*  後，作者離開了那個工作，調至他職。但有一個有趣的現象是：有  *
*  一天，到一個餐廳吃飯，顯示上菜的鈴聲與作者以前任侍從官的鈴  *
*  聲是一樣的，結果，當我聽到那個鈴聲時，就不由得產生焦慮之  *
*  感。儘管我離開那個職位已久，我想鈴聲已經與焦慮產生了連結，  *
*  才致使我產生焦慮、害怕的感覺。                        *
*                                             *
***********************************************
```

　　桑代克的迷津箱（puzzle boxes）實驗裡，老鼠為逃離箱子及獲得食物而學得開門閂的行為。Skinner也發明了著名的史金納箱（Skinner box），老鼠在他操作下為獲得食物而學得了按槓桿的行為。

　　操作制約的學習理論認為，行為若能帶來愉悅的結果，則該行為出現的頻率會增加。換句話說，行為若能獲得正面性的增強作用，則人們最可能重複出現這種行為（正增強）。某一行為結果若是帶來痛苦的結果，則個體出現該行為的頻率便會減少（負增強）。

　　操作制約學習的例子在軍隊中是處處可見的。例如：戰士為獲得榮譽假，會將內務整好，打靶時認真獲得好成績，出任務時認真負責……等（正增強）。另一方面來說，戰士如果不將內務整好、不服從命令、不遵守營規，則會受到懲罰。所以，戰士就會減少逾矩的行為（負增強）。

　　經公布實施一段時間後，連上士官兵都有明確的行為準則，結果連上的軍紀狀況漸入佳境。從這個實例可以發現，張小功連長用的就是操作制約學習的策略，符合規範行為且表現良好會受獎勵，而不符合規範行為就將受處分；以模塑士官兵的行為符合規範。

🔍 實務看板

* *

張小功是一位連長，他發現連上近期的軍紀狀況不佳，例如：上個月就有五人逾假、二人站衛兵瞌睡、各項集合速度緩慢等。為解決這個問題，於是在幹部會議時，將維護部隊紀律的策略提出來研討。結論發現：因為連上並沒有明確的營規，士官兵行為未獲得規範，以致士官兵的軍紀狀況不佳。於是決定制定士官兵的行為規範，將遭處罰、獎賞的行為提列出來，以作為士官兵的行為規範。

* *

一、增強作用的呈現方式

增強作用的呈現方式主要有連續性與間歇性兩種。前者指稱目標行為每出現一次，就給與一次的增強。如：士兵只要認真操課，每次連長便予以鼓勵。後者的增強方式並不是一出現目標行為就給與增強，但此種間斷式的增強，足夠使目標行為因受酬賞而重複出現。如：士兵有時逾假，但連長卻沒有執行處分，儘管士兵都知道逾假會受到處分，但逾十次，總有三次是未受懲罰的，因此，此狀況能增強士兵繼續逾假。職是之故，當制定一個規範且經公布後，一定要徹底實行，否則對於士官兵的行為模塑是不具成效的。

二、懲罰的問題

當士兵發生問題行為，如：不服從命令、操課不認真、逾假、違犯營規，或其它類不良行為時，領導者應該要有相對的懲罰措施，包括禁足、禁閉、罰站等。據懲罰措施的探究指出，當個體發生不良行為時，領導者應該要即刻回應予以懲罰，以糾正問題行為；且懲罰的標準應與罪行相

稱，使士兵能夠了解懲罰與不當行為之間的關聯性。

　　但是懲罰可能會帶來更糟糕的副作用。懲罰部屬不當行為，只能提醒部屬什麼樣的行為不可以再犯，但並未告知什麼行為才值得鼓勵。結果只是讓部屬的行為壓抑一時，不能保證不再犯錯。所以，如果一個長官只知道運用懲罰對待部屬，而不去增強良好行為，則會使得部屬對長官產生恐懼心理。如此，會損害一個單位部屬與長官感情的維繫，事事不敢與長官溝通或報告，致使團體凝聚力、士氣、認同感、信任感遭受損害。

　　職是之故，一位領導者在過度運用懲罰時，需要思考增強操作（獎賞一些良好行為）的可能性，或讓士官兵感到領導者是關心他們的，否則將可能得不償失；獲得了軍紀，但失去了人心，如：越戰中美國士兵常有讓自己領導者發生意外的情況發生，領導者不可不察。

三、學得的無助

　　此外，關於學習的另一重要現象就是「學得的無助」（Learned helplessness）。這個現象首由 Seligman 和 Maier（1967）提出，在其狗逃離電擊的實驗中，第一階段他操作了三個狀況，第一組（逃離組）：只要表現某行為便可逃離電擊，第二組稱為共軛組（yoked）：牠遭遇的情況是，只要第一組接受電擊時，牠也牽連的遭受電擊，牠與第一組不同處於，第一組於遭受電擊時可逃離，但第二組無論牠從事何種行為都無法逃避電擊。第三組為控制組：不給與電擊。第二階段：將此三組置於典型的往返箱（shuttle box）逃離狀況中，電擊始於一端，且只要光信號一開始時，跳到另一端便可逃離電擊。實驗結果發現，逃離組及控制組的狗會出現主動逃離電擊的行為，而共軛組則沒有逃離的行為，而被動的接受電擊。因為，共軛組將在第一階段所學得的無助感（外界是無法控制的）遷移至第二階段的逃離情境中。所以，當面對電擊時，不會有所反應，只有被動的接受電擊，這種現象稱作為「學得的無助」（learned helplessness）。

　　Seligman 解釋此種現象為：個體學習到某些事物的發生，自己無法去影響的，會認為事物結果是獨立於個體的反應，而導致動機、認知、情緒

的反應如下：(1)不可控制的事件侵蝕了個體發動可控制事物反應的動機；(2)先前不可控制事件的結果，使得個體很難學習對其它事物積極反應；(3)重複不可控制的事件經驗，導致類似於憂鬱的反應。

在部隊裡常會有各項技能學習或體能的要求。如三千公尺跑步、五百障礙等。新兵剛入伍時，如果要求太高，則其無法達到要求，新兵便會覺得外界環境是無法控制的，其信心、學習動機降低，也會產生負面的情緒（未達標準，則會有處分）。此外，此種行為模式會類化到其它學習項目上，而阻礙了學習。若訓練的方式能夠考量新兵的能力，以循序漸近的步驟來進行訓練，如此可以增加新兵的勝任感，學習到外界是可控制的，則學習的動機會較高，情緒狀態也較佳，這樣對軍隊的訓練是有利的，且士兵也較能適應部隊生活。

實務看板

＊＊＊＊＊＊＊＊＊＊＊＊＊＊＊＊＊＊＊＊＊＊＊＊＊＊＊＊＊＊＊＊＊

王小明是一位入伍的新兵，從小到大，他明瞭自己的體能不是表現很好。入伍時，體能要求相當嚴格，他便心生恐懼的心理，深覺在體能上無法跟上要求。王小明入伍的連長相當重視榮譽，要求士官兵相當嚴格，不管三千公尺、伏地挺身、刺槍術等都以高標準來要求。而王小明因體能不佳，根本無法達到連長的要求。起初王小明會盡力的去配合訓練，雖然總無法達成目標。但常常無法達成目標，而遭連長斥責及遭到週末留下練習的處分後，王小明覺得他是無法逃避處分的，因為不可能達成連長的目標。所以，漸漸的他認為自己一定會受到處分，因為努力也沒有用，乾脆放棄學習。從王小明的狀況可以發現，這是一個「學得的無助」的例子。要避免學習者產生「學得的無助」的方法，在訓練計畫上需要循序漸近的，以近程目標、中程目標、遠程目標來分階段訓練，如此，對能力不佳的士兵的心理適應及學習成果是較佳的。

＊＊＊＊＊＊＊＊＊＊＊＊＊＊＊＊＊＊＊＊＊＊＊＊＊＊＊＊＊＊＊＊＊

第三節　社會學習理論

　　Bandura 同意 Skinner 主張的行為是學習來的。但 Bandura 之取向乃社會式的學習理論，探索社會脈絡下所形成和修正行為。他主張我們行為不可能無關於日常生活資料且無社會互動。

　　Bandura 的基本概念是：學習能透過觀察來獲得，而非一定直接由增強來獲得。透過模仿，經由一個楷模的行為，而個體也一樣的重複此行為，此種的方式也可能獲得以前未擁有的行為。例如：透過觀察同學、老師、偶像、演員，我們也可以學習某一種行為。我們可以經由觀察及直接經驗而學習的論點，就稱為社會學習理論。

　　雖然社會學習理論是操作制約的延伸，它假定行為是其結果的函數，但社會學習指出經由觀察，顯示出認知在學習中的重要性。人們的反應是根據他們對於結果的認知，而不是結果本身客觀的意義。

　　社會學習論的中心在於學習對象的影響力，其可分為四個階段，以下作概略的介紹：

図 12-2　觀察學習的歷程

一、**注意階段**　注意是一個選擇性的歷程，當外在環境刺激被注意時，我們認知才會去處理它。所以說，學習作用始於學習對象存在著某些的顯著性，能引發我們的注意力。當學習對象具吸引力且時常出現，個體認為重要，或與個體自己的條件相類似時，是最能引發個體去學習的。

二、**保存階段**　觀察的行為一定要能記憶、儲存、回想，如此方能去模仿。記憶通常包含了觀察對象本身活動的象徵符號，此象徵符

號會引導學習者的行為。

三、**模仿階段**　在這個階段裡，將學習對象的行為經由個體的轉換、
登錄之後，個體自己表現出來。

四、**動機階段**　如果模仿行為存在著正向性的誘因或獎賞，如此會讓
個體將模仿的行為表現出來。學習者有時已經學習了某種行為，
但要決定它是否呈現，則視學習者的動機狀態。

在軍事組織裡，此種的學習方式是常見的，當一個弟兄從新兵訓練中
心分發到部隊之後，此時外在環境的一切對他而言都是不熟悉的，他會想
要盡快適應新環境的生活，注意一些較關鍵且明顯的行為。而比他資深的
同袍便是模仿的對象。從模仿的行為對象中，選擇性的表現出來；就是
說，在觀察學習歷程中，個體學習什麼行為表現是允許的，什麼行為是被
禁止，什麼行為是應必須的；經由一段時間學習之後，漸漸的便能適應部
隊的生活。

 實務看板

****
王曉春從新訓中心分發到部隊，他有很多的東西要學，他看到了有
人因為打靶成績滿分而獲得榮譽假，所以，他學習到了他必須努力
於射擊訓練，而且放榮譽假是他亟求的，所以，在射擊訓練中他是
相當認真的（雖然王曉春未因打靶成績優良因放榮譽假，但經由一
個模範者的行為而使他學習到要努力於打靶的練習，才能得到對他
而言相當重要的榮譽假）。
****

第四節　Anderson 之 ACT 學習理論

Anderson 的 ACT 學習理論主要焦點在技能行為的學習（Weiss, 1990），此理論描述一個生手的技能學習具相當的解釋力。

Anderson 將學習的知識分為：⑴陳述性知識（declarative knowledge）：指用來陳述外在世界的事實、觀念與信仰，它主要的儲存方式為命題式的形式儲存，命題愈多，表示此種知識愈多。⑵程序性知識（procedural knowledge）：用來指稱知道怎麼做的知識，譬如：綁鞋帶、騎自行車、開車技術等。程序性知識最主要的組成單元是由一個條件與一個動作配對而成，兩者間的關係是「如果……則」的關係（鄭昭明，1993）。根據 Anderson 之 ACT 學習理論，技能的發展包含了三個階段：

一、**描述性階段**　當個體要學習某一新技能時，必須經起始階段。此階段主要為描述性知識的學習，其學習特徵是一連串的教導指令，此時的學習成果是後面階段的基礎。在這個階段裡主要運作的心智功能是工作記憶和認知處理的過程。個體必須將一連串達到目標技能之描述性指令維持在記憶中，所以，必須花費較多認知能量去控制學習。個體無法在短時間內完成技能學習，尤其在學習初期，學習是緩慢的，並非一次就能達到學習目標，而是分成許多尚未組織的片段，一一的來學習。

二、**知識編輯階段**　經過前一階段學習之後，描述性的學習及錯誤減少，片段的技能逐漸整合。

三、**程序化階段**　當不斷的學習之後，學習者漸純熟目標技能，可以輕易的表現出來。在這個階段裡，花費的認知能量是相當少的。顯然的，個體已將學習的目標行為達到自動化的狀態。譬如戰士的目標行為是 M60 A3 戰車，在初期的學習階段，要全心全意的注意各項操作程序。當經過一段時間學習之後，漸漸的意識控制

減少，最後達到相當熟練的自動化行為。

在軍隊的教育、訓練裡，有相當多的技能學習要求，諸多的武器需要去操作，以保軍事火力發揮。如：裝甲車、火砲、戰鬥機、戰艦、飛彈系統等。訓練戰士操作這些武器時，必須要求戰士操作的熟練程度達自動化的狀態（就是不斷的訓練，愈熟練愈好）。因為戰士在面對真正的戰場時，一定會有恐懼的心理及面臨死亡的壓力；且需要相當的認知資源去注意外在的敵人威脅。在此情境下，已經沒有多餘的能力去注意武器操作的細節，如果武器操作不夠自動化，一定無法有效的使用武器及面對危機四伏的戰場。所以，在訓練武器操作時，一定要相當熟練，到達自動化的狀態。

 實務看板

＊＊＊＊＊＊＊＊＊＊＊＊＊＊＊＊＊＊＊＊＊＊＊＊＊＊＊＊

小明是一位步槍兵，在一次戰役中被派上戰場，戰場狀況瞬息萬變，王小明心情相當複雜，因為不知何時可能死亡，一股死亡的陰影油然而生。經過漫長的行軍後，突然的與敵軍發生遭遇戰，王小明相當緊張，他用心的觀察到底敵人在那裡？但他發現有一個問題，他的彈匣怎麼裝都裝不上去，他根本沒有心思去想該怎麼裝，因為敵人在前要全心全意的關注，所以，這一場戰，他一彈未發。緊接著，又面臨了另一場攻防戰，敵人施放毒氣時，他也覺得防毒面具相當難戴上，還好他最後戴上去了，而保住了自己的生命。戰場壓力常會限制到一個人的表現，如果將各項戰技訓練到自動化，就能將大多的認知資源用於戰況的發展，其戰場效能便較佳了，所以，對於各種戰技的要求準則是：訓練再訓練！

＊＊＊＊＊＊＊＊＊＊＊＊＊＊＊＊＊＊＊＊＊＊＊＊＊＊＊＊

第五節　軍事組織文化與學習

　　一個地域、國家有它自己的文化，而一個組織也有其組織文化，何謂「組織文化」呢？不同的研究者有不同的定義方式。Douglas（1986）認為文化是思考的習慣，心智的模式或語文的典範，此共享的認知架構，引導著群體內成員的知覺、想法和所使用的語言，並且在初始社會化的歷程中教導給新人。Schneider（1990）認為文化是一種氣氛，一個群體藉由物質擺設，以及組織內成員彼此間的互動方式所傳達的一種感覺。

　　軍隊是一個龐大的組織，組織的縱向及橫向都非常大，其中孕育著屬於軍中的組織文化。例如：軍中較明顯的文化為：重視階級服從、任務達成取向、嚴謹的規範約束、抑制個人欲求，重視團體的利益，任何人進入軍事組織成為軍中成員時，就不時接受著軍中組織文化的模塑及影響。

　　Schein（1992）的組織文化分析模式是一個相當具有分析力的模式，他將文化區分為三個層次，分別為：人工飾物（artifacts）、外顯價值觀（espoused values）及基本假設（basic assumptions），其關係如圖 12-3，最上層的是人工飾物，對組織行為的影響較小，而最底層是基本假設，是根深蒂固的文化，主導著組織內個體行為。「人工飾物」為一可見的組織成品，如軍隊中的「軍令如山」標語、及命令式的語言；外顯價值觀是指可意識到，可具體明白說出來的規範，引導團體中的成員如何處理某些情境以及用來訓練新成員如何行動；而「基本假設」是指起初只是被某個推論或價值觀所支持，後來逐漸成為不容置疑的真理，有時會在潛意識的狀態下影響組織行為，支配著群體成員如何去知覺、思考及感覺事物，所以基本假設在行為成因上具有相當的支配力，是一種深植於個體的建構（Bartunek & Moch, 1987）。

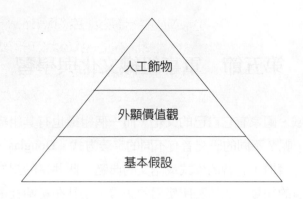

圖 12-3　組織文化的層次圖（摘自 Schein, 1992）

　　根據 Schein（1992）的文化分析模式，其基本假設的向度為：真理與真相的本質、時間的本質、空間的本質、人性的本質、人類活動的本質、人類關係的本質等六項基本假設。如表一臚列以上基本假設的意義及軍中文化的基本假設解析。

　　由表 12-1 可獲知軍中組織文化的基本假設，如：軍中對人性的假設是「性惡」，人是不可信任的，職是之故，許多決策及行事風格會受此認知模式（cognitive pattern）的影響，人在不可信任的基本假設下，有些幹部會覺得「唯有嚴格要求，士官兵才能做好」的認知思維等。

　　組織文化透過種種的形式來模塑軍事組織的成員，在軍中其傳達的方式有：

一、**教育訓練**　新兵經過新兵訓練中心分發至部隊後，隊職幹部的精
　　　神講話、莒光日電視教學等，這些教育的內容都包含了軍中組織
　　　文化的傳遞。

二、**儀式**　軍事組織有許多的儀式，如：早晚點名、慶生會、週會及
　　　新任長官的佈達典禮、長官蒞臨的迎接方式等。如慶生會的儀
　　　式，可模塑軍中大家庭的文化。

表 12-1　軍事組織之組織文化分析

向　度	定　義	本　質	例　子
真理與真相的本質。	定義何者為真的事實。	道德主義、愛國主義、低度脈絡、服從。	軍人的責任在保護國家；為國家可以犧牲自己生命；軍人之五大信念；服從為軍人的天職。
時間的本質。	組織內對時間的基本概念，如何定義時間、尺度等。	重視目前及未來、多功能時間、計畫性時間、時間單位小、時間的調和。	要注意現況及預判未來；一段時間裡要將許多事情一起執行；要先制定計畫，然後依計畫來做；時效要快、一夜精神；各單位要配合實施，做好協調與掌握。
空間的本質。	關於空間及分配的基本假定。	最大及最佳的空間分配予階級較大的人。	司令官的辦公室是寬闊且舒適方便的。
人性的本質。	定義做人的意義及什麼是人類本質或最終貢獻等之共享假定。	性惡、X 理論、人是可信及不可信的。	唯有嚴格的管理，才能管得動士官兵；唯有嚴格要求，士官兵才能做好。
人類活動關係的本質。	人類在與環境產生關係時，該如何做才對的共享假定。	人定勝天、自然可以控制與操作。	軍人沒有做不到的事情；軍人除了生孩子外，其它沒有事情不會。
人類關係的本質。	人類彼此相待、權力分配與散發愛的正確方式之基本假定。	團體主義、強調階級、家的概念。	團結就是力量、一切要以團體為重。絕對性的服從長官、軍中是一個大家庭。

三、**故事**　自己所屬單位的傳奇故事、戰功、傳奇人物等。如傳說以前某重大任務（外島物資清運工作）在短時間內完成，教育者要有效率、一夜精神的文化。

四、**人際互動**　士兵間的相處方式、士兵與幹部的相處方式、幹部間的相處方式。如對於階級較高的同袍必須服從及尊敬，可以形成強調階級的文化。

五、**規章**　軍紀營規、獎懲規定等。如唯有嚴格的管理，才能管得動

士官兵的現象，形成性惡的基本假設。

六、**部隊任務**　軍隊中不同的部隊性質具有不同的任務，有擔任戰鬥的步兵、裝甲兵等，戰鬥支援的砲兵、通信兵等，及擔任勤務支援的兵工、保修等部隊。不同的部隊任務則會孕育出不同的文化。

七、**領導者**　不同的領導者，其領導風格各異，領導者會因其意圖而對其組織有不同的處理，所以，對文化也產生了相當影響。

八、**其它**　有些研究發現，當個體的特質與該組織文化最適配（fit）時，則此個體的滿足感、適應性會較佳（Lofquist & Dawis, 1969）。職是之故，當一個體與軍中組織文化的適配性較佳時，則他的軍中適應程度會愈好。

　　組織文化對個體的組織行為影響相當巨大，而形成一「心智模式」，此心智模式不僅決定我們如何認知周遭世界，並影響我們如何採取行動（郭進隆，1998）。如前所述對人性的基本假設而言，認為人是可信的或不可信的，兩種不同的心智模式將會產生不同的行為方式。這在人類認知觀點來說，是一種由上向下的處理歷程。因個體的注意力是有限的，我們接收到的訊息都是經過選擇的，獲選擇的訊息解釋又由個人的基模來主導。

　　組織文化主導著組織行為，如果是妨礙組織效能的文化成為組織行為的主導變數，則會戕傷組織及個人的效能。例如：在服從階級的心智模式組織中，容易形成長官的策略，而非好的策略。職是之故，我們需要去檢視軍中文化的現況，當發現軍中組織文化對外在求適應、內部求整合的狀況有損害時，最好能請行動科學取向的顧問，協助組織的變革。

第六節　邁向學習

壹、信奉理論與使用理論

Argyris 、Putnam 、Smith（1985）提出行動理論有兩類，一為信奉理論（espoused theory），是指個體所宣稱他遵行的理論；另一為使用理論（theory-in-use），則意指由實際行動中推論出來的理論，就是一個人實際的行為。例如：一位營長被問到，如果您手下的連長意見與您的理念不符合時，您該如何處理呢？營長回答說：「我會仔細思量連長的建議是否有道理，我很尊重部屬的意見」，這就是營長的信奉理論。但實際上，當連長提出與營長理念不合的觀點時，營長的反應卻不是那麼回事，反而怒斥連長的建議，這就是使用理論。由此可見，人們的確做出與自己認為不一致的行動。有時人們對於自己的信奉理論能夠察覺，但是對於使用理論就較無法察覺了。所以，要增益個體學習就要覺察我們的使用理論，及減少信奉理論與實用理論間的差距（gap），其實就是王陽明所謂的「知行合一」哲學。

貳、單路徑及雙路徑學習

人類的每一個行為大都有其目的，所以，個體在從事一行為時，便有動機引導著他，這就是一個人行為的主導變數。譬如：一位少校參謀在會議中希望被長官賞識，所以，提出之意見是符合長官要求的，但是有時會說出與長官理念不符的建議，長官反應出來的訊息是不贊同的，則這位少校參謀則想讓發言更符合長官企圖，在這裡新的行動策略是用來服務先前的主導變數，這就稱為單路徑學習（single-loop learning）。

相對的，另外一種學習叫做雙路徑學習（double-loop learning），就是少校參謀的建議不再要求自己的話要符合長官的理念，當然，他可能要忍

受不被長官欣賞的危險及焦慮，就是去改變主導變數本身，所以，他的行為是開放性的，不囿於一個基模或單個看法、價值觀，而產生學習的效能。

參、監控認知

近年來，認知科學有相當的開展，對人心智運作有相當漂亮的解釋，而監控認知（metacognition）就是當中一個相當重要的主題。其意義是個體具備有兩種能力，一為覺知（awareness）及控制（control）。前者意謂知道自己的能力限制、概念、知識，與認知策略。後者為控制、調適自己知識與策略的能力。

監控認知的概念對我們行為的調整具有相當的助益，當我們在面對某一問題時，我們必須監控自己的狀態，檢驗看看信奉理論與使用理論之間是否是不符合的；是否自己的行為落入單路徑的學習狀態；其實，這就是一種反思（reflection）。當了解自己處於無效能的狀態時，個體就必須要採取行動（action），調整自己的行為模式，導入學習的狀態，以茲產生效能。

結　語

一位老百姓變成一位軍人的變化，就是學習的歷程。如何讓學習者在短時間適應，實為軍事組織主事者之要務。

組織文化引導組織內成員的行為，一個學習型的組織需要不斷的去檢視組織狀態，找出阻礙組織效能的因素，並進行變革，以增益組織的效能，達成組織目標。

實務看板

＊＊＊＊＊＊＊＊＊＊＊＊＊＊＊＊＊＊＊＊＊＊＊＊＊＊＊＊＊＊＊

記得作者有一次需要某一單位的戰士來當研究的受試者，剛好該部隊的部隊長是作者同學；當我以電話聯絡，並表明需要戰士來成為的研究對象，那位部隊長深表同意。但是，當作者到達那個部隊時，那位部隊長正在忙碌當中，無暇來招呼我。他對我說：「我的部隊就在中山室，自己去吧！」；我對他說，我對這裡不熟悉，還是你來引導我吧！但是，那位部隊長很不耐煩說：「自己去試試看嘛！」那時，作者浮起的想法是：同學怎麼當的，應該要全力協助我的。作者一氣之下便想一走了之，那時想，同學也甭當了，便氣得往營區外走去，走到營區的門口處，作者想了想，做了一個反思，得到了一個結果，那就是：我現在的行為是單路徑學習的行為；且我的行為在信奉理論與使用理論間的差異非常大。另外，我憤而離開營區的行為只是應我的憤怒而生，只是去服務我的憤怒（就是一種單路徑的學習）；而且我也常認為，行為要符合理性，而現在的行為完全與理性行為背道而馳，（信奉理論與使用理論間差距很大）。我想如果我就這樣一走了之，我的研究工作一定會出問題；而且工作還是停擺在那，我與同學關係也會破裂，所以，我認為憤而離開學校是無效的。所以作者轉個彎，回到營區並向中山室走去，此時，我那位同學也因不好意思而跑過來道歉且幫忙引導，我的研究就順利完成了，同學關係也沒有破裂；嗯！真是一個完美行動理論的親身體驗。

＊＊＊＊＊＊＊＊＊＊＊＊＊＊＊＊＊＊＊＊＊＊＊＊＊＊＊＊＊＊＊

參考書目

郭進隆譯（1998）。第五項修練。臺北：天下文化。

陳正文譯（1997）。人格理論。臺北：揚智出版社。

鄭昭明（1993）。認知心理學。臺北：桂冠。

劉兆明（1992）。未發表之訓練教材。

Agyris, C., Putnam, R. & Smith, D. M. (1985). *Action science.* Jossey Bass Publishers.

Bartunek, J., & Moch, M. K. (1987). Fist order, Second order, and Third order change and organization development interventions : A cognitive approach. *Journal of applied behavioral science, 23,* 483-500.

Costello, W., & Zalkind, S. S. (1963). *Psychology in Administration.* Englewood Cliffs, NJ : Prentice Hall.

Douglas, M. (1986). *How institutions think.* Syracuse, N. Y. : Syracuse University press.

Lofquist, L., & Dawis, R. (1969). *Adjustment to work.* New York: Application-Contury- Crofts.

Rescorla, R. A. (1987). A Pavlovian analysis of goaldirected behavior. *American Psychologist, 42(2),* 119-129.

Reicher, A. E. (1987). An interaction perspective on newcomer socialization rates. *Academy of Management Review, 12,* 278-287.

Schein, E. H. (1992). *Organizational culture and leadership.* San Francisco: Jossey-Bass.

Schneider, B. (1990). *Organizational climate and culture.* San Francisco : Jossey-Bass.

Seligman, M. E. P., & Maier, S. F. (1967). Failure to escape traumatic shock. *Journal of Experimental Psychology, 74,* 1-9.

Skinner, B. F. (1971). *Contingencies of reinforcement* (East Norwalk, CT: Appleton-

Century-Crofts.

Van Maanen, J., & Schein, E. H., (1979). Toward a theory of organizational. *Socializational Behavior (1).* Greenwich, Ct : JAI press.

Weiss, H. M. (1990). Learning and industrial/organizational psychology. In M. D. Dunnette & L. Mhough (eds.), *Handbook of industrial & organizational Psychology(1) (2nd ed.).*

思考問題

一、古典制約和操作制約有何不同？請舉出軍事組織的例子加以說明。

二、何謂觀察學習？請舉出軍事組織的例子加以說明。

三、Anderson 的 ACT 學習理論要旨為何？在戰技的學習上有何啟發作用？並以射擊訓練的例子來說明。

四、Schein 的組織文化要旨為何？請您試著以其文化的基本假設模式來分析軍事組織文化；您認為有那些文化會妨礙組織效能，要如何去避免，請具體說明？

五、何謂信奉理論？何謂使用理論？請以您親身的實例說明。

六、何謂單路徑及雙路徑學習？可否以親身經驗來加以說明。

七、何謂監控認知？請舉出您反思學習的生命經驗，或者未來應該如何做，才能增加有效能的行為。

📁 第十三章
軍事組織的訓練

前　言

　　國軍教戰總則十四條「軍隊訓練」：訓練乃戰力之泉源、戰勝之憑藉，全體官兵應本良知血性，自覺自動，從事訓練，期成勁旅。軍隊訓練以準則為依據，以練力、練技、練膽、練心及練指揮為要旨，務期求實求精，從嚴從難，以建立國軍訓練優良傳統，培養勇猛頑強之戰鬥作風。尤須針對敵情，摹擬實戰，以實人、實物、實時、實地、實情、實作，採對抗方式勤訓苦練，而達超敵勝敵之目標。由教戰準則的陳述可以得知，訓練在軍隊是一相當重要活動，唯有精實之訓練才有堅強之戰力。

軍隊中的戰士，在民間從事的活動鮮少與軍隊事物有所關聯，當現代化的器械不斷推陳出新，則要求的技能、能力便愈多，所以，如何訓練戰士熟練武器的操作及軍隊事務的運作，就成為一相當重要的課題。

一個具有優秀軍官潛能的人，如果未加以訓練，充其量他只是具有軍人特質，而非一位真正的軍官。一位正式軍人必須經過系統性的訓練，方能使他適應部隊生活，達成部隊任務。

在軍中，訓練必須迅速有效，軍事訓練除了軍官養成教育外，其餘各項訓練無法像一般民間的學校可以從容的去啟發學生的態度及興趣，士兵必須全神貫注於正在進行的訓練，如此方能在短時間內將一位新兵訓練成符合任務要求的戰士。本章目的就是要討論軍隊訓練的相關議題。軍事組織裡，訓練是相當普遍的現象，尤其是在以徵兵制為主的國家；因為徵兵制的兵役制度的特點為「人員流動性大」，新兵一梯接一梯受訓，退伍也是如此進行，因此隨時都有大量的新兵需要接受訓練，之後分發至部隊擔任各項戰備任務，職是之故，如何有效的訓練是相當重要的一個課題。

第一節　訓練的定義

一般說來，人員「訓練」的目的乃是在提供某些學習經驗予工作者，使工作能有效地去執行。訓練這個名詞在許多組織裡都可以見到，不同的組織型態其著重的目標不同，因此其訓練的類型便有差異。軍人之訓練與眾不同，不僅需要接受特定任務訓練，專業訓練、特種訓練，而且得視狀況，需要接受三軍協同作戰訓練，聯合作戰訓練，因為三軍協同作戰訓練乃是大部隊訓練工作中的一部分。因此，可以說，部隊訓練可分為：單位教練、小組訓練、班教練、連營教練、大部隊教練等。職是之故，軍事訓練千頭萬緒，複雜多端，彈性很大，因部隊高低階不同而互異。

一般企業中對訓練的定義為：「企業運用在學習的一套正式程序，其目的在於使學習到的行為有助於工作目標達成」（Mcgehee & Thayer, 1961）。在這個定義之中，可包含三個重要的成份。所謂「正式程序」，

指訓練是有系統且有意圖的歷程，是經過一個規畫訓練的課程、要求來實施。「學習到的行為」意指訓練的規畫在於改變行為，經過訓練之後，個體行為的方式應該是有所改變的，或學得了某些新的技能。例如：經過射擊訓練之後，能夠在射擊成績上獲得九十分以上，並且這個技能可以維持長久。「目標的達成」是進行訓練的首要主因，改變學習者行為或學得技能，以期對組織的目標有所助益。基本上，軍隊的目標為打勝仗，所以，訓練的一切要求都在提升戰力，摧毀敵人為目標。

Goldstein（1993）認為當學習是經由系統計畫，且與工作是相關聯時，即稱為訓練計畫。從這個觀點來看，訓練的過程定義為獲得態度（attitude）、觀念（concept）、知識（knowledge）、規則（rules）或技能（skills）的系統歷程，且會導致工作表現的增進。在軍事組織裡士兵必須要操作各項器械，其是相當特殊、任務化的技能。如：操作 65 K2 步槍、M60 A3 戰車、F-16 戰鬥機的駕駛及戰艦武器系統的操作等。或者概念知識的學習，如：領導統御、戰術；及態度層面諸如階級服從、重視團體、愛國心、責任感、榮譽感等。

在武器的操作上，不但要能學會基本的技能，也必須訓練至精熟的水準，如此，在高壓力、環境惡劣的戰場上，戰士才能以自動化歷程（automatic process）充分發揮戰技，以達最佳水準之表現，摧毀敵人有生力量。

第二節　訓練的設計全般概況

一個有用的訓練必須細心來評估需要，設定訓練的目標，及達成訓練目標的諸般手段，最後要有一個適切的效標來評量訓練成效。所以，它是一整套有系統、嚴謹的模式，作者茲以 Goldstein（1993）的訓練系統來說明：

訓練課程的發展區分為三個主要階段，其依序為：需求分析、訓練執行及評估的階段，每個階段都是訓練成功的必要因素。需求分析是作為全般課程的基礎，假如需求分析做的不完全，則會造成所學非組織所用的狀況。訓練執行階段則必須設定訓練目標，並設計訓練課程以達到訓練的目標，而在評估階段則必須發展效標，選擇評量的方法來確認訓練是否有效；最後要檢驗訓練所獲得之行為在組織裡的實用狀況，以檢驗訓練的有效性。

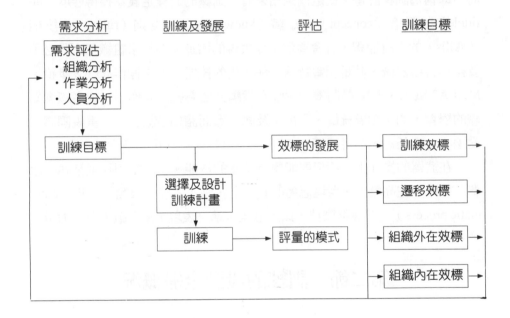

圖 13-1　訓練及發展的一般系統模式

第三節　訓練需求的評估

壹、評估訓練需求的方式

　　從事需求分析是發展訓練的第一步（Schneier, et. al., 1988）。需求評估當中可以了解透過人事訓練可以達成什麼目標？哪些人需要訓練？為了何種目的？訓練課程應該是哪些呢？評估訓練需求的方式通常可分為三個步驟（見圖 13-2）：

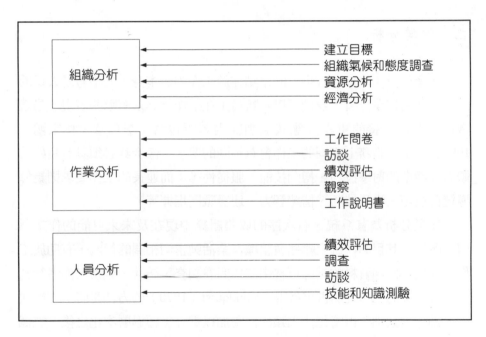

圖 13-2　需求分析的過程及要素

一、組織分析

　　組織分析是對整個組織所做的探究，在此所關心重點是組織所面臨的

整體問題，這些問題可以經由訓練來協助解決。組織分析的形式及目的有許多種，一種是為人力規畫所作的人事查核。人事查核是對組織的人力資產所做的調查，另一為對未來所需之員工類型與數量所做之推算。

軍事組織的人事部門，要調查現有的人力現況、人口資料、學經歷等，及在未來幾年內有哪些人會離職、退伍、有無適當繼任人選，並在前置考量的時程內做好規畫的工作。

此外，組織分析的目的在找出助益或抑制訓練效果的組織因素。且課程的目標與組織的目標是一致的。因此最重要的問題是訓練產生的改變是否對組織的目標有所助益，如果無法達成此一要求，則訓練可能是不需要的（Cascio, 1998）。

二、作業分析

作業分析（task analysis）的重點在於工作內容本身，並不考慮人員的問題。藉由作業分析，我們可以判斷員工在工作上必須有哪些表現才是適當的，而最直接的重點則應該為訓練內容所包含（李慕華、林宗鴻，1996）。軍隊職務上不同的工作會有不同的要求，像步兵必須具有良好的體力、精準的射擊技巧、搏鬥技能、服從性等；而連長的工作要求則為領導統御技巧、溝通技巧、情緒智力、連級戰鬥指揮等。

作業分析為有系統、有次序的收集組織中現在及未來可能的作業為何。所以，其目的在確立哪些與組織作業活動密切相關的行為，有助於工作的表現。此項資料的來源可經由工作問卷調查、訪談、觀察工作者行為及由該職位的工作說明書來獲得。Rundquist（1970）的方法是將工作層次化，細分大類別，再將每一大類的性質加以細分。經過層次化之後，整個職務的細分圖會像金字塔一樣，塔的上方是較大的工作類別或職務性質，塔的下方則為細分的工作單元或小元素。Rundquist等人（1971）利用此方法去分析海軍陸戰隊艦艇指揮官的工作，發覺此種方法在分析複雜多變的工作上，具有不可磨滅的功能，此外，此種方法在分析結構性工作上，效果也非常良好。

三、人員分析

Mcgehee 與 Thayer（1961）認為決定訓練需求的最後一個階段是著重於員工是否需要訓練，及應該從事什麼訓練才是最適當的。人員分析要問二個問題：(1)組織內誰需要訓練。(2)他們需要什麼形式的訓練。

貳、人員分析的方法

人員分析中，大部分涉及了診斷，以資判斷績效不佳的原因是員工的技能或是知識的不足，還是超出其個人所能控制的因素。為了回答上述的兩個問題，人員分析會使用一個或多個的方法來決定員工的訓練需要。其方法有：績效評估的分數、調查法、訪談法、技術和知識測驗和關鍵事件法，以下作簡要的介紹：

一、績效評估分數

關於目前工作績效水準的資料，通常利用傳統的績效評量技術收集。這些技術包括了主觀評估與客觀記錄。所謂主觀記錄是指主官（管）對其部屬的評定，譬如：對部屬的能力、學能、認真程度、人際技能等之評定。而客觀的資料則為員工的資料，如：戰技比賽名次、裝備維護之成績或者是記功嘉獎等。這些資料可與工作績效標準進行比較，而任何缺點都是改進的目標，可供予適當的訓練。

二、調查法

此法為去設計和執行一個調查，去詢問員工什麼知識及技能是未來訓練所應包含的（Brinkerhoff, 1986）。此法可提供許多好處：(1)能降低績效評估的錯誤；(2)員工較能了解自己的優缺點，而據此決定的訓練可能較符

合員工的需要；(3)就算先前未有有效績效評估系統或工作說明書，經由此法可決定適宜的訓練計畫。

　　使用調查法決定工作訓練的方式有許多種，最常用的是使用問卷的方式，列出一系列有關工作的作業和知識，而要求員工去做評量，評量的作業或知識的分數，則可作為是否要訓練的考量。如下表為預官輔導長之素質分析問卷，由此來了解所甄選之預官在接受訓練前的狀況，以作為課程設計之參考。

表 13-1　人員素質分析問卷

姓名_____　學號_____　日期_____

　　下面列舉了您爾後下部隊後的能力、技能或知識，請就各項能力、知識或技術，評估您己具備的程度，在適當的數字上打圈。1代表完全不熟練這方面的知識、能力，5代表非常的熟練，也請在說明欄裡具體說明。

能力或技術	自我評估					說　明
連級領導能力	1	2	3	4	5	
法律常識	1	2	3	4	5	
心理輔導	1	2	3	4	5	
急救技術	1	2	3	4	5	
溝通能力	1	2	3	4	5	
政戰實務工作	1	2	3	4	5	
意外事件之處理	1	2	3	4	5	
文書處理	1	2	3	4	5	
畢業科系：_____科系 相關工作經驗：						

（資料來源：邱發忠 1997。）

參、訪談法

訪談法是一般人力資源部門較少使用的方法，因為此法是相當費時的，但是，卻能產生較深入的資料。此法較大的優點是員工的情感和態度可以清楚的呈現。而其缺點為訪談資料很難去量化及分析（Steadham, 1980）。以下為作者依據 Cascio（1998）的工作分析表內容而擬成的訪問大綱實例（本例係訪問連輔導長）：

㈠該軍官的基本資料：職位、到職日、年資、薪資、組織圖等。
㈡請說明你現在是在做什麼？工作的內容有哪些？工作主要職責是什麼？
㈢你工作內容是如何來的？是據上司分派命令的，或者是有指導手冊？
㈣你輔導長的責任是如何分配的？
㈤你在工作上所需的工具是哪些？
㈥輔導長會與哪些人接觸？包括你的上級或下級或與外面的民間機構？你們之間的關係又是如何？
㈦你和連長、副連長、排長的關係是如何？
㈧擔任輔導長與弟兄的關係是如何的？
㈨你的工作中有遇到哪些困難？別人是否有遇到其它的困難？
㈩就你所知，輔導長這個工作所需的資格有哪些？有沒有一些限制條件？
(十一)輔導長工作所需的專業知識、特殊技能有哪些？
(十二)當你要擔任輔導長之前有沒有經過一些訓練？訓練的內容為何？你對訓練的看法為何？
(十三)你覺得在軍中的升遷管道如何？
(十四)輔導長的工作讓你有何感受？
(十五)你覺得現今的輔導長最缺乏什麼樣的條件？該怎麼做呢？

肆、技術和知識測驗

　　此方法為測驗員工相關工作的知識及技術。假如說，所有員工在測驗上的表現是差的，則訓練是要包括全組織的員工。假如只是部分的員工測驗結果較差，那麼只要部分成員參與訓練即可。以測驗為需求評鑑最大的問題是：要找到適宜的測驗是不易的，且在執行上相當費時及昂貴。

第四節　訓練及發展

壹、訓練的層次

　　訓練的目的重在改變行為，行為是指存於個人內心或顯示於外的思想、情感及行動。所以，一般而言，訓練內容可分為「認知」、「態度」及「技能」三個領域。其關係如下圖所示：

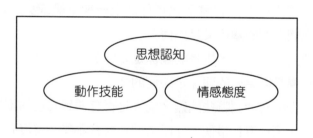

圖 13-3　訓練所改變的行為及其之間的關係

　　現就以此三種技能詳述如後：

一、動作技能

　　為操作器械或某種身體的活動，當訓練課程結束時，要能夠去準確操

作器械或熟練某種身體的活動。如操作戰鬥機、刺槍術、超越障礙、操作槍砲等。

二、思想認知

此為建立其它二種技能的根本，對一些事物的知識，或其它二種技能可以口語或文字表徵的成份。例如：槍砲的諸元知識、操作武器程序的口語表達等。

三、情感態度

舉凡對訓練、組織、團體、人際關係等的情感或態度均屬之。如在軍事組織裡重要的情感態度有認同感、情感、士氣、向心力、愛國、耐心、服從、人際關係、團結合作等。

雖然此三種技能在某一訓練目標裡都可能包含在內，但這三種技能依不同的職位而有不同的重要性及組成比例。在士兵的階層而言，著重的是動作技能及態度訓練，領導軍官著重的是認知及態度的學習。因為，士兵只要聽命令行事，而領導階層的軍官則要充分的認知技能來做狀況分析及命令的下達。在情感、操作器械的向度上，不管是士兵階層或者是領導階層都是重要的，因為軍事任務的分配及性質都一定牽涉到一個群體，而此一群體的合作、士氣、向心力、情感契合、認同感，往往是任務達成的基本要素。

貳、訓練的方法及技術

在各種組織訓練裡，會使用不同類型的訓練方法來從事訓練。較佳的訓練方式是執行多重的訓練方法，如此員工才能了解工作，且知道應該如何去做、在什麼情境下做。改變行為的方法很多，但不同的行為要用不同的方法來改變（見圖13-4）（劉兆明，1992）。以下作者將介紹幾種常用

的訓練方法。

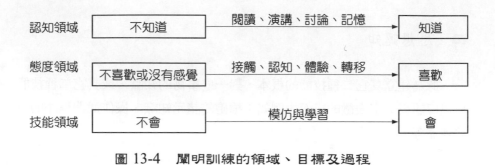

認知領域	不知道	閱讀、演講、討論、記憶	知道
態度領域	不喜歡或沒有感覺	接觸、認知、體驗、轉移	喜歡
技能領域	不會	模仿與學習	會

圖 13-4　闡明訓練的領域、目標及過程

一、講演法

　　講演法主要是訓練者以口語表達或其它媒體的方式呈現予學員。講演法是受人抨擊最多的一個方法，主要因採用此方法時，學員無法主動的參與訓練。但是在某些情形下，講演法是一個相當有效的訓練方法。譬如：陌生的學習材料、受訓團體為大班制，或者在訓練的初始階段，較注重的是認知領域的材料學習。在軍事組織裡常有戰術的教學，訓練之初，首注重的是戰術認知層次知識，爾後，才能以模擬法或實作的方式來訓練，所以，講演法在訓練初期是適用的。

二、儀器及訓練器材輔助法

　　此法在訓練期間，提供與工作情境相似的儀器及設備，依此來協助訓練。此種訓練的效用為要求受訓人員從模擬儀器當中，學會反應原則，及正確的反應方式，使實地操作時，能夠準確無誤地控制武器，或管制設備。採用此法的原因為：採用實地操作的方式來訓練員工作不佳，或以實際的裝置來訓練人員時容易造成人員傷害或成本過於昂貴（鄭伯壎、謝光進，1993）。

空軍戰鬥機飛行員的訓練，會使用模擬機來做先導訓練，因為飛行器造價昂貴，不可能在剛學習飛行時，就實際的在戰鬥機上學習。職是之故，由模擬機訓練一些基本反應至操作手續熟練時，才適宜於實際戰鬥機上來作訓練。

　　又如步兵，常有手榴彈的投擲訓練，也不可能用真實的手榴彈去練習投遠或擲準，而是用外型及重量類於實彈的練習手榴彈來訓練，這樣可以符合安全及經濟的效益。

三、編序教學法

　　編序教學法（programmed instruction）的效用乃是運用了幾項重要的學習原則（King, 1986）。(1)學習的進度是自行調整的，以符合自己的學習狀況。在一般的學習裡，每個人學習的速率是不同的。有的人學得快，有些人學習是較緩慢的，且學習的進度自己又無法控制，而無法符合自己的學習步驟，致學習緩慢的學員易生挫折感。(2)每個學習者可以主動的融入學習，可以將自己的學習狀況與學習材料配合。(3)編序教學法（簡稱PI）將要學習的材料分成幾個階段或小單元，其較大單元的材料容易學習。

　　一般來說，編序教學法的特徵為材料依難易程度排列，由簡入難，循序並進。同時每個階段裡，學員必須對材料做反應，同時也會得到回饋，以了解其反應是正確或錯誤的。假如學員在某一階段末無法完成學習，便要在本階段重新學習，以利下一階段的學習。

　　編序教學法在軍事組織裡的適用性有較大限制。因為軍事組織所訓練的人數相當多（尤其是在士兵階層），而士兵大多數的訓練目標為技能層次，不太可能大幅的使用編序教學法。

四、角色扮演

　　角色扮演的目的乃是藉由學員扮演一些角色，訓練其人際技能，角色扮演需要多人的參與。在模擬的環境下，每個參與人員扮演一個假想的角

色。

在角色扮演法裡面，個人扮演個案裡面的人。在這個個案裡面，包含著一個或多個問題，其為個人不能解決者，如個人對工作分派不滿問題等。當一個人扮演被指定的角色之後，個人的表現就要合乎角色說明書，盡量使其角色行為符合實際角色。譬如：督導人員可以扮演下屬人員，參謀人員可以扮演指揮官等。透過這種過程，可以增加個人的同理心，並了解他人的行為；同時改變個人人際關係、對工作的態度等。

五、討論法

或許此種方法可做為其它種訓練方法的輔助。提供受訓學員參與討論，表現自己意見的機會，針對觀念及事實加以溝通，以驗證假設是否正確，俾從討論中得出結論。

討論法裡面包含了一個重要的心理學規則，就是「主動參與」，藉由主動參與，學員的學習動機是可以增強的。

六、電腦輔助教學法

此法本質上是由編序法而來，此法的好處是在電腦有良好的記憶及儲存能力，可做各種編序的安排。現在在軍事機構裡，常用到的是電腦兵棋推演，隨著電子計算機的進步，未來此領域發展將不可限量。但目前來講，此法在士兵訓練層次的適用性不高，因為士兵要求的戰鬥技能占大多數。

七、模擬法

今日許多軍事組織的訓練都採用模擬法來訓練，在與戰場相似的環境下操作器械。但問題是：真實戰場是可怕的、環境相當惡劣的，如何去複製一個如此相似的環境？而且，在真實的戰場裡，充滿著高壓力（隨時都

可能死亡的期待），如何讓訓練的成果在高壓力的環境中表現出來？很少實徵的規則，能有效的模擬高壓力環境，或設計特殊的壓力來源，來達成訓練的目標（Driskel & Sala, 1991）。況且以模擬法來訓練，參與訓練成員常會認為它「不是真的」、有點「遊戲性質」的意味，而此態度往往也對訓練成效打了折扣。

但不管如何，在從事訓練時，一定要確立我們訓練的目標行為，且與戰場表現具有相關性，此外，設計的訓練環境與戰場狀況是相類似的。以Anderson 的 ACT 學習模式來說，當學習的行為達到自動化時（見第十二章軍事組織學習），此行為表現是較不占認知資源（cognitive capacity），個體會有較大的控制感，在真的戰場壓力下，會有較佳的戰鬥效能。

八、師徒式訓練

師徒式訓練在軍事組織的士兵層次裡，是相當重要的訓練方式，因為軍隊中的技能訓練成分佔了很大比率，（各項武器操作、裝備保養、戰技等）。新兵要由老兵教導一段很長的期間；新兵初期擔任的是助理的角色，並經由與技術純熟的老兵共事中學得技術。師徒訓練方案裡，此種訓練是密集的、冗長、且是一對一的；通常一個新兵跟一個老兵，做好技術的傳承。

此法是一個較非結構式的訓練，且學習是散亂的，而士（老）兵的階層也不能完全對組織目標了解，傳承給新兵的行為也不完全對組織有所助益，如：不正確的陋習觀念，或者不安全的武器操作方式等。

學徒式訓練裡要注意是否有損害組織目標的問題發生，這是領導者需要去注意的，否則一旦不良行為模式形成，而致惡性循環，則會造成相當大的損害；如軍隊中形成老兵欺侮新兵的現象。

參、訓練的相關議題

訓練的效能端視學習之行為能否維持，而且能移轉至工作上，所以，

一些學習的原則是相當重要的（Cascio, 1998）。以下將討論幾個訓練應該注意的議題。

一、知識的結果（回饋）

知識的結果（knowledge of results）對受訓者來說，具有相當的助益效果，它可以使受訓者了解自己訓練行為的狀態，藉以改正錯誤，以獲得較正確的目標行為。如：刺槍術的訓練，教導者可告知受訓者，他的動作是否有錯誤，如有錯誤，則應該如何修正（如槍提高五公分等）。

二、訓練結果的遷移

訓練結果的遷移（transfer of training）指的是，組織訓練的效能端視訓練的結果是否遷移至實際的工作崗位上，在此，可以掌握之原則為：

㈠增大訓練及工作情境的相似性。
㈡提供受訓者更多作業、技能觀念的實例，使之能處置實際狀況。
㈢連結訓練、工作間的內容。
㈣受訓者的態度：確認獲得新的技能、覺察工作環境可以應用新的技能、假如使用新的技能將會提升工作之表現、相信訓練的技巧可以解決問題（Noe, 1986）。

三、練習

訓練的目標行為大多為新的行為，必須花相當的時間去練習，以茲熟悉此目標行為。尤其是在高壓力狀況下的技能（如：廢彈處理小組），最好是過度學習，才足以保障作業之安全。因為，在拆解彈藥時，廢彈小組成員會面臨出意外的壓力，唯有達過度學習後，才能將拆彈技巧達到自動化，作業災害才能減到最低。

四、動機

要獲得真正的學習，首要之務為個體要有動機去學習（Noe & Wilk, 1993）。動機是指個體具動力、有方向的維持行為（Steers & Porter, 1975）。受訓者的動機常會由其對受訓的信念、知覺（認為自己是否需要訓練、訓練是否有價值、有能力去精熟訓練內容）及長官、同僚的社會支持而增強。另外，值得訓練主事者注意的是，當教導者對受訓者的技能學習成就期望較高時，則個體的表現會更好，這就是著名的自我實現預言（self-fulfilling prophecies）效應。

五、目標設定

訓練目標的設定（goal setting）有助於增強學習動機，及讓受訓者覺察學習目標，並控制自己的學習狀態，當學習的作業較為困難時，目標的設定有助於受訓者接受訓練的作業內容，而提高學習動機。

肆、訓練的評估

訓練的評估是相當重要的訓練步驟，缺乏訓練評估，我們將無從得知訓練的成敗。或者說，如果沒有評估，我們也不知道訓練需求與訓練之間是否契合。主事者要確認的是：我們訓練是為了組織目標，為用而訓（如：軍隊目標是為了打勝仗），而不是為訓練而訓練，職是之故，訓練的評估是相當重要的。

伍、評估效標

一、內容效度

執行一項訓練之後，我們可以評估訓練的知識、技能、能力、態度是否有所獲得，這些評估的內容都是訓練時著重的，稱之為內容效度（content validity），我們可以在實施訓練方案後予以測驗，此測驗成績可以衡量學員在訓練課程裡的學習程度，如：營戰術訓練的評估，可在學習期末予學員戰術狀況的測驗。

二、學習者反應

學習者的反應是指學員對訓練計畫的反應，這些效標在測量學員對於訓練的印象與感覺。例如：詢問學員訓練中是否增加知識？訓練是否有效？此種效標被視為訓練方案的表面效度測量。

三、學習者的行為

此種效標與員工回到工作崗位上是有關的。如果訓練課程為營戰術，是否營長在受過訓練之後，能增進其戰術作為呢？在戰場上的表現是否較佳呢？當然，我們很少有機會以實際的戰爭勝負來評估，但我們可以用演習表現指標來評估。但是，演習的表現是有效的嗎？這可能又是待答的問題。

有時經過訓練而獲得的行為是很難實行的。如：長官不准許你的新行為表現，組織氣候不支持新行為等。所以，在從事組織訓練時，一定要以整體的角度去介入，否則只會達事倍功半的效果，或者是造成更嚴重的後果。

陸、訓練評價的實驗設計

在檢驗訓練效果時，最簡單且容易實行的設計是去測量訓練前與訓練後，其表現是否有顯著差異。所以，必須要有二次的測量，第一次測量叫前測，第二次稱後測，後者為經過訓練後，去測量其表現是否有改變（見圖13-5）。

前測 ──────────→ 訓練 ──────────→ 後測

圖 13-5　簡單的訓練效果評估設計

雖然上述的方法是相當簡單的，但是有幾個原因使其很難解釋其發現：⑴沒有控制組可以比較，當前後測間，其表現有差異時，有可能是其它因子造成表現的改變，而不是訓練的實質效果（如改變可能是因動機、機器、經驗或管理所引起的）。⑵前後測之間表現沒有改變，也有可能訓練是有效果的，只是有其它因子破壞了學習者的表現。要克服上述二個問題，必須要加個控制組。控制組除了未接受訓練的處理之外，其它條件與實驗組是相同的（見圖13-6）。

實驗組：前測 ──────────→ 訓練 ──────────→ 後測
控制組：前測 ──────────────────────────→ 後測

圖 13-6　訓練效果評估操作控制組的狀況

第二種的設計與第一種比較起來，可以看到第二種的設計，可以明察訓練以外效果的作用，這種設計較單組設計受歡迎，但也有其限制。控制組設計是為了比較，但是我們並不知道這兩組人員是否真能互相比較；也許其中一組人員比較聰明、動機較強、或是一開始就擁有較高明的技能。因此對其表現並沒有預作測量以顯示兩組人員一開始的可比較性。

另一種更複雜的設計稱之為所羅門四組設計（Solomon four groups design）（Campbell & Stanley, 1963）（見圖 13-7）。

第一組　　　　　　　　　　　　　　訓練 ─────────→ 後測
第二組　前測 ─────────→ 訓練 ─────────→ 後測
第三組　前測 ───────────────────────→ 後測
第四組　　　　　　　　　　　　　　　　　　　　　後測

圖 13-7　較複雜的所羅門四組設計

　　見上圖可知，第一組有訓練處理，但沒有前測，第二組有訓練處理且有前測，第三組沒有實驗處理但有前測，第四組沒有訓練處理及前測。這種設計不僅可以讓研究者去控制外在的效果，也可讓研究者控制任何前測效果，這是最符合科學嚴謹性的設計。

　　但這種設計也有一些缺點，如：採用四組的設計需要相當多的人員，同一組織裡有四個組，他們之間可能會討論訓練的內容，而造成後測結果的變化，這些考量也都必須要注意的。

結　語

　　訓練絕非是漫無目的，必須經過嚴謹的需求分析，及周延的訓練設計、嚴謹的成效評估；如此，訓練才具有成效。此外，訓練師資優劣，端視其專業知識背景，而師資的培養及軍事組織之訓練研究是我國軍刻不容緩的要務。

參考書目

李慕華、林宗鴻譯（1996）。*工商心理學導論*。臺北：五南。

劉兆明（1992）。**未發表之訓練教材**。

鄭伯壎、謝光進（1993）。**工業心理學**。臺北：大洋。

Brinkerhoff, R. O. (1986). Expanding needs analysis. *Training and Development Journal, 40(2),* 64-65.

Cascio, W. F. (1998). *Applied psychology in human resource management (5th ed).* Upper Saddle River, NJ : Prentice-Hall.

Campbell, D. T., & Stanley, J. C. (1963). *Experimental and Quasi-experimental designs in research.* Chicago : Rand Mcnally.

Driskel, J. E., & Sala. E. (1991). *Overcoming the effects of Stress on Military performance: Human factors, Training, and selection strategies.* In R. Gal & Mangelsdorff, A. D.

Gal, R & Mangelsdroff, A.D. (1991). *Handbook of Military psychology.* NY : John Wiley & Sons England.

Goldstein, I. L. (1993). *Training in Organizations : Needs assessment, development, and evaluation (3rd ed.),* Monterey, CA : Brooks/Cole.

King, J. (1986). Computer based instruction. In I. Donaldson & E. Scannell (Eds.), Human resource development: *The new trainer's guide* Reading, 79-85. MA:Addison-Wesley.

Mcgehee, W., & Thayer, P. (1961). *Training in business and industry.* New York: Wiley.

Noe, R. A. (1986). Trainees, attributes and attitudes : Neglected influences on training effectiveness. *Academy of management review, 11,* 736-749.

Noe, R. A., & Wilk, S. L. (1993). Investigation of the factors that influence employees, participation in development activities. *Journal of applied psychology, 78,* 291-302.

Rundquist, E. A. (1970). *Job training course design and improvement. (2nd ld.),* San Diego: Naval Personnel and training research laboratory, Research report SRR 71-4.

Rundquist, E. A., West, C. M., & Zipse, R. L. (1971). *Development of a job task inventory for commanding officers of amphibious ships.* San Diego : Naval personnel and training research laboratory, Research report SSR 72-2.

Schneier, C. E. Guthrie, J. P., & Olian, J. D. (1988). A practical approach to conducting and using the training needs assessment. *Public Personnel Management, 17,* 191-205.

Steadham, S. V. (1980). Learning to select a needs assessment strategy. *Training and Development Journal, 30(1),* 56-61.

Scanned, E. E. (Des), *Human resource development: The new trainer's guide Reading,* 79-85. MA: Addison-Wesley.

Steers, R. M., & Porter, L. W. (1975). *Motivation and work behavior.* New York : McGraw-Hill.

Weiss, H. M. (1990). Learning and industrial/organizational psychology. In M. D. Dunnette, & L. Mhough (eds.), *Handbook of industrial & organizational psychology (2nd ed.)(1),* Polo Alto, CA: Consulting Psychologists Press. 171-221.

思考問題

一、訓練的階段可分為哪些？請以實例加以說明。
二、何謂需求評估，其包含哪些評估？
三、人員分析的方法有哪些？
四、訓練的層次分為哪些？可否以實例加以說明。

五、訓練的方法有哪些？軍隊裡較適宜那一種訓練方法？

六、訓練的評估效標可區分為哪些？請以軍中的實例加以說明。

七、訓練評價的實驗設計有哪些？其優劣點為何？

八、請試著設計一個軍事訓練計畫。

第十四章
軍事組織之人事甄選

前　言

　　人事甄選（selection）的目的在於為組織選進有用、適任的人才。目前軍事組織的甄選作業，主要是運用於軍官的甄選。對軍事組織而言，最明顯的例子即是軍校聯招，或是預備軍官的甄選。由於人員的素質攸關整個組織的運作效能，因此甄選在組織的人事管理上是一項非常重要的課題。

　　通常在甄選時，我們選取的是一些具備某些工作所需條件的人。當這些條件是組織無法訓練，或是不想再花時間、資源用在訓練上時，甄選可

以發揮很大的功能。此外，甄選的一個重要假設在於對個別差異的考慮。理論上，我們相信應徵者會因為其個別差異，使他在日後的工作表現上有所不同。因此才經由甄選的程序，篩選出組織所需的人。

　　本章對人事心理學中的甄選作業作一概念性的介紹，並就軍事組織的特性，闡述甄選作業在軍事組織中之運用及其注意事項。

第一節　效標與預測指標

　　效標（criterion）與預測指標（predictor）是人事甄選中非常重要的概念，效標與預測指標的選擇關係著整個人事甄選作業的品質與成敗。因此在討論實際的人事甄選程序之前，本節先對效標與預測指標的概念作一探討。

壹、效標

　　效標意指一種評估的標準，在人事心理學中，它所指的是組織對某一工作職位的要求或符合組織期望的工作表現。例如：一般的連隊績效、評比等表現，都可能是甄選、訓練或績效評估時的效標變項。但是對效標變項的界定必須相當明確。像績效、評比等這些效標就過於模糊。在界定效標時，應該要清楚的界定，什麼是「好的績效表現」。如果我們覺得一個有績效的連長，應該要能使連上弟兄遵守法紀，就可以採用某年度該連士兵違犯法紀的次數來作為連長績效的效標。

　　但是效標的界定與選擇，要特別注意到效標與理論概念間的關聯性。例如：上述的例子中，能使連上弟兄遵守法紀的連長，是不是就是有績效的連長？或是年度連上士兵違犯法紀的次數，是否能用來代表該連弟兄遵守法紀的程度？這些問題都是必須加以釐清的。由於效標的選擇關係著整個人事作業的成敗，因此對於效標的選擇應該要非常謹慎。

貳、預測指標

　　所謂預測指標指的是能有效用來預測效標的變項。例如：前面的例子，由於一個有績效的連長，應該能使連上的士兵遵守法紀。假設有相當的證據指出，具權威性格的領導者所領導的團體會較有紀律，則我們可能會在甄選時以應徵者的權威性格高低，來作為甄選的條件，從應徵者中選取較具權威性格的人。因為這些人將來擔任領導者時，領導的士兵將會比較遵守法紀。

　　一個好的預測指標，應該要與效標變項具有高的相關，如此它才是一個有效的預測指標。一般而言，通常不會只用單一預測指標來預測效標表現。在大部分的情況下，使用愈多有效的預測指標，對效標的預測力將會愈高。此種多元預測指標，可以圖 14-1 表示之：

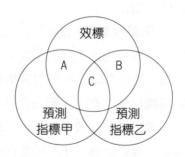

圖 14-1　預測效標圖

　　由圖 14-1 可見，當使用預測指標甲的時候，只能預測到 A ＋ C 的部分。當使用預測指標乙時，只能預測到 B ＋ C 的部分。而如果使用兩個預測指標時，就可以預測到 A ＋ B ＋ C 的部分，其預測力便高於使用單一預測指標。然而這並不是說愈多的預測指標，就愈有利於人事甄選為組織帶來的效益。由於每增加一個預測指標，組織就必須要投入更多的資源及成本，因此如果增加一個預測指標，它所帶來的效益不如組織所投入的成本，那這個預測指標對組織而言，就沒有太大的意義。

此外，圖 14-1 中 C 的部分是甲、乙兩個預測指標都可以預測到的部分，因此同時使用甲、乙兩個預測指標時，無形中就造成了組織資源的浪費。所以理論上，我們要找的多元預測指標，應該是彼此相關不高，但卻都與效標變項有高相關的預測指標。

參、效標與預測指標的測量

在效標的測量上，通常效標的測量並非即時的。就人事甄選而言，由於人事甄選的目的是在於為組織選進適任的人員。因此甄選時，我們並無法完全預知被選上的人，是不是真的符合我們的預期。通常要等到他真正任職之後，才會知道他的實際工作表現如何，因此效標的測量通常是事後而非即時的。例如：前述的例子中，我們無法在甄選時預知某個應徵者，將來他所領導的連隊年度違紀人數是多少，只有在他實際擔任領導者之後，我們才能對這個效標變項作測量。

而預測指標的測量，則是在甄選的同時加以進行的。就人事甄選而言，預測指標最重要的一個測量特性，就是預測效度。所謂預測效度指的是：測量分數與實施測量一段時間之後所取得與效標之間的相關程度。由於預測效度的目的在於根據目前的測量，預測受試者在效標方面的未來表現，因此它直接反映了預測指標的有效性。例如：前面的例子，由於我們認為一個有績效的領導者，應該使連上士兵的違法紀情況降低，因此採以權威性格量表作為軍事領導者的甄選工具。經由這個測驗甄選進來的領導者，他們日後所領導的連隊之年度違紀次數（效標）；應該要與當初甄選時，他們在權威性格量表上的得分（預測指標）有高相關。如此，此預測指標才具有預測效度。

了解效標與預測指標的意義後，以下本章將開始針對人事甄選的程序及其與軍事組織的關係作一概述。

第二節　人事甄選作業

壹、需求分析

人事甄選的第一個問題是，「需要甄選多少人？」這個問題所指的即是組織在人員上的需求分析。這種需求員額的分析受到組織政策、目前員額及組織人員的流動率等因素影響。例如：以預備軍官輔導長的甄選為例，我們必須計算年度空出來的輔導長職缺，以決定甄選的預官輔導長的人數。此程序，可由圖 14-2 表示之：

圖 14-2　人員需求分析圖

在此例中，我們對於輔導長甄選前的需求員額分析，主要是來自於四方面：預估輔導長的職務異動狀況（包含退伍、調職等）、編制狀況（未來是否會有連隊裁編或增編）、其它輔導長來源（今年即將自軍校畢業的人數，預估轉服志願役預官的人數）及輔導長職缺目前的缺員狀況。經由這些分析，我們才能得知今年需要多少預官輔導長，也才能作進一步的甄選作業。

就軍事組織在甄選上的需求分析而言，由於軍事組織的組織體系龐大，人員流動率也較高。因此在需求分析時，對未來人員需求狀況的「預測」是非常重要的；亦即在進行軍事組織的人員需求分析時，不應只是著眼於當前的需求狀況，而是要更強調對未來需求狀況預測的精確性。這是

軍事組織實務工作者及研究者所需特別注意的。

貳、招募

招募（recruitment）是人事甄選的首要條件。所謂的招募指的是當組織需要某些人才時，用來吸引人們應徵某些工作的作業。顯而易見的，招募對人事甄選的成敗而言，具有非常重要的意義。由於人事甄選時，並無法隨心所欲的選取到想要的人，只能從應徵者之中進行甄選，因此如果前來應徵的人很少，那麼選擇的空間就會變得很小，也因此甄選到組織所需人才的機會，相對地變小。如此，不管我們的甄選作業作得多麼好，也都是事倍功半。

這種現象對軍事組織而言尤其明顯。基本上軍事組織的人員數量受到國防政策及戰備因素的影響。因此軍隊必須擁有多少兵源、必須有多少領導幹部，常常是無法任意加以調整的。所以，所謂的「不足額錄取」或是「寧缺勿濫」的現象，在軍事組織的實務工作上有其困難。此外，由於軍事組織的組織體系龐大，因此其甄選動輒錄取數百甚或數千人；為了要在如此大量人員需求的狀況下，能盡可能地同時滿足組織需求及人員素質，招募作業對軍事組織而言，顯得更加重要。如果無法有效的吸引大量的人來應徵軍事工作，很有可能會大符地降低軍事組織的人員素質。

參、工作分析與甄選

工作分析（job analysis）是用於定義工作表現及效標的程序。一般而言它包含工作的作業（task）性質、工作情境（如工作所需工具）、表現該工作所需的人格特質等與工作條件有關的詳盡分析。工作分析可以說是一切人事管理作業的基礎，它可以用來作為組織的人事甄選、績效評估及訓練計畫等人事作業的效標基礎。由於工作分析對組織的人事管理而言是如此重要，因此它的程序及內容也相當複雜。本章的目的在於探討軍事組織的人事甄選，因此並不對工作分析作詳盡的探討。

就人事甄選而言，工作分析為我們提供了擔任某一工作職位的人所應具備的條件；對這些條件有所理解之後，才有可能進一步決定甄選時所需的效標及預測變項。具體言之，工作分析使得我們得以了解所要甄選的人員，必須具備那些能力、知識、技能及其他條件（如性向、人格特質）。如此，便能對甄選標準作一明確定義，而此定義將進一步的影響所採用的甄選方法。例如：假設經由對輔導長的工作分析後，認為一個輔導長需要具備某些基本條件，則可能對輔導長的甄選標準作如下的定義：

表 14-1　輔導長的甄選標準

項　　目	甄選內容	甄選方式
思維能力	具備一定程度的認知思考能力。	基本學歷要求（大專以上）
工作知識	基礎心理輔導知識。	紙筆測驗
工作技能	基本體能要求（單槓、三千公尺跑步需符合國軍標準）。	實作測驗
溝通能力	能與他人作正面而有效的溝通。	履歷表及面談
領導潛能	其性格特質及過去學經歷是否有助於領導職務之勝任。	履歷表紙筆測驗（性向測驗）
動機強度	擔任輔導長對甄試者而言是否重要，或甄試者想要當輔導長原因為何？	履歷表及面談

　　表14-1所定義的甄選條件，通常是一些不能或不容易加以訓練的。例如：一些個人的性格特質（領導潛能、溝通能力、動機強度等）。或是一些不想花費組織資源加以訓練的（如心理輔導知識）。另外針對某一些工作所需的能力要求，不必再進行額外的甄選作業，而訂定一些最基本的甄選條件，來作為篩選人員的標準。例如：擔任輔導長必須具備基本的認知思維能力，而此種思維能力與學歷有關，那麼就可以在甄選時，以大專以上程度作為基本的甄選條件。

　　因此根據工作分析的結果，不只可以用以定義甄選的條件及決定甄選時所將採用的方法及標準，也有助於節省組織甄選作業中的資源，使組織的甄選策略能更有效率。

肆、人事甄選的方法

如前所述,工作分析後,甄選標準的定義將會影響我們所採用的甄選方法。一般而言,常用的人事甄選方法有以下幾種:

一、履歷表

不論是一般的組織或是軍事組織,履歷表在甄選時提供了大量的應徵者資訊。也提供了我們對應徵者的初步了解。一份設計完善的履歷表,可以大幅增加甄選的效能。有時候,我們可以經由應徵者的履歷表來推論其是否符合我們的甄選條件。表 14-2 即是一般履歷表中,與前述輔導長甄選條件可能有關的項目:

類似表 14-2 的作法,使我們可以根據應徵者的履歷資料,評估他是否適合擔任輔導長。但是必須注意的是,這些評估背後,都有一些預設。例如:當我們以履歷表填答是否詳實來評估一個應徵者的動機強度時,基本上是假設填得愈詳實,他愈想擔任輔導長一職,但是這樣的預設是否正確,仍然是必須加以考慮的。

履歷表最大的問題在於填寫者的誠實度,應徵者可能為了甄試的目的而提供誇大不實的資料。因此,通常在運用履歷表作為甄選的工具時,我們會期望對所填寫的各項與甄選計分有關的內容,都能提供適切的佐證資料(如證書、學歷證明等);不過在很多情況下,所要求的佐證資料對應徵者而言,可能很難取得(如舉辦校內、外活動)。這樣的狀況無疑地會影響到使用履歷表作為甄選評估工具的內在效度。這是在使用履歷表作為甄選工具時所需特別注意的。

表 14-2　甄選履歷表示範

履歷項目	計分 +2分	+1分	-1分	工作知識（心理輔導知識）	工作技能（基本體能要求）	溝通能力	領導潛能	動機強度
畢業科系	心理、社工相關科系	教育相關學系		V				
畢業科系	體育相關科系	具有體育專長或興趣			V			
實習經驗	曾從事與心理輔導相關實習工作達一年以上	曾從事與心理輔導相關實習工作達六個月以上		V		V		
社團經驗	曾擔任社團或學會之領導幹部達一年以上	曾擔任社團或學會之領導幹部達六個月以上				V	V	
活動經驗	曾主辦校外活動	曾主辦校內活動				V	V	
整體評估	履歷表填寫完整詳實		履歷表有三項（含）以上未填或不詳實					V

二、紙筆測驗

　　紙筆測驗在甄選中是一個最常被使用的方法，從一般的大學聯考、公務人員的高普考，乃至軍校聯招及預備軍官考試，都普遍使用紙筆測驗作為甄選工具。使用紙筆測驗時，最重要的是必須考慮測驗本身的信、效度。否則測驗工具本身如果沒有信效度，那麼整個甄選結果也都有所偏差。

　　一般而言，紙筆測驗在甄選上的運用主要是測量甄試者的認知能力（如擔任某一工作所需的知識、智力測驗）及心理特質（如性向、人格特

質）。在一般的企業組織中，甄試者的認知能力是相當重要的。例如：會計人員的甄選，企業組織可能要求甄試者必須擁有基本的會計學知識。然而對軍事組織而言，甄試者的心理特質，可能比其認知能力更為重要。這是由於軍事組織的工作性質較為獨特，通常在一般的學校或職訓機構並不會有類似的訓練或課程，因此每一個進入軍事組織的人都必須重新訓練。在這樣的情況下，我們所要選取的是一些利於未來訓練的人，而非已經擁有某些技能的人。因此心理特質的紙筆測驗，尤其是性向測驗，在軍事組織的甄選作業中，就顯得更加重要。

此外，就人與組織契合（person-organization fit）的觀點來看，軍事組織的文化與一般的企業文化有很大的不同，為了甄選未來較易融入軍事組織文化及易於適應軍事生活的人，性格量表在軍事組織人事甄選上顯得更為重要。

三、實作測驗

軍事組織在甄選時，對應徵者可能會有一些基本的體能或生理狀況的要求（如體檢），在這種狀況下，實作測驗是不可避免的。

實作測驗在甄選時是一個比較客觀的甄選方式，例如：在前述輔導長的甄選作業中，我們訂定了對體能的基本要求，因此可以測量應徵者能夠作幾下引體向上（單槓）、跑完三千公尺所需的時間，來作為此項甄選標準。

通常實作測驗在甄選中比較不會有主觀性的問題，不過由於它比較無法用作大量人員的團體測驗，因此施測所需耗費的成本較高，這是進行實作測驗時所必須考量的。

四、評估面談

面談（interview）也是甄選時常用的方法之一，尤其是在軍事組織的人事甄選，通常了解應徵者的從軍動機、愛國熱忱及其對軍人這個職業的

態度及看法是非常重要的。因此面談對軍事組織的人事甄選而言,可以說是一個不可或缺的甄選方法。

面談可以用以評量應徵者的溝通能力、動機強度等一般在紙筆測驗或實作測驗所不容易測量到的部分。前述的履歷表、紙筆測驗及實作測驗,都是屬於比較封閉式的甄選方式,亦即應徵者在應試時的自由度較為受限。面談屬於開放式的甄選方式,它最大的優點是提供應徵者自由發揮的空間,這種甄選程序有助於藉由互動及對談的方式,獲取有關應徵者的豐富訊息。

由於面談是一種相當主觀的甄選評估方法,因此可能會產生一些主觀的偏差,如月暈效果(hallo effect)或刻板印象(stereotype)等。為了避免主觀性的偏差,我們會以某些輔助工具來協助評估者增加面談的客觀性。如表14-3:

表 14-3　面談示範表

請您根據下例標準進行面談,並給與應徵者在各個評分項目一至五的評分:

1分:應徵者在本項甄選條件上,完全無法符合要求,也可預見其將來會因此而妨礙工作執行。

2分:應徵者在本項甄選條件上,雖不盡令人滿意,但應該還不至於影響其日後的工作表現,且可預期其有改善的空間。

3分:整體而言,該應徵者在本項甄選條件上的表現是令人滿意的。

4分:應徵者在本項甄選條件上的表現優於一般人,且此過人的表現將使其有利於未來的工作執行。

5分:應徵者在本項甄選條件上的表現相當卓越而罕見,同時可預見此項條件將會對其未來工作有莫大的幫助。

附註:若應徵者在面試時的表現無法完全涵蓋上述情形,而是介於兩個分數之間,請給與 X.5 分。

評分項目	具體表現	得分
溝通能力		
動機強度		
其他特殊優缺點:		
整體評估:		

此外，除了設計完善的面談評估工具外，我們也可以藉由多個評估者對同一個應徵者進行面談，並就面談的內容及結果作溝通討論；或是從多個評估者對應徵者的評分中，去除極端值，以提升面談評估的客觀性。

最後，由於面談程序中，評估者對甄選結果扮演非常重要的角色，因此評估者對於應徵該工作所需的條件及能力，應該要有相當的了解。同時我們也可以藉由對評估者的訓練，來增加面談評估的有效性。

第三節　人事甄選的策略

雖然上面簡述了工作分析與人事甄選的關係及各種不同的甄選方法，但是人事甄選的作業並非如此單純。在實務上，人事甄選最常遇到的一個問題是：我們該根據什麼樣的標準或原則來選取某個人。最明顯的例子是，如果有 A、B 兩個預測指標，某甲在 A 指標表現的很好，但在 B 指標表現的不好；反之某乙在 B 指標表現的很好，但在 A 指標表現的不好。在這樣的情況下，我們是該選擇甲，還是選擇乙呢？

一般而言，類似此種甄選決策的問題，有以下方法可以作為甄選決策的參考：

壹、多元迴歸取向

多元迴歸取向（multiple-regression approach）的甄選方法，是基於統計學中多元迴歸的原理。假設我們有 X_1、X_2 兩個預測指標，則依據統計學的原理，我們可以求得一個迴歸公式：

$$Y = b_1 X_1 + b_2 X_2 + a$$

其中 b_1 是指當 X_2 固定時，由 X_1 預測效標分數 Y 的迴歸係數或斜率；而 b_2 是指當 X_1 固定時，由 X_2 預測效標分數 Y 的迴歸係數或斜率；而 a 便是截距。

理想的狀況下，這個迴歸公式應該是根據實徵研究所獲得的；此外，它也是根據某些理論，或是我們認為各個預測指標的重要性所加權而得的。根據這個迴歸公式，如果在甄選時測量到應徵者兩個預測指標上的分數，則將預測指標代入迴歸公式後，便可以得到應徵者的預測分數（Y）。而在甄選決策時，我們可以以應徵者在預測分數上的得分高低，作為甄選取捨的依據。

多元迴歸的人事甄選方法，最主要的一個假設在於：不同預測變項間是可以互補的。也就是說，並不要求應徵者在每一個預測指標上都有很好的表現，即使在某一個預測指標上表現不好，但是在另一個預測指標上良好的表現，仍然可以彌補其他方面的不足。因此，某一個應徵者在 X_1 上的表現很好，但在 X_2 上的表現不好時，他仍有可能錄取。因為在多元迴歸的甄選方法下，我們並不管應徵者在各別預測指標間的表現如何，而只看總分 Y 的高低。所以經由多元迴歸法來作為甄選的決策，有可能選進異質性很高的人。

貳、多元切點取向

在某些情況下，某個預測指標無法被其他預測指標所取代。例如：在飛行員的甄選上，不管某個應徵者在其他預測指標表現的有多好，如果他的視力非常差，那麼他還是無法成為一個好的飛行員。因此在某些情況下，甄選者必須達到所有預測指標的最低限標準。此時，多元切點取向（multiple-cutoff approach）就是一個較好的甄選決策模式。

多元切點法的基本假設是，某一個應徵者要能在日後的工作上有良好的表現，就必須在「所有」預測指標上都具有「最低」的能力限制。實際甄選時，每個預測指標都被設定了某個切點分數。只要某個應徵者在任何一項預測指標上低於切點分數，不管它在其它的指標上表現的有多好，都不會被錄取。而在所有預測指標上都及格的人，則會被錄用。

參、多重關卡取向

多重關卡取向（multiple-hurdle approach）是在甄選時設計多個不同的甄選階段（或關卡），應徵者必須在每一甄選階段的預測指標上，得到令人滿意的表現才能錄取。例如：在甄選軍官時，首先經由學科考試，選取在智識能力符合軍隊所需的人。通過學科考試的人，再經由術科測驗，選取能夠擔任軍事任務的人。最後剩下的人，再經由口試，了解其從軍的動機、表達能力。通過以上甄選程序的，最後才錄取為軍官的預備人選。類似這樣重重關卡的甄選程序，就是多重關卡取向的甄選策略。

由於多重關卡取向通常會耗費較多的組織資源及成本，因此較適於用來作為領導人才、重要職務人員的甄選。此外，當組織必須對錄取者進行複雜或昂貴的訓練時，多重關卡的甄選取向也能發揮很大的功效，因為這種甄選確實較為謹慎，可避免日後組織花在訓練資源上的浪費。

雖然甄選的策略大致上有上述三種，但是這三種取向並非互斥或是彼此獨立的。實務上這三種方法可以配合使用的。例如：上述對於軍官的甄選，基本上這個甄選採用的是多元關卡的取向。但是我們也可能在甄選的第一階段（學科測驗）中，採取多元迴歸取向，來作為此階段篩選人員的依據；因此在學科測驗中，我們並不管個別學科的成績高低，而是根據迴歸公式中所得總分的高低來取捨應徵者。在第二階段（術科測驗）中，我們可能採多元切點取向來作為人員篩選的依據。因此這個階段中，我們要求應徵者在各個預測指標上（如體能測驗、射擊能力），均需達到一個最低的標準。同樣的，在第三階段的口試中，我們也有可能用多元迴歸取向，或多元切點取向，來作為人事甄選決策的依據。

此外，即使我們能得到各個應徵者在各個甄選條件上所得的總分，也必須考慮到可能會有同分的情形。因此必須再決定遇到此種情況時的錄取標準。例如：兩個應徵者總分相同時，首先比較其溝通能力分數，其次再比較其領導潛能分數等等。原則上，此種同分狀況下的比較，是依甄選條件對此項職務的重要性加以排序的。

第四節　美軍軍官的人事甄選

　　一般而言，美軍的軍官大致上有三個來源：(1)軍校培訓；(2)大學預備軍官團（Reserve Officer Training Corps, ROTC）(3)軍官候選學校（Officer Candidate Schools, OCS）或軍官訓練學校（Officer Training Schools, OTS）。其中軍校招募甄選的對象主要是高中畢業生，進入軍校後結合軍事教育與大學教育，在學生取得大學學歷後，任用為軍官。ROTC 的招募甄選對象則包含高中畢業生或正在就讀大學（專）的學生，利用暑假進行軍事訓練，從而在其大學（專）畢業後，任用為軍官。而 OCS 與 OTS 的招募甄選對象，則是已經大學（專）畢業的人員，在經過三至四個月的短期訓練後，任用為軍官（類似我國的預官制度）。

　　為了確保軍官的素質，美國對擔任軍官的基本教育程度要求，至少為大專以上學歷，在這一方面，ROTC 及軍校是採用軍事教育與大學教育結合的方式，來確保軍官擁有大（學）專以上程度。而 OCS 與 OTS 則是藉由甄選的資格限制來達到此基本要求。此外，除了教育程度的要求外，美國軍官甄選的一個特色，在於他們以對應徵者性向的評估，來作為軍官甄選的主要考量。以下，將對美國各軍種的軍官甄選作一簡述。

壹、陸軍

一、美國陸軍軍官學校（西點軍校）

　　西點（West Point）軍校的甄試評估主要包含三個部分：學業性向（60%）、領導潛能（30%）、體能性向（10%）。其中學業性向的分數主要是綜合了高中成績與「學業性向測驗」（Scholastic Aptitude Test, SAT）或「美國大專測驗」（American College Test, ACT）；領導潛能部分依據應徵者對於社區活動（community activity）及課外活動的參與情形來加以

評估；而體能性向則是使用「陸軍體能性向測驗」（Army Physical Aptitude Examination, PAE）來加以評估。此外，西點軍校的甄選資格有一點相當特別的是，應徵者必須經由國會議員（或至少相同地位以上的人）的推薦。

經由上述甄選合格後，西點軍校還有一個由校內中、高階軍官組成的入學委員會，此委員會會檢視所有合格應徵者的資料，最後再選出那些他們認為最有資格進入西點軍校的人。雖然此委員會的作業是公開化、透明化的，但是不可否認，它也是相當主觀的。

二、大學預備軍官團（ROTC）

美國的 ROTC 甄選因自費或公費而有所不同。陸軍自費 ROTC 採用一套名為「役前評鑑系統」（Precommissioning Assessment System, PAS）的甄選系統，此甄選程序通常在大學三年級的學期初實施，評估項目包含：(1)「陸軍體能準備度測驗」（the Army physical readiness test）；(2)由軍事科學教授進行結構式面談，以評估學生動機；(3)學科成績（grade point average, GPA）；(4)課外活動的參與程度；(5)寫作要求；(6)「軍官甄選量表三與四」（Officer Selection Battery Forms 3 & 4, OSB 3 & 4）。其評估標準並非將上述的評估項目加成或加權為一個總分，而是針對每一項評估項目的得分加以檢視，如果某一個應徵者在某一個項目的得分較差，則會重新檢視此項目對其他項目所造成的影響，或是檢視此應徵者在其他方面的表現是否可彌補此缺點（如以打工來彌補課外活動的不足）。

「軍官甄選量表三與四」在美國陸軍是一套經常使用的軍官甄選工具，它的編製是依據美國陸軍尉級軍官的工作分析而來的，內容包含了進取心（initiative）、決策（decision making）、行政（administration）、溝通（communication）、人際態度（interpersonal manner）、技術知識（technical knowledge）及戰鬥表現（combat performance）。此量表分數平均值為 100，標準差為 20，根據一個對二千八百零五個樣本的研究，其效度介於.26 至.28 之間（Wiskoff & Rampton, 1989）。

公費 ROTC 的甄選則依其申請公費的時間長短，而在甄選的內容上略

有不同。不過大致上，主要是以 SAT、ACT 或 GPA 來作為甄選的標準，也部分採用了高中成績、對課外活動的參與或其他足以證明應徵者領導能力的項目，以及 PAE 來作為甄選標準。此外，公費 ROTC 的甄選條件中，對於應徵者的 SAT、ACT 或 GPA 會有一基本切點分數（cut-off scores）要求，當應徵者在學業成績上無法達到此要求時，他就不會被錄取。

三、陸軍軍官候選學校（OCS）

美國陸軍 OCS 的甄選項目包含了 PAE、GPA、應徵者工作雇主或在學教授的推薦信、大學（專）時的主修領域（通常以工程或科學領域為佳），及軍官團的面談。此外，在性向測驗上，OCS 使用了「軍官甄選量表一與二」（Officer Selection Battery Forms 1 & 2, OSB 1 & 2）及「陸軍職業性向測驗」（Armed Services Vocational Aptitude Battery, ASVAB）來評估應徵者的性向。如同 ROTC 的甄選一樣，在評估時，上述的各個項目並不會加權或加成一個總分，而是會對各個甄選項目分別加以檢視。

「軍官甄選量表一與二」與「軍官甄選量表三與四」是完全不同的量表，它包含了七個分量表，各分量表的內容如表 14-4。

奇怪的是，雖然 OCS 在甄選時使用 OSB 1 & 2 來作為甄選工具，不過並不是七個分量表的得分都會被用作甄選依據，在 OCS 的甄選中，只有「技術管理領導（認知性）」分量表的得分（M = 100, SD = 20）會被拿來作為甄選依據。而根據一個針對四千六百二十二人的研究顯示，「技術管理領導（認知性）」分量表的效度約為.29（p <.01）（Wiskoff & Rampton, 1989）。

ASVAB 是美軍在作人事甄選及人員分類（classification）時常使用的職業性向量表。此量表包含文字知識（Word Knowledge, WK）、句子理解（Paragraph Comprehension, PC）、算術推理（Arithmetic Reasoning, AR）、數字操作（Numerical Operations, NO）、編碼速度（Coding Speed, CS）、一般科學（General Sciences, GS）、數學知識（Mathematic Knowledge, MK）、電子資訊（Electronics Information, EI）、機械理解（Mechanical Comprehension, MC）、自動推進資訊（Automotive-Shop Information, AS）等十個分量表。

　　在 OCS 甄選中，只使用 ASVAB 中的文字知識、句子理解，及算術推理等三個分量表作為甄選工具，此三個分量表稱之為 ASVAB 的一般技術部分（General-Technical composite of ASVAB, GT）。在效度方面，大部分（84%）的研究都顯示 GT 分數與美軍績效評估所使用的「技能資格測驗」（Skill Quality Test, SQT）間有正相關。

　　如果應徵者在 OSB 1 & 2 的「技術管理領導（認知性）」分量表及 AS-VAB 的 GT 分數都達到某一個最低標準以上，則負責招募甄選的軍官團會就應徵者的各項條件加以評分，最後再錄取所需的人。

表 14-4　美國陸軍軍官甄選條件一覽表

分量表	內　容
戰鬥領導（認知性）	軍事戰術、從戶外活動到機械及子應用等不同領域的應用技能
技術管理領導（認知性）	歷史、政治、文化、數學、自然科學
職業潛能（認知性）	與軍事要求有關的技術性知識
戰鬥領導（非認知性）	戰鬥領導品質、職業興趣、運動興趣、與戰鬥領導有關的戶外興趣
技術管理領導（非認知性） Technical-Managerial	數理科學技能與興趣、城鄉背景、科學興趣與能力、決策領導品質、語文社會領導
職業潛能（非認知性）	文書管理興趣、戰鬥興趣
職業動機	從軍的動機

（資料來源：Wiskoff 與 Rampton，1989，106 頁。）

貳、海軍

一、美國海軍軍官學校

　　美國海軍官校（United States Naval Academy）的甄選評估包含：SAT

或ACT中的語文及數學成績、高中在學成績、課外活動的參與以及高中教師對應徵者在溝通技巧、人際關係、個人行為，及領導潛能上的評估。而在性向測驗上，則採用史闊興趣量表（Strong-Campbell Interest Inventory）作為評估工具。在甄選策略上，上述的各項甄選評估所得分數會被加權成為一「候選多元」（candidate multiple, CM）分數，其加權的方法是依據實徵研究所得的多元迴歸公式而來，因此每年的加權比例都會有所不同。一般而言 SAT 或 ACT 成績約佔總分的 60%左右。美國海軍每年都會針對上述的甄選項目，就其官校學生在GPA、軍事表現及退學（Attrition from the academy）等向度進行實徵研究，一般而言都能支持其甄選項目的效度（Wiskoff & Rampton, 1989）。

如同西點軍校的甄選，美國海軍官校有一個由校內教職員及高階軍官所組成的十七人招生委員，他們會對 CM 分數符合資格的應徵者的各項資格行評估，經由評估後，招生委員會可以適度調整應徵者的 CM 分數（以20%為限）。最後再錄取所需名額。

二、ROTC

美國海軍公費 ROTC 的甄選分兩個階段，第一階段以 SAT 或 ACT 分數作為甄選標準，達到要求標準的應徵者再進入第二階段的甄選程序。第二階段的甄選項目包含：SAT或ACT語文與數學成績（19%）、高中成績（56%）、由海軍軍官進行結構式面談以評估應徵者的潛能（10%）、史闊興趣量表結果（9%）、傳記問卷（biographical questionnaire）得分（5%）。上述項目的加權比例值，則是經由實徵研究所得的多元迴歸公式而來的。

海軍自費ROTC的甄選是授權給各個海軍單位的，因此自費ROTC的甄選程序和方法因單位而異，沒有一個統一的標準。

三、美國海軍軍官候選學校及飛行軍官候選學校（Officer Candidate Schools & Aviation Officer Candidate Schools, OCS & AOCS）

　　美國海軍 OCS 及 AOCS 的甄選項目包含 GPA、課外活動、役前的工作紀錄及體能測驗。此外在性向的測量上，使用「飛行員甄選測驗」（Aviation Selection Test Battery）作為評估工具。此測驗包含四個分量表，分別為「學業資格測驗」（Academic Qualification Test, AQT）、「機械理解測驗」（Mechanical Comprehension Test, MCT）、「空間知覺測驗」（Spatial Apperception Test, SAT；請注意此 SAT 非 Scholastic Aptitude Test 的縮寫）及「傳記調查表」（Biographical Inventory）。

　　海軍的 OCS 甄選只施測 AQT 及 MCT，施測所得分數會綜合為一「軍官性向評估」（Officer Aptitude Rating, OAR），此 OAR 為一平均數介於 50 至 100 之間的 T 分數。OAR 得分符合標準的應徵者之整體資料，會經進一步的整體評估，再決定其錄取資格。比較特別的是，海軍 OCS 的甄選對於弱勢種族團體的人，當其分數略低於 OAR 標準時，仍然會予以錄取，但是這些人在正式進入 OCS 之前，必須先到「軍官候選預備學校」（Officer Candidate Preparatory School, OCPS）接受訓練。

　　AOCS 的甄選則施測「飛行員甄選測驗」的所有（四個）分量表，施測所得分數經綜合後，換算成標準九（stanines）分數。同樣的，其得分符合標準的應徵者的整體資料，亦會再經進一步評估，以決定其錄取資格。

參、空軍

一、美國空軍軍官學校（Air Force Academy）

　　美國空軍的甄選使用一「全人評估」系統的甄選組合（Selection Composite），其內容包含學業成績評估（SAT 或 ACT 與高中成績的綜合評估）

（70%）、領導評估（15%）、面談以及體適能測驗（physical fitness test）
（15%）。學業成績評估為應徵者所應具備的最基本條件，如果應徵者在
學業成績上符合最低的標準，則他的其他資料會再由甄選委員會作進一步
的整體性評估，以決定其錄取資格。比較特別的一點是，當應徵者在某一
項目上的表現較為不足時，如果其他各項的表現都相當優異，那麼他還是
會被錄取。

二、ROTC

　　美國空軍四年制的公費 ROTC 甄選項目包含 SAT 或 ACT 成績、高中
成績、課外活動及工作經驗。此外應徵者未來大學想要主修的科系也是甄
選時所考慮的要項，因為空軍四年制公費 ROTC 主要的是要培訓工程學位
的人員。空軍四年制公費 ROTC 的甄選如同美軍大部分軍官的甄選一樣，
也都要求某個最低的學業成績標準，再經由招生委員會對符合資格者作整
體性的評估。

　　其他不同年制的公費 ROTC 和自費 ROTC 甄選程序及方法，與四年制
公費 ROTC 的甄選大同小異，比較特別的是除了四年制公費 ROTC 外，其
他各種空軍 ROTC 的甄選還使用「空軍軍官資格測驗」（Air Force Officer
Qualifying Test, AFOQT），作為應徵者性向評估的工具。此測驗為美國空
軍進行人事甄選及分類時主要的性向測驗，包含十六個分量表，施測結果
可以計算出五個主要性向分數，其內容如下表：

　　研究顯示 AFOQT 各分量表與大學學業成績的相關介於 .20 至 .40 之
間，而根據後設分析（meta-analysis）研究顯示，AFOQT 的效度約為 .39
（Wiskoff & Rampton, 1989）。

表 14-5　美國 ROTC 甄選之性向表

分量表／性向向度	飛行員	領航技術	學業性向	語文	總分
語文類比	V		V	V	
數字推理		V	V		V
閱讀理解			V	V	
資料詮釋		V	V		V
文字知識			V	V	
配對知識		V	V		V
機械理解	V	V			
電子解迷（electronic maze）	V	V			
量尺閱讀	V	V			
工具理解	V				
方塊計算	V	V			
表格閱讀	V	V			
飛行訊息	V				
旋轉方塊		V			
一般科學		V			
隱藏圖形		V			

（資料來源：Wiskoff 與 Rampton，1989，106 頁。）

三、空軍軍官訓練學校
（Air Force Officer Training School）

　　空軍的 OTS 也使用 AFOQT 作為主要甄選工具，應徵者必須在 AFOQT 上符合最低的甄選標準，然後再由招生委員會作進一步的評估。其評估項目則包含：教育程度、GPA、AFOQT 分數、大學（專）主修科目、工作（或軍事）經驗以及領導潛能。

　　由上述對美軍軍官甄選的簡述中可看出，雖然美軍軍官的甄選因軍種或招募來源而在程序及方法上略有不同，不過大致上都以學業成績、性向

測驗、個人經歷（如工作經驗、課外活動經驗）為主要評估項目。在美軍的軍官甄選中，學業成績（或大學學歷）通常是一個最基本的條件；此外美軍的軍官甄選相當強調工具及方法的實徵性，他們在甄選測驗上作了很大的努力，也以性向測驗作為主要的甄選考量，並且不斷地以實徵研究來檢視甄選程序的有效性，同時用以作為未來甄選的依據（如以實徵研究所得的迴歸公式作為各評估項目的加權依據）。另外，美軍的軍官甄選也相當強調現任軍官的專家經驗，他們通常會由現任中高階軍官組成招生委員會，來對應徵者進行面談，或是對應徵者的整體資料作審核評估，以作為錄取與否的最後決策。

結　語

本章簡介了人事心理學中關於甄選的一些重要概念，其中效標與預測指標的選取，攸關整個甄選作業及甄選評估的成敗。另外本章亦簡介了甄選的程序及方法，在進行實際的甄選時，實務工作者應該考量到軍事組織的特性：軍事組織在甄選上的一個特色，在於除了選取具備某些工作所需條件的人外，軍事組織的甄選特別強調選擇某些「利於未來訓練的人」，這一方面是由於軍事組織成員所需的技能，有很多是在進入組織之前，不太可能具備的（如射擊、飛行）；另一方面，是由於被訓練本身就是軍事組織成員平日最重要的工作。因此對軍事組織而言，甄選利於未來訓練的人進入組織，可以說是相當重要。最後，本章亦介紹美軍的甄選策略及工具，這對國內未來的甄選實務工作，應該都深具啟發性。

參考書目

李慕華、林宗鴻（1996）。**工商心理學導論**。臺北：五南。

Cascio, W. F., (1998). *Applied Psychology in Human Resource Management (5th ed.),* Upper Saddle River, NJ: Prentice-Hall.

Wiskoff, M. F., & Rampton, G. (1989). *Military Personnel Measurement.* NY: Praeger.

思考問題

一、讀完本章後，就您對我國目前軍事組織人才甄選的了解，您認為我國目前軍官甄選的程序與策略，有那些優缺點？假設您是負責軍官甄選的承辦人，那麼您將會如何設計甄選程序？（可擇預備軍官、軍校招生其一作答）

二、效標及預測指標攸關整個人事甄選及未來甄選評估的成敗，您認為應該如何增加效標及預測指標的信效度，以提升甄選功能。

三、本章簡述了甄選中的需求分析、招募、工作分析、甄選作業及甄選策略，試以一詳盡的流程圖方式，展現出完整的甄選作業程序，並在圖中表明各階段所需注意的事項。

四、讀完本章後，試著就一統整的觀點來論述，軍事組織的人事甄選與一般組織的人事甄選有何不同？

五、美軍的人事甄選在程序、工具上有何優缺點？他們的甄選提供了我們什麼樣的啟發？如果要將美軍的甄選程序及工具運用在我國軍事組織上，需注意哪些事項？

▱ 第十五章
軍事組織之績效評估

前　言

　　績效評估（performance appraisal）指的是對組織成員與工作有關的表現，作一系統性的描述。績效評估的目的在評量組織成員的表現，為組織的人事管理提供了回饋，讓我們得以評估甄選、安置與訓練等人事作業的有效性，也提供了人員升遷或人力規畫的參考。本章將先對人事心理學中的績效評估作一概念性的介紹，進而就軍事組織的特性，闡述績效評估在軍事組織中之運用及其注意事項，最後就美軍目前績效評估所使用的工具及方法作一簡介。

第一節 績效評估概論

壹、績效評估的功能

一般而言，績效評估的目的有：

一、作為組織人事決策的參考

藉由了解組織成員在工作上的表現狀況，決定組織成員的升遷，或是那些人應該接受訓練，那些人適合擔任什麼職位，作適切的人員安置。同時，它也使組織的賞罰系統更有效的運作。因此，績效評估可作為一個預測指標。例如：在人事升遷上，可以根據績效評估來作為組織成員升遷與否的依據；因此整體而言，績效評估可以有效地「預測」個人未來工作上的表現。

二、績效評估可用來作為人事管理的效標

例如：它可以用來檢視我們的人事甄選程序是否適切，亦即我們用以甄選組織新進成員的效標，是否得以預測他們未來工作上的表現；或是組織的訓練計畫是否有效，我們的訓練方式是否增進了受訓者在未來的工作表現等等。這些績效評估的目的，使得組織的人事管理運作得更有效率，並為組織節省了不必要的資源成本。

三、績效評估可用於組織目標的設定

例如：在組織推動一項訓練計畫時，即可根據適合此項工作的績效評估標準，作為訓練計畫所欲達成的目標。

四、績效評估為組織成員的工作表現提供了回饋

藉由績效評估，組織成員可以了解其在工作上的優缺點，作為改進自己日後工作表現的參考。同時上司也可藉由對部屬工作優缺點的了解，來作為日後督導方式及督導重點的參考。

目前一般人對績效評估的一種誤解，是將它狹義地視為一種人事升遷與決策的依據，因此使得績效評估成為相當敏感，甚至保密的作業程序。人事決策只是績效評估的功能之一，而且績效評估只能作為人事決策的一種參考，而非唯一的依據。績效評估最主要的功能是為組織成員提供工作表現上的回饋，讓他們能夠知悉自己工作表現上的優缺點，藉以提升其工作表現，進而提升組織的效能。

貳、績效評估系統的基本要求

一個好的績效評估系統，至少要符合以下幾點要求：

一、經常性

績效評估要具有經常性，績效評估是一個隨時隨地在進行的歷程，而非一例行的業務項目。雖然大部分的組織都可能會以一段時間（如年度），整理組織成員的工作表現，來作為績效評估的依據。但是績效評估不應該是到了年度終結時，才開始作業。評估應該是隨時隨地進行的，評估作業只是對之前不斷評估作一整理與呈現。

二、熟悉性

一個好的績效評估系統中，評估者應該要對受評者的工作性質、工作內容、工作要求及工作困難有所了解。對受評者的工作特性有所了解，評

估者才能有效的評估受評者的工作行為表現；對受評者的工作困難有所了解，評估者更能考慮到受評者在工作中，其自身無法控制及掌握的因素，如此才不至作出有失偏頗的評估。

三、互動性

績效評估必須具有互動性，亦即受評者必須知道評估結果，並且可對此評估結果表達意見。由於績效評估常作為組織人事決策的參考，因此通常成為一個敏感的議題。此種錯誤的看法，常常導致績效評估成為單向的流程。評估者通常很介意受評者知道評估結果與內容，使得受評者無法對評估表達其意見。事實上，人事決策只是績效評估的附屬目的之一，最重要的目的還是在於對組織成員的工作表現提供回饋，使組織成員維持有利於工作的表現，改進不利於工作的行為。因此讓受評者了解績效評估的內容及結果是很重要的。此外，由於評估者對受評者難免有誤解及評估上的盲點，因此在評估時，必須讓受評者有機會表達其對評估結果的意見，以提高績效評估的正確性。

參、評估者

通常擔任績效的評估者，是受評者的直屬上司。但是也有部分的情況是由受評者的同儕、下屬，甚或受評者自己本身來加以評估。但是不論是由誰來評估，均會有視角上的限制，或是評估上的偏差。例如：如果以士兵作為連長的績效評估者，由於士兵無法體會連長在面對其上司賦予任務時，所面臨的壓力，因此在評量時難免會有偏差。反之，以直屬長官來對連長作績效評估，也可能會產生直屬長官無法完全明瞭連長在執行任務時所遇到的困難的情形。因此，理想的績效評估，應該是來自於多個評估者的評量。

此外，評估者本身對評估的態度，是一個最重要的影響因素。在整個評估中，不論程序設計的多麼完善，輔助工具多麼的健全，最後都還是要

由人來執行評估。因此如果評估者誤解了績效評估的目的，將其視為一種例行業務，則績效評估將會流於形式。若將績效評估視為單純的升遷考量，則可能造成人情糾葛及鄉愿心態。因此對評估者的訓練，並教育其對績效評估的正確觀念，是非常重要的。

第二節　績效評估作業

壹、績效評估的訊息來源

一般而言，績效評估的訊息來自兩個方面：

一、客觀評估

所謂客觀評估，指的是以受評者的行為結果，而非行為本身來對組織成員的工作表現加以評估。通常我們對行為結果，是以與組織目標有關的結果來加以定義的。例如：在一般的企業組織裡面，可能會用業績、產品數量、離職率、缺席情形等客觀資料作為客觀的評估標準。在軍事組織中，則可能會用體能戰技成績、違法犯紀人數等作為績效評估的標準。

客觀評估的優點在於，資料較容易獲得，而且由於其客觀性，可以避免主觀因素的介入。然而客觀評估亦有其缺點，如客觀評估有時候是很不公平的。因為許多客觀結果的產生，是無法由當事人控制的。例如：上述的違法犯紀人數，雖然是一個很客觀的指標，但是單位中的違法犯紀人數並非完全來自於領導者的因素，可能是士兵本身的特質造成，也可能是環境因素所致。違法犯紀人數指標背後，受到太多不是領導者可以左右的因素影響。但客觀資料的評估，通常只考慮到行為結果，而未考慮行為本身及過程；因此，如果單以違法犯紀人數，作為對一個領導者領導績效的評估依據，無疑地是非常不公平的。

二、主觀評估

主觀評估指的是經由對影響工作表現的行為仔細分析，作為績效評估之依據。由於它強調的是對行為表現的評估，而非行為結果的評估；因此，可以彌補客觀評估之不足。一個好的主觀績效評估，有賴於評估者對工作行為表現的精細分析。因此，評估者本身的素養就顯得相當重要。此外，我們也可藉由設計一些評定量表或評量工具，來輔助評估者，作有效的主觀評估。

然而，由於主觀評估賴於評估人的主觀判斷，因此凡是有關人類行為的所有特性，皆有可能影響到績效評估結果。例如：評估者與受評者間的人情世故、組織文化特性、評估者與受評者的性格特徵、月暈效果等等。

貳、績效評估的方法

在績效評估中，有幾個常用來評估組織成員工作表現的方法：

一、圖示評量法

圖示評量法中，組織成員被依據行為表現加以評量。評估者的工作，乃判斷受評者在每個向度上的得分高低。此種圖示量表法基於使用上的便利及評估目的，可能有很多不同的量表形式，例如：圖 15-1。

圖示評量法用於績效評估中最大的優點於，不論是對設計者或評量者而言，它都是一個相當簡便的績效評估工具。不過由於此種評估法相當主觀，因此它會產生評估上的居中趨勢、仁慈效應及月暈效果等主觀偏差。

【範例一】
文宣工作　□非常傑出　□比一般人好　□普通　□比一般人差　□非常糟

【範例二】
文宣工作　非常傑出　7　6　5　4　3　2　1　非常差

【範例三】
（　）文宣工作
（　）服務工作
　　　評定符號：「＋」表示卓越「○」表示普通「×」表示有待改善

圖 15-1　圖示評量表

二、比較法

　　比較法指的是將組織成員間的工作表現加以比較，例如：對組織成員的各項工作表現加以排序，排名第一的，被認為是表現最好，排名最後的則是表現最差的。目前部隊常用「比序」的方式來作為績效評估的方法，即是使用類似這樣的作法。

　　比較法在實務上，有幾種不同的作法；我們可以直接對組織成員就其工作績效排等第；或利用配對比較法，先對組織成員兩兩比較後，再決定最後的等第；也可以利用強迫分配法，事先根據某些統計原理（如常態分配）決定某些等第應該分配多少人，再將組織成員依其工作績效分配於各個不同的等第。

　　一般而言，比較法也算是一種操作簡易的績效評估方式，而且它還能避免居中趨勢及仁慈效應所造成的主觀偏誤。不過由於比較法只提供受評者的等第排序，並未提供其工作的具體事實及內容，因此無法提供受評者與工作有關的回饋，這是使用比較法時應特別注意的。

三、關鍵事件法（critical incidents）

　　所謂關鍵事件，指的是造成優秀或低劣工作表現的行為。關鍵事件法

則是由評估者，對受評者有利或不利於工作表現的行為加以紀錄。關鍵事件通常可以依據表現向度加以分類，例如：專業知識、工作態度等。關鍵事件的紀錄，應該要很明確，例如：「未準時主持早點名」，要比「未盡主官職責」、「偷懶」等模糊的描述來得更為明確。

關鍵事件法是一個比較符合績效評估精神的作法，它具備了「經常性」的特性，同時也提供受評者工作上的回饋資料。不過相對地，它在作法上較為複雜、費時。

目前部隊中的「個人資料」，所採用的即是一種關鍵事件法的方式。不過「個人資料」在我國部隊中被視為機密資料，因此受評人通常無法知悉其內容，只有直屬主官管才能檢閱其內容。如果僅以「個人資料」來作為績效評估的依據，是相當不適切的。

四、行為錨定法

行為錨定法（behaviorally anchored rating scale, BARs），是人事心理學中一種常用來作為效標評估的方法。它結合了關鍵事件與量表評定的方法。BARs 的發展頗為耗時，一般而言，BARs 的發展程序大致如下：

㈠首先必須得到許多有關工作的關鍵事件描述。

㈡由工作者或領導者，將這些關鍵事件分類為幾個與工作表現有關的工作向度。於是便可得到幾個工作表現向度，在每個向度下都有數個與工作有關的關鍵事件。

㈢將所有的關鍵事件混在一起，由另一群評量者將關鍵事件重新分類。以確定關鍵事件能夠清楚的代表工作表現的向度，然後保留分類一致性較高的關鍵事件。

㈣請評量者以七點或九點量尺，對每個關鍵事件在其所屬的向度上，是否能有效地代表工作表現的程度加以評量。這時候我們可以得到每個關鍵事件的平均值和標準差。標準差愈高，表示評量者對此關鍵事件的評量愈不一致。標準差愈低，表示評量者對此關鍵事件的

評量愈一致。

㈤最後以兩個七條件保留正式 BARs 所採用的關鍵事件。第一、各向度中所保留的關鍵事件，必須有部分是代表該向度中好的行為表現；有部分是代表該向度中不好的行為表現；有部分是代表中等的行為表現。因此，如果每一向度中保留七個關鍵事件，則這七個關鍵事件在當初評量時的平均值應該是由高至低，平均分布的。第二、選取標準差較低的關鍵事件，因為這樣表示當初評量者對這個關鍵事件的看法較一致。

行為錨定法的績效評估量表例子如表 15-1。

表 15-1　行為錨定法的績效評估量表

彈藥檢修士之工作知識：對彈藥的辨識、檢修能力（向度）	
分數	工作描述句（關鍵事件）
7	對各種彈藥能作細部分解及各種檢修工作。
6	對彈藥能作細部分解，並進行初步檢修工作。
5	對彈藥能作大部分解，並進行初步的檢修。
4	能夠勝任彈藥的外表檢修工作。
3	能夠完全分辨各種彈藥無誤。
2	能夠分辨各種彈藥，但偶爾會辨識錯誤。
1	無法區辨不同類型的彈藥。

由上述程序可見，和其他績效評估法相較之下，行為錨定法較為嚴謹、客觀，也較標準化，有助於降低評量時的主觀誤差。不過它發展較為費時，成本也較高，同時也可能無法測量到受評者所有與工作有關的重要行為向度，而使得績效評估時過於片面。

第三節　軍事組織的績效評估

前面概述了績效評估的原則與方法，一般而言軍事組織的績效評估大致上亦需遵循這些原則與方法，不過軍事組織基於其特性，績效評估時仍有其與一般組織不同之處，以下將就軍事組織的績效評估特性，及實務工作者或研究者所需特別注意的地方加以說明。

壹、軍事組織的效標特性 —— 替代性效標

績效評估的成敗與否，最主要的因素之一，在於評估指標的選擇。惟有選擇了一個有效的指標，作為績效評估的依據，績效評估才會有效。通常一般的組織可以用一些像產量多寡、公司的收入盈餘等客觀指標，作為績效評估的依據。這是對一般的公司組織而言，公司的利潤及業績是一個相當重要的組織目標，因此他們可以用與公司業績有關的指標，來作為績效評估的標準。

對軍事組織而言，最重要的效標即是在實際作戰時，是否能獲得戰爭的勝利。而這樣的指標，平時是無法獲得的。基於此種特性，軍事組織在績效評估上常常無法使用真正的效標，而是必須評估單位或個人的戰鬥準備狀態（readiness for combat）來作為替代性的效標。此種替代性效標的目的在於預測軍隊在戰爭中的效能，所以軍事組織績效評估的替代性指標，應該是與戰鬥準備狀態有關的。替代性指標與戰鬥準備狀態的相關愈高，對軍隊實際作戰時表現的預測力，也應該會比較高。例如：對砲兵部隊而言，作戰時士兵對火砲的操作熟悉度是很重要的，如果士兵對火砲的操作不熟悉，必然會嚴重影響其戰場效能，因此士兵對火砲操作的熟悉程度，就可以用來作為砲兵部隊士兵績效評估的替代性效標之一。

然而有許多替代性效標與戰場效能間的關係卻並非如此清楚，例如：部隊士氣與戰爭勝敗有關，但是我們並無法得知平時對一個部隊士氣的測

量，是否真能推論到這個部隊在戰場上的士氣。在這種情況下，替代性指標的有效性就會有許多不確定性。因此在作績效評估時，應該要盡可能的使用多個指標，作為績效評估的依據，而不要只使用單一指標作為績效評估的標準。多元指標的使用，更可以使我們預測部隊在戰場上的表現，彌補少數評估指標之不足。

貳、軍事組織績效評估回饋系統的特性——非立即性

對一般的組織而言，通常可以對績效評估系統作有效及立即的回饋評量。例如：公司的利潤業績是隨手可得的，因此他們可以使用這樣效標，來評估其績效評估系統是否適切。但是對軍事組織而言，能夠檢視績效評估系統的情況，就是在戰場。只有在部隊投入戰場後，經由部隊在戰場中的實際表現，我們才能得到績效評估系統是否有效的回饋，才得以了解績效評估中所使用的指標是否適切。但是戰爭的情況是很少發生的。從另一方面來說，一旦戰爭發生，證明了我們的績效評估指標是錯誤的，就已經造成了許多無可挽回的結果。因為有許多士兵因此喪生、或是造成戰爭失利甚至更嚴重的後果。因此對軍事組織而言，績效評估指標的選擇，是一種很大的冒險。而評估回饋系統的缺乏，則常常使我們無法得知績效評估系統的有效性及預測力。

由於軍事組織的績效評估回饋系統需藉由真正的戰爭過程及結果來加以檢證，因此對過去作戰經驗及真實戰爭資料的系統性分析研究，就成為彌補平時缺乏回饋系統的一個重要措施。例如：美軍對越戰時雙人座 F-4 戰機，分析其任務執行時間、任務成功與否等因素，結果發現前後座均是飛行員，與前座／飛行員、後座／領航員（navigator），這兩種飛行任務搭配，在分析的因素上均沒有顯著差異，也就是說不論採前座／飛行員、後座／飛行員的任務組合出勤，或是採前座／飛行員、後座／領航員的任務組合出勤，其達成任務的效益都是一樣的。這個研究結果使得美軍得以將更多飛行員分派到其他真正需要飛行員的任務上，也為美軍節省了每年四百萬美元的訓練費用（Vineberg & Joyner, 1983）。雖然這個研究結果主

要是運用於人員派置及訓練上，但是類似這種對作戰經驗及實戰資料的系統性分析，在改善軍事組織的績效評估回饋系統上是相當有幫助的。

參、軍事組織的績效評估在標準化上的困難

　　一般而言，軍事組織比起一般的組織龐大許多，為了維繫此種龐大組織體系的運作，其組織層級及工作劃分亦較為複雜及細微，因此也使得其各個子單位在組織特性上有所不同。例如：以連隊而言，各種不同性質的連隊在裝備、兵源素質、資源獲得的便利性上可能有所不同；即使是相同性質的連隊，所面臨的物理環境及心理環境上可能也有很大的不同（如駐地的不同、面臨基訓任務或一般訓練任務等因素）。同樣的狀況也發生於軍事組織的成員中，例如：同樣職位的參謀（如政戰官），可能在工作程序上有所不同，可能在業務職掌上有所不同，可能在工作執行的難易上有所不同，可能在獲得實質獎懲的機率上有所不同，也可能在所面臨的物理及心理環境上有所不同。基於上述這些特性，都使得軍事組織的績效評估在執行上有所困難。由於績效評估在組織中常被用作人事決策及工作回饋的參考依據，因此績效評估的公平性就變得很重要，然而在軍事組織績效評估的標準化較為困難的情況下，要作出符合公平性、客觀性要求的績效評估，就顯得更為困難，這是軍事組織研究者及實務工作者所必須特別加以注意的。

　　因此，在作軍事組織及其成員的績效評估時，考量其工作的主客觀因素是相當重要的；這一部分必須藉由提升評估者對受評者工作性質及限制因素的熟悉性、提升評估工具的外在效度，及謹慎的區分哪些單位（或人）應該被放在同一標準下來進行評估，來加以改善。

肆、階級體制對軍事組織績效評估的影響

　　雖然績效評估的主要目的在於提供組織成員工作表現的回饋，然而不容諱言地，作為人事決策的參考仍是績效評估的一個重要功能。軍事組織

不同於一般的企業組織，它除了工作職位的階層劃分外，還有分明的「階級」體制。此種嚴密分明的階級體制，使得軍事組織中的工作職務分派及升遷，與組織成員的工作表現不一定有直接的關係，這樣的現象造成了績效評估在用作人事決策參考時的困難。這種情形，在軍官的職務分派及升遷上尤其明顯，例如：要擔任營長的職務，可能必須具備某個階級（如中校），曾歷練某些資歷（如曾歷練連長或某些參謀），或受過某些訓練（如陸軍學院）。這些先決條件的制定，固然有其考量，然而卻同時使得組織成員的實際工作表現成為影響人事決策的一個次要因素，因此用績效評估來預測組織成員在未來的工作表現，及其是否適合擔任某一職務就顯得較為困難。此外，軍事組織的階級升遷制度通常受限於其年資（亦即明訂至少需在某一階級任職多久，才能升遷至下一階級），此種年資上的限制當然也有其現實的考量因素，但同時它也進一步的影響了績效評估系統在組織成員升遷上所扮演的角色。

因此若是要採用績效評估的結果，作為軍事組織人事決策的參考依據，則必須確保績效評估結果在人事決策參考上的重要性。同時在階級升遷的年資限制無法改變的情況下，亦需提升績效評估在提供受評者工作回饋上的重要性，並有效地將績效評估運用於人事決策以外的其他功能（如獎勵），以避免績效評估因受限於階級、年資等因素，而無法發揮應有功能。

伍、評估者特色──上級評估

軍隊強調階級、服從等上下關係，在此種組織特色及文化背景的影響下，上級評估即成為軍事組織最常使用的績效評估方式。此種上級評估所指的，不只是直屬長官對部屬的評估，亦包含上級幕僚體系對下屬單位或個人的評估。由於此種評估通常帶有相當的主觀性，因此所有有關主觀評估所產生的各種評估偏差，均可能發生於上級評估中。例如：評估者可能擔心影響部隊士氣，而在評估時過度膨脹（ratting inflation）、當評估者為受評者的直屬上司時，可能造成評估時的仁慈效應。

上級評估的績效評估方式下，評估工具的內在效度顯得相當重要。藉由完善的評估工具來輔助評估者，可以避免評估者主觀性的偏差，有助於提升績效評估的客觀性。此外，僅藉由上級評估的方式來作績效評的唯一依據，在評估的視角上，有重大的缺陷。因此採取不同角度的評估對軍事組織的績效評估而言，是一個相當值得努力的方向。例如：採用「多來源—多評估者」（multi-sources, multi-rater；簡稱 MSMR，又稱 360 度回饋系統；360 degree feedback systems），經由一個或多個上司、同儕及部屬，來對某個單位或組織成員（尤其是領導者）作績效評估，就是一個值得考慮的方法。

陸、實作測驗與紙筆測驗

在軍事組織中，實作測驗與紙筆測驗普遍地運用於工作表現的評估。實作測驗普遍運用於戰鬥技能的測量（如射擊、武器操作），而紙筆測驗則普遍運用於專業知識（如準則、法令）的測量。

顯然地，某些工作項目確實較適合以實作測驗來加以測量。但是一般而言，實作測驗除非以結果來計分，而非以過程來計分，否則它無法作團體施測，因此在成本上及時間上所費較高。此外，由於觀察者（評分者）的介入，因此它在施測程序上也較不標準化。

相反地，紙筆測驗則具有低成本、較標準化等優點。然而由於軍事組織成員在教育素質上較為參差不齊，因此軍事組織在實施紙筆測驗時，必須要特別考慮受試者的語文能力。此外，紙筆測驗限於其測量特性，因此較無法測量到工作經驗的部分，而這一部分對軍事組織而言，可能是相當重要的。當然，無疑地紙筆測驗亦具有無法測量到實作項目的缺點。

柒、針對工作性質，採取適切的績效評估方式

不管是主觀性（行為過程）的評估或客觀性（行為結果）的評估，紙筆測驗或實作測驗，任何績效評估的方式有其優缺點。因此在實務工作

上，很重要的一點，是如何針對不同的工作性質，採取適切的績效評估方式。

　　一般而言，軍事組織的各個績效評估項目，可以概略以情境變異程度來加以界定如表 15-2：

表 15-2　軍事組織依情境變異的績效評估項目

情境變異	工作區分	工作項目	工作執行者	測量方式
高　↑	問題解決決策行為	制定法令、政策領導部隊	軍總部以上參謀連級以上領導者	主觀評估紙筆測驗（開放式問題）
	規則及原理的應用	推展各種業務工作戰術、戰略運用	軍團以下參謀連級以上領導者	主觀評估紙筆測驗（開放／封閉式問題）
	程序的應用	武器操作裝備維修、保養	連級以下領導者一般士官兵	紙筆測驗（封閉式問題）實作測驗
↓　低	知覺及動作技能	體能、戰技	連級以下領導者一般士官兵	客觀評估實作測驗

　　由表 15-2 得知，情境變異程度愈高的工作項目，愈是適合採用主觀評估及紙筆測驗的方式，而情境變異程度愈低的工作項目，則愈適於採用客觀評估及實作測驗的方式。另外就紙筆測驗的題目形式而言，情境變異程度愈高的工作項目，愈應該採用開放式的問題，情境變異程度愈低的工作項目，則愈適於採用封閉式的問題。表 15-2 中亦可看出，連級領導者的工作項目包含了各種不同情境變異程度的項目，這亦是在對這個層級的人員進行工作表現評估時，一個值得特別注意的地方。

　　上述的原則，只是在進行軍事組織績效評估時的一個概略方向。事實上，軍事組織的實務工作者或研究者，可能會常常面臨某個工作項目，包含了不同的工作單元的情形。例如：武器的使用，可能包含了規則原理的部分（如步槍的有效射程及最大射程），及動作技能的部分（如實際操作

武器）。在這樣的情況下，就不應過於拘泥上述的評估原則，而應該針對同一工作項目中的不同工作單元，各自選取適宜的評估方式。

捌、軍事組織績效評估的電腦化

隨著電腦科技的進步，軍事組織的績效評估朝向電腦化的方向努力，應該是未來的趨勢。在軍事組織中，電腦可運用於適性測驗（adaptive test）的發展，以作為績效評估的工具，此種測驗方式雖然成本較高，然而卻較為精確，也較為有效率。此外，電腦科技尚可運用於模擬儀器的發展；尤其在軍事組織缺乏真實戰爭效標的績效評估系統及回饋系統的情況下，模擬設備可用於戰略、戰術等高情境變異的決策行為評估，及精密武器或飛行儀器操作等動作技能評估上。這些都將有利於軍事組織未來的績效評估作業。

第四節　美軍的績效評估

壹、陸軍

美國陸軍主要的績效評估工具為「技能資格測驗」（Skill Qualification Tests, SQT）。此測驗主要包含三個部分：「實作部分」、「工作職位部分」及「技能部分」。故名思義，「實作部分」是以操作的方式直接測量受評者在工作上所需的基本技能；「工作職位部分」則是由受評者的直屬上司，根據其工作行為及結果來評量其工作表現，所以這一部分的評量較為主觀，標準化也較為困難，因為受評者所屬的單位在裝備、性質及其他狀況上可能都有所不同；而「技能部分」則是一複選題形式的紙筆測驗。此外，SQT另外亦包含了一個用以替代「實作部分」的紙筆測驗，以便在無法實施實作測驗的某些特殊情況下（如裝備上的限制），用來作為「實作部分」的測量。

根據某一個非官方研究顯示，「實作部分」的通過率在 80%以上，「工作職位部分」約為100%，而「技能部分」約為40%至50%之間（Wis-koff & Rampton, 1989）。由此可見，SQT 在「技能部分」的鑑別率較佳，而「實作部分」及「工作職位部分」則幾乎沒有什麼鑑別率可言。

貳、海軍

美國海軍對於其成員會作定期評估，此種定期評估的方式，主要是使用依據職務分析所發展出來的工作檢查表，由受評者的上司來填寫，以評估受評者的表現是否符合工作要求。檢查表的內容包含工作的作業及知識要求。美國海軍對其人員的定期評估常用的測量工具有「人員資格標準表」（Personnel Qualification Standards, PQS）及「人員進階要求表」（Personnel Advancement Requirement, PAR）。PQS 提供了對人員工作表現的評量，此評量進一步提供了評量受評者所屬單位的戰鬥準備程度的基礎。PAR 則評量某一特定階級所需的工作及訓練要求，以評估受評者是否適於升遷至下一階級。

美國海軍另外使用了「海軍進階測驗」（Navy-wide examination for ad-vancement）來測量工作的精熟度（job proficiency）。此測驗內容包含了一百五十個與工作有關的複選題，題目有部分來自於PAR，有部分則是依據與某些職務有關的專家的經驗所發展出來的。

美國海軍亦使用圖示評量法來定期評估人員的個人特徵。其評量內容視階級而定：在評估低階人員時，其內容包含責任感、可信賴程度及合群性；在評估高階人員時，其內容包含應變能力、領導能力及語文表達能力。評估者為受評者的直屬上司，再由次一級的上司檢視評估的內容及結果。此外，此種對個人特徵的評估工具，還針對不同階級，採用不同的量表形式，這是為了避免評量時的累積效應。例如：假設對少尉軍官和少校軍官使用同樣的量表形式作評估，可能會產生評估者傾向於給與少校軍官較高評分的偏差。

參、空軍

美國空軍的績效評估有一套很特別的「專長訓練標準」（Specialty Training Standards, STS）系統；STS 對空軍的每一個職務專長都加以明確地劃分為受訓員、新手、正式人員及督導者等四個層級。每一個層級在作業表現、作業知識及主觀知識上的要求都不同。這些不同層級的工作要求均有明確的定義，例如：四個層級在作業知識上的定義分別是㈠知道零件、工具的名稱及關於作業的簡單事實；㈡能執行與作業有關的程序性步驟；㈢能解釋為何及何時必須執行作業，並能解釋為何每一步驟是必要的；㈣能預測、定義及解決與作業有關的問題。此種 STS 的執行是由上級使用工作檢查表，來評估受評者屬於那一個技術層級。

美國空軍也使用了多種紙筆測驗來評估其成員的各種工作技術知識，例如：「新手知識測驗」（the Apprentice Knowledge Test, AKT）、「美國空軍九級技能提升測驗」（the USAF 9 Skill Level Upgrade Exam.）、「專長知識測驗」（Specialty Knowledge Tests, SKT）、「升遷適合度測驗」（Promotion Fitness Exam., PFE）及「美國空軍督導者測驗」（the USAF Supervisory Exam., USAFE）等。這些測驗都是由空軍內具實徵工作經驗的成員及心理學家，所組成的測驗小組發展出來，用以作為美國空軍的績效評估工具。

美國空軍也有類似海軍的一套評估成員個人特徵的工具，稱之為「飛行員表現報告」（Airman Performance Report, APR），此評估工具針對低、中、高三個層級的成員在評估內容上有所不同，例如：在評估低階成員時，其內容包含改善自我的努力（Self-Improvement Efforts），中階成員包含了督導能力，高階成員則包含了管理能力。但與海軍不同的是，它並沒有為了避免累積效應，而針對不同層級的人設計不同的量表形式。

此外，美國空軍還建立了一套「加權飛行員升遷系統」（the Weighted Airman Promotion System, WAPS），上述的各項評估結果，都可以輸入此系統中，以進一步作為其組織成員升遷時的參考依據。

從以上對美軍績效評估現況的簡述中可看出，除了陸軍外，目前美軍的績效評估方式，仍以主觀評估（上級評估）及紙筆測驗為主，這當然是基於施測的便利性及評估時所需耗費的成本等實務性考量。不過近年來美軍已開始愈來愈重視以實作測驗來作為績效評估的工具，此外美國陸軍的SQT為了克服實作測驗在使用時的不便，發展了替代式的紙筆測驗，也可說是值得軍事組織實務工作者及研究者借鏡之處。

結　語

本章簡介了人事心理學中的績效評估概念，並探討軍事組織在績效評估上的特色及可能困難，這些探討都有助於國內軍事組織在未來績效評估實務及工具發展上的參考。另外，本章亦簡介了美國績效評估概況；雖然美軍的績效評估測量工具在鑑別率、量表形式及信效度上仍有一些問題，但是從本章對美軍績效評估現況的簡介仍不難看出，美軍績效評估最大的優點及特色，可能是在於它結合軍事組織成員的經驗及心理測驗專家，致力於發展績效評估工具及方法的實證精神，這是相當值得我國學習，也是我國軍事心理學未來值得努力的方向。

參考書目

李慕華、林宗鴻（1996）。工商心理學導論。臺北：五南。

Cascio, W. F., (1998). *Applied Psychology in Human Resource Management* (5th ed.), Upper Saddle River, NJ: Prentice-Hall.

Vineberg, R., & Joyner, J. N. (1983). Performance measurement in the military services. In F. Landy, S. Zedeck, & J. Cleveland (Eds.), *Performance Measurement and Theory*. Hillsdale, NJ: Lawrence Erlbaum Associates.

Wiskoff, M. F., & Rampton, G. (1989). *Military Personnel Measurement.* NY: Praeger.

思考問題

一、讀完本章後，就您對我國目前軍事組織績效評估的了解，您認為我國目前軍官的績效評估作法，有哪些優缺點？如何針對這些優缺點，設計一更完善的績效評估系統。

二、針對本章所述軍事組織績效評估系統的特性，您認為在實務上應該如何克服這些困難？試設計一軍事組織組效評估系統，並說明您如何克服這些困難。

三、就您的看法，你認為在進一軍官的績效評估時，有哪些效標是可以採用的？採用這些效標時，應該注意哪些事項。

四、一個好的績效評估系統，應該要具有互動性的特徵，也就是說必須要讓受評者了解評估結果。這個觀點在軍隊中運用的可行性為何？其優缺點為何？如何克服運用上的困難，讓這樣的觀點落實於軍事組織的績效評估？

五、美軍的績效評估在程序、工具上有何優缺點？他們的績效評估系統提供了我們什麼樣的啟發？如果要將美軍的績效評估系統運用在我國軍事組織上，需注意哪些事項？

第四篇
軍事領導與士氣

🗀 第十六章
領導理論與研究

前　言

　　「領導」不論在企業、軍中乃至國家階層，對組織內所有成員的影響是無遠弗屆的，足以影響人們的生活與未來，一位能掌握市場經濟脈動的企業領導者，能為組織帶來無數的經濟效益；在戰場上英明睿智的指揮官，除了達成軍事任務外，更能減少人員傷亡與武器裝備的損壞，諸如孫子兵法謀攻篇所述「善用兵者，屈人之兵，而非戰也；拔人之城，而非攻也；毀人之國，而非久也」，亦是善於領導戰爭的將領，屈服敵軍，用不著打戰，奪取城池，用不著動武，毀滅其國家，應當採取速戰速決的策

略。

　　本章內容主要從軍事情境的觀點出發，探討軍事領導理論與相關研究，首先對領導、管理與指揮三者間關係做一簡要描述與比較，並為軍事領導下一註解；其次針對領導理論演變發展，依序介紹領導特質論、情境論、互動論及交易理論等內容；第三，蒐整國內軍事領導相關研究文獻，介紹學者有關軍事領導的研究方向與成果；第四，探討有關軍事領導的權利基礎及影響；最後針對目前國軍現況，為提升國軍領導幹部之領導效能，提出數點建議，供有興趣此議題之研究者爾後作深入探討研究的基礎。

第一節　軍事領導的定義

　　在探討「軍事領導」定義前，首先就眾多學者對「領導」一詞的定義加以闡述，所謂領導是什麼呢？一言以蔽之，就是「御下的功夫」，藉用佛法的用語來說便為「如何降服其心」的功課，也就是說，領導領的是「心」，御的是「心」；領導是人類社會中即為複雜的一種現象，雖然歷來學者對「領導」此一概念的闡述頗多，然觀點確也頗為分歧，沒有廣為接受的共同定義，「領導」的領域仍然在紛擾的狀態，對於概念與方法的議題仍有許多持續的爭議，本章採用領導的各種不同概念，並視為探討此一複雜、多層面現象之不同觀點的根源（洪光遠，1992）。

壹、領導的定義

　　一九九三年出版的牛津英語字典註明，英語單字中「領導者」（leader）一字最先是於一三〇〇年方行出現，而「領導」（leadership）一詞迨至一八〇〇年仍未見產生，我國的「領導」一詞何時出現未可考；韋氏大辭典將領導解釋為獲得他人信仰、尊敬、忠誠及合作之行為；社會學辭典從廣義的角度解釋領導，認為領導者係指以聲望、影響力或地位啟發社會行為、組織和控制社會行為之人，另狹義而言，領導者係以其說服的能

力，領導他人使其心悅誠服接受其領導之人（羅虞村，1999）；鑒於一些學者對於領導所下的定義，乃依據各研究主題不同而給與不同的操作性定義（洪光遠，1992），茲列舉較具代表性定義如後（潘建志，1997；藍俊偉, 1999；張琳宗，1999；蔡雪紅，1999）：

表 16-1 「領導」的各種定義

定　　義	學　　者	年代
導引團體朝向（團體）共同目標行動的個人行為。	Hemphill & Coons	1957
領導是一種特殊的權利關係，每一成員在此關係中，均認為另一成員有權規定團體組成分子的行動模式，藉以接納對方成為團體的一分子。	Janda	1960
領導是在某情境中的人際互動影響，透過溝通歷程可以引導團體行動，達成某些特定目標。	Tannenbaum, Weschker & Massarik	1961
領導是指人際間的互動，在此互動歷程中，某人以某方式提供訊息，而使人相信只要依照該人士的建議或期望行事，其行為結果將獲改善。	Jacobs	1970
領導是說服他人熱心去追求一定目標之能力。	David	1972
領導是指在期望與互動歷程中，創建並維持組織結構。	Stogdill	1974
領導是影響人們跟從著去達成一個共同的目標。	Koontz & Donnell	1982
領導是指影響人們的行為，以達成領導者所指定目標的歷程。	鄭伯壎	民 72
影響組織團體活動朝向目標達成的歷程。	Rauch & Behling	1984
領導者的前提是其需要有追隨者，有部屬但沒有追隨者的人並非是一個領導者。	Lundy	1986
領導係有關於構築願景、使價值觀深植，以及建立一個環境使事情能夠得以完成。	Richards & Engle	1986
領導是一種說服或示範的過程，一個人可以藉著這個過程，引發團體追求領導者所堅持或上下一心所共持的目標。	Gardner	1989
領導是一種影響力，一種技巧或程序藉以影響他人，使其能自願的、熱心的致力於全體目標的達成。	Koontz	1990

（續下表）

（續）

指影響團體去達成目標的能力。	Rubbins	1990
領導乃是組織中的影響系統，在交互行為下所產生的影響力表現。	張潤書	民79
領導是賦予集體努力目標（意義方向），且激發他們努力以赴的歷程。	Jacobs & Jaques	1990
領導視為在個人與組織整合過程中，一項最具動態影響的因素。	許士軍	民80
領導旨在影響組織或團體，領導若是未能影響組織或團體，領導及無效用可言，而領導的任務就是設法激勵組織成員使其額外付出心力，期以有效達成組織的目標。	黃昆輝	民82
領導是在團體情境裡，藉著影響力來引導成員努力的方向，使其同心協力齊赴共同目標的歷程。	謝文全	民82
在一特定情況下，為影響一人或一群人之行為，使其趨向於達成某種目標之人際互動程序。	吳志正	民83
領導是賦予人們共同（進行的）活動意義，使得人們能了解且認同（此活動）的歷程。	Drath & Palus	1994
將領導視為過程、領導技巧、人、特殊才能、領導者特質以及對工作本身的一般要求所構成的微妙組合。	Gini	1997

綜觀上述各學者對「領導」定義的描述，均各有強調內容的重點，以下就上述綜整領導的特徵描述如後：

一、領導是一種團體的歷程

領導是團體活動中的一種現象，是達成團體目標持續不斷的歷程，亦是團體成員間的社會影響歷程，在此一團體歷程中，以領導者角色為中心，共同為團體目標而努力；然民主思潮的演進，角色日趨分化，組織中的領導不再單獨以領導者為中心，部屬或成員在團體中所扮演的角色愈趨重要，由於兩者角色彼此預期，相對於在團體互動歷程中不同於以往，且團體歷程亦將日漸複雜。

二、領導是一種人際互動的現象

領導必須包含兩個人以上，有某種程度的人際互動，然在科技發達，競爭激烈的現代企業組織中，人際互動的模式已有所改變，例如：透過電腦網際網路進行資訊的傳遞，如果領導是一種人際互動現象，其領導的意義亦將有所差異；反觀未來的科技戰爭中，網際網路的運用對命令的下達、作戰會議的召開等，長官與部屬間的人際互動模式亦將有所改變，相對於領導的定義將發生質變。有關此一議題仍待進一步研究。

三、領導是影響力的結果

此處所提影響力是指「上司與部屬間」、「正式與非正式」兩者；根據眾多學者看法，團體中最具影響力較能發揮大多數領導功能者，即為領導者，而其他成員則為從屬人員（follower），亦是強調上對下的影響，但隨者民主思潮的演進，強調「雙向溝通」、「互惠原則」與「權力共享」條件下，當然影響也可能下對上（Hollander, 1993）；另在「正式與非正式」架構上，正式組織（軍隊建制，如班、排、連等）與非正式組織（因志同道合所組成的次團體）、正式權力（職權，如獎賞權、懲罰權、合法權）與非正式權力（個人權，如專家權、參考權）對領導的影響，然組織的性質不同，相對在「領導者與部屬間」、「正式與非正式」對領導的影響亦有所不同，例如：軍隊組織是一強制性高的科層體制，主要強調「上對下」及「正式組織與權力」的影響，與民間企業組織有所不同。

四、領導是一種目標達成的工具，是目標導向的

大多數學者對領導的定義均是以達成團體目標為最終目的，亦是朝向團體或組織的目標而企圖影響他人的行為，具有工具性的操作性定義，亦視為達成團體或組織目標的手段或方法。然有部分領導者將組織目標視為

自我利益的獲得，製造組織目標的假象，故領導者的道德良知亦是一重要變項。鄭伯壎、莊仲仁（1981）針對國軍八個連隊，五百八十位士官兵，進行「基層軍事幹部有效領導行為之因素分析」研究中發現，除得到與美國一致的體恤與主動結構兩個向度之外，得到另一個公私分明的因素，換言之，在中國的軍事組織裡，領導者除了體恤部屬、戮力工作之外，亦強調領導者為人處世是否公私分明，無偏一己之私。故在組織達成目標的過程中，領導者的道德良知仍應加以重視。

五、領導強調特質、能力與情境的組合

領導的好壞，以往學者的研究，不僅強調領導者的特質或能力，所謂「時勢造英雄」或「英雄造時勢」，就是特質與情境兩者的搭配；主要目的是找出成功領導者應具備之人格特質，以確定最佳領導者特質或作為選擇領導者之依據，唯其結果缺乏一致性，且發現成功領導者所具有之人格特質，主要係取決於情境的類型，領導者行為研究則以領導者外顯行為為研究重心，冀望以一套領導者行為來概括所有不同情境中的領導方式，因忽略情境因素在領導現象中的影響，而遭廣受批評；另領導者是否具有專業能力，知識學養是否足夠，亦是能否成為成功領導者的另一重要條件；由此可見，特質、能力與情境對領導而言，均是不可獲缺的，亦是現在領導研究之主流。

六、領導是有意的，是一種主動、熱忱獻身的投入

領導是有企圖的影響他人的行為，也就是有目的的促使他人對領導者或組織目標產生主動及熱忱獻身的投入；所謂「有意」是指領導者的企圖，亦是領導者動機的強度，然並非每位領導者均有強烈的動機；能對領導對象產生主動、熱忱獻身的投入，此時亦需考量領導對部屬的影響結果，在性質上做三種分類：承諾（commitment）、順從（compliance）和抗拒（resistance），領導最成功的結果是獻身，亦即目標人物內心同意作

用者的決定或要求，並且極力有效遂行該要求或命令（洪光遠，1992），此處所提「領導」雖指上述兩者積極的層面，然亦可能產生跟隨者只是表面上的順從與私下抗拒行為。

七、領導是一種行為模式

領導是導引團體朝向（團體）共同目標行動的個人行為（Hemphill & Coons, 1957），根據俄亥俄州立大學以因素分析研究方式，將一千八百條的領導行為項目歸納為一百五十條後，請每位部屬描述上司的行為，並從中抽出兩個主要的因素，即體恤與主動結構，前者即所謂的人群關係取向的行為，後者則為工作取向的行為，綜觀學者研究，大都以俄亥俄州立大學研究小組所提出的「體恤」與「主動結構」等兩類領導行為，是運用最廣的兩個概念；所謂「體恤」是指領導者表現友善與支持態度、關心部屬並注意其福祉的程度，如幫助部屬、聆聽部屬的問題、以平等方式對待部屬等，另「主動結構」意指領導者界定與建構其角色及部屬角色，以達成團體正式目標的程度，如強調達到預定目標的重要性、分派部屬任務、監督部屬努力工作等，不論任何學派的研究，如俄亥俄學派、密西根學派或其他理論，均都得出類似上述兩種領導行為的因素，另在中國式的領導研究發現，依據日本心理學家三偶二不二所提之 PM 理論，發展出 CPM 模式的領導概念，P 表示工作績效（performance），M 表示團體維繫（maintenance），均與上述體恤與主動結構之領導行為類似，唯 C 表示領導者的一種模範表率的作用，也就是中國強調對領導者「德」的要求（凌文輇，1991），與鄭伯壎、莊仲仁（1981）針對國軍基層幹部有效領導行為之研究中，發現另一個公私分明的因素雷同，由此可知，領導不僅是一種行為模式，且因文化上的差異而有東西方不同的領導行為模式。

綜整上述各學者對領導所下定義的特徵與討論後，仍有甚多面向無法包括，大部分領導的定義，均反映了對目標對象有企圖的影響，對團體或組織活動間的一種社會影響歷程，但對誰發揮影響力、影響力企圖達到的目標、發揮影響力的方式、影響企圖的結果之看法並不同（Yukl, 1994）。

因此，領導的定義自然就無法放諸四海皆準，其間所必須加以探討的是領導在文化上的差異，昔日有關領導的相關研究均植基西方研究的基礎，受西方思潮的影響很深，因而未能深入探討有關中國式領導的深層意涵，殊不知中國傳統文化精神對領導意義上的認識是具有相當的影響力；近年來本土化心理學的研究興起，開始逐漸探討有關中國式的領導研究，諸如鄭伯壎「差序格局模式」的研究，根據關係、忠誠、才能等三項歸類標準，企業主持人依差序程度將員工歸類為八類（A 經營核心、B 業務輔佐、C 恃才傲物、D 不肖子弟、E 事業夥伴、F 耳目線索、G 防範對象、H 邊緣人員），並強調企業主持人對員工的差等認知結構，實為影響華人組織行為的重要關鍵（鄭伯壎，1995）。

貳、領導、管理、指揮間的關係

「領導」（leadership）、「管理」（management）、「指揮」（command）三者的字眼，就一般人而言，事實上其意義是差不多的，然期間的異同與獨特性，更需加以著墨與探討。

一、就「領導」與「管理」關係而言

兩者關係許多學者眾說紛紜，意旨某人可成為一位領導者而不必是管理人員，管理者也可以不必表現出領導行為，事實上，管理人員甚至沒有部屬，僅是做事與物的管理（如航材及裝備等補給部門、經費支出與預算編列等主計部門等），然領導與管理雖不盡相同，但其重疊的程度卻是看法不一的。故就企業界而言，領導與管理也許是類似的；另有些作者認為二者本質上不同，甚至不相容的，一九八五年 Bennis 與 Nanus 即認為「管理人員是將事情處理好（do things right），而領導者則是處事正確（do right things）」；一九七七年 Zalsanik 認為「管理人員關心事務如何處理，而領導者則關心事務對人而言有何意義」；其兩者之間的差別在於：領導者影響成員使其願意獻身，而管理人員僅在執行職務及運用權勢；另有些

作者提出相反的看法，認為「不可能同時兼顧領導者與管理人員兩職」的假設是荒謬的（洪光遠，1992）；在中國大陸，人們所說的「領導」往往是指「領導者」或領導幹部，而非 leadership，「幹部」的概念包含「領導」（者），是管理者的統稱，當指人的時候，「領導」與「領導者」是同義語，當不是指人的時候，「領導」才是 leadership（凌文輇，1991）；綜觀上述學者對「領導」與「管理」及「領導者」與「管理者」間的論述，的確有其異同及重疊部分，鑑此，在軍事情境中我們可以發現，軍、士官幹部們均身兼「領導者」與「管理者」兩個角色，並從事有關「領導」與「管理」兩項工作，然兩者的概念對軍事任務之達成是否有其衝突或相輔相成，仍有待進一步研究。

二、「領導」與「指揮」的關係

對許多軍事人員而言，領導與指揮是同義語，所謂「指揮」是指領導者因其階級和職務而來的法定權威（authority），藉此以影響部屬；另指揮在武裝部隊中，是一種所賦予的權力，以便對軍隊指導、協調和控制，具有廣泛的責任，包括計畫、組織、訓練、指導、協調和控制軍事單位去達成其使命。指揮的功能至少包括三種主要活動，就是軍事行動的決策、管理和領導（王寅卯，1976）；指揮──是領導的藝術，以促使組織行動為目的，如何使能有效執行指揮職能，費堯列出如以身作則、對組織的定期檢查、庸劣人員的淘汰、以及勿為細微末節的事務所困等（許是祥，1986）。在軍隊科層化組織體系下，階級區分、職務角色、層層節制、分工明確乃為其主要特色，組織對成員的支配性與控制性極大，亦相當強調領導者角色的權威性、其法定權威的運用，則植基於職務階級體系與其角色規範，因為正式組織唯有在職位有高低層級之別，角色有上司部屬之分，權利義務、命令服從各有規範下，領導者才能運用其「法定權威」的領導權力（錢淑芬，1992）。就上述學者對「領導」與「指揮」的定義而言，指揮是依領導者位居某職位所擁有正式權力的一種影響方式，亦是領導的一種形式，在軍事情境中經常耳聞指揮此一名詞，但通常隱含在領導

的涵義之下，類似於權威式的領導行為。

　　綜合上述三者間的關係，領導是廣義管理概念的一部分，而指揮只是領導行為中的一種形式，凡是影響團體成員的行動、歷程，皆可稱之為領導。此外，一般人認為，領導偏重領導管理階層對「人」的種種作為，而狹義的管理，則偏重對「事、物」的處理，許多組織領導管理層級的主要作為，兼具對人、事、物的處理。因此，「領導」與「管理」此兩概念，時常通用，有時並未嚴格區分，國軍軍官在軍事組織的作為即是如此（洪光遠，1999），因此在本文中，亦將「領導」與「管理」兩者視為同義，可以相互通用的，但仍以「領導」一詞為主。

參、軍事領導的定義

　　綜觀上述學者對領導定義的描述，雖領導一詞是極為複雜的社會影響的歷程，然而在戰時，軍事領導更是影響單位所有官兵生死存亡的重要因素。一九七六年 Dixon 描述十九世紀末至二十世紀中期，因無能的領導所造成的軍隊災難，在這個例子中主要的原因是領導者固守較老的觀點，不做任何改變因應，因使專業技術無從發揮，甚而失敗（Gal & Mangesdroff, 1991）。故一位優秀的指揮官應具備何種領導特質、行為、風格等，乃極需探討的課題。

　　美國 Matthew 將軍認為軍事領導統御包含三項主要元素，並統稱為三C──亦即為品格（character）、勇氣（courage）及才能（competence），且認為「品格」是整個領導統御的基礎，沒有品格（特別是在軍事專業中）的人，在平時將會是一事無成，在戰時將會慘敗，無論是在平時或戰時，充其量也只能是個平凡的庸才而已。品格代表軍官們長久以來的道德規範，代表自律、忠貞、無私、莊重、謙恭、必要時樂於犧牲、信仰上帝及隨時承擔責任及願意承認錯誤。勇氣包含兩種──實質勇氣與道德勇氣；這兩者勇氣均是由品格形成過程中的產物，也是培養自制、自律與身體耐力的產物，具備這兩種勇氣，即使面臨壓力，也會降低恐懼感及增進健全的判斷力，實質勇氣可在各大行業、信仰、種族及戰鬥中表現；道德

勇氣的範例卻鮮為人知，任何人如未能在此一方面達到一定的要求標準，通常也就難以功成業就（彭恆忠、楊連仲，2000）。

趙本立（2000）所譯《軍隊基層領導統御》一書提到，領導統御意指影響其他人依照提供之目的、方針和動機去完成任務的程序。所謂「提供目的」是給與士兵理由，為何在危險艱困環境之下，去做辛苦的工作；「提供方針」是基於領導者所決定的優先順序，給與士兵一個完成任務的方向；「提供動機」是給與士兵意志去做他們有能力去完成任務的每件工作。

美國陸軍野戰教範——《軍事領導》一書中，論及「軍事領導」的定義，意指軍人藉以影響他人以達成使命之一種方法，或稱之為一種藝術。軍人運用其各項領導屬性（信念、價值觀、倫理、品格、知識與技能等）以達成此項方法，或衍化為藝術之表現（曾諦岑，1985）。

領導是軍隊根本的動力，領導是透過軍官、士官，一直到士兵，從士官起每人都是領導人員。對大部分美國人來說，接受領導是件簡單又自然的，因為他們早在幼時便已經被教導著要服從命令接受要求，這種對命令毫不遲疑地迅速接受叫做暗示（suggestion），許多的領導便是靠著這個暗示，要使暗示發生作用，那必須做暗示的人用語言或其他方面，獲得很多聲望，軍事領導作為就是如此（路君約，1967）。

綜觀上述對軍事領導文獻的探討可知，軍事情境中的領導是有別於不同情境下的領導模式，故僅就文獻回顧，對「軍事領導」一詞做粗淺的定義：「在軍事情境中，長官與部屬間的一種人際互動及為達成組織目標而共同努力的歷程，基於職階體系與價值規範下的一種行為模式，藉以影響領導者與部屬的潛在力量」。在此一定義中，除了強調軍事組織中職階體系與價值規範所產生的職權（合法性權威）——亦是軍事領導的權力來源與基礎——對領導者及部屬的影響和任務達成的一種共同努力歷程之外，餘均與上述諸多學者所談之定義並無太大區別。

第二節　領導理論文獻探討

綜觀「領導」研究歷史之演進，二十世紀初期，心理學家及社會學家積極介入領導研究，使領導研究脫離早期的哲學研究與歷史研究階段，因而邁入科學實徵研究的新紀元。回顧早期東西方領導研究的面向與方法，均是著重於政治上的領導與非實徵性的描述研究，有著共同的相似性。以下就相關「領導」理論研究取向做一論述。

壹、特質論

領導者人格特質研究基本假定是：某些人天生賦有適合於扮演領導者角色之人格特質或特徵，這些人格特質或特徵不僅與一般人不同，且能獲得一般人的追隨（羅虞村，1999）。特質是區辨一個領導者的人格特徵，如智力、價值、自信及外表，本世紀初的研究主要在了解領導者達成偉大事蹟的程度，因此成為眾所皆知的「偉人論的取向」；在一九四〇至一九五〇間，特質取向的研究者開始使用能力與心理測驗，檢驗眾多人格屬性的範圍，初期焦點在領導者所擁有及非領導者所沒有的獨特的特質，測量有效的領導與成功領導者特質之間的關係（Richard, 1999），然綜觀特質論的所有研究，並未能真正測出領導特質與有效領導之間的關係，且各研究結果不一，以下僅就具代表性學者之研究結果與以陳述：

一、Stogdill 的研究

在一九四八年的一份文獻回顧中，Stogdill以特質取向為基礎檢驗了超過一百個研究，並未發現這些特質與有效的領導是一致的（Richard, 1999），並將這些研究所發現與領導有關之因素歸納成下列六類：

1. 能力：包含智力、機智、語言流暢性、獨創力及判斷力。
2. 成就：包含學識、知識及運動成就。
3. 責任：包含可靠性、主動創造、堅毅及自信心。
4. 參與：包含積極主動、善於社交及合作的。
5. 地位：包含社經地位及受歡迎的。
6. 情境：包含心理層次、追隨者的興趣與需求、所欲達成的目標（Af-saneh, 2000）。

　　另外，Stogdill於一九七〇年再行調查一百六十三個領導者特徵研究，又歸納了六大類的領導者的人格特徵：

1. 生理特質方面：活力與精力。
2. 社會背景方面：流動性。
3. 智力與能力方面：判斷與決策、知識、語言流利程度。
4. 人格方面：機警、獨創力、創造力、正直、道德行為、自信。
5. 與任務有關特徵方面：成就動機、超越渴望、責任感、追求目標、負責、任務導向。
6. 社會特徵方面：謀取合作的能力、合作的、受歡迎的、聲望、善於社交、人際的技巧、社會參與、機智、外交手腕（Richard, 1999）。

　　綜合上述研究中所發現的人格特質，何者是真正成功的領導者，或是領導者所應具備何種特質，至今仍未有定論，然在龐大複雜的軍事情境中，並非具有其領導特質者才能成為領導幹部，藉由環境、訓練、教導等方式，亦可培養出一位優秀的領導幹部，所以情境因素於特質論中應加以納入考量。

二、因素分析

　　俄亥俄州立大學的研究人員以因素分析的方式，將一千八百個領導行

為事例，刪減至一五〇題具代表主要領導功能的題目，對軍隊及一般人士抽樣施測，抽取出兩個主要因素，即「體恤」和「主動結構」兩因素取向（洪光遠，1992）。俄亥俄州立大學的研究小組進一步研究後，認為這兩種取向不見得某一種取向較佔優勢，亦不像專制和民主的連續圖一樣，是單向度的，可依兩向度畫成一個座標圖。

圖 16-1　俄亥俄州立大學領導象限（鄭伯壎，1983）

　　該研究小組成員 Halpin 在研究學校校長之後指出，高體恤高結構的領導方式是有效的行為，也是我們所期待的，而低體恤與低結構的領導方式，則是無效或不受歡迎的（鄭伯壎，1983）。國內與中國大陸學者有關中國式領導的研究指出，除與西方的「體恤」與「主動結構」兩項因素雷同外，亦得出公私分明、道德層面的因素（鄭伯壎，1995；凌文輇，1991），然軍事組織中，人治的色彩濃厚，長官所表現的領導行為是否能公私分明，自然是影響領導績效的重要因素（洪光遠，1999）。

三、奇魅論或神才論

　　早期大部分著重於政治、社會運動與宗教崇拜者領導的研究，近年來由學者根據「神才是一種歸因現象」假設（洪光遠，1992），在希臘文中 Charisma 意味者一種天賦的異於常人的能力，M. Weber 認為這是一種超乎傳統認知，主要建立在個人魅力及群眾擁戴的權力結構（Yukl, 1998），他將領導與權威視為不可分的概念，並將權威分為三種，第三種特殊領袖氣

質與才能之權威（魅力權）被視為超自然及獨特的特質，且當社會遭致重大壓力時最可能出現的領導者，他是社會愈來愈重視科層體制化的一項化解劑（羅虞村，1999）。一九七七年 House 認為，奇魅型的領導者對從屬人員有極深的影響，一位奇魅型領導者的部屬察覺到領導者的信念是正確時，他們將無任何理由的接受領導者、自動地服從領導者、感受其相同的情感等，並認為領導者具有高權力需求、自信、堅信其理念與想法。另一九九一年 House 等人針對美國總統做調查，請歷史學家對三十一名前總統分類，顯示即具有社會化權力傾向行為表現的總統，較具有奇魅型的領導風格，他們直接處理問題，表現評價高。一九八八年 Kets 等人以佛洛依德的精神分析論解釋從屬人員的非理性行為，他以退化、移情，及投射來解釋，並強烈的依附領導者，投射於領導者身上，亦是在人們感到不足、罪惡、疏離及恐懼的時候，正是領導者崛起之時（Yukl, 1998）。例如：德國希特勒、中國的毛澤東等，在現行軍隊科層化體制的情境中，由於其體制架構具高度組織化及制度化，奇魅型的領導者發揮空間有限，故此類型領導者並不易在軍事情境中發生，若於戰時，由於戰場狀況瞬息萬變，不確定因素極高，則奇魅型領導者較易產生。

四、小結

綜合上述論點，領導者特質的研究結果，頗為黯淡，和許多人所想像的——領導者具有非凡的特質不太一致，在特質上，領導者與非領導者差異不大的理由，可能是：㈠研究對象甄選不當；㈡測驗測量有誤差；㈢無法衡鑑重要的人格屬性（鄭伯壎，1980）；㈣測量的方法不同；㈤領導效標選擇的不同等原因所造成，若僅從特質的觀點來甄選具領導特質的人進入軍中，或評價領導者之優劣，而未考量其他情境因素，亦將對領導意涵造成重大偏差。

貳、情境論

　　早期有關軍事研究也是傾向以人格特質探討有關領導的相關議題，如智力、價值、外貌等，發現充其量僅有少數相關，一九四七年 Jenkins 回顧七十四篇軍事研究，認為在這些特質中對有效領導而言並不一致，更進一步說，軍事領導是獨特的，以至於它不能概括所有不同的軍事情境（David & Yukl, 1983）。本節內容從人格心理學的觀點出發，僅就情境面向來探討有關領導的相關議題，僅就具代表性之「領導替代論」及「角色論」與以闡述說明。

一、領導替代論

　　Kerr 與 Jermier 於一九七八年發展了「領導替代論」模式，用以辨認出降低管理領導重要性的情境，本模式區分兩種情境變項：可替代者（substitute）及中立者（neutralizer）。可替代者，使領導行為變得非必要與累贅，包括部屬、作業與組織上的不需特別說明，部屬即清楚了解其角色，知道工作方式，有強烈動機且對工作滿意的任何特性。中立者，指工作或組織上防止領導者表現特定行為或消除領導者行動效能的任何特性，如領導者缺乏獎賞績優者的權威在此一情境上的限制（洪光遠，1992）。

　　國內對領導行為「可替代者」的研究，鄭伯壎（1983a, 1987）提出「領導行為與部屬績效：補足模式」及「領導行為補足模式的驗證——軍事、企業與醫院組織之比較」等相關研究，其研究結果「部屬在工作結構、工作倫理及工作經驗會取代角色澄清、工作指導的功能，而降低此兩種行為與部屬工作了解、工作技能及工作意願的關係」，因此若在一個「可替代者」及「中立者」的組織情境中，領導者是無法發揮其功能的，也就是說任何人均可擔任領導者，且對組織績效並不會產生影響。

　　然就軍事情境而言，軍隊雖屬科層化的體制架構，其職務、階級、角色、任務及訓練均有一套標準作業程序及法令規章，且律訂相當明確，若

依本理論所述，軍事領導幹部是可以被替代或中立的話，易造成軍紀要求不易、部屬軍事專業不足及有責無權、命令僵化、缺乏彈性的現象，對主官領導中心的建立及軍事任務的達成，亦將造成重大影響；然若就國軍高科技技術兵種而言，如空軍飛行員、各軍種專業技術兵科（如修護、通信、電子等），可替代者的角色是否亦能維持或增進組織績效，此乃需做進一步研究。

二、角色論

指領導者對來自長官、同事，以及部屬等希望他表現的角色行為期望之知覺，並以此行為表現的依據。領導者表現的角色行為，除了受上述組織成員的影響外，還受到團體任務與工作性質的影響，領導者只要掌握好組織中領導者的角色行為，依樣化葫蘆，即是稱職的領導者，換言之，只要清楚整個組織情境對領導者的角色要求為何，且領導者能適切地扮演好，則由誰來扮演領導者角色皆可（洪光遠，1999）。然領導者能否因應情境變化扮演好其角色，仍受其個別差異影響，故僅就單一情境因素了解「領導」意涵，而未考量其他因素（如特質），易犯以偏概全之謬論。

三、小結

綜觀上述，由於軍事情境因素相當複雜，軍隊任務為保家衛國，而並非以營利為目的，主要考量軍事情境與其他企業環境之差別，軍事組織仍受領導者影響甚鉅，不易產生替代者與中立者的角色；另就角色論而言，軍事領導幹部是否均能扮演好領導者角色行為，亦需考量其個別差異，故就軍中發展生涯而言，大略可分為指揮職（擔任主官如排、連、營長及輔導長）、幕僚職（意指參謀職）及專業職（如研發、修護、電子等專業技術）。故如何就個人能力、特質及情境因素，適當安排人員經管，而非僅一視同仁的職務歷練，以確達人盡其才之效，此一議題仍待軍中高層深思。

參、互動論

從第一、二節中所探討的領導理論趨向，其研究結果均缺乏一致性，鑑於上述兩者論點均屬單向度的討論，無法對「領導」意涵做深層了解，互動論因而產生，也就是人格特質與情境因素彼此互動對領導的影響歷程，是目前研究的主流。以下僅針對 Fiedler 的「權變領導理論」、Hersey 與 Blanchard 的「情境領導論」及 Vroom 與 Yetton 的「規範性權變理論」作簡單介紹：

一、權變領導理論

Fiedler 於一九六七年提出「權變領導理論」，一般稱之為「權變模式」，認為領導者的人格特徵或動機決定了他的領導方式，領導效能是領導者類型（領導方式）與情境的有利程度交互作用的功能，其情境因素包括：

(一)領導者與成員之關係（為最重要因素）。
(二)任務結構。
(三)職位權力（最不重要因素）。

所謂情境有利程度意旨上述三個要素的總和，並認為在極度有利或不利的情境下，「任務導向」的領導者較具有效能，在「中度有利」的情境下以關係導向的領導者較具有效能（羅虞村，1999）。軍事情境中，所謂有利情境、中度有利情境及不利情境為何，因各單位組織文化、組織氣候、工作特性而有很大的差異性，如何訂定這些情境間的效標，實屬不易。另就其任務或關係導向行為，牽涉領導者人格特質因素，故如何將適當的領導者置入適當的軍事情境中，以增進軍事組織效能，此乃需進一步的研究探討。

二、情境領導論

本理論係由 Hersey 與 Blanchard 所提出，主要強調「任務導向」及「關係導向」的兩個層面之外，加上追隨者的成熟水準，亦是部屬的成熟水準是斷定某一領導方式之效能的一項重要因素，部屬的成熟水準可分成兩大類，一是「工作上的成熟水準」，也就是部屬所需具備的技術性知識與能力，另一是「心理上的成熟度」，亦是達成目標的成就動機與意願；其基本主張：組織參與者之成熟水準可以隨時間而提高，而當參與者的成熟水準低迷時，應強調任務導向行為，減少關係導向行為，反之亦然（羅虞村，1999）。軍事情境中，對於部屬工作上的成熟水準，可於外在的教育訓練中加以養成，其主要變項僅在個人的學習能力與時間的長短，唯心理上的成熟水準，需透過部屬對軍隊組織的心理認同，提高部屬的成就動機與工作意願，才能引起部屬主動與熱忱的投入，若僅是表面上的順從而非內心的承諾，對整個組織效能亦將大打折扣，故除了重視部屬的專業訓練外，更應加強部屬對組織的認同，強化其成就動機與工作意願。

三、規範性權變理論

本理論是由 Vroom 和 Yetton 兩位學者所提出，認為領導的主要課題是參與決定的歷程，所以領導者事先應分析、診斷情境因素，以為做決定歷程有關之因素為主要考慮，共列舉如下五種領導方式（羅虞村，1999）：

(一)專制歷程（autocratic process）屬任務導向的領導方式

1. 專制第一型（AI）：領導者使用任何可資運用的訊息，以便做成決定。
2. 專制第二型（A2）：領導者從團體成員處獲得訊息，作為決定之依據。

(二)商議歷程（consultative process）

1. 商議第一型（CI）：領導者採個別方式將問題告知有關團體成員，要求共同解決問題，也以個別方式取得他們的想法、觀念及建議，而後仍由領導者做決定。
2. 商議第二型（C2）：領導者採團體方式處理問題，問題讓成員知曉再作決定，以便共同解決問題。

(三)團體歷程（group process）

領導者擔任團體會議主席，與團體成員知曉問題並共同承擔解決問題責任，以獲得一致性的團體決定，但領導者於會議中仍表達己見，卻不推銷某一決定，更不會操縱團體。

軍事科層化的體制架構下，領導者的行為模式均來自正式組織的法定權威為基礎，較傾向於專制歷程的決定模式，故如何就軍隊組織特性作為領導者決定歷程之依據，實為增進軍事領導效能所強調重點。

四、小結

鑑於「領導特質論」及「情境論」無法清楚正確的描述領導真正的意涵，「互動論」的發展兼顧特質與情境兩大因素，並強調領導效能乃是上述兩者彼此互動所產生的結果，因此在軍事情境中，對有效的領導行為及領導效能，應善加考量領導者的特質及情境因素，並做好最佳搭配，相信對組織的士氣、團結、凝聚力的提升及任務目標的達成，將有更大助益。

肆、交易理論

以 Graen 為首的研究小組所提出的「領導者與部屬交換理論」（leader-member exchange theory, LMX）最具代表性，此研究取向與傳統取向（平均領導方式取向，簡稱 ALS）有很大的不同，過去領導研究立基於成員表

現的均質性與領導者對部屬一視同仁的假設上，對領導者的行為與部屬的反應，以平均值來處理，將部屬對同一領導者的知覺差異視為測量誤差；Graen 及其同僚以角色形成系統（role-making system）與社會交換論（social exchange theory）為基礎，認為團體目標是透過各種工作角色的組織成員來完成，組織成員在工作團體中扮演何種角色，則由他與主官的人際交換關係來決定；故 LMX 的品質取決於雙方情感、部屬的貢獻、忠誠、相容性及才能等因素。LMX 品質好的部屬能與領導者形成密切的工作關係，並產生所謂的「領導者內團體」（leader-ingroup），相對於 LMX 品質差的部屬，則屬「領導者外團體」（leader-outgroup）的成員，故領導者並不是以相同方式對待所有的部屬，而是與部屬發展出不同性質的交換關係，此即所謂的領導者——部屬交換理論。此交換關係決定部屬在單位中所扮演的角色（張慧芳，1995），在此一理論架構下，如何了解軍隊組織中「內、外團體」形成的歷程，及解決團體間的衝突，促使軍隊組織都變為團體成員，此乃有待進一步研究之課題。

第三節　國內軍事領導相關研究

　　國內有關軍事領導相關議題研究較少，僅就筆者所蒐集資料，概分學位論文研究及期刊學術研究報告等兩大類描述如後；

壹、學位論文研究

　　楊景舒（政戰學校政研所，1980）在〈陸軍連隊軍官士氣之研究〉中，為了要界定哪些因素可能影響連隊軍官的士氣，作者試從「組織氣候」與「長官的領導行為」方面逐步研究，俾了解其相關情形，最後作者建議：(1)大部分的受測軍官對「生活設施」、「娛樂設備」、「休假」方面感到不足；(2)對「久任一職」的連隊軍官，應當採行「輪調制度」，有利於消除「倦怠感」；(3)各級領導軍官，應當採用「體恤」的領導行為，

俾有利於下屬的士氣。

王台寶（1981）則以陸軍連長為研究對象，探討(1)影響連長領導行為之因素；(2)連長領導行為與連隊士氣之關係。研究結果發現：連長自覺之體恤與體制領導型態，對士兵知覺之體恤與體制領導型態、連隊一般士氣、工作士氣都沒有顯著影響；而士兵知覺連長之體恤與體制領導型態，確實對連隊一般士氣與工作士氣，有非常顯著之影響。

陳力行（1985）有關國軍連隊輔導長領導行為之研究，主要目的在於探討(1)輔導長領導行為的現況，受到哪些因素影響？(2)輔導長實務工作的成效，與其領導行為之關係。(3)連隊士氣的現況，受到哪些因素影響？其與輔導長領導行為之關係。研究結果發現：(1)士兵服役時間愈長，教育程度愈高，現代人格傾向愈高，愈會知覺輔導長傾向於低體恤型領導；(2)士兵服役時間較長，具有現代性格者，認為輔導長傾向於低體制型領導；(3)輔導長體恤型領導與其實務工作間，有高度正相關，亦是士兵認為輔導長愈傾向體恤領導，則對其實務工作評價愈高，連隊士氣亦相對提高；(4)對連隊士氣影響最大的是連長及輔導長的領導行為，在「一般士氣」與「工作士氣」兩個向度中，輔導長愈傾向體恤領導，則其士氣愈高，愈傾向體制領導，則其士氣愈低。

在軍、民有關領導行為的對照研究上，僅見鄭伯壎（1985）博士論文〈工作取向領導行為與部屬工作績效：補足模式及其驗證〉，該研究首先提出一個新的領導行為模式，來說明工作取向領導行為對部屬工作績效的影響，乃是透過部屬的工作了解、工作技能及工作意願等三個中介變項的作用，作者以企業組織員工及軍事連隊人員為研究對象，採問卷調查法，發現(1)部屬的工作了解、工作技能、工作意願是預測部屬工作績效的良好指標；(2)軍事組織方面：角色澄清行為、強調績效行為及工作指導行為對部屬的工作了解或上司滿足感均有顯著的影響；(3)不管是企業組織或軍事組織，部屬的工作結構、工作倫理及工作經驗，對部屬的工作了解、工作技能及工作意願均有顯著的影響；(4)驗證三個工作取向領導行為對工作結構、工作倫理及工作意願的補足效果，本模式只獲得部分支持，但不管是企業組織或軍事組織，均得到三種效果：①補足效果；②獨立效果；③助

長效果。

聶啟迪（1986）研究〈巴頓為將之道〉，以文獻研究方式探討巴頓將軍於第二次世界大戰期間，之所以能戰無不勝、攻無不克的領導方式，主要了解巴頓將軍：⑴各種不同場合及時機，如何將其思想透過言教與身教灌輸於部屬心靈；⑵如何在短時期內訓練部屬，使其成為戰無不勝的勁旅；以及如何重整及維持良好軍紀；⑶與部屬接觸時的領導方式與動機及對部屬真誠關懷照顧，使其為巴頓將軍效命。本篇研究之結論：任何命令的下達，只要不是為了領導者本身私利，而是以整體的利益為考量，則不論採何種領導方式，皆能於最短期間內獲致最大效果。

鄧天祿（1988）的領導型態與工作士氣之研究，該研究以海軍修護廠員工為對象，以領導型態量表、工作說明量表為工具，以變異數分析為方法，自變項為個人屬性、工作屬性，中介變項為領導型態，依變項為工作士氣。研究發現體恤因素感受較高的員工，其工作士氣普遍比體恤因素感受低的員工士氣較高。而結構因素感受高的員工，工作士氣與結構因素感受低的員工，在工作士氣上沒有明顯差異。

江進鍾（1990）探討有關〈艾森豪領導統御之研究〉，本論文著重於歷史文獻研究，廣收相關資料作為分析歸納依據，其研究結果，綜觀艾森豪領導之道，不外乎是講求和諧與注重團隊精神，無論是帶兵官或是主政者，在現代民主社會中，能有「民主護衛者」支撐艾森豪將軍的領導統御術，則國家社會更能達到團結和諧之境。

顏志龍（1996）探討有關軍隊士氣之研究與發展可用以測量軍隊士氣之量表，作者認為士氣為一種「潛伏性」的精神力量，此潛伏性力量的本質為一種「團體成員間的關係」。此潛伏力量則是經由「組織目標」加以引發，而成為組織成員情緒喚起的外顯狀態。該研究係依文獻級訪談結果編擬士氣量表，並以實徵研究加以驗證其信、效度。作者雖詳述士氣與領導間的相關議題，然就軍事領導而言，士氣亦是軍事領導行為的指標，故如何從軍事領導行為去探討有關軍隊士氣的議題，仍待進一步研究。

貳、期刊學術研究報告

鄭伯壎（1981）探討〈基層軍事幹部有效領導行為之因素分析：領導績效、領導角色與領導行為之關係〉研究，本研究對象包括五百八十位是官兵，其中莒光連隊二百九十人，非莒光連隊為二百九十人。發現除獲得體恤與主動結構因素外，與國外的研究結果相似，另「公私分明」是一個嶄新的因素，說明一個領導者是否大公無私、廉正不阿、不假公濟私、不偏袒少數人等，對領導績效而言亦是一項重要因素之一。

鄭伯壎（1982）研究〈領導的變通模式：LPC 分數的意義及模式的驗證〉，第一部分探討 LPC 分數的意義，作者以二百零二位排長及一百四十四位連長為受試對象，研究 LPC 分數、工作績效、和受試者對領導行為、個人滿足感、團體士氣之評價間的關係。結果發現，對低 LPC 者而言，績效會影響到對領導者、個人及團體的評價，也就是領導績效、工作績效高的情況下，低 LPC 的受試者對領導者領導行為評價及對個人工作的滿足感較高，且團體士氣評價較佳，支持本模式主張低 LPC 者的主要動機是工作取向。第二部分以一百四十四位連長為受試對象，其中十三位是績效高的連長，一百三十一位是績效低的連長，驗證變通模式的效度。結果僅在領導者對情境控制程度最高的狀況下，LPC 分數與領導績效間的相關顯著，其他狀況下相關均不顯著，只部分支持模式的主張。

鄭伯壎（1984）探討〈工作取向領導行為的替代要素：部屬的工作性質、經驗與倫理〉，以四百八十位軍隊士官為受試者，結果發現：(1)就部屬的工作意願而言，雖然工作領導行為具有顯著的影響，但刪除工作領導行為變項後，以部屬的工作性質、工作經驗、工作倫理及年齡來預測時，其解釋量僅降低 1.12%。(2)就部屬的工作績效而言，工作領導行為不具顯著影響，刪除後，以部屬的工作性質、工作經驗、工作倫理、教育程度及年齡來預測時，其解釋的變異量只減低 0.91%。顯示工作領導行為的功能可由其他變項取代。

鄭伯壎（1987）探討〈領導行為補足模式的驗證：軍事、企業與醫院

組織之比較〉，研究樣本包括醫院、企業組織及軍事組織三種，每位領導者以平均抽五位部屬為原則，研究結果：(1)主動結構的領導行為可以再細分為角色澄清、強調績效以及工作指導三種領導向度，而非只一種單向度的行為。(2)領導行為對部屬工作了解、工作技能與工作意願的影響，或兩者間的相關，顯然以在軍事組織較大，企業組織次之，醫院組織較低。(3)部屬的工作結構、工作倫理及工作經驗會取代角色澄清、工作指導的功能，而降低此兩種行為與部屬工作了解、工作技能及工作意願的關係，然對強調績效行為的干擾方向似乎不同。(4)部屬上司滿足感的預測，較不受部屬個人因素的影響，而與上司的領導行為有較大的關係。

洪光遠（1999）政戰軍官適性特質量表編製之研究，經由問卷調查、焦點團體討論，編製成「政戰軍官適性特質（應變性、堅毅、責任感、領導性、人際關係、順從、情緒穩定、自信心、客觀性、協調性、謙遜、自律等十二項特質）量表」。本量表所測得的人格特質，大致均屬政戰軍官的主要適性特質，亦即本身愈肯定政戰工作、愈認同政戰軍官角色者，愈具有這些特質，只是研究資料全由受試者本身主觀反應所得，缺乏外在客觀效度標準，量表效度仍待進一步考驗。

洪光遠（1999）〈軍官領導潛質之研究——從預官、軍官領導潛質量表及政戰軍官適性量表之編製談起〉，研究旨在探討軍官、預官領導潛質量表及政戰軍官適性量表過程中，是否有所疏漏，其結果綜合上述三個量表的研究，雖然未能發現各種典型的適性特質組型，但是仍有合乎理論模式的初步研究成果，值得繼續進行更深入的探討。

曾麗娟（1999）探討〈從交互作用的領導模式探討基層連隊輔導長的工作內涵〉，本文主要以社會團體工作所提「領導的互動模式」為架構，探討連隊目標、連隊所面臨的問題性質、連隊環境（連隊的物理環境、部隊整個大環境、社會）、連隊特性（連隊的結構、輔導長的任期、連隊所處的發展階段、團體動力）、弟兄的特性（人格特質、參與程度、分擔領導功能的程度），及輔導長所擁有的條件（權力基礎、領導技巧、人格特質）等因素，提供連隊輔導長作為工作上的參考。

參、小結

綜觀上述所蒐集的領導相關研究發現，學者對軍事領導行為議題（總共計八篇）甚感興趣，主要係因軍隊是屬於階級職務角色分明的科層化體制架構，著重軍事任務目標之達成，更有鑑於軍事組織有別於民間企業、學校及醫院等，因而對軍事領導行為如何增加工作績效及如何發展替代模式等研究著墨甚多。目前有關國內軍事領導的實徵研究上，的確與一般民間企業組織的領導模式有著甚大的差異，或許因為軍事組織文化、環境不同於一般的民間企業組織，且一般學者對軍事領導議題的研究資源不足，以致有關國內軍事領導相關研究不多。就上述各學者對軍事領導相關議題研究發現，如何使領導統御深植領導幹部心中？使理論與實務結合，在目前國軍的情境中，如何加強領導統御的訓練？訂定一套良好的遵循模式，亦是目前國軍重要課題之一。

第四節　軍事領導的權力基礎

壹、何謂權力

「權力」指作用者影響目標人物的能力，不同學者對該詞有不同的用法，由於各學者探討的領域不同，對「權力」所下的定義更是分歧，為探討有關本研究議題，參考學者對權力的定義後，作者對「權力」的定義為：「軍事組織中，領導者對一個（或以上）部屬的行為或態度，產生潛在影響的一種力量」。此一定義的重點是軍事組織中對部屬內在心理歷程及外在行為的影響，係因軍事組織不同於民間企業組織，軍事組織主要強調部屬對單位、組織，甚至於對國家的心理認同，及強調「部屬絕對服從的行為」，故探討軍事組織中權力的來源、基礎及影響，乃是本章所欲探討的主要課題。

貳、權力的來源

　　一般而言，領導者用來影響部屬的「權力來源」，基本上可分為職權與個人權兩大類。職權是源自於正式權勢的權力，有時稱為合法權（legitimate power），所謂權勢（authority）是建立在和某組織或社會體系中一些特定職位有關的特權、義務與責任之知覺的基礎上；個人權意指個人的屬性是其影響力的來源（洪光遠，1992），也就是這種權力並非屬於正式的權力，不一定是擔任組織中某一正式職位而來的權力，雖不居權力地位，但卻能影響別人，使其依所欲之方式行動，但組織中具有正式地位的人，卻不一定能對他人產生影響力。因此個人權又可稱為勝任性權威（錢淑芬，1992）。以上僅採 French 與 Raven 兩位學者在一九五九年時所提的權力分類系統作一簡單描述：

一、職權

(一)合法權（legitimate power）

　　部屬因為相信「領導者有權對他提出要求，且他有義務聽從」而服從領導者，龐大的組織中，由於角色特殊化及角色互賴性的複雜型態，接受某人權威影響的先決條件是，認為位居組織中該領導職位者是合法的。也就是在國軍部隊中，因為職務、階級、角色的不同所擁有的法定權力，或是因為期別、資歷、年齡比他長，認為有必要聽從對方的要求，接受對方的領導。

(二)獎賞權（reward power）

　　部屬因為相信「他想得到的獎賞是由領導者控制著」而服從領導者。在組織中，如果部屬認為只要他聽從領導者的要求，即可經由領導者授權，得到他想要的獎勵，則部屬自然會對領導者言聽計從；反之，如果部屬認為即使他聽從領導者的要求，領導者未必有獎賞他的權力時，不一定

會如預期的獎賞他，或所獎賞的並非如部屬所願時，則獎賞權的影響力將大打折扣。因此，領導者必須先了解部屬的期望，在個人權限內，公開公正地實施獎勵，才能有效發揮獎賞的功能。

(三)強制權（coercive power）

部屬因為相信「他能藉此避開由領導者控制的懲罰」而聽從領導者，在組織中，如果部屬認為只要他聽從領導者的要求，即可避免受到領導者的懲罰，則部屬自然會對領導者言聽計從，反之，如果部屬認為即使他不聽從領導者的要求，領導者未必有懲罰他的權力、不一定會受到處罰，或根本不在乎所施行的懲罰，則強制權的影響力亦將大打折扣。因此，如何在個人權限內，信賞必罰，賞罰分明，亦是強制權有效的發揮。

二、個人權

(一)專家權（expert power）

部屬因為相信「領導者擁有特別的知識，知道作事情的最佳方法，能教導他」而聽從領導者。國軍組織中的領導者如果本身本職學能足夠，且有意願與能力教導部屬，當部屬在工作中發生任何困難時，都能協助其有效處理，必然能使部屬對他言聽計從；反之，如果領導者本身學養不足，遇問題只知一味要求而提不出有效的處理方案，如何使部屬聽從其指示，信服其領導？

(二)參考權（referent power）

部屬因為仰慕或認同領導者，且為贏得領導者的讚賞而服從。國軍組織中的領導者，如果因本身品德學養卓越與部屬關係良好，為人處事得當，言行舉止各方面堪為表率，則可能為部屬所崇拜、認同，自然可以對部屬充分發揮其影響力；反之，如果領導者德性學養、為人處事各方面均不足取，除非礙於規定或迫於情勢等種種外在要求，部屬是不會自動聽從其指示行事。

綜觀上述，領導權力的來源可分為職權與個人權兩種，亦是法定性權威與勝任性權威兩大類，亦可再細分為合法權、獎賞權、懲罰權、專家權及參考權五種。此外，領導者據以發揮影響力的權力，依序為參考權、專家權、合法權、獎賞權、強制權。就上述這些權力而言，軍事組織中，領導者位居某職位、階級、角色所擁有的權力，視為領導權的主要基礎，由於軍事任務特性及組織的結構，對領導者的角色模塑，尤重以職權為主的權力基礎，亦是本章下節所欲探討的主要議題。另有關個人權而言，如何加強軍事領導幹部的本職學能及品德內涵，藉以增加部屬對領導者的順從，亦是另一項重要課題。

參、軍事領導的權力基礎

軍事領導的主要權力基礎是來自於職權，亦是合法性的權威，在此一權力架構下，軍事組織中著重於職階角色的影響力，不同於民間企業組織著重在個人的屬性與能力，然兩者並非僅重視單一向度，只是在職權與個人權兩向度中所佔比例的多寡輕重而已。因此，為清楚描述軍事領導的權力基礎──職權（合法性權威），本文僅就此一向度加以論述。

軍事領導權力的基礎──職權，就軍隊組織的特性而言，必須具備條件如下：(1)一套存在於正式組織中的職階體系；(2)一套廣為團體組織成員所共同遵守的規範體系；(3)領導者角色的制度化。本文依序就上述三個條件敘述如後（錢淑芬，1992）：

一、就職階體系而言

組織結構依照某種標準，將組織所有的職位排列成高低不同的等級，然後再根據某些標準，將成員分派到各種職位上去執行種種職務，謂之「職階制度」。此一體系乃是權威性的階層結構，在此一科層組織的結構下，隨著階級、職務而來的預期行為模式（角色）所帶來職位權力，亦是職階體系下最重要的權力基礎，尤以軍事組織為最。因此，戰時作戰命令

得以下達，部屬亦必須加以遵循，任務才得以達成。

二、團體所必須共同遵守的價值規範體系

其實「職階制度」亦是一種「角色制度」，所謂「角色」係指個人在職階制度中所處的位置，來屬行該位置的職權、職責和職務。因此「角色制度」是一套依組織需要與目標而形成的「地位」和「角色」的組織體系，亦是發揮角色功能而行程的「價值」和「規範」的體系。也就是說隨著領導者的角色地位而來的合法性權威（職權），是不能逾越組織的價值規範或違背與組織目標無關的命令。在該體系中較特殊的是一套促使權威性之職位階級能夠發揮功能的「軍階倫理」，這套價值規範，必須是具有可約束成員行為的法定效力，如此領導者所發出的命令才具有強制性，尤以軍隊強調命令的貫徹及絕對的服從，更是加深領導者與部屬對團體規範的遵從。

三、領導者的角色制度化

簡單而言，軍隊的「角色制度」，是由「地位」、「角色」、「價值」及「規範」等四個重要單元組合而成一套強調軍階倫理之管教文化的價值與規範、制度化的領導角色。領導者職權的運用，必須和職位（角色）相關，與私人身分無關，唯有如此，領導者的職位與權威才能順利的移轉下一位，而不至危害到組織的穩定性。軍隊的「角色制度」，實際上就是訓練受化者學習服從「命令」與「權威」，而非是學習服從某個人。

依據上述所言，軍隊的領導幹部，即根據在職階體系中的地位與角色，獲得指揮管理部屬的領導權力，且在軍隊組織中的規範體系內行之。職位有高低層級之別，角色有上司部屬之分，其權利義務、命令與服從，應在各有的規範價值下，領導者才能運用基於「職權」的領導權力，在此一權力（職權）基礎下，產生有別於一般民間企業組織的軍事領導模式。

肆、軍事領導權力的影響

上一節我們已經探討有關軍事領導權力的來源與基礎，但對部屬的影響為何？為進一步闡述部屬在組織中面對領導者影響時的各種心理機制與行為反應，乃依據接受影響的程度，由淺至深條列如後（洪光遠，1999）：

一、獨立（independence）

指部屬依照個人的意願行事，不理會領導者的影響，即使表現出符合領導者要求的行為，也是個人選擇的結果，無關乎個人對領導者以及其影響作為的認定與否。

二、抗拒（resistance）

指部屬不僅不理會領導者的建議或要求，還逃避該項工作，可能表現出拖延、推諉，或試圖說服領導者甚至於更高層級改變要求，乃至表面順從卻背地裡破壞，或直接拒絕執行該項要求等，但其心理與行為仍受領導者影響。

三、唱反調（objection）

指部屬無論領導者要求為何，他一律持相反意見，公開反對到底。因為部屬面對領導者的要求，表現全面、不加以選擇地抗拒，較為情緒性心態與反應，此時部屬的言行，反而受到領導者所要求的相反方向之影響，雖不認定領導者的影響作為，卻是受制於領導者相反的要求，換言之，領導者必要時反本意而行，即可影響、預測該部屬的言行。

四、順從（compliance）

指部屬雖不認定領導者的特定要求，但仍願意去做，只是表現得較不熱切，此即所謂「口服心不服」。領導者只影響了部屬的表面行為而非態度，就一件困難的工作而言，部屬順從未必即能達成任務，但對簡單、例行的要求則部屬可能只要順從就夠了。

五、順服（submission）

指部屬全然接受領導者的種種要求，雖不認定其為好的作為，但是已經放棄抗爭甚至於溝通，此時部屬有可能表現出與順從者相似的行為，但也可能認定自己只是「聽命行事」的角色，完全聽從長官的領導，對各項指示不做任何思維分析，只知「絕對服從」，努力遂行上級要求。

六、內化（internalization）

指部屬認定領導者的特定要求為理所當然，即使在沒有外力要求下仍奉行的行為準則。

七、認同（identification）

指部屬全然認定領導者的種種要求為理所當然，主要源於對領導者本身的認同，視領導者為典範，個人學習仿效的對象，只要是該領導者的要求，自然都是好的，理應聽從。

綜觀上述學理的討論，軍事組織的架構中，係因職階體系及組織的價值規範下，從命令的貫徹與絕對的服從中，軍事領導的權力基礎——職權——來自於法定的權威，因此軍事領導的模式，對部屬的影響甚少有獨

立、抗拒、唱反調的行為，大多表現順從與順服的行為反應，亦有可能得到部屬的承諾、內化或認同。故如何在軍事體系架構下，強化部屬對領導者或組織的承諾、內化或認同的心理反應，而不僅僅是口服心不服或聽命令行事，是部隊領導實務者當思考的重要方向。

結　語

本文首先針對各學者所提之領導定義，歸納出領導的幾項特徵：⑴領導是一種團體的歷程。⑵領導是一種人際互動的現象。⑶領導是影響力的結果。⑷領導是一種目標達成的工具，是目標導向的。⑸領導強調特質、能力與情境的組合。⑹領導是有意的，是一種主動、熱忱獻身的投入。⑺領導是一種行為模式等七項，讓我們更加了解在領導一詞中，其所具有的特徵為何。

其次，針對所蒐集的文獻資料，針對軍事領導一詞下了一個粗淺的定義，「在軍事情境中，領導者與部屬間的一種人際互動及為達成組織目標而共同努力的歷程，是職階體系與價值規範下的一種行為模式，藉以影響領導者與部屬的潛在力量」。另外，也針對本世紀來，敘述有關領導的實徵研究的各階段的理論代表；並蒐集了國內探討有關軍事領導的研究論文及報告，最後針對軍事領導的權力基礎作一簡單的描述。綜觀上述資料整理陳述，為爾後深入探討研究的基礎。另對目前如何提升有關軍事領導效能，提出個人幾點建議：

一、發展心理測驗相關工具，有效甄選具有從軍動機、領導特質及軍職志向者進入軍中

心理測驗工具的運用，對整個人事甄選、安置、訓練而言，是相當有利的工具之一。由於心理學門的介入，以往僅著重在智力測驗的編製上，只作為欲進入軍中服務者能力的一種門檻，對有關於人員個性、態度、觀

念上是否適合擔任某種職務而言，除了履歷表及長官的主觀考核外，並未有一個較客觀的評量工具，藉以篩選適合於軍中服務的人員。鑑此心理測驗的運用僅限於智力測驗上，對軍中而言未免太過於狹隘，故如何發展具有從軍動機、領導特質及軍職志向者進入軍中服務的相關心理測驗工具，乃是目前國軍應努力之重要方向。

二、依各班隊層級之別〔如基礎教育（大學部、專科部及預官班隊等）、進修教育（正規班）及深造教育（研究班、研究所）〕開授有關領導統御相關課程，強化其領導統御觀念與技術

由於各班隊階層不一，下部隊後所擔任職務的層級不同，所需領導統御的概念及技術隨之不同，諸如高階領導則強調抽象、概念性的思考能力，主要在於政策的擬定與命令的下達；中層領導則著重在協調能力的培養及協助解決問題的能力；基層領導則著重在完成具體的任務，直接與部屬面對面的接觸，強調領導者的工作技術與執行能力。故如何針對各層級施予不同的領導統御課程，亦是未來的努力方向。

三、整合一般民間企業組織有效的領導模式，建構一套屬於國軍軍事領導模式與理論基礎

綜觀領導議題研究，均是探討有關民間企業組織相關領導課題，諸如領導效能、工作績效、部屬的滿意度等，其理論建構亦遵循這些實徵研究而來，然有關國內軍事領導研究報告甚少，且軍事組織與民間企業組織是截然不同的型態，為軍事領導建構一套有效模式及尋找理論基礎，為未來可發展之方向。

參考書目

王寅卯譯（1976）**高階層領導統御學（下）**，政治作戰學校；譯自 Leadership at senior levels of command, by HQ. USA. 1974。

江進鍾（1990）**艾森豪將軍領導統御之研究**，政治作戰學校外國語文研究所碩士論文。

林士超（1996）**企業中階主管的領導意涵及其在人力資源管理上的意義**，政治大學心理研究所碩士論文。

洪光遠譯（1992）**組織領導**。臺北：桂冠書局。

洪光遠（1999）**軍官領導潛質之研究——從預官、軍官領導潛質量表及政戰軍官適性量表之編製談起**，第二屆〈國軍軍事社會科學學術研討會論文集〉：237-267 頁。

凌文輇（1991）中國的領導行為。見楊中芳、高尚仁（主編）：**中國人、中國心——人格與社會篇**。臺北：遠流出版社。

張慧芳（1995）領導者與部屬間信任格局的決定因素與行為效果之探討。台灣大學心理研究所碩士論文。

張琳宗（1999）**領導統御、組織文化與組織氣候間實徵關係之探討——某一商業銀行北區分行之個案研究**。朝陽科技大學工業工程與管理研究所碩士論文。

許是祥（1986）**企業管理理論、方法、實務（三版）**。臺北：中華企業管理發展中心，譯自 R. M. Hodgetts-Management Theory Process Practice。

彭恆忠、楊連仲等譯（2000）**軍事領導——追求卓越**。國防部史政編譯局；譯自 Military Leadership : In Pursuit of Excellence, by Robert L. Taylor, & William E. Rosenbach。

陳力行（1985）**國軍連隊輔導長領導行為之研究**。政治作戰學校政治研究所碩士論文。

曾諦岑（1985）**軍事領導**。陸軍總司令部；譯自美國陸軍部隊野戰教範：F M 22-100 Military Leadership, October 1983。

曾麗娟（1999）從交互作用的領導模式探討基層連隊輔導長的工作內涵。**復興崗學報**，66 期，247-271 頁。

路君約（1967）**武裝部隊心理學（下）**。政工幹部學校編印；譯自 Psychology for Armed Services, by Boring E. G.。

楊景舒（1980）**陸軍連隊軍官士氣之研究**。政治作戰學校政治研究所碩士論文。

鄧天祿（1988）**領導型態與工作士氣之研究**。國防管理學院資源管理研究所碩士論文。

趙本立譯（2000）**軍隊基層領導統御**。臺北：菩菱企業有限公司。

蔡雪紅（1999）**企業文化、領導型態與企業績效關係之研究——以台灣地區國際觀光旅館為例**。逢甲大學企業管理研究所碩士論文。

潘建志（1997）**集團企業領導人領導風格與經營績效之關係**。成功大學企業管理研究所碩士論文。

鄭伯壎、吳祖祿（1981）基層軍事幹部有效領導行為之研究。**復興崗論文集刊**，3 輯，165-190 頁。

鄭伯壎、莊仲仁（1981）基層軍事幹部有效領導行為之因素分析：領導績效、領導角色與領導行為之關係。**中華心理學刊**，23 期 2 卷，97-196 頁。

鄭伯壎、吳祖祿（1982）領導的變通模式：LPC 分數的意義及模式的驗證。**復興崗論文集**，4 輯，219-237 頁。

鄭伯壎等譯（1983）**軍事院校基礎教育叢書——領導統御學**，國防部作戰參謀次長室。

鄭伯壎（1983a）領導行為與部屬績效：補足模式。**復興崗學報**，30 期，15-1 至 15-25 頁。

鄭伯壎（1985）工作取向領導行為的替代要素：部屬的工作性質、經驗及倫理。**復興崗學報**，33 期，18 至 18-15 頁。

鄭伯壎（1985）**工作取向領導行為與部屬工作績效：補足模式及其驗證**。台灣大學心理研究所博士論文。

鄭伯壎（1987）領導行為補足模式的驗證：軍事、企業與醫院組織之比較。復

興崗學報，37 期，12-1 至 12-18 頁。

鄭伯壎（1995）差續格局與華人組織行為。**本土心理學研究**，3 期，142-219 頁。

錢淑芬（1992）軍隊組織的領導與輔導之研究㈠。**復興崗學報**，48 期，349-378 頁。

聶啟迪（1986）**巴頓為將之道**。政治作戰學校外國語文研究所碩士論文。

顏志龍（1996）**軍隊士氣之研究與測量工具之發展**。輔仁大學應用心理研究所碩士論文。

藍俊偉（1999）**企業主管領導行為、員工溝通滿足及員工生產力相關性之研究——以台灣電子業為例**。長榮管理學院經營管理研究所碩士論文。

羅虞村（1999）**領導理論研究**，臺北：文景出版社。

Afsaneh Nahavandi (2000) *The Art and Science of Leadership (2nd)*, Arizona State University West, Prentice Hall, Upper Saddle River, New Jersey 07458.

David D. Van Fleet & Gary A. Yukl (1983). *Military Leadership : An Organizational Behavior Perspective (3), Monographs in Organizational Behavior and Industrial Relations.*

Fleishman, E. A. (1953). The description of supervisory behavior. *Personnel Psychology, 37,* p1-6.

Gal & A. D. Mangesdroff (1991). (eds.), *Handbook of Military Psychology.* John Willy & Sons.

Halpin, A. W. & Winer, B. J. (1957). *A factorial study of the leader behavior descriptions and measurement.* Columbus, OH; Bureau of Business Research, Ohio State University.

Hemphill, J. K. & Coons, A. E. (1957). Development of the leader behavior description questionnaire, In R. M. Stodill and A. E. Coons (eds.), *Leader behavior: Its description and measurement.* Columbus, OH; Bureau of Business Research, Ohio State University.

Hollander, E. P. (1993). Legitimacy, power, and influence : A perspective on relational features of leadership. In M. M. Chemers & R. Ayman (eds.), *Leadership Theory*

And Research: Perspectives And Directions 29-47, San Diego : Academic Press.

Richard L. Daft (1999). *Leadership Theory and Practice*, 62-83.

Yukl, G. (1994/1998). *Leadership in organization (3rd.,& 4th ed.),* Englewood Cliffs, NJ.: Prentice Hall.

思考問題

一、何謂領導的特徵？

二、軍事領導的定義為何？

三、領導、管理與指揮三者間的關係為何？

四、請簡述領導的特質論、情境論、互動論及交易理論？

五、就軍事組織而言，其領導權力的影響為何？

六、就您的經驗，評論目前軍事組織中領導行為的模式及效能為何？

第十七章
軍事組織之領導

前　言

　　有關「領導」（leadership）的研究一直是組織心理學相當關心的主題，對任何組織而言，領導都是不容忽視的重要議題。從已有的研究來看，領導和工作滿足、組織績效、團體凝聚力等均有相關（Stodgill, 1974）。對軍事組織而言，領導更是個重要的議題。軍事組織由於嚴密的階層制度，士兵職前訓練較少，在執行工作任務時，不能過於主動，必須依命令行事，因此領導行為的影響力會比較高（Friedlander, 1969）。本章將先探討領導的歷程，再探討軍事組織領導之特性，進而探討軍事組織的

領導理論，最後簡述西點軍校的領導教育，以說明如何藉由訓練領導者的認知思考能力，來提升領導效能，並作為軍事組織研究及實務之參考。

第一節　領導理論概述

壹、領導的定義

在組織研究中，領導被經由多個面向來加以界定。這些面向包含了個人特質、領導行為、交互作用型態（interaction pattern）、角色關係（role relationships）、被領導者的知覺、對被領導者的影響、對作業目標（task goal）的影響、對組織文化的影響等。不管研究者是從哪一種角度來看領導，大部分對領導的定義都涉及了「影響力」。因此廣義地來說，我們可以將領導定義為：影響作業目標、影響組織成員達成目標、影響團體凝聚與認同，及影響組織文化的歷程（Yukl & Van Fleet, 1992）。

一般人常將領導與管理（management）視為同義詞，不過在本質上領導應該是不同於管理的；所謂管理指的是「為所需為」（do things right），而領導指的是「為所應為」（do the right things）。當組織的各種制度、工作程序非常標準化，而且不需因應任何突發狀況或決策行為時，組織只需要管理者來執行其職位責任和職權，同時在大部分的情況下，只需要依據標準的作業程序，就可以使得組織達成一定的績效。

然而對一個領導者而言，管理只是領導的一部分功能。領導者除了管理的功能外，還需因應組織的各種情境變異及突發狀況，來提出解決方案，做出適切的決策，以確保組織利益及目標達成。除此之外，領導者更必須在現有制度及工作程序外，擁有創發性的能力，制定組織發展的方向及工作推展方針，以使組織能更具效能。因此，就功能及意義而言，顯然領導比管理來得複雜許多。

貳、領導的歷程

領導是複雜的動態歷程，從已有的研究看來，領導歷程至少包括領導者特質、領導行為、情境、被領導者特質等因素。關於影響領導歷程的各個變項，可以圖 17-1 表示：

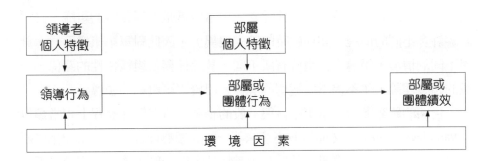

圖 17-1　影響領導歷程的變項

從圖 17-1 中可知，領導的歷程涉及了許多複雜的因素。其中最重要的兩個因素為「領導行為」及「部屬或團體行為」。領導行為可能會影響部屬或團體之行為，進而影響其績效。然而組織或部屬的績效亦非全然來自領導行為，環境因素（如組織結構、制度、資源等）、個人特徵（如能力、性格特質等）等均會對組織或部屬的績效有所影響。

其中環境因素對軍事組織而言，具有比一般組織更深遠的影響。一般而言，軍事組織所面臨的環境因素，是比其他組織更為複雜的。就制度上而言，軍事組織是一種單一路徑的階層系統，也是一種階級分明的威權系統，因此領導效能的高低與否，必然深受層級關係的影響，而非單純地主導於領導者本身或其行為。而就資源而言，軍事組織由於必須面臨瞬息萬變的戰鬥情境，因此資源的獲得與需求，也深受戰況的影響，不同於一般組織在資源取得上的穩定性。而在物理環境上，不論是實際作戰的部隊，或是平時無戰事的部隊，均可能因任務需要而遷移駐地，因此可能經常面

臨陌生的物理環境。因此軍事組織中影響領導效能的環境因素，可說是遠較一般的組織更為複雜。

第二節　軍事領導的特性

有效的領導，並非單純的領導行為或特質可以決定，還須考慮到許多的情境因素或是組織特性與任務性質。軍事組織是一種獨特的組織，必須面臨許多不同的情境（如作戰時的時空變異），因此對軍事組織而言，針對不同的情境，領導方式也會有所不同。基於任務及組織特性的關係，一般的領導理論，並不盡然能適切的解釋或用於軍事組織的領導。

目前的研究顯示，軍事組織與一般的企業組織在管理歷程上相當類似（Van Fleet, 1986），然而這並不意味著一般的領導理論可以完全類化或運用於軍事組織上。軍事組織基於其組織特性，與一般企業組織相較之下，其領導至少有以下幾點不同：

壹、組織性質不同

軍事組織的最大特性之一是，它不像一般的組織只強調組織本身的利益，除了軍事組織本身的利益外，它更強調的是組織之外的國家整體利益。軍隊的存在是為了國家安全，而非為了軍隊本身或某個人（如企業主管）的利益，國家安全是軍事組織的終極使命。

因此，基於這樣的特性，軍事組織比起一般組織更強調領導者的道德價值、倫理、責任與忠誠。一般企業組織為利益性（utilitarian）組織，而軍事組織則為規範性（normative）組織。研究結果亦顯示：有效能的軍事領導者較常使用規範性的權力（normative power），而無效能的軍事領導者則較常使用強制及利益性的權力（coercive & utilitarian power）（Van Fleet, 1986）。

貳、情境變異性不同

　　軍事組織如同一般企業組織,面臨許多不同的作業情境。不過軍事組織的情境變異性有一個特點是,它常常是截然二分的,也因此它所面臨的情境變異性差距非常的大。例如:面臨戰鬥情境或非戰鬥情境、訓練或非訓練情境等。從權變理論的角度來看,軍事組織領導者為因應這些情境所需要的不同領導行為及特質,就顯得更需富彈性及多變性。

參、權力型式的差異

　　領導的焦點在於影響力,而影響力所指的則是任何正式或非正式的權力。一般而言,權力的基礎及來源大致上可以區分為五種(French & Raven, 1959):強制權、獎賞權、專家權、合法權、參考權。不論一般組織或軍事組織,這些權力形式均普遍存在於組織中。不過軍事組織基於其層級分劃明確及階級服從特性,可以想見其合法權的使用顯然較一般組織來得絕對,也可能來得頻繁。此外,從歷史上許多卓越的軍事領導者的領導效能,及軍事組織為非利益性組織的特性來看,軍事組織領導者的個人魅力顯然是非常重要的,也因此在軍事組織中,領導者參照權的影響力顯得更為重要。

肆、軍事組織結構的複雜性

　　大部分的組織相較之下,軍事組織的組織體系都顯得相當的龐大,因此軍事組織本身內部的結構及層級亦顯得相當複雜。此種複雜性當然亦對軍事組織的領導產生影響。基本來說,軍事組織本身有各個不同的軍種及兵科,而各個軍種、兵科因其次文化不同,所需的領導方式也各自不同。

　　除此之外,軍事組織為一嚴密的階層性組織,隨著領導者所領導的團體大小、領導者本身的階級不同等,需要不同的領導方式。一般而言,將

級以上的領導者，其主要的功能是對外在環境的計畫與控制、組織文化的塑造等；校級領導者，其主要的功能是訊息的提供與傳達、組織氣候的塑造等；而尉級領導者則負責實際工作任務的執行、士氣維繫、訓練及技能教導等功能。

由以上的探討可知，軍事組織基於其特性，領導上應是具多變性及動態性的，此種多變性尤其表現於所面臨的情境，及領導者處於不同階層時所應表現的領導功能。以下將簡述兩個與情境及領導階層有關的軍事組織領導理論。

第二節　軍事組織領導理論 —— 依情境變異

壹、軍事組織所可能面臨的情境

一般而言，軍事組織因其任務，而可能面臨許多不同的情境。例如：實際參與作戰、演習、駐地訓練、支援等。這些不同任務所造成的特殊情境，大致上可以兩個向度加以劃分（Hunt & Phillips, 1991）：

一、情境的特殊性與慣常性

情境的特殊性（Unique）與慣常性（Routine）所指的，可能包含任務的特殊與否（如執行一般性任務或特殊性任務），或是營地的熟悉性（如在駐地執行任務訓練或赴異地作戰）。一般而言，在特殊性的情境中，任務的達成較為困難；反之，慣常性的情境中，由於熟悉性的有利因素，因此任務的達成會較為容易。

二、情境的危險性

情境的危險性是軍事組織特有的情境向度。由於軍事組織必須執行作

戰任務，因此組織成員會臨面臨生命的危險。因此此向度區分出了軍事組織在戰時與平時狀況下，情境的不同。一般而言，在高危險的情境中，由於組織成員的心理壓力較大，任務的達成會較困難；反之，在低危險的情境中，任務的達成較為容易。

根據上述的兩個情境向度，可將軍事組織的情境劃分如圖 17-2：

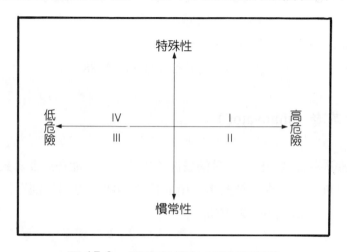

圖 17-2　軍事組織的任務情境圖

從圖 17-2 的座標軸中，大致上將軍事組織的任務情境作一劃分。例如：象限Ⅰ為高危險性、高特殊性的情境，此種情境指的是實際作戰單位所面臨的狀況。而象限Ⅱ為高危險及較具慣常性的任務情境，此種情境指的諸如實彈射擊之類的訓練任務。象限Ⅲ為低危險、慣常性的任務情境，此種情境指的是像後勤支援、裝備保養之類的任務。象限Ⅳ為低危險、具特殊性的任務情境，此種情境指的是像行軍、移防之類的任務。

須注意的是，各種不同的任務或是不同的部隊性質，在各象限中的位置並非固定的。位於同一象限中的任一任務，在危險性與慣常性二向度上的程度都可能有所不同。例如：部隊的演習與實際作戰，都是位於象限Ⅰ，但是演習的危險性則遠低於實際作戰。此外，相同的任務對不同性質的部隊而言，可能會面臨不同象限的情境。例如：火炮部隊演習的狀況，可能位於象限Ⅰ，而空軍雷達部隊的演習狀況，則可能位於象限Ⅳ。

貳、不同領導角色與領導情境的配合

由於軍事組織常常必須接受許多不同性質的任務，因此會面臨許多不同的情境。由領導的權變論中可見，有效的領導特質或行為是依不同的情境而有所不同的。軍事組織的領導者在面臨不同的任務情境時，不能一成不變，而是必須依任務情境，調整自己的角色。

一般而言，領導者的角色有八種（Quinn, 1988）：

一、改革者（innovator）

此種領導者是一種比較具創發性的角色。其功能在於能針對情境的變化，作出有效的因應，針對組織所面臨的問題，提出具創造性的解決之道，並能有效激發組織成員的潛能。

二、經紀者（Broker）

此種領導者的特性在於其專業性，其功能在於以其專業性影響較高層的決策，並對組織內所需的外在資源及需求，提供適當反應及支持。

三、生產者（Producer）

此種領導者主要功能在於使組織朝向目標前進，並推動組織目標的達成。

四、指導者（Director）

此種領導者之功能在於界定部屬的職責範圍，並確保組織成員能知悉組織的目標。

五、協調者（Coordinator）

此種領導者的功能在於避免組織的常規工作受到外務侵擾，使組織能在有次序的情況下運作，並有效的控制組織的運作及穩定性。

六、監控者（Monitor）

此種領導者的功能在於對組織內的訊息（如公文、計畫、報告、紀錄、行程等），作有效的分析與比較，檢查是否有矛盾或不適切的情形。

七、促進者（Facilitator）

此種領導者的功能在於鼓勵部屬分享其想法及意見，以開放性、參與式的方式的領導，建立組織的團隊合作。

八、良師（Mentor）

此種領導者所扮演的角色，在於關心部屬的個人需求及問題，以同理心去對待部屬、照顧部屬。一個部隊的領導者必須依任務情境的不同，而扮演上述的這八種角色。領導者角色與任務情境間的關係，可以圖 17-3 表示之。

和一般的領導理論比較起來，圖 17-3 更適用於軍事組織的情境脈絡中。從向度上來看，愈具高危險性的任務情境，由於任務達成的困難度愈高，因此領導者主要的功能就在於提供適當的支援及確保組織目標的達成。而愈是低危險性的任務情境，由於任務達成較易，因此領導者可藉由監督任務流程，或是以開放式的領導方式來增加訊息的豐富性，使組織完成目標。而特殊性愈高的任務情境，由於影響任務執行的因素複雜，加以組織成員對情境的熟悉性低，因此領導者的主要功能在於能對突發狀況作

出有效因應，或是對成員加以情緒支持與關心，以確保任務的達成。而愈是慣常性的任務情境，由於影響任務達成的因素較為單純，組織成員對情境亦較為熟悉。因此領導者可藉由減少外在因素、對工作職責明確劃分，來增加組織的穩定性，並提升組織的運作效能。

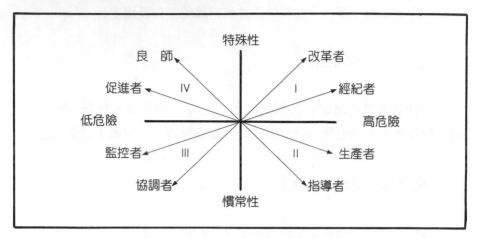

圖 17-3　軍事領導者角色與任務情境間的關係

（資料來源：Quinn，1988，51 頁）

　　此外，由圖 17-3 亦可看出，座標軸中對角的兩個領導角色，在功能上大致是相對的。象限Ⅰ強調的是較為多變性及創造性的領導角色，象限Ⅲ則是屬於較為常態性或穩健性的領導角色。同樣地，象限Ⅱ是屬於比較工作或目標取向的領導角色，而象限Ⅳ則是屬於比較人情或部屬取向的領導角色。但是這些不同的領導功能之間並非互斥，而是互補的。圖 17-3 所展現出的只是軍事領導者，在面臨不同任務情境時，為有利於領導效能所應扮演的角色。但是並不表示在某一種任務情境下，就必須完全忽略或漠視其他領導角色或功能。例如：在部隊面臨象限Ⅱ的任務情境時，並不表示領導者只要注意任務目標的達成，而完全忽略對部屬的關心（象限Ⅳ），如此必然還是會使得整個部隊陷於士氣低迷的狀態，而妨礙了任務的遂行。因此圖 17-3 所展現出的，只是在面臨不同任務情境時，領導角色的「重心」所在，而非某一情境下領導角色的全部。

第四節　軍事組織領導理論 —— 依領導者層級變異

壹、領導者層級劃分

　　上述對領導理論的簡述，可以發現這些領導理論所強調的，是一種領導者對部屬的直接影響力。然而領導是一個更廣義的概念，舉凡政策的制定、組織文化的建立等，任何可能對組織的直接或間接影響，均可視為領導。同時，領導的影響力會因領導者的層級不同，而有所不同。領導的功能也會因領導者的層級不同，而有所不同。這樣的關係可以圖 17-4 表示之（Jacobs, 1991）：

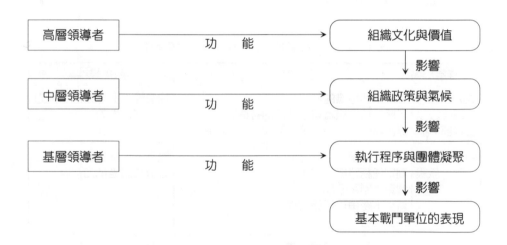

圖 17-4　領導者的功能與影響

（資料來源：Jacobs，1991，390 頁）

　　由圖 17-4 中可見，軍事組織中，高層領導者的主要功能在於組織文化與價值的建立或改變，由於組織文化與價值對整個軍隊都會有很大的影響，因此高層領導者的影響也間接的遍及整個軍隊。中層的領導者其功能

在於組織氣候的塑造與政策的制定，此組織氣候及政策部分受到高層領導者的影響，部分則為中層領導者本身的意志，亦是經由間接的方式，影響到部隊。而基層領導者則直接制定執行程序，並凝聚部隊的凝聚力。因此，基層領導者可以說是直接影響部隊的表現。

此外，愈高層的軍事領導者，雖然對整個組織會有影響，但是對單一連隊的影響力也相對的減小。反之，愈基層的軍事領導者，雖然對整個組織的影響力不大，但是對單一連隊的影響力更大。

貳、不同層級領導者所需具備的條件

由於在軍事組織中，層級劃分相當明顯，因此不同層級的軍事領導者，所需具備的條件也會有所不同。不同層級軍事領導者所需具備的條件，及其主要職責如表 17-1。

表 17-1　不同層級領導者所需具備的條件

領導層級	主要職責	所需條件
高層領導者（軍團級以上幹部）	了解整體組織的任務、目標 了解、預測組織可能面臨的各種狀況 提出具創發性的因應策略作出有效的決策	抽象性、概念性思考能力 抽象整合能力
中層領導者（師、旅級幹部）	間接促進單位目標達成 制定任務達成之政策 資源控制及分配 減少下屬單位不確定性 協調規畫	概念性、抽象性思考能力 分析式思考能力
低層領導者（營、連級以下幹部）	直接推動單位目標達成 提升團體凝聚力及部隊士氣 提升部屬工作動機	人際技巧 技能性能力

一般而言，基層的軍事領導幹部（營、連級以下幹部），與部屬的關係是直接的面對面關係，因此部屬的工作動機、團隊合作均直接受其影響，而單位實質目標的達成與否，也直接受到他的影響。因此，對基層的

領導幹部而言，人際關係的技巧是相當重要的，有效的運用人際技巧來增加部屬的向心力與工作動機，對單位目標的達成有很大的幫助。此外，由於基層領導者與部屬間的關係常是面對面的，部屬可以直接觀察到領導者的實際表現，因此技能性能力（如體能、戰技、專業本質學能）就變得很重要。這種技能性能力的重要性，隨著領導層級愈低，愈發顯得重要。而在此層級中，抽象性或概念性思考的能力，相對的比較不是那麼重要。

中層軍事領導者（師、旅級幹部）對單位工作目標的達成，關係並不是那麼直接，其主要功能在於「間接地」促進單位目標的達成。「間接地」意指經由政策的制定、資源的控制、減低下屬單位的不確定性等方式，來協助並促進單位任務的達成。此層級的軍事領導者，需要花費許多心力在單位間的協調與政策規畫上。因此中層軍事領導者，必須具備比基層軍事領導者更高層次的抽象性或概念性思考能力，同時分析性思考（analytical thinking）的技巧，在此層級中顯得亦發重要。

高層的軍事領導者（軍團級以上幹部）是一種行政式的領導者。他們必須對整個軍事組織的整體性目標及行動有所了解，而不只局限於其自身的單位。同時，他們對影響組織的所有可能內、外在環境變項也必須有所認識，並足以產生一種類似「因果模式」的思維，來解釋甚至預測組織可能面臨的情況及結果。他們也必須對組織所可能面臨的各種狀況，提出具創發性的因應策略，以作出有效的決策。基本上，高層的軍事領導者並非是從組織內來看組織的運作，而是以一種組織外的視角來看組織的運作。因此，高層軍事領導者除了必須具備抽象分析的能力外，還需要具備抽象整合的能力。抽象分析的能力指的是將問題的某些因素，加以分離進而分析，以尋求問題解決之道。而抽象整合的能力則是將看似雜亂無章的問題，加以尋求其可能原因的組型，在這種情況下，不僅分析與問題有關的各個因素，亦同時考慮到因素與因素之間的關係。

第五節　西點軍校的領導教育

　　無疑地，美國西點軍校所培育出來的領導人才一直都獲得相當高的評價。每年約有一千個以上的軍校生從西點軍校畢業，這些人不只成為美國陸軍軍官的中堅份子，也為美國的企業組織提供了大量的領導人才。本節將對西點軍校的領導教育作一簡介，以說明如何藉由訓練領導者的認知思考能力，來提升領導效能，並供未來軍事心理學研究及實務之參考。

壹、理論基礎

　　美國西點軍校的領導者訓練的基礎理論，是將領導者視為組織的核心，此種組織領導模式（the model of organizational leadership），可以圖17-5加以說明：

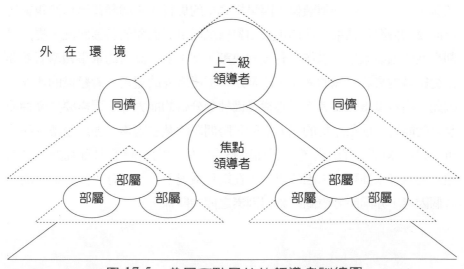

圖 17-5　美國西點軍校的領導者訓練圖

由圖 17-5 可見，組織領導模式將領導者視為組織的核心角色，因此西點軍校在領導者的訓練上，要求學習者扮演領導者本身的角色，而非一般學習者所扮演的旁觀者角色。除此之外，領導者不僅需對其部屬或團體有所了解，同時對同儕、上一級領導者及整體環境（非直接領導者）都必須有所了解，才能發揮領導效能。

另外，在理論基礎上，西點軍校的學生必須學習多種與領導有關的社會行為科學理論，這些理論包含個體層次的理論（如歸因理論、動機理論）、團體層次的理論（如組織社會化、團體發展、凝聚力、團體決策）、領導層次的理論（如轉化型領導理論、途徑——目標理論），及組織層次的理論（如組織文化、環境管理、組織變革）等，有關西點軍校領導教育課程所教授的行為科學理論如表 17-3。

由表 17-3 可見，西點軍校的領導教育課程內容包含了各種心理學、管理學及社會學中與領導有關的理論。西點軍校先要求學生學習這多種行為科學理論，再要求他們應用在未來擔任領導者所可能面臨的模擬狀況。在教學上，所採用的方式是案例研究法（case study），而所模擬的案例則是依據真實的領導經驗而設計的。

表 17-3　西點軍校領導教育課程內容

個體層次	
1	課程簡介
2	學習領導－案例系統（Learning Leadership-The Individual System）
3	了解個體行為（Understanding Individual Behavior）
4	動機－公平理論（Equity Theory of Motivation）
5	動機－期望理論（Expectancy Theory of Motivation）
6	動機－認知評價理論（Cognitive Evaluation Theory of Motivation）
7	動機與工作再設計（Motivation Through Job Redesign）
8	個體溝通與諮商（Individual Communication and Counseling）
9	智識程序再探（The Intellectual Procedure Revisited）
10	分析整合 I A（Analytical Integration I A）

（續下表）

11	分析整合 I B（Analytical Integration I B）
12	期中測驗一

團體層次	
13	將團體視為一開放系統（Understanding Groups as Open System）
14	社會化（Socialization）
15	凝聚力（Cohesion）
16	團體間衝突管理（Intergroup Conflict Management）
17	團體決策（Decision Making in Groups）
18	分析整合 II A（Analytical Integration II A）
19	分析整合 II B（Analytical Integration II B）

領導層次	
20	將領導視為人際影響（Leadership as Interpersonal Influence）
21	垂直二元連結理論（Vertical Dyad Linkage Theory）
22	途徑一目標理論（Path-Goal Theory）
23	轉化型領導（Transformational Leadership）
24	性格特質與領導效能（Personality and Leadership Effectiveness）
25	分析整合 III A（Analytical Integration III A）
26	分析整合 III B（Analytical Integration III B）
27	期中測驗二

組織層次	
28	將組織視為一開放系統（The Organization as an Open System）
29	組織環境（The Organizational Environment）
30	組織文化（The Organizational Culture）
31	克服對拒變（Overcoming Resistance to Change）
32	全面品質管理（Total Quality Management）
33	領導的倫理議題（The Ethical Dimension of Leadership）
34	分析整合 IV A（Analytical Integration IV A）
35	分析整合 IV B（Analytical Integration IV B）
36	期中測驗三

（續下表）

課程整合
37	諮商應用（Counseling Applications）
38	整合 A（Putting It All Together A）
39	整合 B（Putting It All Together B）
40	領導的持續學習（Learning Leadership: The Journey Continues）

在軍校三年級時，學生必須修習一個時數四十小時的領導專業課程，這個課程除了提供三年級學生學習表 17-3 中的二十二個領導主題的機會，並在每一主題中，藉由案例研討的方式，來提升學習者的領導理解外，其中有十個小時，則是要求學習者運用多重理論去分析複雜的案例，以強化學習者多元思考的能力。

值得一提的是，西點軍校的領導教育課程之所以始於軍校三年級，是為了便於學習者在一、二年級時，經歷過被領導的實際經驗後，期望他們對於理論與實務的結合，能有更深入的反思，也便於他們在未來四年級擔任更高一層軍校實習領導者時，能實際運用所學。

除此之外，西點軍校對於領導者的訓練，強調其認知能力的提升，他們使用一套名為 IP（Intellectual Procedure）的訓練程序，以下將對 IP 作進一步的介紹。

貳、提升領導者的認知能力──IP 訓練程序

所謂的 IP 指的是訓練學習者經由對情境的辨認（Identify）、解釋（Accounting）及行動的規畫（Formulate），來提升領導者的關鍵思考（critical thinking）能力，進而提升領導效能。此種 IP 訓練程序如下：

一、確認問題所在（Identify What is Happening）

前面曾經提過，西點軍校的領導教育採用案例研究的教學方式，在案

例研究中，學習者首先要面對的是，確認某一領導案例所需要處理的主要問題為何。由於一個有效能的領導者，不只要能處理現階段的問題，也要能判斷單位未來所可能面臨的問題。因此學習者所需處理的案例，可能是當前的問題，如：「王班長未能做好他的班兵的射擊準備工作」。也可能是未來的問題：「如兩個月後，連隊將會獲得新的武器系統」。此階段的重點，在於訓練學習者如何從模糊不清的情境下，判定核心問題所在。

二、解釋所發生的事情（Accounting for What is Happening）

在IP的第二個階段，學習者必須學習解釋案例中所發生的事情，此解釋階段包含兩個步驟：

㈠分析

此案例是否提供了足夠的訊息，以利我們使用某一個社會行為科學理論來解決問題？那一個理論適於處理此案例的問題？

㈡解釋

提出關於所發生的事件，與事件為何發生間的因果關係解釋。例如：「由於領導者的成就取向行為並不適於此工作性質及部屬特質，造成王班長工作不滿足」。

就分析步驟而言，由於多種理論都可能運用於同一模糊情境中，因此學習者必須學習去辨認哪些理論在此情境中是可行的；這同時使學習者得以了解同一情境的問題解決可能有多個方法，而不需固著於單一問題解決模式。

就解釋步驟而言，由於學習者被要求去發展事件的邏輯鏈（a logical chain of events），並綜整（synthesis）案例。此種要求將有助於學習者分析某一情境中所衍生的問題，是否有更深層的原因（如組織文化因素）。如果有，那麼此深層原因將是領導者所需優先處理的問題。

三、規畫行動（Formulate Leader Actions）

經由對問題的確認及解釋分析後，領導者得以採取適當行動，以解決問題。當然，就如同前面所述的，相同的問題可能會有多種解決方式，而非單一解決模式。

參、西點軍校領導教育的師資

負責西點軍校領導教育的師資大致上有兩種：一種是由中層軍官組成的教授，這些教授不僅擁有相當的軍事實務領導經驗，且都受過相當的專業訓練，並獲有工業與組織心理學、社會心理學、諮商心理學或組織社會學的博士學位。這些來自不同領域的專業人員提供了領導教育本身的多元觀點，提供了科際整合的機會。

另一類的師資為一群較年輕資淺的軍官，他們是領導相關領域學系畢業的學士，年輕的教員為整個領導教育注入了活力，並有利於解決學術與實務之間的分歧。

結　語

本章對目前的領導理論作一簡單的回顧，並探討了軍事領導的特性。就軍事組織的組織特性而言，心理學中一般的領導理論，並不盡然能完全適用於軍事組織，因此本章從情境的特殊性及層級的異質性兩方面對軍事組織的領導作一介紹。最後，本章所介紹的西點軍校領導教育，充分展現了美軍教育以理論為依據的實證精神，亦說明了如何藉由訓練領導者的認知思考能力，來提升領導效能。所謂「兵隨將轉」「千軍易得，一將難求」。領導對軍事組織而言，其意義遠大於一般的組織。一個優秀的軍事領導者，不僅有助於軍事任務的達成，更足以影響戰爭的成敗。而對軍事

領導的研究，將可廣泛應用於軍事組織領導者的人事甄選、訓練及人員派置上，並可藉此提升軍事組織的組織效能。

參考書目

洪光遠譯（1990）。**組織領導**。臺北：桂冠出版社。

黃曬莉、李茂興譯（1991）。**組織行為：管理心理學理論與實務**。臺北：揚智出版社。

凌文輇（1991）。中國的領導行為。見楊中芳、高尚仁（編），**中國人、中國心——人格與社會篇**。臺北：遠流出版社。

鄭伯壎（1983）領導行為與部屬績效：補足模式。**復興崗學報**，30 期，399-434頁。

鄭伯壎、莊仲仁（1981）。基層軍事幹部有效領導行為之因素分析：領導績效、領導角色與行為的關係。**中華心理學刊**，23 卷 2 期，97-106 頁。

Fiedler, F. E. (1967). *A Theory of Leadership effectiveness*. N. Y. : McGraw-Hill.

French, J. R. P. Jr. & Raven, B. (1959). The Base of Social Power. In D. Cartwright (ed.), *Studies in Social Power*. Ann Arbor: University of Michigan, Institute for Social Research.

Friedlander, F. (1969). Technology, Youth & Organizational structure: Some changing patterns relevant to the military. *U. S. Military Academy,* 25-27.

Halpin, A. W. & Winer, B. J. (1957). A factorial study of the leader behavior description. In R. E. Stodgill & A. E. Coons (eds.), *Leader behavior: Its Description & Research*. Clumbus: Bureau of Business Research, Ohio State University.

Hunt, J. G. & Philips. R. L. (1991). Leadership in Battle & Garrison: A Framework for Understanding the Difference & Preparing for Both. In R. Gal & A. D. Mangelsdroff (eds.). *Handbook of Military Psychology,* 453-471. John Wiley & Sons, England.

Ilgen, D. R. & Weise, H. M (1987). *Leadership in Organization.* Unpublished chapter.

Jacobs, T. O. (1991). Introduction to Section 4. In R. Gal & A. D. Mangelsdroff (eds.), *Handbook of Military Psychology*, 390 John Wiley & Sons, England.

McNally, J. A., Gerras, S. J., Bullis, R. C. (1996). Teaching Leadeship at the U. S. Military Academy at West Point. *Journal of Applied Behavioral Science, 32(2).*

Quinn, R. (1988). *Beyond rational management: Mastering the paradoxes & competing demands of high performance.* San Francisco: Jossey-Bass.

Stodgill, R. M. (1974). *Handbook of leadership: A survey of theory of research.* N. Y.: Free Press.

Van Fleet, D. (1986). *Military leadership: An Organizational Behavior Perspective.* JAI Press Inc.

思考問題

一、本章第一節所述的領導歷程中,各個與領導有關的相關變項,在從事軍事心理學領導研究及實務運用時,各個變項應該注意哪些事項?

二、試述特質論、行為論、權變論運用於軍事領導的可行性及不可行性,運用這些領導理論於軍事情境中應該注意哪些事項。

三、本章曾就軍事領導在情境及層級上的變異性,分述軍事領導理論。此二取向是否互有衝突或交集?如何整合此二取向,成為一更完整的軍事領導理論?

四、美軍的軍事領導理論運用在我國軍事情境脈絡下的可行性為何,在理論概化時應該要注意哪些事項?

五、比較我國目前的領導教育方式與美國西點軍校的教育方式有何不同,西點軍校的領導教育方式提供了我們哪些借鏡之處(含優缺點)?

第十八章
軍事組織之士氣

前　言

……想著這種旺盛的士氣，就足以摧毀敵人而有餘。此即團結之氣、勇壯之氣、肅殺之氣、光榮之氣。但這種士氣的養成，由於平時的工夫要深臨到戰場上，只需要數語激發，即能鼓動上下，勇氣百倍。記得在緬甸作戰時，日軍以兩個連隊近八千之眾，在仁安羌附近包圍英軍一師，數近萬人。我帶了一一三團一團，連伙伕雜兵才千餘人，真能作戰者，不過八、九百人。不到兩天就將敵人擊潰，將英軍救出。其原因就是因為我團士氣旺盛，個個有必勝的信心……

以上這段話，是我國近代名將孫立人將軍在對陸軍官校的一篇演講中，對士氣精闢而生動的描述。就軍事組織而言，士氣是一個相當重要的戰力指標。研究顯示：士氣會影響一個部隊的戰力（Stouffer et. al., 1949）、戰場效能（van Creveld, 1982），及有利於對抗戰鬥壓力（Noy, 1978; Steiner & Neumann, 1978）。本章將對軍隊士氣及其相關研究作一敘述。

第一節　士氣研究的歷史及文獻

　　士氣研究的歷史和軍事組織有密不可分的關係。最早有關士氣的文獻，可追溯至希臘的軍事領導者，同時也是作家的 Xenophon（434-355 BC；引自 Gal, 1986）。在歷經七個月的戰鬥後，Xenophon 寫道：「在戰爭中獲得的勝利，並非來自人員數量或力量，而是部隊投入戰場時所表現出的堅韌精神（strong soul）」。在此，Xenophon 所說的「堅韌精神」，即是類似現今所指的士氣概念。

　　近代從法國大革命後，大部分國家的軍事組織已不再依賴傭兵或職業軍人（募兵制），而主要依賴義務役軍人（徵兵制）。在募兵制的體制，士兵們的戰鬥動機主要是來自優渥的薪俸及嚴格的紀律；而在徵兵制的國防體制下，士兵們的戰鬥動機則是來自其愛國的熱忱。因此在徵兵制的軍事制度下，士氣這個主題顯得益形重要（Gal, 1986）。

　　此後隨著戰爭的需要，第一、二次世界大戰期間，對於士氣的態度有了很大的轉變。第一次世界大戰期間，軍事將領所著重的是部隊的物理戰力，但是在第二次世界大戰時，隨著戰爭的擴大，國民兵（citizen armies）大量增加。如前所言，義務役士兵之戰鬥動機來自於愛國的熱忱與堅定的戰鬥意志，因此對於士氣更為重視。此趨勢可從第二次世界大戰期間，美、英兩國分別成立了士氣研究的組織看出，如美國的 Morale Branch in the U. S. Army 及英國的 The Morale Committee（Gal, 1986）。

　　心理學對於士氣的研究最早始於一九四〇年時；一個集合了十位心理

學家的討論會（Child, 1941）。這些心理學家嘗試著為士氣下一個定義，最後將士氣的定義分成三個不同的層次：分別為個體性（the individual oranic emphasis）、群體性（the group emphasis）和群體中的個體性（emphasis on individual-within-the-group on any specific occasion）。

軍事心理學中對於士氣研究最力，也最著名的是有關以色列軍事部隊（Israeli Defense Forces, IDF）的研究。早在一九四八年；以色列陸軍部隊組成之初，即有學者對以色列的軍隊進行有關士氣的研究，此後 IDF 士氣的研究一直在持續進行中（Gal, 1986），並且受到了相當的重視。Gal 甚至在一九八三年的一篇論文中指出，士氣是以色列軍隊之所以克敵致勝的祕密武器。

第二次世界大戰後，除了軍隊士氣的研究仍持續進行外，隨著組織心理學的興起，士氣研究也從軍事組織擴展到工商組織、教育機構、醫療組織。然而由於士氣定義上的模糊及難以界定，因此在組織心理學的領域中，士氣的研究仍不像工作滿足、工作動機等主題一般佔有主流的地位。

我國許多著名的軍事典籍中，也有不少對於士氣的論述。這些論述雖稱不上是系統性的研究，不過由於均是出自名將之手，因此在軍隊士氣的研究及實務上，均有很大的助益，有興趣的讀者可參閱本章後面的附錄。

第二節　士氣的定義與本質

組織研究中，各個學者對於士氣的定義頗不一致，但是大體而言，可以以概念本質及分析層次兩個向度加以區分。就本質而言，有些學者視士氣為一種態度、有些學者視士氣為一種知覺，有些學者則視其為滿足。而就士氣的分析層次而言，有部分學者是以團體層次加以界定，而有部分學者以個體層次加以界定。

壹、士氣為一種態度、知覺或滿足

　　就士氣的概念本質而言，一般學者對於士氣的定義可概分為三類：(1)士氣為一種態度，如Harrell（1958）認為士氣是對職務、對公司、對直屬上司態度的組合。(2)士氣為一種知覺，如 Harris（1976）認為士氣是工人對既存福利狀況的一種知覺（perception）。(3)士氣為一種滿足，如 Guion（1966）對於士氣的定義：個體需求滿足與經由工作情境所感受滿足的程度。

　　然而就概念上而言，態度、知覺與滿足等概念間的分界是非常模糊的，例如：Carlisle（1976）就將士氣定義為個體在做為組織一份子，所表現出的「滿足」狀態，反應出他對工作本身、管理者與公司的「態度」和「感覺」。

貳、士氣為團體層次或個體層次

一、團體層次的士氣定義

　　團體層次的士氣概念，視士氣乃是產生在「團體」的情境中，而「個體」無所謂的士氣，士氣必定由團體的基礎所產生。例如：Siegel（1969）認為高士氣便是團隊的精神（team spirit），此種精神表現於每一成員為實現團體目標而努力的程度。Blum與Naylor（1968）認為士氣是一種經由共同目標及達成目標之信心，而被團體成員所接受的感覺。軍事組織的研究中，也有學者以團體的概念對士氣加以界定，如Grinker與Spiegel（1945）將士氣定義為：一戰鬥團體驅使其成員戰鬥的心理力量（psychological forces）。

二、個體層次的士氣定義

個體層次的概念認為士氣乃是經由個體對工作組織，或管理階層的感覺與態度，而加以界定或測量；即士氣是表現在個體的基礎上。如前述Guion（1966）認為士氣是個體需求滿足與經由工作情境所感受滿足的程度。Siegel（1969）認為士氣是員工對工作、組織與上司的態度之總和。軍事組織中，如美國陸軍（U. S. Army, 1983）將士氣定義為個體的心理（mental）、情緒及精神（spiritual）狀態。

雖然士氣的定義有所不同，但是大部分學者多半同意士氣是同時包含個體與團體層次的。如 Motowidlo 等人（1976）綜合了各個定義後認為大部分對士氣的定義均包括個體滿足、動機及團體成員間的關係（group membership）。而 Manning（1991）亦認為士氣包含兩個部分：團體凝聚力（cohesive）及個人精神（espirt）。

此外，也有學者從因素結構來探討士氣的本質。Organ（1997）的研究發現，許多組織變項（如工作滿足、組織氣候）所使用的測量工具間，具有明顯的交互關聯性（intercorrelation）。進一步的分析後，Organ 發現這些測量工具之間具有一共同的普遍因素（general factor），Organ 稱之為 m-factor（其意為 morale factor），並將之類比為智力測驗中的 g-factor。此外，Skarlicki 與 Latham（1996）、James 與 James（1989）的研究亦顯示，組織內各重要變項間，的確可能有一共同的普遍性因素（Organ, 1997）。Organ 認為此普遍性因素，即是所謂「士氣」。

第三節　士氣與其他建構之比較

由於士氣是一個相當抽象的概念，因此在對士氣進行研究或實務應用時，常會將士氣與其他類似的概念有所混淆。本節將就幾個比較容易與士氣混淆的概念作一比較。

壹、工作滿足與士氣

工作滿足（job satisfaction）是一種為個人所意識到的主觀心理狀態，這種主觀的心理狀態是源自於對工作內容和工作環境特徵的反應。一般多將之定義為工作者源自於工作的一種愉快且正面的情感反應，這種情感反應是受到個人的價值觀和其對工作及工作環境的評價，及兩者之間互動的影響。

士氣與工作滿足最大的差異，在於它不一定是一種愉快且正面的情感反應。例如：在戰場上，士兵因國仇家恨或對敵人的深惡痛絕，而產生的戰鬥意志，並非一種正面愉快的情感反應，但卻是一種士氣表現。因此，士氣與工作滿足在本質上有很大的不同。

此外，在工作滿足的狀態下，組織成員對組織現狀較為滿足，因此有助於組織的穩定性，但也有可能因此而導致組織停滯不前，無法進步。反之，在高士氣的狀況下，即使成員對組織現況感到滿足，但基於士氣組織目標的特性，成員仍會為了組織的發展與進步，不斷的努力。

貳、工作投入與士氣

工作投入（job involvement）是個人知覺工作在其生活中的重要性，進而策勵自己，積極奉獻，追求更高的工作績效，藉以實現自我，提升自尊與聲望的一種工作態度。

就建構所指涉的對象而言，工作投入的對象為工作本身，而非組織。在這一點上，士氣所指涉的對象比工作投入來得廣。士氣的對象為組織目標，為了組織的利益與目標，個體甚至可能放棄本身的利益，犧牲個人的地位、興趣，來完成組織目標。

在工作投入與士氣的結果上，工作投入的結果有利於個人績效的提升，但不一定有利於組織整體績效的提升。這是由於工作投入並未考慮到人際互動層次，因此個體工作投入所造成個人凸顯的績效，有可能帶給同

儕威脅感或造成人際間的不和諧，間接的妨礙了組織目標的達成。而士氣則強調團體層次，因此個體有可能犧牲個人利益以完成團體目標，在這樣的情況下，有利於組織目標的達成，但卻不一定有助於提升個人的績效。

參、團體凝聚力與士氣

所謂的團體凝聚力（cohesion），是指團體成員經由人際互動及對團體的依戀程度，所交織產生願意留在組織的動機強度。

團體凝聚力的焦點在於組織成員間的關係，對士氣而言只是其中的一部分。組織的士氣與組織的目標有著密不可分的關係，而一個團體凝聚力高的團體，卻不必然代表團體成員具有共同的目標。因此，團體凝聚力只是士氣的一個必要條件，而非充分條件。

此外，高團體凝聚力並不一定有利於組織績效。組織成員間高的團體凝聚力，有可能來自對組織或領導者的不滿，在這樣的情況下，此種高團體凝聚力將對組織目標及績效有負面影響，是可想而知的。在這一點上，團體凝聚力似乎也與士氣有所不同。

肆、組織認同與士氣

組織認同（organizational identification）是指組織成員將組織目標與價值，內化於個人心中，全力以赴，追求組織目標之實現及個人需求之滿足，成員以作為組織之一份子為榮，對組織產生高度忠誠與依附，並希望維持組織不斷成長與發展。

就上述定義看來，組織認同中的目標與價值內化、追求組織目標之實現、榮譽心、忠誠與依附、維持組織之成長與發展等重要概念，已含括了大部分有利於組織效能的非物質變項。

然而組織認同的概念並不考慮團體成員間的關係，也不強調團體成員間的合作關係，因此組織認同概念並不等同於士氣。與組織認同相較之下，士氣似乎更反應了組織成員間的關係及互動。

伍、組織氣候與士氣

組織氣候（organizational climate）指的是組織中共享的知覺，它可以說是每一組織所具有的獨特風格。概言之，一個組織本身和周圍的環境因素，均可能滲入整個組織並賦予組織內部事物不同的特色，如同每一個人有其人格特質一般，每一組織似乎都具有其獨特風格，此種獨特的風格，即為組織氣候。

從上述定義來看，組織氣候具有以下特性：

一、持久性

組織氣候為能用以描述組織的一組特徵，此特徵使得該組織之風格有別於其他組織，如同個體的人格特質一般。因此它具有一定程度的穩定性與持久性。

二、獨特性

如前所言；組織氣候為組織之獨特風格，猶如人格之於個體。雖曾有學者將組織氣候加以分類，但基本上不同的組織其組織氣候應該是各具獨特性，且具有本質上的差異。

就組織氣候的持久性與獨特性來看，士氣與組織氣候這兩個建構，有著非常大的不同。從持久性的特徵來看，士氣的變異性遠大於組織氣候，士氣並非一成不變的，而是會隨著情境的不同而有很大的變異。而組織氣候則如同人格特質一般，具有穩定持久的特徵，並不會出現急遽而立即的變化。

從獨特性的特徵來看，不同的組織其士氣雖有所不同，但是這種不同指的是量上的不同，亦即不同的組織其士氣高低會有所不同，但是構成士

氣的要素在本質上應該不會有所不同。反之，不同的組織間，其組織氣候的不同，並非在某些量上的差異，而是源自其本質上的不同，此本質上的不同，亦是構成組織氣候獨特性的要素。因此在本質上，士氣與組織氣候是相當不同的。

第四節　士氣的測量

壹、國內研究所使用的士氣量表

目前國內有關士氣的研究，由於並無一具良好測量特徵的士氣量表，因此許多研究者是採用許士軍（1977）翻譯自 Brayfield 與 Rothe（1951）之「工作滿足指數」（an Index of Job Satisfaction），或鄭伯壎、楊國樞（1977）翻譯自 Smith、Kendall 與 Hulin（1969）等人所編製的「工作描述量表」（Job Description Index, JDI）。不過由於此二量表均是用以測量工作滿足的量表，因此基本上並不適於作為士氣之測量工具。

除上述兩種工作滿足量表外，亦有學者使用自行編製的量表作為士氣的測量工具，這些研究多半以組織認同、團體凝聚力、工作投入等建構作為量表編製之依據。不過這些自行編製的量表都並未提供實徵的效度資料。因此它們用於士氣測量的可行性，仍然不得而知。同時，由於這些量表多半是用作對一般組織的研究，因此亦不適用於軍事組織。

此外，顏志龍（1998）曾發展一專門用以測量軍隊士氣的量表，其內部一致性信度在 .95 以上，亦提供了部分的效度資料。不過由於此量表尚未獲得進一步的實徵檢證，因此斷言此量表適於測量軍隊士氣仍言之過早。

貳、國外研究所使用的士氣量表

目前在國外有關軍隊士氣的量表主要有兩種：

(一)備戰士氣量表
（Combat Readiness Morale Questionnaire, CRMQ）

CRMQ是為測量軍隊士氣而發展的自陳式量表，也是在軍隊士氣研究中最常被使用的量表。此量表可用以評估部隊士氣（combat unit morale）、凝聚力與戰鬥準備狀態（cohesion & combat readiness）。量表內容包含三十一個題目，其中兩個題目直接詢問個人及團體的士氣，量表形式為五點量表。根據因素分析的結果（Gal, 1986），此量表共測量「對領導者的信賴」（confidence in commander）、「對自己、團體及武器的信賴」（confidence in oneself, team, & weapon）、「團體凝聚力及士氣」（unit cohesion & morale）、「對任務及營地的熟悉性」（familiarity with mission & frontage）、「對敵人的評估」（enemy evaluation）、「戰爭的合法性」（legitimacy of war）、「擔憂及關注」（worries & concerns）等七個因素。

研究結果顯示量表中各題的效標關聯效度介於.00 至.55 之間。而就CRMQ的內容上看來，此量表所測量的並非單純的士氣建構。此量表除士氣外，亦測量了戰鬥部隊的戰鬥準備狀態（Combat Readiness）。

(二)行為錨定量表
（Behaviorally Anchored Rating Scales, BARs）

有關士氣的行為錨定量表是Motowidlo與Borman（1977）發展用以測量軍隊士氣的工具。此行為錨定量表將士氣分為八個向度，分別為群體關係、合作、對逆境的反應、上下關係、表現與努力、紀律、榮譽心與愛國、閒暇時的時間運用。其評分方式是經由少數人（如部隊的領導者），針對量表各向度下的不同錨定事件，以九點量表加以評估，作為該軍事組織的士氣指標。

根據Motowidlo與Borman（1977）的研究指出，各錨定事件在分類上的評分者同意度介於.36 至 1.00 間，中位數為.80，受試者對各錨定事件在九點量表上的評估標準差介於.67 至 2.06 間，中位數為 1.21。而此量表各向度的效標關聯效度介於.13 至.47 之間。各士氣分向度與無關變項之區辨

效度介於−.18 至−.71 間。在信度方面，整體量表的信度為.72。

第五節　如何激勵士氣

壹、如何激勵團隊士氣

顏志龍（1998），根據實徵研究結果，曾提出一個軍隊士氣的假想模式如下：

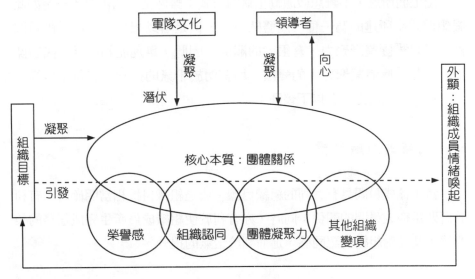

圖 18-1　士氣假想模式

根據這個模式，軍隊士氣的本質如下：

一、士氣雖然與其他許多變項有關，但是其核心本質為「團體關係」。

二、士氣有潛伏狀態與外顯狀態。潛伏狀態下的士氣是以一種隱晦不明的狀態存在於組織之中，其與榮譽感、組織認同、團體凝聚力

等重要的組織變項有關。而這些相關變項均建基於士氣的本質：「團體關係」。

三、士氣的外顯狀態可能為組織成員的情緒喚起。

四、組織目標的出現與否，或其顯著性，為引發士氣由潛伏狀態，成為外顯狀態的主要機制。士氣成為外顯狀態後，將有利於組織效能的提升及完成組織目標。

五、士氣為各組織變項的共同因素（g-factor），因此士氣與其他組織變項互有重疊，密不可分。

由上面所述，不難想像激勵士氣的方式；雖然士氣的本質不一定如此假想模式中所述的為一種「團體關係」，但是可以想見士氣與「團體關係」或是「團體凝聚力」有很大的關係。因此，舉凡能夠促進「團體關係」或是「團體凝聚力」的變項，均有助於士氣的提升。就軍事組織而言，提升士氣的方法有以下幾種：

一、明確的組織目標

當組織成員間具有共同的組織目標，或是組織目標相當明確時，有利於凝聚組織成員間的關係；同時，亦有利於使組織成員產生完成任務的榮譽感，及其對組織的認同感，進而利於士氣的提升。

二、軍隊文化的運用

軍隊中很特別的一點，在於每一個部隊的「傳統精神」，所謂「傳統精神」指的是：每一部隊基於其先前的事蹟（如績效、戰果），而傳承下來的典範（如曾榮獲年度莒光連隊）。此種精神使得現有的組織成員以先前組織成員的事蹟及行為，為其行為之參照標準及模範，並據此產生組織的認同及個體之榮譽感。此種傳統精神的運用，不只有利於組織成員團體關係的凝聚，亦有利於形成組織成員間的規範作用。同時，更有利於組織

成員對組織的「認同感」及「榮譽感」。進而達到提升士氣之目的。

除了上述的傳統精神外，部隊還有一些特殊的文化，如將領導者視為大家長，將團體視為一個家庭，此類部隊文化的內化，對提升士氣亦有很大的幫助。

三、領導者的凝聚力量

團體凝聚力與士氣的關係一節中，我們曾經提過，高團體凝聚力並不一定就會有利於組織績效。組織成員間高的團體凝聚力，有可能來自對組織或領導者的不滿，在這樣的情況下，此種高團體凝聚力將對組織目標及績效有負面影響，是可想而知的。因此領導者必須藉由部屬對他的向心（對領導者的信服），而產生凝聚團體成員的力量，如此才能使團隊士氣為組織所用。

貳、如何激勵個人士氣

就個體層次來看，組織中個別成員的士氣，與其工作動機（job motivation）有很大的關係，因此提升個體的士氣，必須先提升其工作動機。就這個觀點而言，組織心理學中的工作動機理論，對於激勵士氣提供很大的助益。

從目標設定論（goal-setting theory）的角度來看，如同前面所說的，「明確」的目標具有激勵的作用，目標愈明確愈好。同時提供目標達成的回饋，讓組織成員知道距離目標還有多遠、讓組織成員參與目標的設定等，都有助於提升個人的工作士氣。另外工作目標的設定不能太難（難以達成），也不能太簡單（沒有挑戰性），否則就無法達到激勵士氣的作用。

就公平理論（equity theory）的角度來看，組織的管理必須考慮到組織成員對於與自己相較和與他人相較，在報酬上是否公平的知覺，才不會影響士氣。

就期望理論（expectancy theory）而言，必須考慮到那些工作報酬對組織成員而言是具吸引力的、組織成員的工作績效達到某一程度時，是否就能獲得其所期望之酬賞、是否組織成員付出努力，就一定可以使績效達到一定程度等因素，才能提升工作士氣。

另外，從認知評價論（cognitive evaluation theory）的角度來看，需針對不同的組織成員或工作性質，予以適當的酬賞；以外在酬賞（如休假、升遷）給與那些認為工作有趣的組織成員時，會降低組織成員本身對工作的內在酬賞。同時，有趣的工作亦不適用外在酬賞激勵，而枯燥的工作則適於用外在酬賞。

第六節　研究軍隊士氣所應注意的事項

壹、對於士氣本質的再釐清

由於目前對於士氣的定義仍然相當分歧，且對士氣的本質亦沒有較為充分的了解，因此對士氣的研究應該先對其本質加以釐清。在對士氣本質尚未有一清楚的理解之前，貿然的進行士氣與其他變項間關係的研究，很可能因此而誤導了研究的結果及方向。

貳、士氣的整體性

由於士氣是一個非常抽象的建構，因此常常不得不引用一些其他的概念（如組織認同、團體凝聚力），來加以描述。但是在引用這些建構時，絕不可將士氣視為這些建構的加成。援用某些組織建構來對士氣加以描述或說明，只是為了便利我們對士氣的理解，但是一旦將士氣視為某些建構的加成，便會扭曲了士氣的本質。士氣是一個整體而非分割的建構，因此即使我們對士氣的內涵以許多不同的建構來加以界定，但是這些建構在士氣中所扮演的角色、它們之間的相互關係及動態性本質，才是士氣之所以

為士氣的關鍵因素。

參、士氣之動態性

士氣是一個很容易與其他建構因果混淆的概念，例如：究竟一個組織是因為團結而士氣高昂，還是因為士氣高昂而團結，還是團結本身就是士氣？在了解士氣時若僅考慮其靜態結構，而忽略了它的動態本質，則很可能陷入因果混淆的困境。反之，對動態本質及建構間關係的考慮，將有助於我們對士氣與其他變項間關係之釐清。

肆、軍事組織之組織特性

士氣的內涵可能會因組織特性的不同而有所不同的。對不同的組織而言，其士氣內涵，或內涵的重要性可能亦會有所不同。舉例而言，對於軍事組織而言，榮譽感可能是士氣中很重要的一部分，這是由於軍事組織的組織特性所致。而對一般的非軍事組織而言，榮譽感也許就不是那麼地凸顯或重要。

因此士氣的內涵或其重要性，有可能因不同的組織特性而異。在以軍事組織作為士氣研究的對象時，應該考慮軍事組織的組織特性（如組織文化、組織氣候），直接援引其他研究的結果，可能並不適切。

伍、測量工具之使用

在士氣的測量上，由於目前尚無一良好的士氣測量工具，因此有關士氣的研究多半以測量其他建構之量表，或研究者自編量表來作為士氣的測量工具，而未檢視其效度。這樣的作法有著嚴重的缺失。在以測量其他建構之量表作為士氣測量工具的情況下，因而混淆結果是無庸置疑的。以自編量表作為士氣測量工具，由於沒有實徵的效度支持，即使研究設計再嚴謹，研究的效度亦仍令人質疑。因此，在進行有關士氣的研究時，對於測

量工具的選取應該更加的審慎。

結　語

　　無疑的，不論士氣是否如 Organ（1997）所言，是所有組織變項間的普遍性建構，士氣對任何組織而言都是一個重要的組織變項。而對軍事組織而言，士氣更是除了各種有形戰力之外，最重要的精神力量。就如同 Gal（1986）在對以色列軍隊所作的研究中所言：士氣是以色列軍隊之所以克敵致勝的祕密武器。

　　雖然士氣對軍事組織而言是如此重要，但目前國內有關這一部分的研究仍然相當的少。對於軍隊士氣的研究，不僅具有學術上的價值，亦具有實務上的意義。因此有關軍隊士氣的研究是相當值得加以推動，也有待進一步努力的。

參考書目

許士軍（1977）。工作滿足、個人特徵與組織氣候 —— 文獻檢討及實證研究。政大學報，35 期，13-56 頁。

鄭伯壎、楊國樞（1977）。影響工人工作滿足感的因素：領導方式、情境因素及人格特質。中央研究院民族學研究所集刊，44 期，13-45 頁。

顏志龍（1998）。軍隊士氣之研究與測量工具之發展。輔仁大學應用心理研究所碩士論文。

Baynes, J. C. (1967). *Morale.* N. Y. : Praeger.

Blum, L. M. & Naylor, C. J (1968). *Industrial Psychology: Its Theoretical and Social Fundations, Revised Edition,* 391- 413. Happer & Row and John Weatherhill, Inc.

Brayfield, A. H. & Rothe, H. F. (1951). An Index of Job Satisfacition, *Journal of Appli-*

ed Psycology, 35, 307-311.

Carlisle, H. M. (1976). *Management: Concepts and Situations,* 286. Chicago: Science Research Associates, Inc.

Child, I. L. (1941). Morale: A Bibliographic Review. *Psychological Bulletin; 38,* 393-420.

Gal, R. (1986). Unit Morale: From a Theoretical Puzzle to an Emperical Illustration— An Israeli Example. *Journal of Applied Social Psychology, 16(6),* 549-564.

Grinker, R. R. & Spiegel, J. P. (1945). *Men under stress.* Philadelphia: Blakiston.

Guion, R. M. (1966). Some definition of morale. In Fleishman (ed.), *Studies in the Personel and Industrial Psychology,* 7th printing, 301-304 Homewood : Dorsey.

Harrell, T. W. (1958). *Industrial Psychology,* 281. N. Y. : Holt, Rinehart and Winston.

Harris, O. J. Jr. (1976). *Managing People at Work,* 238. N. Y. : John Wiley & Son.

Manning, F. J. (1991). Morale, Cohesion, & Esprit de Corps. In Gal, R. & Mangelsdorf, A. D. (eds), *Handbook of Military Psychology,* 453-471. John Wiley & Sons Ltd, England.

Motowidow, S. J., Dowell, B. E., Hopp, M. A., Borman, W. C., Johnson, P. D. & Dunnette, D. (1976). *Motivation, satisfaction, & morale in army careers: A review of theory & measurement* (ARI Technical Report TR-76-A7). Arlington. VA: U. S. Army Research Institute for the Behavioral & social sciences.

Motowidlo, S. J. & Borman, W. C. (1977). Behavioral anchored scales for measuring morale in military units. *Journal of Applied Psychology, 62(2),* 177-183.

Noy, S. (1978). *Stress and personality as factors in the causality and prognosis of combat reaction.* Paper presented at the Second International Conference on Psychological Stress and Adjustment in Time of War and Peace. Jerusalem, Israel.

Organ, D. W. (1997). Toward an Explication of "Morale": In Search of the m-Factor. In Cary, L. C. & Susan, E. J. (eds), *Creating Tomorrow's Organizations: A Handbook for Future Research in Organizational Behavior.* England: John Wiley & Sons.

Siegel, L. (1969). *Industrial Psychology,* 457. Rchand O. Inwin Inc., 3.

Smith, P. C., Kendall, L. M. & Hulin, C. L. (1969). *Measurement of Satisfaction in Work & Retirement.* Chicago : Rand Mcnally.

Steiner, M., & Neumann, M. (1978). Traumatic neurosis and social support in the Yom Kippur War returnees. *Military Mediciene, 143(12),* 866-868.

Stouffer, S. A., deVinney, L. C., Star, S. A., & Williams, R. M. (1949). *Studies in social psychology in World War Ⅱ (2).* The American solider: Combat and its aftermath. Princeton, NJ: Princeton University Press.

U. S. Army, Department of (1983). *Military leadership, Field manual 22-100.* Washington, D. C. : U. S. Goverment Printing Office.

van Creveld, M. (1982). *Fighting power: German and U. S. Army performance, 1939-1945.* Westport, CN: Greenwood Press.

思考問題

一、大部分的學者均認為士氣是同時包含個體層次與團體層次的,試述個體層次的士氣與團體層次間的關係為何?在進行士氣研究時,應該要如何兼顧或整合此二層次的士氣概念,使得研究能更為周延及嚴謹?

二、讀完本章對於軍隊士氣的探討後,您覺得對於軍隊管理實務有何啟發?

三、本章簡述了備戰士氣量表(CRMQ)及士氣的行為錨定量表(BARs),您覺得此二量表用於測量軍隊士氣可能有哪些問題?假設您要發展一軍隊士氣量表,那麼您將會如何進行?

四、本章曾簡述顏志龍(1998)所提出的士氣假想模式,您覺得此假想模式的意義為何?其優缺點如何?

五、針對本章所述研究軍隊士氣所應注意的事項,假設您要進行關於軍隊士氣的研究,要如何避免這些研究上可能的問題?

六、針對本章的附錄我國軍事典籍對於士氣的論述,如何將它結合至軍隊

士氣的研究及實務工作上？

附錄：我國軍事典籍中所論述的士氣

壹、士氣對軍隊的重要性

在我國古代的軍事文獻中，有不少提及士氣對於軍事組織之重要性，例如：

《尉繚子》〈令下第二十四〉：「故曰：百萬之眾不用命，不如萬人之鬥也；萬人之鬥不用命，不如百人之奮也」。其意為：「百萬之眾如不拚死效命，不如萬人齊心協力去作戰；以萬人之眾去作戰，如不拚死效命，不如百人奮勇殺敵」。其中的「用命」、「鬥」、「奮」，即是士氣的一種表現。因此，部隊在具有高昂的士氣時，將能發揮以寡擊眾的戰鬥力量。

《尉繚子》〈戰威第四〉中，亦強調：士卒要能強大，除了要按分工職掌需要，選賢任能外，最重要的是要能激勵其士氣。所謂：「志不勵則士不死節，不死節，則眾不戰」〈戰威第四〉。因此，就尉繚子的看法而言，士氣是士兵戰鬥動機的主要來源，也是驅使士兵戰鬥最主要的心理力量。

而《司馬法》〈戰威第四〉中亦提及：「凡戰，以力久，以氣勝；以固久，以危勝」；其意為：「作戰時，兵力強大，可以久戰，也可以氣勢勝敵。有鞏固的工事設施可以守得持久，但也可利用危急的局勢，激勵士卒獲得勝利」。因此，勝利固然有其主客觀的條件，但如果指揮官統御得法，即使在危急的情況下，只要士氣高昂，仍有獲勝的可能。

《吳子兵法》〈勵士第六〉亦強調士氣的重要性：「臣聞人有短長，氣有盛衰」。「是以一人投命，足懼千夫」。吳子認為如果能有效激勵士氣。那麼就會：「發號布令而人樂聞，興師動眾而人樂戰，交兵接刃而人樂死」。「魏士聞之，不待吏令，介冑而奮擊者以萬數」。「於是武侯從

之，兼車五百乘騎三千匹眾，而破秦五十萬眾，此勵士之功也」。

此外在〈論將篇〉中吳子亦提到：「故出師之日有死之榮，無生之辱」。意指：「在出師作戰時，大家能視死為榮，視生為辱」。如此就可以達到：「將之所指，莫不前死」；「三軍威服，士卒用命，則戰無強敵，攻無堅陳」。

而兵學名典《孫子兵法》在〈軍爭篇〉中亦主張以氣勢之強來克敵之弱：「朝氣惰，暮氣歸；故善用兵，避其銳氣，擊其惰歸」。其中的「避其銳氣」所指的即是：避開敵人初來時旺盛的士氣。因此，孫子亦認為士氣是戰爭勝敗的重要因素。

此外在《曾胡治兵語錄》中亦曾提到有關士氣的重要性：「揚之則舉之九天之上，抑之則置之九淵之下，得之者不為喜，失之者不為歉，所稱為操縱人才策動士氣之具，其效力竟以全失」。「田單之在即墨，將軍有必死之心，士卒無生之氣，此所以破燕也」。「危急之際，尤以全軍保全士氣為主，孤軍無助，糧餉不繼，奔走疲憊，皆散亂必敗之道」。

《孫臏兵法》〈延氣篇〉中，則將士氣的狀態分為「激氣」、「利氣」、「勵氣」、「斷氣」、「延氣」等五種：「合軍聚眾，務在激氣，復徙合軍，務在治兵利氣。臨境近敵，務在勵氣。戰日有期，務在斷氣。今日將戰，務在延氣」。「……以威三軍之士，所以激氣也。將軍令……其令，所以利氣也。將軍乃……短衣絜裘，以勸士志，所以勵氣也。將軍令，令軍人人為三日糧，國人家為……所以斷氣也。將軍召將衛人者而告之日，飲食毋……所以延氣……也。……營也。以易營之，眾而貴武，敵必敗。氣不利則拙，拙則不及，不及則失利則……氣不勵則懾，懾則眾……眾……而弗救，身死家殘。將軍召使而勉之，擊……」（註：文中「……」表原古文中文字缺落部分）。

其概意為：士氣隨著戰爭階段的推進，而有所不同。軍隊組成之後，為了使兵士團結，必須要激氣，其目的在於使軍隊的士氣高昂，以對敵作戰。當敵我兩軍對峙，要出兵打戰時，為了掌握士兵，必須要利氣，也就是要集中士兵的鬥志。當我方軍隊迫近國境，靠近敵人的時候，必須要勵氣，也就是要鼓勵士兵的戰鬥意志。如果敵我雙方己經決定了決戰日期，

就必須運用方法來斷氣，也就是要使士兵立下決心而戰。養精蓄銳的等待戰鬥，終於到了決戰當天，這時必須延氣，亦即使士兵的戰鬥意志持續下去。孫臏此種對於士氣的描述，不只反應了士氣對軍隊的重要性，同時也反應了士氣的動態性本質。在孫臏的觀點中，士氣並非是一成不變的，而是會隨著戰爭的進行及情境的不同，而有所不同。

貳、勵士之道

由於士氣對於軍隊相當的重要，因此也有許多兵法名家提出激勵士氣的方法法，例如：《司馬法》〈定爵第三〉中即提及「凡戰之道，作其氣，又發其攻，假之以色，道之以辭，因懼而戒，因欲而事，蹈敵利地，以聽命之。是謂戰法」。亦即：「振作士氣，發布賞罰事件，以溫和顏色對人，以勉勵言詞開導，就部屬所懼者加以戒勉，以所欲求者促使他做事」。

此外，《司馬法》亦提及：「書親絕，是謂絕顧之慮……棄任節食，是謂開人之意」。其意為：「戰士征戰在外，須絕其思家之心，而立其死戰之志。拋棄攜帶的裝備，物品，節制帶糧，以激發士兵決一死戰的決心」。

姜太公在《六韜》〈龍韜‧勵軍第二十三〉中曾提出「禮將」、「力將」、「止欲將」三個方法來「令三軍之眾，攻城爭先登，野戰爭先赴，聞金聲而怒，聞鼓聲而喜」。他認為只要依此三個方法來鼓舞士氣，則：「高城深池，矢石繁下，士爭先登；白刃始合，士爭先赴」。

而《吳子兵法》〈戰威第四〉中亦曾提及鼓舞士兵士氣的方法：「勵士之道，民之生不可厚也。爵列之等，死喪之親，民之所營，不可不顯也」。

三國名相諸葛亮先後提出：「勵士」、「賞罰」、「以身作則」為領導統御的方法。其中「勵士」就是鼓舞士兵的士氣，其作法為：尊之以爵位贈封，給與高薪，使有才能的人來工作。以禮相待，以誠信互相勉勵，使士卒甘願效死。不斷施恩，執法一致，使士樂於服從。危難時走在眾人

之前，享樂在眾人之後，使士卒勇敢善戰，有善行必登錄，有功必給賞，使士卒共勉上進場，所以：「賞不可不平，罰不可不均，賞賜知其所施，則勇士知其死」。〈將苑・厲士篇〉

參、何謂士氣？

從上述的文獻探討，可以發現歷代兵法名家、兵學經典對於士氣的看法雖然不盡相同，但卻似乎頗為類似。他們對於士氣的內涵可從三方面加以探討：

一、氣勢

士氣似乎是一種氣勢，例如：《尉繚子》中的「鬥」、《司馬法》及《孫臏兵法》中的「氣」、《吳子兵法》中的「氣」、《孫子兵法》中的「銳氣」，及《曾胡治兵語錄》中的「士氣」等，均是一種類似於「氣勢」的概念。

二、戰鬥動機

從這些文獻看來，士氣似乎是一種戰鬥的動機；例如：《尉繚子》中的「奮」、《吳子兵法》中的「發號布令而人樂聞，興師動眾而人樂戰」、《六韜》中的「攻城爭先登，野戰爭先赴，聞金聲而怒，聞鼓聲而喜」「矢石繁下，士爭先登；白刃始合，士爭先赴」等。均是與戰鬥動機有關的概念。

三、不怕死的決心

此外，士氣似乎也是一種不怕死的決心。例如：《尉繚子》中的「用命」、《吳子兵法》中的「一人投命，足懼千夫」、「交兵接刃而人樂

死」、「有死之榮，無生之辱」、「將之所指，莫不前死」、「士卒用命」，及《曾胡治兵語錄》中的「將軍有必死之心，士卒無生之氣」等，均是一種不怕死的決心。

綜合上述的文獻資料，可以發現士氣對於軍事組織而言，是一個相當重要的建構。它可以使部隊發揮以寡擊眾的驚人戰力，使士卒樂於作戰（《吳子兵法》〈勵士第六〉）、無所畏懼，甚至犧牲生命亦在所不惜（《吳子兵法》〈論將篇〉），同時更足以影響戰爭成敗（《曾胡治兵語錄》）。同時，我們也可以知道我國古代兵典對於士氣有相當豐富的探討，這在未來我國的軍事心理學本土化上，將提供相當大的啟發與助益。

第五篇
戰場心理學

📁 第十九章
戰場壓力管理

前　言

　　克勞塞維茲曾說：「人類鬥爭角逐，有兩個要素：一是敵對的感情，一是敵對的意圖」，這就是戰爭的動機。因此戰爭的緣起是由於人類的私慾、意見和觀念的衝突。人與人之間若因私慾、意見和觀念而起衝突時，在家庭也許會發生爭執打鬥，部落間或國家間，當溝通談判無法解決時，就可能會有戰爭的發生。戰爭的目的就是希望衝突消失，換言之乃在征服人心，爭取對方的投降或屈服。因此戰爭是一心理的過程，是一個如何使雙方在絕對相反的衝突和意見情況下，由於一方的投降屈服，而趨向一

致。戰爭既然是一心理歷程，所以在整個過程中所採取的方式，可以採用武力，也可以使用非武力。而非武力所需付出的代價較小，如孫子所說：「不戰而屈人之兵，善之善者也」。但是當非武力無法解決彼此衝突時，國防的武力力量，就是決定性的關鍵力量。因此軍事行動沒有發動前，所經過的溝通、協調、談判、心理作戰等階段，都是相當重要，但一旦談判破裂戰爭開打，軍人進入戰場後，所面對的戰場情況，當是人類最強烈的壓力來源之一，各國如何在戰場上克敵致勝，戰場壓力的控制與管理就是一個重要課題。但是戰爭並不等於軍事行動，廣義的戰爭應該是在敵我陣線確立，雙方外交攻勢開始之時；而戰爭的結束，則應該在退出佔領，合約簽訂及對方的主權獨立承認之後。狹義的戰爭則指實際的軍事行動，從開始到結束的過程。本章從狹義戰爭角度談戰場壓力管理。軍人作戰所面對的是生死存亡的問題，因此軍人所承受的壓力要遠大於一般的老百姓。本文將概述戰場的過程與心理特徵、戰場壓力來源與反應，並提出面對壓力時所能採用的因應策略。

第一節　戰爭的過程與心理特徵

壹、作戰前

　　一般而言，對新進弟兄而言，戰場表現通常較資深弟兄差，受傷及死亡的危險性較高，焦慮感較高。例如：「當敵人砲火、槍火……狀如雨下，戰鬥情況激烈時，老兵和新兵的表現，會有顯著的差別。當大家擁擠在一個地方，需分別跑向安全地方，如果敵人的砲彈略過頭上，或是前後左右爆炸，這時老兵會不斷利用砲彈爆炸之空隙，或是利用地形地物以求隱蔽，繼續前進；然新兵則往往會驚嚇到不敢前進。這種情形雖無法完全的改變，但可經由嚴格及合理的訓練加以改善。新進弟兄經過幾次演訓後，技巧逐漸進步純熟，慢慢對自己、同僚及長官信心增加，逐漸成為有經驗的資深弟兄。弟兄剛加入戰場時，屬警覺階段，對戰場危險的聲音和

線索，可達自動及區辨性的反應。開始行動時，很快進入抗拒期，面對自己任務時能表現冷靜。當然並不是每一位弟兄都如此，有些弟兄害怕上戰場，有些對戰場保持高度焦慮，仍能繼續執行任務。不過縱然曾是優秀的軍人，當戰役結束時，都可能對戰場壓力和焦慮產生後遺症，得了所謂的「戰後壓力症候群」。

圖 19-1 是不同階段戰士的焦慮、害怕，與壓力表現圖，就戰場新手而言，作戰開始時中度焦慮，進入初期末到實際戰鬥時，焦慮達到最高點，戰鬥後期時，焦慮逐漸下降後又稍微回升。有經驗的戰士，則完全不同，在戰場初期時，焦慮逐漸上升，但一旦進入實際戰鬥階段，焦慮急速下降，因為他們將注意力集中在戰鬥上，但後期焦慮又再度上升。過度壓力的戰士，則無論在戰鬥初期、中期及後期，焦慮壓力一直都處於高點，當然影響其表現，相當容易產生 CSR（combat stress reactions）或 PTSD（posttranmatic stress disorder）。

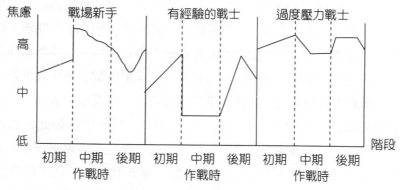

圖 19-1　不同階段戰士的焦慮、害怕、與壓力表現圖

（資料來源：美軍 Combat Stress Behavior 領導者手冊，1994，2-7 頁。）

從出發到戰場這段時間，對軍人而言，是相當忐忑不安思慮最雜的日子，一旦戰爭開始後，反而容易因戰場上需要全神貫注，而忘掉許多事情。一位隨軍記者歐尼隨同聯軍在諾曼地登陸採訪時，記述當時士兵的心理狀態及生活情形（國防部總政治部，**戰場心理之研究**，民 46：57）。

「……我曉得這些水手們對於這次行動，就如同陸軍大兵第一次上火線戰場一樣，外表冷靜，內心卻恐懼憂慮。暴風雨前的平靜，是最使人難受的！在準備時間，大家都顧慮很遠，一旦戰爭發動之後，便忘記一切，所以最後這幾天，是大家忐忑不安思慮最雜的日子」……「我們這船的水兵，大多都是未上過火線的，……他們除了練習之外，從來沒被襲擊，也未曾襲擊別人。因此他們對於這次大進攻，看得異常嚴重，膽怯、甚至害怕！然而開戰僅僅一個半鐘頭後，他們可說變成熟手了，他們的熱誠像燦爛的花，事情真的降臨了，他們好像機器一樣亡命的搬運砲彈，甚至有些是以前生活毫無生氣者，現在也大聲叫著，天啊！難道你不能將這些砲彈快點遞過來嗎？……」。因此軍人平日應加強各項體能戰技訓練、實際戰場狀況的演習，熟悉戰技及各項武器裝備，才能在戰時驅除恐懼，沈穩應戰。

除此之外，根據一九七三年 Yom Kippur War 戰爭結果（Leader Action, 1986），發現士官兵牽掛家中各項事物，是造成戰鬥驚恐（battle shock）或是戰場壓力反應 CSR 最重要的預測因子。士官兵牽掛擔心家中事物包括婚姻、經濟、家人生病、工作不穩定，或是剛新婚生子等問題，研究結果顯示，這些因素，往往使得軍人在戰場上心有牽掛，不能奮勇作戰，無法全力以赴。改進的作法可以：(1)藉由平日家屬聯繫活動，或是懇親會等強化眷屬對軍隊的認同，並進一步形成部隊的支持系統，成為士官兵的精神支持與後援。(2)向士官兵強調，善盡戰鬥責任，唯有如此才能保家、保鄉、保國，也是保護自己家人的最佳方式。(3)在考慮軍事安全及實際需求的前提下，提供官兵現況資訊給眷屬，減低其焦慮。(4)了解官兵家庭背景，由軍中支援體系（如心輔人員、後勤支援等）協助解決其家庭問題，減少官兵對家人的擔心，使其可以心無旁鶩的作戰。

貳、戰鬥中

一、攻擊作戰

根據戰鬥心理學原則，從事戰鬥者往往是雙方共抱主觀的積極性攻擊心理，戰鬥才可能發生。如一方畏縮不前，戰鬥即不成立。古代兵家曾云：「攻敵之要，在使敵先怯，敵一畏我，則心驚膽戰。神懼氣散，憑聲威先已勝敵，兩軍一接刃，風聲鶴唳，草木皆兵，則敵必不戰而自敗矣」。因此攻擊式的戰鬥通常具有優越的主動心理，具有下列幾種特性：(1)勝利意識強烈。(2)士氣旺盛、鬥志堅定。(3)往往輕敵及錯估對方實力，發生大意或急躁突進等現象。而攻擊的一方，雖然情緒比較積極昂揚，但是在攻擊戰鬥中，肉體的活動性甚大，很容易發生人力的消耗、補給的困難、思慮的減退，及暴露於敵人砲火下，增加損害與犧牲的情形。實施攻擊行動時，軍人的行動多為衝動的、木然的，如以感覺來說，通常先失去聽覺、觸覺與痛覺，雖有感受強烈之刺激時，亦不停止其活動，一旦停止，敵我雙方則尋找遮蔽物，除非彼此接近到最近距離，相互間無遮蔽地方；或是一方佔優勢，仗恃人多；或是多數人意外衝突，相互間無退避之處時，攻擊格鬥才可能再度發生。

「一九五〇年美國某騎兵連。奉命攻擊大邱附近之四六五小高地，連長分別將兵器排與步兵排分開攻擊，結果不但未達成任務，反而被敵分別壓迫於另一地區，四面包圍，幾乎全部被殲滅。……主要原因，則是這個騎兵連是一個在防禦中準備撤退的部隊，要在短時間轉變其思想與態度，命令他向敵人攻擊，實非易事。因此指揮者在心理尚未能準備猛烈攻擊敵軍陣地，當部隊前進時，不是畏縮停頓，就是失去聯繫，若部隊指揮官缺乏攻擊精神，不但易使部下發生紊亂與恐慌，且易招致挫敗」（黎聖倫，改寫戰場心理之研究，民53：68）。

「一九五一年韓戰時快結束時，中共對美第十軍之攻擊銳氣，始告頓挫，美國十軍軍長見機不可失，乃以一個步兵師及一個空降團發動攻擊，

以戰車為前導，採雷霆萬鈞之勢，不顧一切的突破敵人，致使數千人潰散逃亡，拋棄大量補給。造成此次攻擊勝利原因有：⑴指揮官能捕捉戰績，在敵人立足未穩，情緒不安之時，加速痛擊，以增長我軍殲敵的旺盛心理。⑵充分發揮裝甲部隊之特長，高度越野機能與強大的震撼能力，造成敵人驚慌失措，手忙腳亂的戰慄心理」（黎聖倫，**改寫戰場心理之研究**，民53：68）。

二、防禦作戰

又稱守勢作戰。守勢作戰一般的目的在爭取時間，以待較為有利態勢之發展而轉移攻勢，或在節約某一正面之兵力，以便集結優勢兵力於另一方面，以求決戰。因此防禦作戰，有形無形都是處於消極被動之地位。即等待敵人所發動的攻勢，而採取抵抗的行動，是為防禦作戰的本質。所以在敵人未來之前，士官兵通常有以下心理：

㈠一切有準備，各項行動也預受指示，安全感較大，但其行動有變成
　機械式的缺點。
㈡推測敵軍進攻的方向、時機及方法等，易起不安的情緒。擔心被敵
　軍察知我方計畫及情形等。
㈢始終處於緊張之中，易臨於呆滯、焦躁及精神疲勞等狀態。
㈣在防禦之地形、設備、火力配備有利於己方時，則安全感增加。反
　之則會感到不安。
㈤隨時間流轉對自己努力建立的戰地，發生深切的愛好，於是產生不
　喜活動求安樂心理，使活動力漸減。

自古以來防禦對於官兵的要求較低，因防禦能作猛烈之射擊，因此即使士兵的經驗較少，只要指揮官掌握良好，亦可達成目的。但近年來，因戰術及武器的進步，攻防已無太大差異，故防禦者除藉射擊防禦與忍耐力外，尚須慧敏獨斷的企圖心與果敢的逆襲行動與攻勢轉移，才能達成任

務。

地形的適當、防禦設施的完善、糧食彈藥囤積的豐富等，是擔任防禦人員安全感的來源；加以防禦者的未來行動已受預示，所以又有預料中產生的安全感。當敵人不出所料，向我方攻擊，而且所有損害都在我方估計中，安全感更為加大，也往往使防禦者的精神鬆懈。此點指揮官應常藉各種方式激勵士氣，並產生危機意識，才能再次擊退敵人。

參、退卻行動

退卻行動是指部隊向後方或背向敵方行動，通常可分為敵人壓迫不得不退，以及自行行動兩者。前者是戰到不能再戰而退，後者則為受命轉進或自動退卻。歷史上有不少轉勝為敗的例子，如拿破崙慘遭滑鐵盧的敗戰，就是功虧一簣的實例。退卻行動中，敵人兵力火力的優勢，我方武器彈藥的耗損增加，死傷者續出，中敵之埋伏或受奇襲，都會成為先入為主的失敗感，或者先由自己產生幻覺、錯覺等心理所犯過失，更易引起敗戰的心理反應。敗戰意識加上其他消極悲觀情感，很容易傳染部隊，使部隊頓時成為盲目的群眾，呈現嚴重的恐慌狀態。各級指揮官若處置不當，會發生如同決堤般的潰亂，迅速波及全體的崩潰，幾至不可收拾的局面。所謂「風聲鶴唳，草木皆兵」，就是描述這種狀況。

受命於命令或任務而自動退卻，或轉進的部隊，雖基於自己的意圖和確定的目的，但退卻行動本身就有很大的影響，有時會引發敗戰意識或其他消極的悲觀情感，下級官兵在夜間行動或中斷聯絡時，這種傾向會更為明顯。

必勝信念是防止戰敗意識最重要的因素，也是達成勝利的樞紐，有必勝信念的軍隊，對勝利有著堅信不移的自信，雖遇戰鬥到慘烈或勝敗難以分明時，也絕不存戰敗的悲觀心理。這種自信有賴於平日的訓練與軍隊的士氣，是培養各級指揮官最需要的能力之一。邱吉爾曾說「統將只能打勝仗，不算本領，要能於紛亂為敗之際，眾紛不紛，眾亂不亂。他人無辦法者，而我每能轉危為安，轉敗為勝。此故在於統將之能有第一等睿智與指

揮藝術，而尤其在有第一等鎮定沈著功夫」。

肆、戰場受傷

受傷是戰場上不可避免的事，綜合受傷的種類、程度、狀況、個人性格、教育程度等，大多數人意識到自己在戰場受傷，會有以下的心理反應：

㈠感覺自己的責任因受傷而解除，其次為自己能保全性命所慶幸。

㈡發現受傷後，精神整個鬆懈下來，瞬間會有驚愕、不安、恐怖的感覺，也會因受傷的部位及嚴重程度有所不同。平常膽怯者，常會感到茫然不知所措，有的會狂叫、有會發抖戰慄、哀訴痛苦或不斷呻吟者，時可發現。

㈢有些士官兵發現自己受傷後，由於意識或潛意識作用，更為頑強勇敢，起而殺敵，誓達任務，這種士官兵，多半是曾有受傷經驗、個性堅強，及強烈認同軍隊的人。

㈣有些會先自行止血，或用手帕衣物包紮傷口，尤其大膽沈著者，多能保持冷靜，自己先行急救。

㈤因受傷而帶來死亡的意識，因此常膽怯悲痛，戰慄不已，如一時不能脫離戰場，隨時間對死亡的恐懼心理，愈加強烈。

㈥因受傷所生的精神痛苦，較肉體為甚。有些軍人甚至無法回憶當時情形，患有PTSD。

軍人戰場受傷後，在戰場常導致喧嚷騷動，包括受傷者的痛苦呻吟、救護車的鳴笛聲、向長官的報告聲、長官的命令聲、群眾的討論聲等，嚷成一片，最容易激起群眾焦躁不安、失望消極的情緒，因此軍人平日的訓練，應包括如何使其受傷時，學會自我克制方式，不致使其因個人受傷而使團體士氣低落，戰況急轉直下。若是受傷者表現出勇敢態度與行為，陣亡者有視死如歸的精神，都能激發全體士氣，尤其以受傷後仍不顧自己傷

勢，繼續奮力作戰者，最能激勵周圍弟兄，使其勇氣倍增，士氣大振。

伍、戰場壓力反應

有關戰場壓力反應或 PTSD 見本書第二十章。

陸、戰俘與人質

戰俘與人質見本書二十一章。

第二節　戰場壓力來源

戰場壓力乃指發生在與戰場或部隊中任何造成壓力來源的事件及責任。這些壓力來源不僅來自敵方，更有來自本軍部隊內部，如領導者或任務要求等。也有可能來自任務要求與家庭間的衝突。戰場壓力的來源可簡略的分為環境、生理及心理壓力源。

壹、環境壓力源

包括酷熱、寒冷、潮濕、振動、噪音、強風、氧氣不足、毒氣、毒性化學物質、直接能源武器、放射性輻射、傳染病、刺激或腐蝕皮膚的情境、耗費體力工作、強光、能見度、黑暗、霧、朦朧、險惡地形等。美軍在這方面的研究以溫度冷、熱對軍事任務的影響最多。根據 Kobrick 與 Johnson（1991）收集過去美國年來一百二十一篇溫度對軍事任務的研究。綜合過去研究的發現，當溫度在攝氏三十二度到二十九度間，濕度 63% 時，軍事任務的績效最好。而寒冷氣候對軍人的影響，研究結果為寒冷使人反應變慢、協調性降低、惰性增加、動作笨拙，若連續在嚴寒中暴露二小時，手部力量將降低 20% 至 30%。嚴重者甚至產生凍瘡，嚴重影響作戰

能力。尤其溫度降到攝氏零下七度後，心理動作能力會大受影響。感覺敏感度在攝氏零度就會影響。

有關高溫的研究比低溫要多，Kobrick 與 Johnson 二人研究的結論為若單純以溫度冷熱來預測戰場表現是相當困難的。以高溫對軍事表現研究的結論如下：

一、溫度對軍事表現因任務性質不同，而有不同影響。熱會產生持續使人遲鈍的效果，對連續性任務影響更大，特別是重複性高、性質單調的任務影響更大。高溫對變化性高較有趣的任務影響較小。

二、高溫對不同技能程度者有不同的影響，工作技能純熟者，高溫影響較小（Mackworth, 1950）。高溫下訓練有素的戰士的表現較菜鳥兵要好。

三、實際執行任務時若需要在極端溫度（極冷或極熱），平日應多加訓練，使身體能習慣多變及惡劣的氣候。

四、炎熱氣候比寒冷氣候影響更大，炎熱使人水分散失較快；情緒起伏大、容易急躁和衝動、自制性及忍耐性降低、甚至會損害正確的判斷能力。

五、上升及圍繞四周的熱氣會使人產生非常不舒服、困難並難以掌控的感覺，並嚴重影響績效表現。軍事裝備及車輛的表面（如裝甲車），其假設多半是處於一般溫度下，若處於高溫下，會產生難以忍受的熱，在烈日下皮膚甚至會被灼傷，這類機械因素與人對熱的忍受度無關，因此設計這類車輛時，要特別注意因金屬受熱產生過高的溫度（Stoll, Chianta, & Piergallini, 1979）。

六、除了裝備操作員的衣物需要注意外，他們的面具和手套也要相當重視，因為臉部及手部是感覺的主要器官。此外，暴風、狂雨、大雪等惡劣氣候，都嚴重降低軍人的作戰能力，例如：越戰時期打的是叢林游擊戰，許多美國士兵不能適應的環境的濕熱、叢林氣候的多變。拿破崙攻打蘇俄時，因氣候過分嚴寒，士兵們嚴重

水土不服,受不了酷寒,鎩羽而歸。作戰的地形和地點,對軍人心理影響很大,例如:在高原山地,會因為缺氧造成胸悶、氣喘、頭痛、頭昏、噁心、食慾不振、睡眠失常等生理反應。沙漠作戰,因氣候乾燥、光線強烈、日夜溫差大、風沙瀰漫,使人的體力消耗快速,行為反應及知能力都會下降。

貳、生理壓力源

包括長期作戰、缺乏睡眠、疲乏(fatigue)、時差、日夜節奏、脫水、營養不良健康差、肌肉及缺氧的疲乏、生病或受傷等。這類生理壓力源的研究以長期任務或長期作戰對工作績效表現的影響最多。例如:長期處於戰鬥環境、缺乏睡眠連續行軍作戰演習,數夜未眠等。根據 Krueger(1991)的研究,長期作戰或常連續性工作會伴隨著疲乏、特別是一夜或數夜未眠,或是間斷性的睡眠影響更大。易導致生產力、績效、安全性、任務品質的下降。嚴重者會產生戰鬥衰竭、判斷錯誤、幻覺或是無法分辨現實與想像的恐懼而能力喪失。Krueger(1991)建議以下列方式改進:

一、有充足的人力可以輪班,尤其是認知型的任務更加需要,若單位人力充足,人員可以採輪班制來執行任務,避免產生過度疲乏的情形。

二、任務設計時需將疲乏的因素考慮在內,例如:雷達站的管制人員,這類需要頭腦清晰、精神佳的工作,更需要將人生理因素考慮在內,讓每位工作人員都能輪班有充分休息,戰力才能保持在最佳狀態。

三、屬於體力型的軍事任務,在任務展開之前,需要訓練參與者的體能,並將實際作戰的各種狀況設計在訓練課程中,使參與人員的體能保持在最好的狀態。並妥善授權分工,讓輪班人員,彼此工作交替演練,達到可互相替代的地步。

四、訓練參與任務人員適應夜間作戰能力,特別是調整他們的生理時

鐘，使他們能具備日間睡覺，夜間作戰的能力。

五、訂定單位的強制休息規定，使每人一天至少有六至八小時的睡眠，或至少一天有四小時不受干擾不中斷的睡眠。鼓勵人員隨時能小睡片刻（至少十五至三十分鐘）。戰場上指揮官掌握全局，身心壓力大，更需要嚴格遵守強制休息的規定。

六、兩次戰鬥間有一個充足且回復體力性的睡眠，藉以回復戰鬥動機及警覺性。

除此之外，為避免士官兵警覺性降低，應多利用他們不同的感官，減少單一感官習慣化，例如：可採取工作輪調的方式，增加其各部位感官發揮功能，不至鈍化。但是對於執行重大任務，專業技能高的工作則不宜。在環境安排上，不要太過舒適安逸；多給士兵補充水分及各類蛋白質，必要時可飲用提神飲料；執行的任務若運動量小，可時常讓他們在原地活動筋骨。

另外研究發現連續性工作對體力型任務和認知型任務的影響不同。軍中任務若太簡單，喚起（arousal）太低，會造成士兵隨便敷衍、分心、做錯、遺漏或打瞌睡。但若太過緊張壓力太大，喚起太高，又會造成個體專注某方面，自動協調能力無法發揮，表現低於原來應有水準。

工作的表現與壓力大小及工作性質有密切關係。壓力反應的基本目的是維繫及保持個人的生存能力。軍中對不同任務的壓力要求亦有所不同，軍中希望成員們生理、情緒，及認知能力均保持在良好狀態，以便完成軍事任務，當然其間所需能力因任務不同而有差異。圖 19-2a 是體力性的壓力與工作表現圖，當軍事任務需要肌肉協調生理方面的能力時，壓力小喚起低時，個體表現不佳，壓力持續增加至中低壓力時，表現最好，當壓力繼續增加，個體表現持續保持其水準。當到達極高壓力時，少數人還有異常優異表現，稱之為「超人式表現」（superhuman effort）。但大多數人的績效或表現，會因為壓力太大而大幅度下降。圖 19-2b 屬智力方面的任務，需要頭腦冷靜、思考清楚。因此只有在壓力偏低時，表現最佳。之後隨著壓力的增加，表現逐漸下滑。因此當壓力太大、太小或久久無法放鬆時，

對個體會造成傷害。若持續增加壓力，個體表現會稍有起色，稱為過度學習訓練結果，但基本上功效並不佳。從上述兩表得知，工作屬體能性的，施予高壓力效果較好，但工作性質屬智力方面者，壓力小工作表現較好。

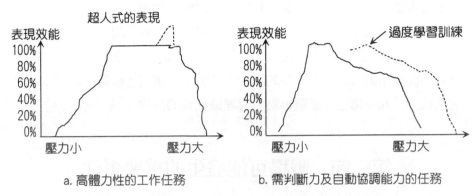

圖 19-2　兩種不同任務壓力對戰場表現之影響

（資料來源：美軍 Combat Stress Behavior 領導者手冊，1994，2-7 頁）

參、心理壓力源

一、認知的

包括太多或太少資訊、過多的或剝奪性的感覺、模糊、不確定、孤離、時間壓力、等待、不可預期的、訊息與狀況不明、交戰的規則、難以判斷、組織間的動力、兩難的抉擇、受傷的功能重新認知。

二、情緒的

包括產生害怕和焦慮的威脅（如受傷、疾病、疼痛、失敗、失落、個人或任務的失敗）、因悲傷產生的失落（傷痛）、暴躁、生氣、發怒產生的挫折、威脅、疏離、失落、罪惡、無聊引起的怠惰、衝突性的動機（擔心家庭、分裂的忠誠）、試探引起信心的喪失、個人感受。

生理與心理壓力之間的界限很難完全截然劃分。生理壓力源有時會轉變成心理壓力源，例如：當健康遭到威脅，身體不適、表現低落時，會引起情緒上的不舒服。而生理壓力源也可能引起非特定喚起的反射動作（non-specific arousal reflexes）。如酷熱、寒冷、有毒物質等生理壓力源都會直接干擾大腦功能；破壞知覺及認知能力，因而增加壓力。

當士兵在戰場上作戰，面臨到環境、生理和心理的壓力，若加上領導統御失當或是團體凝聚力的瓦解，精神上的崩潰是可以預見的。因此如何針對不同的壓力來源，在平時的訓練上分別予以預防、模擬，以增加士兵的抵抗力，減少傷亡。是戰場壓力管理最重要的目的。

第三節　戰場可能發生的重要事件

壹、恐慌

恐慌來自於懼怕，其注意集中在懼怕的目標，士兵們所談論的都是危險與災禍。恐慌有可能發生在新兵單位，也有可能發生有訓練有素備歷艱苦的老兵部隊。歷史上幾次嚴重的潰散，都是恐慌所致。恐慌形成的原因有：(1)長久的焦慮，人長久暴露在戰爭的噪音和警報下，可能產生神經性的緊張焦慮；或缺乏睡眠、人員精疲力竭；或缺少食物，特別長期缺乏維他命，也會造成恐慌。(2)部隊缺乏訓練：一支部隊如果碰到從未演習過的情況時，往往會引起恐慌。因此部隊的訓練除了攻擊之外，防守及撤退的訓練也很重要，以免當被迫撤離或和指揮人員分離時，容易產生恐慌和暴眾的行為。(3)士氣低沈，若部隊內部士氣低沈，或因軍官的傾軋、衝突而分裂，非常容易產生恐慌。(4)謠言的散布，謠言的散布是助長恐慌的重要因素，例如：一八九六年義大利侵入阿比西尼亞，由於義大利部隊早就聽說有關阿比西尼亞土人如何殘酷對待俘虜，當義大利軍隊經過峽道時，碰上了怪聲叫喊的土著部隊攻擊，砲兵因為射程有限，無法支援，所以一受到攻擊，士兵們都拋棄步槍，慌亂而逃，一萬五千人的部隊，只剩下三千

五百人（路君約譯，民46：213）。(5)劣質的領導方式，如命令前後抵觸、任務性質不清楚，或軍官顯現出猶疑不決或愚蠢的行為、不安全感、疑惑、擔心、失去信心都會引起恐慌。一個部隊如果隨時都會恐慌時，只要高喊一聲「毒氣」、「快逃」，或「我們已被截斷了」等話語，就可使部隊四分五裂，狂於奔命。

阻止恐慌的產生最有效的方法就是預防，良好訓練全部士兵，讓他們對自己、對長官、對武器擁有強烈的信心。建立起部隊高昂的士氣。作戰期間，盡量避免飢餓、口渴、疲乏、無聊，以及一切可引起精神緊張或內心不滿的事情。消除士兵的不安全感，盡可能在範圍內將士兵必須知道的事情提早告之他們，讓他們了解正確訊息，減少不確定感，以防猜疑及恐慌的形成。且事先掌握成員的想法、情緒狀態與動機，適時予以處理，若發現有恐慌情勢產生，盡速隔離有恐慌乃至暴動徵兆的成員，以防情緒傳染而擴大影響。一旦恐慌發生，唯一阻止的方法就是掌握全體成員的注意，然後予以肯定的語氣指揮，領導人員必須行動果斷，堅決而有勇氣，如果沒有長官在場，任何鎮定沉著的士兵都可以負起領導的責任，給受驚的士兵明確的且自信的領導。

貳、謠言

謠言是傳播故事最古老的方法，口口相傳，人云亦云。由於戰爭中許多重要事情，必須保密，因此謠言容易盛行，通常新聞來源不足，無法提供足夠的消息，人們不能從正常途徑得到他們想知道的消息時，就會拾聽馬路消息，於是謠言開始蔓延。謠言並不一定是假的，也不全都是惡意的傳聞。尤其在戰時，街頭巷尾的閒談有時是某些事實得以流傳的唯一方法。但謠言儘管有時候是事實，但謠言總是不可信賴的，往往是虛構的，或是心理戰的一部分，係由有心人士故意散播的。

最喜歡熱心傳播謠言者是那些情緒上不安全，或不能適應生活的人。這類人最容易懼怕與怨恨，他們企圖以希望來掩飾他們的懼怕，怨恨、懼怕與希望是謠言得以蔓延的重要原因。謠言容易蔓延於某種環境中，這種

環境擁有共同情緒的一個團體、單位或社區。戰場正是一個製造及傳播謠言的理想環境。謠言滋長的原因有：(1)資訊的不足：對於事情缺乏正確的資訊與了解的管道，人們對關切的事情，會不斷追求各種消息，當新聞少而人們興趣高時，各種謠傳就容易產生。(2)謠言常來自於「不滿」、「挫折」、「厭煩」與「閒散」。這是謠言容易在小單位如醫院、監獄、軍營中盛行的原因。散播的原因，是人們需要活動，而閒散反而容易緊張，聊天和造謠可使這種緊張得到鬆弛。(3)期待可以培養謠言，人們渴望新聞、渴望行動、渴望聽到勝利、渴望遠離戰事，假如沒有人提供事實給他們，寧可相信半真半假的事，因為有總比沒有好。

利用謠言進行心理作戰，是從古至今均有的戰爭行為。其目的為：(1)瓦解士氣：謠言可以破壞士氣，德軍曾利用謠言來瓦解法國軍隊的士氣，他們先發出樂觀的謠言，然後發出悲觀的謠言，交替使用。弄到後來法國人不知道該相信什麼，士氣大受影響。(2)作為煙幕：謠言可以掩藏事實，其技術就是透露很多秘密，使真正的秘密不能從這類衝突的報導中發覺出來。二次大戰中德國人最精於此道，他們使用一些衝突的內幕消息偷偷送進他們想要困惑的國家。(3)破壞新聞來源的信用。(4)做為誘餌：謠言可以用來獲悉事實，例如：二次大戰日本人大放謠言，說美軍艦艇在海戰中損失如何慘重。其實他們不知道美軍的實際損失，只是藉此刺探軍情，這項謠言一經散播，就會影響美軍士氣。如果美國政府為了保持士氣就得宣布實情，就正中日軍下懷。

在戰場上不論是軍人或政府官員，都應致力制止謠言，防止謠言傳播的方式有：(1)確保大眾對官方報導的信心。(2)建立官兵對領導者的信賴，在疑慮與缺乏信息時，能忍受此種不確定感。(3)盡量公布可靠的事實，讓報紙、電視、電台在不洩密的範圍下，盡量作詳細的報導。(4)注意官兵的心理狀態，保持部隊的忙碌：空虛的心靈容易被虛妄和憂慮侵入，空閒沒事幹，閒話就多了。(5)宣導相關法令，加強法紀教育，使官兵了解應怎樣看待謠言與面對謠言。(6)對可能產生的謠言，想好因應說詞，並視情況事先預告，以收免疫功能。(7)對已傳播的謠言，適時提出證據或科學上邏輯或統技術具，加以駁斥。(8)追查謠言的來源，並予以應有制裁。

第四節　戰場壓力的反應

Selye（1956）提出「壓力生化模式」，認為壓力會對個體之生理與生化功能產生影響。當個體面臨壓力時可能的反應可分為生理、行為、認知及情感等四方面的反應。

壹、生理反應

一、**心臟血管方面**　心悸、心跳過速、血壓變高或變低、頭暈。

二、**呼吸方面**　急促呼吸、胸部有壓迫感、喉頭有窒息的感覺或呼吸困難。

三、**神經肌肉方面**　過度反射、眼皮跳動、顫抖、麻木、失眠、全身無力。

四、**腸胃消化方面**　食慾差，腹部不適或疼痛、胸口灼熱感、噁心。

五、**排泄方面**　尿急、頻尿、便泌、腹瀉。

六、**皮膚方面**　臉紅、出汗、搔癢、忽冷忽熱。

七、**其他方面**　聽不清楚、視野變窄、失去方向感。

貳、行為反應

不安、緊張、顫抖、難以溝通、講話速度加快、動作失調、行事效率變低、人際關係退縮、逃避、換氣過度、活動量增加。

參、認知反應

無法專心、注意力不集中、先入為主的、健忘、思考中斷混亂、無法客觀判斷錯誤、理解力變差、時間感覺混亂、知覺感受能力降低、記憶力

問題、缺乏創造性、害怕失去控制、擔心有視覺幻像、害怕受傷或死亡。

肆、情感反應

不耐煩、害怕、焦慮、憤怒、不愉快、有壓迫感、危機的心理、神經質、受驚、戰戰兢兢、容易有驚嚇或興奮的反應。

士兵在戰場上的壓力反應，以往叫做「砲彈驚恐」（shell shock）、「戰爭精神官能症」（war neurosis），或「戰鬥衰竭」等等，近年來則被稱為「戰爭壓力戰傷」（battle stress causalities）或「戰場壓力反應」（combat stress reactions, CSR）。有戰場壓力反應的士兵被認為是患有一種可逆的退化：他們被戰時的暴力、恐懼及危險，決定性地壓制心理防衛機轉以及戰鬥動機。雖然戰場壓力反應並不等於「創傷後壓力症候群」（PTSD）患者，也不一定會演變為該情況，但是在缺乏治療下可能成為慢性的壓力症候群。

戰場壓力反應的精神症狀嚴重度不一，實際表現出來的行為有：高警覺、激躁、注意力缺陷、失眠，以及情感、行為、思考方面足以造成失能的障礙。行為的障礙包括明顯的退避，例如：拒絕戰鬥、詐病、自己造成傷害或疏於照顧自己等。較間接的如酒精或藥物濫用、忽略就醫、對武器及裝備的疏忽、不服管教，及戰時暴行等等。而生理的受傷可能來自疲倦、饑餓、口渴，和個人因素（如對家人的關心），這類受傷後來可能變為創傷後壓力症候群（PTSD）患者。士兵由於無法承受戰爭壓力而離開戰場，將會產生嚴重的罪惡感和喪失自信心，因為他們覺得拋棄了同伴。隨後會發展出自我防衛的精神症狀，藉此恢復自信心並減少罪惡感。對他們來說這是逃避戰爭較光榮的一種方式，一旦這種方式被中斷，某些士兵了解到他們的症狀，是來自逃避責任，會更加重症狀表現，藉此繼續逃避戰爭。更重要的是這些行為和症狀會藉由暗示而流行，一個士兵的戰場壓力反應可能影響其他的士兵，進而影響團體的效率，以及戰鬥結果。

圖 19-3 說明了戰場壓力的反應與行為，分為適應性及不良的壓力行為。戰場壓力和一般壓力相同，也有其積極正向的功能，適應性行為就是

正向戰場壓力行為，包括機警、忠誠、對痛苦忍耐力增強、有強烈的向心力、責任感、自信心、對單位傳統有榮譽感、有勇氣、肯犧牲等，這些都來自內部的凝聚力。正向戰場壓力行為最高表現是高度的勇氣及發出難以想像的力量，甚至自我犧牲亦在所不惜。要達此效果，必須靠不斷反覆的訓練、良好的人事政策及優良的領導。

不良的戰場壓力行為包括不良的壓力與犯罪行為和戰場疲乏兩類，戰場疲乏行為有高度緊張、害怕、焦慮、易怒、自我懷疑、抱怨、失去信心、憂鬱、表現失常、行動古怪、顫慄、驚恐、嚴重耗竭、冷漠、失去記憶、語言能力喪失、視覺聽覺受傷、軟弱麻木、幻覺幻聽等。不良壓力與犯罪行為從未帶戰俘（丟棄戰俘）、殺死戰俘、殺死無辜百姓、凌虐殘暴、與盟友打架、濫用酒精藥物、魯莽無紀律、強暴女性、退縮裝病、自我傷害、威脅殺害長官及不假離營逃兵等違反規定的犯罪行為。不良壓力行為和訓練不嚴軍紀敗壞有關，但是優秀英雄式的戰士也可能會發生。此時可藉由壓力控制來管制，但若真正發生時，須以嚴格的懲罰來禁止，才可能杜絕。

若是戰場疲乏或不良壓力與犯罪行為沒有適當處理，甚至正向壓力行為都會產生創傷後壓力症候群（第二十章有詳細說明），例如：以越戰為背景的電影「藍波第一集」，就是描述一位戰場英雄，因戰場壓力事件，無法適應社會環境。因此縱然是戰場上的英雄老將也可能在戰場或回歸社會產生不適應行為，領導者、醫療人員或同僚若能快速發覺，及時處理，不至使士官兵急性戰場壓力行為（CSR）擴散延續，就能預防戰後重大壓力症候群的產生。

```
                    ┌──────────────┐
                    │  戰場壓力行為  │
                    └──────────────┘
          ┌──────────────┴──────────────────────┐
   ┌─────────────┐                  ┌──────────────────┐
   │  適應性的行為  │                  │  不良的戰場壓力行為  │
   └─────────────┘                  └──────────────────┘
          │                ┌────────────────┴────────────────┐
   ┌───────────────┐  ┌─────────────────┐      ┌──────────────┐
   │  正向戰場壓力行為  │  │  不良壓力與犯罪行為  │      │    戰場疲乏    │
   └───────────────┘  └─────────────────┘      └──────────────┘
```

正向戰場壓力行為	不良壓力與犯罪行為	戰場疲乏
・部隊凝聚力 ・對同僚的忠誠 ・對長官的忠誠 ・對單位傳統的認同 ・優秀感 ・責任感、任務感 ・機警、留心 ・格外有力與堅忍 ・對長官、不適、痛苦的忍耐力增加 ・有目標 ・信心增加 ・表現英雄式行為 ・有勇氣、肯犧牲	・多國敵人死亡 ・未帶戰俘 ・殺死戰俘 ・殺死無辜百姓 ・凌虐、殘暴 ・殺死動物 ・與盟友打鬥 ・濫用酒精或藥物 ・魯莽無紀律 ・略奪、搶劫、強暴 ・和被佔領國女性有性關係 ・經常報病號（過度） ・退縮、裝病 ・拒絕上戰場 ・自我傷害 ・威脅或殺害長官 ・不假離營逃兵	・高度緊張 ・害怕、焦慮 ・易怒、生氣、暴怒 ・自我懷疑、罪惡感 ・身體壓力抱怨 ・粗心大意 ・失去信心 ・喪失希望 ・憂鬱、失眠 ・表現失常 ・行動古怪、爆發性動作 ・戰慄、僵硬不動 ・驚恐式亂跑 ・嚴重耗竭、冷漠 ・失去記憶與技能 ・語言能力喪失 ・視覺觸覺聽覺力受傷 ・軟弱及麻木 ・幻聽、幻覺

```
                 ┌──────────────────┐
     ──────────▶ │   創傷後壓力症候群   │ ◀──────────
                 └──────────────────┘
```

像閃光式的干擾性痛苦回憶
睡眠有障礙、惡夢連連
對所做或未做的事有罪惡感
社交孤立、退縮、不當防衛
過度驚嚇反應、焦慮
濫用酒精或藥物

圖 19-3　戰場壓力行為

（資料來源：美軍 Combat Stress Behavior 領導者手冊，1994，2-7 頁。）

第五節　戰場壓力的因應策略

戰場狀況瞬息萬變，如何有效的面對戰場壓力，並採取有效的因應策略，以保存戰力，擴大戰果，實為克敵致勝的重要關鍵，以下提出幾項因應戰場壓力的策略，做為相關研究之參考。

壹、加強幹部的本職學能

嚴格來說，軍官們所具有的技術知識是權威的基礎。如果一個指揮官的計畫失敗了，就會失去士兵的生命。即使在和平時期，指揮官所承受壓力的程度與一般民間的主管相比，都要高出許多。士官兵從對幹部的觀感中獲得價值感並逐漸認同軍官的專業技能，同時對擁有本職學能及體恤照顧部屬的指揮官產生高度的評價。因此指揮官必須要精通戰技、戰法，具有專業的軍事能力，才能有效在戰場上領導士官兵作戰。專業軍事能力是一種「性格」和「智力」的能力，指揮官有能力舒緩士兵的壓力實為一項重要之領導統御要素。

沒有受過訓練的軍官無法體會臨戰的經驗，因為參謀作業與實際戰鬥有著極大的差距。相較於他們，一個親臨戰場的指揮官需要擁有更高的抗壓力與決斷力，有三種情形是戰場指揮官應有的洞察：第一，作戰時需考慮各種相關條件如食物、彈藥、燃料、醫院、帳篷和武器備用零件等；第二，必須了解針對空中和海上的戰力、地形、敵方的力量和天氣等；第三，了解友軍的成員、裝備和訓練等；綜合這三種洞察結果做出研判與處置。指揮官除了下達命令，還要督導下屬達成任務。交戰可能要花幾分鐘或幾個小時，但對參戰者而言，卻是非常持久的。小戰鬥單位必須考慮的具體化現象是「誰、什麼時候做什麼？以及如何做？敵人可能有什麼反應？他們將如何還擊？如何在一個隨時隨地的推進過程中就可能出現的意外中保持平衡」，這都有賴指揮官的指導。所有指揮官設定的目標是他們

單位的長期發展，知道在任何時候他們將被調到戰鬥任務中。他們可能無從知道戰鬥的種類、危險性、新裝備與人員的配合，領導者都需要洞察這些現象。

國軍目前在軍官的訓練上除了平日的講習示範外，更在晉升各階時，要求「正規班」、「指參」、「戰爭學院」等深造教育資格。這些課程訓練均是為了強化幹部的本職學能，減少戰爭中人員的傷亡，以獲取戰爭勝利。

貳、強化指揮官的領導統御

綜觀古今中外成功的名將，莫不認為領導統御為士氣之基本要素，蓋領導統御優良，士氣旺盛、部隊團結、戰志愈高昂、戰力愈強韌。反之，則離心離德，不堪一擊，縱使能得到好的成績或戰果，也是僥倖的。故一位卓越的指揮官，在接掌一個單位之同時，首應展開的工作便是認識「人」，因為產生問題的是「人」，解決問題也是「人」，如能知人善任，則一切問題都可以迎刃而解。

指揮官在指揮戰鬥時最重要的兩項作為是領導統御與下決心，領導統御是一個統整的概念，包含有：適應力、意志力、判斷力、應變力、創造力、整合力、洞察力、同理心、彈性、直覺、速捷、主動等多項特質。在培養指揮官的領導統御時應將重點置於從「指揮官需要知道些什麼」轉變為「應該成為什麼樣的指揮官」。尤其指揮官須具備特殊的心智而非一堆解決狀況的制式答案。美國「FM-100 野戰教範」也指出，指揮官於承平時期最重要的責任是精研個人專業、了解領導統御之人性面、提升戰術素養、完成戰備等，這些都與指揮官的領導統御有關。並在指參教育中提供學員「邏輯」、「解決問題之技巧」、「下達決心」、「時間管理」等能提升其思考能力的專門課程。以期充實學術，砥礪志節，樹立楷模，促進部隊團結，充分發揚人性之潛力，統合戰力於最顛峰，爭取戰爭的最後勝利，達成領導統御之目的。

參、促進單位凝聚力

為有效執行軍事任務，部隊團結的重要性一直是兩千年來軍事學的主要重點。所以大部分的時間，可以看到部隊藉以緊密的訓練呈現出軍紀嚴明的形象。易言之，群體的聚集就是最明顯的目標。但隨著武器性能的改良，以前視為圭臬的戰鬥方式，如步兵方陣法以及戰線縱深長短等方式都已過時，取而代之的是新式靈活彈性的機動作戰方式及精神，這對一般軍事團體變得非常重要。

以色列軍中著名精神科醫師述及凝聚力之影響時曾表示：「只要社會結構仍能保持完整，士兵就能忍耐戰爭的恐怖景象，但如社會結構遭到破壞，則個人就會陷入焦慮與無助的困境中。團體凝聚力瓦解實為造成個人精神崩潰之主要原因」。

Gal（1991）發現士兵對指揮官的信任決定於三項要素：(1)長官專業的素養及能力；(2)長官情報的可信度；(3)長官對於部屬的照顧及關心。後者不只是長官受到士兵們高度的歡迎，而且包含了公平且堅定的軍紀。

關心及注意部屬，包含了解及肯定部屬的戰技、能力及戰果，是維持士氣的重要因素。勳章的授予、軍階的拔擢、派遣任務前的公開激勵，都是長久以來為軍隊讚許的行為，而勳章無疑是一種明確肯定。回顧軍旅生涯時，得到勳章一事別具意義，遠勝過某些人的企圖心及動機——取得勳章的目的只單單為了成為軍中英雄而已。（在越戰時，所謂的勳章獵人，乃是指某些一心一意只為獲取勳章、成為軍中英雄的人，在軍中並不受歡迎，而且反而常因同事們的不配合而失去性命。）

構成單位凝聚力的最後一個因素為「有明確意義的軍事目標」，也就是知道為何而戰。一個優秀的指揮官應能激發單位的成員皆能持有以下的信念：「我所要去完成的任務十分重要，即使犧牲自己的生命也是值得的，因為那是光榮、無價且萬世不朽的」。以越戰後期為例，軍中毒品橫行、士氣渙散，皆肇因於美國政府已喪失了戰爭的目的——不知為何而戰。即使某一個基層單位凝聚力再強，也難敵當時瀰漫於全軍的一種消極

思想——「我不願在這一場既不光榮且無人感恩的戰爭中成為最後一個喪命的人」。

肆、紮實的訓練

戰場為一極端恐怖險惡之情境，充斥著死亡與殺戮，讓人心理產生極大之震撼、威脅。而現今役男均未曾遭受戰火的洗禮，對戰場的恐怖氣氛一無所知，若驟然面對，極易產生創傷後壓力症候群，因此須盡量在平日的教育訓練中，模擬戰場情境，使其有所體悟，做好心理準備。例如：一般在部隊訓練中，均有毒氣室的訓練，即是讓官兵實地了解毒氣對人體會造成何種不適反應，如何在有毒氣的情形下戴防毒面具繼續作戰。而拜現代科技之賜，我們也愈來愈能利用聲光效果，來模擬戰場情境，增加臨戰反應。其次，我們要了解到部隊訓練主要任務在於精神、學術、膽識和戰鬥技能的養成，以及「敏銳的思考力」、「正確的判斷力」、「旺盛的企圖心」與「靈活的指揮」之啟發。藉以加強官兵的自信心與強化其對武器之信任。這兩項認知乃是降低士兵戰鬥壓力的要素。因此平日的教育訓練應力求紮實，不可流於形式，方能使官兵在戰場上能「從容不迫」，獲致最大戰果。

伍、落實家屬照顧

對大多數軍人而言，對後方的憂慮可能成為其無戰鬥意志的原因之一，這會危害個別士兵參與訓練活動的能力。而且最重要的，會減低士兵作戰的能力。憂慮或專注於後方會危害自己及單位其他成員，增加達成任務的風險，並使士兵到達心理崩潰的地步。在現代戰鬥中，這些問題可能較以往更為嚴重。執行任務的士兵在戰鬥中可能需要數小時至數天的時間才能到達任務區域，如果在任何時間他們將心思從眼前的事務轉移到家庭時，他們活命的機會就會變小。拜現代科技之賜即使在世界最偏遠的角落，士兵均可經由電話立即地與家人聯絡，這也表示了士兵與家庭間沒有

（時間及心理的距離）緩衝。這種情勢給小單位的領導者帶來了極大的挑戰。

　　典型軍人的家庭會面對各種在生命階段發生的事件，這些事件包括結婚、生小孩扶養及教育小孩、搬家、配偶對職業的選擇等。不同的生命階段會對一些家庭造成壓力，而某個時期大多數的家庭或其成員會經歷某種生理的、心理的社會危機。無可避免地，這種個人或家庭的危機至少會對軍隊成員的軍事表現造成短暫的衝擊。這衝擊表示軍隊的領導者必須能處理士兵遇到的家庭困難，並同時能確實完成單位的任務。領導者需要有技巧及知識，指導士兵找尋並利用合適的軍隊或平民的服務，同時對於有急難的士兵予以適時的慰問、救助，以改善與家庭有關的壓力。

結　語

　　經由上述的討論，讀者不難發現戰場壓力反應對於戰力所造成的損害。因此各級幹部應時時檢視自己所屬的部隊是否在面對壓力時產生有生理、行為、認知及情感上的壓力反應，並透過本章所提出的因應作法以有效的舒緩其壓力反應，這是每一位現代化指揮官所必備的能力。故平時需加強國軍官兵的心理建設，及面對壓力時的正確的認知，如此一來才能在實際戰鬥時發揮戰力，克敵致勝。

參考書目

國防部總政治作戰部譯（民87）。**陸軍戰場作戰壓力管理**。

林清坤（民84）。國軍領導統御藝術化之研究。**空軍學術月刊，462 期，57-66 頁**。

沈文衛譯（民85）。培塑戰鬥指揮的特質。**國防譯粹月刊，23 卷 7 期， 21-29**

頁。

謝台喜（民86）。精進部隊訓練之研究。陸軍學術月刊，33期，19-30頁。

張金足譯（民86）。論戰鬥壓力。國防譯粹月刊，24卷1期，16-20頁。

彭恆忠譯（民86）。激發士兵的潛能。國防譯粹月刊，24卷1期，4-14頁。

楊紫函譯（民85）。指揮官如何處置戰止鬥壓力。國防譯粹月刊，23卷7期，17 20頁。

黎聖倫（民53）。戰場心理學。臺北：幼獅出版社。

路君約譯（民46）。作戰人員心理學。政工幹校譯印。

戰場心理之研究（民46）。國防部總政治部印行。

楊聰財編譯（民89）。軍陣精神醫學。臺北：合記圖書出版社。

Berenbaum, H. Connelly, J. (1993). The effect of stress onhedonic capacity. *Journal of Abnormal Psychology, 102(3),* 474-481.

Gal, R. & Mangelsdorff, (1991). *Handbook of military psychology,* 508.

Leader Actions. (1986). *Offer Battle Fatigue Risk Factors Leaders' Manual for Combat Stress Control FM 22-51.*

Leaders' Manual for Combat Stress Control (1994). *Combat Stress Behaviors.* Field Manual, 22-51.

Mackworth, N. H. (1950). *Reesarches on the Measurement of human performance* (Special Series Reports No. 268). London: Medical Research Council.

Murphy, L., and Moriarty, A. (1976). *Vulnerability, coping and growth: From infancy to adolescence.* New Haven: Yale University Press.

Kobasa, S. (1980). *Personality and stress resistance across professional groups.* Paper presented at the anneal meeting of American Psychological Association, Montreal, Canada, September 1980.

Krueger. G. P. (1991). Sustained Military Performance in Continuous Operations: Combatant Fatigue, Rest and Sleep Needs. In R. Gal & Mangelsdorff, A. D., *Handbook of Military psychology.* NY: John Wiley & Sons, England.

Kobrick, J. L. & Johnson, R. F. (1991). Effects of Hot and Cold Environments on Military Performance. In R. Gal &. Mangelsdorff, A. D., *Handbook of Military psy-*

chology. NY: John Wiley & Sons, England.

Perconte, S. T.; Wilson, A. T.; Pontius, E. B. ; Dietrick, A. L. ; Spiro, K. J. (1993). Psychological and war stress symptoms among deployed and non-deployed reservists following the Persian Gulf War. *Military Medicine, 158(8),* 516-521.

Stoll, A. M., Chianta, M. A., & Piergallini, J. R. (1979). Thermal conduction effects in human skin. Aviation, Space, and Environmental. *Medicine, 50,* 778-787.

思考問題

一、攻勢作戰與防禦作戰，士兵心理有何不同？

二、戰場壓力反應可分為哪幾部分？初次上戰場的士兵有何特徵？指揮官應注意哪些事項？

三、戰場受傷士兵通常有哪些反應？如何預防？

四、高溫對軍事表現有何影響？裝備及服裝設計應注意哪些事情？

五、指揮官應如何避免連續性任務造成的疲乏？

六、不良戰場壓力行為包括哪些？

七、壓力對需要體力及認知能力性質的任務影響有何不同？

八、恐慌的原因為何？應如何預防？

九、心理作戰運用謠言方式有哪些？應如何降低謠言對部隊的傷害？

十、戰場指揮官應具備那些本質學能，以有效因應戰場壓力反應？

十一、如何精進軍官的本質學能？

十二、指揮官應如何促進單位凝聚力？

🗁 第二十章
戰場壓力反應與創傷壓力管理

前　言

　　現代化的軍隊不僅戰時需完成作戰任務，平時更負有處理災難等工作，從近年來的國軍參與空難事件及地震災害協處等，可見一般。不管是戰爭或是戰後壓力症候群，所造成的影響不僅局限於軍隊中的官士兵，也影響國家整體，所以認識創傷後壓力病患（PTSD），了解其診斷與治療，和做好先期防範，是軍隊應重視的一環也是社會大眾值得關切的問題，更是國家整體應加以研究的主題。

　　本章先探討戰場壓力反應（Combat Stress Reactions；簡稱 CSR）對軍

隊的影響，且說明創傷後壓力病患（PTSD），接著對這兩者簡略作一比較。並介紹精神疾病診斷手冊DSM-IV內有關創傷後壓力病患（PTSD）的診斷。其次針對創傷後壓力病患（PTSD）的治療注意事項，做簡單的說明與敘述。最後談論如何防範此種病患的產生，以做為讀者面對壓力事件產生時做好相關防範創傷後壓力病患（PTSD）產生措施之參考。

第一節　創傷後壓力病患（PTSD）

隨著時代的進步，人們所面對的壓力情境愈複雜與多元，當面對壓力時，若無法做良好的因應將會造成身心的傷害，小至學生課業的壓力引起自我傷害，大至重大災害的壓力，造成多數人們生活發生問題。以下針對戰場中壓力對官士兵的影響及重大壓力對人們的影響，來了解過度的壓力可能造成哪些負面的影響。

壹、戰場壓力反應（Combat Stress Reactions）

CSR 分為狹義、一般及廣義的定義。狹義定義指從戰場撤離之軍人中，顯現出獨特的臨床症狀者。一般定義是指從戰場撤離的軍人，只要在戰場上顯現任何精神病學的病徵，就可算是CSR患者。廣泛定義指從戰場撤離的軍人，只要非直接由武器攻擊傷亡者都算CSR病患。根據研究指出有精神病學症狀（CSR的一種）的傷者，在二次世界大戰時佔傷亡總人數之 28.5%。

是什麼原因造成 CSR？一般而言 CSR 的成因乃為個人覺察到來自戰場和冒險的壓力威脅，自己無能力去處理，因而持續的發怒和無助感。CSR的精神病學的病徵可區分立即性、急性、慢性階段，患者在短時間內從立即性發作治療回復，但有少數人進入急性階段或慢性階段。

從戰爭的歷史我們可以了解CSR，在二次世界大戰太平洋戰區中身體受傷與精神受傷比例相當高，一九七〇至一九七一年間，越戰中精神官能

症者佔後送人員 60%，一九八二年黎巴嫩危機，以色列報告了一個作戰疲憊案例中，有四十五位後勤人員變成戰鬥壓力病患，也發現社會上不少退伍軍人長期飽受心理疾病的煎熬，在《阿期李斯在越南》一書（Achilles in Vietnam）中描述越戰退伍軍人受戰爭影響；《籠中龍》（*Caged Dragons*）一書中描述二次世界大戰後倖存的餘悸；歷史傳記家曼徹斯特（*William Manchester*）在《陰影再現》（*Goodbye Darkness*）一書中述述戰後內心掙扎。由上述足見戰爭壓力對人影響之深遠。

> 一位青年士兵，因砲彈爆發埋於塵土中，事後感覺兩腿軟弱發抖，行走不得。在醫院住了數月毫無起色，此人舉止緘默、不擅言詞，終日呆坐。精神醫師經過數個月的時間，和他建立關係，取得他的信任，這位青年才說出實情。原來他隨隊伍進攻前進的時候，跳入壕內看見三個敵人，他很快將三人擊斃，而砲彈事件在隨後數日發生，他的斃敵記憶，始終存在，頗覺後悔。所以自己獨坐的時候，總是想像此一情境揮之不去。好像當他射擊的時候其中一名死者還在大叫，聲音猶如在耳，他認為自己是一個殺人犯，應受處罪。想忘掉此事，但怎麼努力都無效。精神醫師於是開導他，告訴他戰場殺敵是士兵應有的行為，絕無受罰的理由，經過九個月的時間，其症狀完全消失，人也恢復正常（改寫《戰場心理之研究》，1957）。

貳、創傷後壓力病患（Posttraumatic Stress Disorder）

民國八十八年九二一地震發生時，從報章雜誌經常看到「創傷後壓力症候群（Posttraumatic Stress Disorder）」，簡稱 PTSD。如「林肯大郡」倒塌後，根據報導不少住戶及救災人員，有失眠、擔心、害怕等情緒產生；口蹄疫事件爆發後，國軍投入撲殺豬隻工作，有些弟兄因此有內疚、噁心，覺得殺生過重的反應；「華航大園空難事件」因現場的橫屍遍野、屍體支離破碎，造成參加救災官兵的強烈衝擊，甚至有惡夢連連的反應；九二一地震後，國軍全力參與搶救，及受災戶中少數產生些恐懼害怕。美

國也在越戰後，針對為數不少的參戰美國官兵，研究其重回社會的適應問題，實施多方面的研究，使創傷後壓力病患（PTSD）漸漸受到重視。那麼到底創傷後壓力病患是什麼呢？有哪些症候呢？

　　許多人在遭逢重大的變故之後，心理受到重創而形成「創傷後壓力病患」，它發生的原因如個人親身經歷的事件（如戰爭、強暴、墜機火災、身體虐待、目擊車禍發生等），也可能透過間接的經歷（如電視媒體的報導、報章、雜誌等）。PTSD 國內學者、醫界、輔導界等，對其有不同的譯稱，諸如創傷後壓力症、創傷後壓力病患、創傷後壓力症候群等，所指皆相同，本文以創傷後壓力病患稱之。若症狀是在創傷後六個月內發生被認為是屬急性（acute）症狀，如果症狀超過六個月後才發生，則被認為是屬延宕（delayed）症狀。「創傷後壓力病患」的症狀大致如下所述：

一、痛苦或害怕的經驗反覆在腦中呈現。
二、反覆夢見此創傷事件的發生。
三、彷彿常感受到此創傷經驗或事件又再度經歷。
四、當面對類似創傷事件的相關情境會引起強烈的心理痛苦或生理反應。
五、個人會持續地避開與創傷有關聯的刺激，例如：試著避開與意外事件有關的活動，或是把某些經驗的記憶封鎖起來。
六、個人可能有消沈、沮喪的感覺。
七、個人有持續提高警覺的狀態，諸如長期的緊張或暴躁。

　　以下報導可提供我們對此病症之了解：根據民國八十九年九月二十一日的路透社新聞，亞特蘭大埃默里大學的葛琳斯潘博士說：「我本來就預期到，槍傷會造成某種程度的衝擊，但是我沒想到這與心理壓力指標竟有如此大的關聯。這個問題一直沒有受到重視與研究。」葛琳斯潘及凱勒曼博士針對六十名病患進行訪查，訪查行動於槍傷事件後的八個月展開。其中95%的人為非裔美國人，92%為男性。葛琳斯潘博士表示，大約每四名病患中，就有一人的創傷後壓力病患指標數過高。

國內臺北榮民總醫院八十九年發表國內第一個以影像學檢查，證實震災後壓力病患患者腦部受創的案例。該院表示，國外鑽研腦部受創的研究報告多限於越戰退伍軍人或被強暴受害人、車禍倖存者，少有天災引起的腦部受創案例，該院研究結果將有助於了解精神疾病機轉，且當作治療前後比較的重要工具。

　　該院精神部主任蘇東平指出，這名個案是三十九歲新莊「博士的家」住戶蔡小姐，她在九二一震災中失去先生及一對可愛子女，令她痛不欲生，經常有輕生念頭，逐漸發展成治療極為困難的「創傷後壓力病患」，她經常半夜被惡夢驚醒，一幕幕和家人在一起的影像不斷在腦海中出現，且變得容易受驚，情緒低落，幾乎無法活下去。

參、CSR 與 PTSD 的異同

　　造成 CSR 及 PTSD 的因素是壓力的性質與壓力源的多寡。當人們衡量壓力時，可以從兩方面去衡量，分別是我們所面臨壓力事件之總合及我們因應壓力的方式，因應壓力可以分為以「情緒紓解」及「解決問題」為中心兩大類。當然壓力有正面影響與負面影響，負面影響就會導致 CSR 與 PTSD 或其他疾病及心理失調。

　　戰場或現實的環境中常帶給人們大小不同的壓力，以戰場而言，可能是好多壓力同時產生，當士兵面對那麼複雜多元的壓力情境，而沒有做好因應且產生了持續的發怒和無助感便可能是 CSR，而 PTSD 則涵蓋的層面更廣，討論的範圍不局限於戰爭情境中，而涵蓋了各種重大災害與創傷諸如遭受強暴、受虐、意外事件等等。

　　有關此兩者同為壓力造成的病患，在病症與治療等方面實有太多類似部分，難以很明確的劃分清楚，但為避免形成混淆，筆者以下表予以區分。

表 20-1　CRS 與 PTSD 的區別

區　　分	戰場壓力反應（CSR）	創傷後壓力病患（PTSD）
促發原因	戰爭引起之壓力。	各種重大壓力事件，如戰爭、被強暴、天災、意外、受虐等。
主要症狀	持續害怕、無助，若無適當處理會轉變成為 PTSD。	反覆回憶創傷情境、逃避、失眠、過分警覺等。
發病區分	立即性、急性、慢性。	急性、慢性、延遲初發。
可能患者	戰爭參與者。	所有人皆可能因重大災難引發。
發生時間	戰時、戰後。	平時、戰時、戰後。

　　由上表看出，戰場壓力反應主要是因戰爭引起的壓力所造成，而創傷後壓力病患則涵蓋範圍較廣，諸如重大壓力事件中的戰爭、被強暴、天災、意外、受虐等等。在主要症狀上，戰場壓力反應是出現持續的害怕和無助，然創傷後壓力病患可能有反覆回憶創傷情境、逃避、失眠、過分警覺等情形發生。在發病的區分上，戰場壓力反應區分為立即性（面臨戰鬥當時立即出現症狀）、急性（戰鬥中症狀持續）、慢性（戰鬥後症狀持續），創傷後壓力病患則是區分為急性（症狀持續一個月內）、慢性（症狀持續三個月）與延遲初發（重大事件後六個月後才出現症狀）。從可能的患者來看，戰場壓力反應狹義而言以參與戰爭的官兵才可能成為患者，而創傷後壓力病患則所有人皆可能因遭受重大災難而發病。以時間來看，戰場壓力反應在戰時、戰後有可能發生，而創傷後壓力病患則不管戰時、戰後或平時都有可能發生。

肆、創傷後壓力病患（PTSD）的影響

　　不論是親身經歷災難的倖存者，協助救災的救難人員，或經由媒體觀看災難的一般民眾，都可能造成壓力，甚至形成 PTSD。這些壓力可能持續數小時或數天到數星期，影響的結果如下：

一、情緒方面

有震驚、恐懼、悲傷、生氣、罪惡、羞恥、無力、無助、無望、麻木、空虛，以及喪失快樂與愛之能力等。

二、認知方面

有困惑、猶豫、無法集中注意、記憶力喪失、不想要之回憶、自責等。

三、身體方面

有疲倦、失眠、身體疼痛、身體緊張、心悸、噁心、食慾改變、性慾改變等。

四、人際方面

有無法信任、無法親密、失控、覺得被拒絕、被放棄、退縮、工作問題、學校問題等。

民國八十八年九二一地震發生後，針對創傷後壓力病患（PTSD）的研究，臺北榮總由精神部、醫研部腦造影功能小組、核醫部及放射線部共同為蔡小姐診治，結果發現蔡小姐與壓力有關的「下視丘腦下垂體腎上腺」系列可體松反應有被過度抑制的現象，二十四小時尿液中可體松濃度過低，這些發現顯示病患在受到巨大壓力後，其壓力荷爾蒙不僅不如一般想像中上升，反而呈現異常的過度抑制。

再者，磁振造影雖顯示記憶管理部分如：海馬迴以及情緒中樞如杏仁核等結構正常，但進一步的磁振頻譜測量卻發現其神經細胞的新陳代謝功

能受損，且以快速腦磁振造影嘗試多種刺激來偵測其情緒和警覺性時，當與地震相關事件出現，左邊的杏仁核、兩側的前額葉和反膝皮質都有血流量增加現象。

更深入的來說，災難會誘發出每個人之前存在記憶中之創傷經驗，也會強化目前存在的所有社會、經濟、心理及醫療問題；有些人比一般人更容易成為創傷後壓力病患，例如：曾有其他創傷、慢性身體或是心理疾病、長期貧窮、失業、無家、最近有重大生活事件及壓力。

除了個人受到影響外，若全家或某些成員經歷到相同的災難或戰亂，對整個家庭會產生深遠的影響，有些家庭成員全部經歷災難，有些只有一部分的成員受害或是倖存，不論是哪一個狀況，家庭成員都會經歷一定的震驚、否認、懷疑、恐懼、憤怒及痛苦，或許程度及表現有所不同，但是由於彼此之連結，都會經歷相似之心理歷程，所以不只是倖存者會有創傷後壓力症候群，其他的家庭成員都有可能發生。

此外，由於創傷後壓力病患在災難之後之生活及態度會有很大之改變，因此家人也會遭受相當之壓力，這並不意味著和創傷後壓力病患生活在一起也會形成創傷後壓力病患，但家庭成員可能會有下列之困擾：

一、感受到挫折、傷害、排斥、驚嚇、背叛

患者不論是憤怒、掙扎或是麻木及疏離，都會使家人感受壓力，不是受到激烈情緒之驚嚇及傷害，就是自覺受到背叛及排斥，有些人則因自覺努力不足或自責而充滿挫折。

二、家庭成員感受到災難仍然一直持續無法消逝

患者會孤立自己，避免活動及社交，有些則充滿創傷經歷之幻覺而恐慌，使家人生活在災難之氣氛中。

三、成員無法和倖存者溝通以及討論未來

患者通常會分心、緊張甚至懷疑，家人很難和他討論個人及家庭之未來，就算討論也總是覺得他變為較保守、過度焦慮、過度要求及掌控一切。

四、家庭成員會對其他人過度關心涉入

由於患者之疏離或是災難引起之罪惡感及焦慮，會使家人更需要其他人之情緒回饋，也會更關心其他家人，甚至過度之干涉及責備。

五、家庭成員睡眠會受到干擾

患者之失眠、惡夢甚至夢遊，會使家人之睡眠也受到影響。

六、家庭成員正常日常活動會受到干擾

患者之活動及社交受限，也會使整個家庭之社交及日常活動受限，如家人可能無法一起去購物、看電影等等。

七、家庭成員的經濟及居住受到干擾

患者可能會有酒精及藥物濫用、賭博或是暴飲暴食等行為問題，會使家人之經濟受到影響，而居家及環境也會受到責難。

八、家庭成員可能會受到倖存者企圖自殺的壓力

有些患者有強烈之自殺企圖，家人會充滿擔心、焦慮、罪惡感、無

助、憤怒；家人會想知道如何去預測自殺，如何去幫助他，有些家人則覺得無法幫忙，也有些無助的隨時準備失去他，有些家人則對他生氣感到憤怒及挫折，這些自責及挫折之情緒甚至造成家人之輕生。

伍、創傷後壓力病患（PTSD）的研究

　　早期有關戰後壓力症狀的研究，都強調戰爭帶來的壓力源對生理、心理、情緒等方面的影響，但最近的一些研究（Bartone, 1999; King, et. al., 1998）卻顯示戰場的壓力不一定會帶來 PTSD，其中壓力源（刺激）與 PTSD（結果）間存有許多中間變項。研究重點放在創傷前的基本變項及心理特質等方面。例如：King 等人的研究，顯示戰爭前的危險因素（如破碎的原生家庭、家庭不和諧、兒童期的反社會行為）、戰時的壓力來源（如戰場情境、知覺威脅情形）等都是重要的影響因素。Bartone（1999）的研究更指出人格特質的堅強程度（hardiness）是調節戰後PTSD的保護因子。不過戰場前的危險因素，男性及女性軍人產生PTSD的影響因素不太相同，對女性軍人而言，原生家庭不和諧、早期創傷經驗（如意外、性騷擾，和疾病）等和 PTSD 的發生有直接的關聯。影響男性軍人的戰前危險因素則為家庭不穩定、童年期反社會行為、開始進入越戰年齡（愈早開始愈容易患有 PTSD）等因素。而決定戰後發生 PTSD 的最重要因素則是個人社會支持程度，其次是個人堅強程度。當戰後退伍軍人的社會支持程度愈低，個性愈脆弱，愈容易產生 PTSD 的症狀。

　　除此之外，Sharkansky 等人（2000）以一千零五十八名參加過波灣戰爭的人員為對象，研究他們的因應戰場壓力的調節及緩和因子。發現良好的因應方式可以減緩受試的憂鬱情形，但對 PTSD 影響不大。因應方式以問題解決取向（如何避免飛彈攻擊或是直接幫助受傷病患）較為有效，情緒取向（逃避不去想，或是哭泣等）不但無法減緩壓力，反而製造更多的壓力。Folkman 與 Lazarus（1991）也建議採取問題解決方式可以減少心理壓力，理由是：(1)情緒或逃避的因應方式會降低問題解決的功效，也就是在問題解決的同時，還分神去思考或處理情緒，會影響問題解決的效果。

(2)有證據顯示情緒或逃避的因應模式和過去創傷經驗有高度相關，以情緒解決模式處理壓力會加重 PTSD 的症狀。由以上研究得知決定個人是否會發生戰後 PTSD，不單是戰場因素而已，與個人童年的創傷經驗、家庭和諧與否、反社會行為個性堅強，及因應壓力方式都有相當的關聯。因此如何降低戰場壓力？如何訓練軍人面對戰場壓力，提供正確資訊，及正確因應問題的方式，都是可以努力的方向。

戰後 PTSD 的治療與預防，治療通常以促進其恢復正常和適應功能、給與社會支持、鼓勵宣洩及靠患者自我察覺為原則，透過團隊凝聚力可以加以預防。另外有關預防的基本原則有幾點可以作為部隊爾後厚植戰力之參考：

一、適當的篩選人員

一般研究相信具自我效能、內在控制、自我放鬆、懂得運用系統、勉勵自己完成任務的人較可以正面的因應所遭受的壓力，而心理測驗秉持著一個基本假設即可以透過測驗來對人員實施篩選。因此，在考量國家整體兵源滿足、發展有效之心理測驗等情況下，對士官兵實施篩選，甄選適合的人員於軍中服役或先期篩選出較無法有效因應壓力人員，透過訓練、輔導等方式，增加壓力因應技巧等。

二、循序漸進的訓練

當人們進入較黑暗的電影院中，眼睛難以看到任何東西，但慢慢的透過瞳孔的放大能見度變高，同樣的對壓力的因應似乎也可以作此推論，在國軍平日的訓練中，由簡入繁循序漸進，慢慢的培養官兵克服壓力，增加壓力因應技巧，甚至可透過實際的演訓，情境式模擬戰場訓練，將可提升官兵因應戰場壓力，避免戰場壓力反應精神病徵出現。

三、戰場狀況的全般掌握與訊息提供

當人們處於狀況不明時，最容易失去控制感，在面臨戰爭時，更是難以預料任何可能發生的狀況，因此狀況的掌握與訊息提供更形重要，將正確的訊息提供官兵，除增加安全感外，更可增加自我控制感，免除些許壓力，亦是避免戰場壓力反應出現的方法之一。

第二節　創傷後壓力病患之診斷

精神疾病的診斷是相當複雜的，以美國為例，有心理師實施診斷，而國內大致上是由臨床心理師透過晤談或心理測驗等方式，加以診斷，其主要依據（孔繁鐘、孔繁錦編譯，民 86）DSM-IV 中焦慮性病患（Anxiety Disorders）之創傷後壓力病患（Posttraumatic Stress Disorder）：

壹、此人曾經歷過一種創傷事件，同時具備下列兩點條件

一、此人曾經驗到、目擊，或被迫面對一或多種事件，這些事件牽涉到實際發生或未發生，但構成威脅的死亡或嚴重身體傷害，或威脅到自己或他人的身體完整性。

二、此人的反應包含強烈的害怕、無助感，或恐怖感受。在兒童，可能代之以混亂或激動的行為來表達。

貳、此創傷事件以一種（或一種以上）方式持續被體驗

一、反覆帶著痛苦讓回憶闖入心頭，包含影像、思想或知覺等方式。幼童出現方式，可能發生重複扮演表現此創傷主題或相關方面的遊戲。

二、反覆帶著痛苦夢見此事件。兒童可能無法了解內容的惡夢。

三、彷彿此創傷事件又再度發生的行動或感受（包含再經歷當時經驗的感覺、錯覺、幻覺或是解離性瞬間經驗再現（Flashback），不論當時警醒或正處於物質中毒皆算在內）。在幼童，可能重複扮演創傷的特定內容。

四、暴露於象徵或類似創傷事件的內在或外在某相關情境時，感覺強烈心理痛苦。

五、暴露於象徵或類似創傷事件的內在或外在某相關情境時，有著生理反映。

參、持續逃避與此創傷有關的刺激，並有著一般反應性麻木（創傷事件前所無）可由下列三種方式（或三項以上）顯示

一、努力逃避與創傷有關的思想、感受或談話。

二、努力逃避會引發創傷回憶的活動、地方或人們。

三、不能回想創傷事件的重要部分。

四、對重要活動顯著降低興趣或減少參與。

五、疏離的感受或與他人疏遠。

六、情感範圍局限（如不能有愛的感受）。

七、對前途悲觀（如不期待能有事業、婚姻、小孩或正常壽命）。

肆、持續有警醒度增加的症狀（創傷事件前所無），由下列兩種方式（或兩種以上）顯示

一、難入睡或難保持睡著。

二、易怒或爆發憤怒。

三、難保持專注。

四、過分警覺（hypervigilance）。

五、過度驚嚇反應（startle response）。

伍、這些障礙總期間超過一個月

陸、此障礙造成臨床上重大痛苦，或損害社會、職業或其他重要領域的功能

一、急性：若症狀總時期小於三個月。

二、慢性：若症狀總時期達到三個月或更長。

三、延遲初發：在壓力事件之後至少六個月才初次發生症狀。

上述是共同的診斷標準，當然是否確定患有創傷後壓力症，還是需要精神科的醫生加以診斷確定。

第三節　創傷後壓力病患之治療

創傷後壓力病患（PTSD）主要是一個人對於外來事件的一種心理生物學的反應，所以藥物的治療扮演相當重要的角色。患者會極度的害怕，無助，重複經驗事件的恐懼等。然而有關此症候群的臨床經驗或研究資料皆在萌芽的階段。

有時候患者也會因為相關的身體化症狀而求助其他科別。PTSD 的藥物治療目的是多方面的，目的之一為降低痛苦的症狀，減少退縮行為，改善麻木、疏離，與憂鬱，減輕過度的亢奮。另外的一個目的則是降低衝動、攻擊和治療精神病症狀或解離狀態。當然在使用藥物前必須做好鑑別診斷，這些情況包括重大災害所導致的頭部外傷或原發性的精神疾病如強迫症、廣泛性焦慮症、恐慌症。其他可能使精神狀態惡化的情況包括癲癇、酒精或藥物濫用。

治療創傷後壓力病患必須考慮許多方面，包括教育、支持、焦慮的處理、生活形態的重建、幫助病人了解事實的真相、壓力之下產生的正常反應，讓病人接受災難已經發生過了，卸下再度經驗創傷的重擔，鼓勵他們在團體中分享經驗，並讓其知道有治療師、家人與朋友會一直支持他們；長期性的支持團體或社區效果更佳，焦慮的處理技巧都可運用，可建議病人學習肌肉放鬆或接受呼吸訓練。生活形態的改變，例如：規則的睡眠、運動、維持健康的飲食都可以幫助病人重獲新生。

　　我們分別從醫藥的治療和心理方面的治療來說明，使用的藥物和心理治療的注意事項。

壹、創傷後壓力病患的藥物治療

　　治療創傷後壓力病患的藥物使用需評估下列幾項問題：治療合作度（compliance）、副作用的忍受度、治療時程、標籤化（stigmatization）或生病角色（sick role）、支持系統與互相信賴等情形。藥物治療要發揮效果必須病人有服藥的意願。許多創傷後壓力病患並不希望使用精神科藥物，所以第一步就是讓患者了解藥物扮演的角色。藥物的副作用也要向病人解說清楚，以避免副作用一出現病人便停藥。藥物治療可以分做三階段：穩定期、維持期與停藥期。穩定期主要與病人建立關係，讓病人了解其問題雖然是由外來的環境壓力所引發，但在生理或生物學上的改變可藉由藥物來使其恢復正常。注意由低劑量開始給藥，需時約二到三個月的時間來穩定病人。雖然創傷後壓力病患藥物維持療法時間多久尚不清楚，但至少要一年以上。甚至如同焦慮障礙症必須終生用藥。

　　當藥物治療反應顯著後一段時期可考慮停藥，成功的停藥情況包括幫助病人發展出處理焦慮的技巧，提供適當的支持系統，然後逐漸將藥物的劑量降低，停藥時也必須讓病人知道復發的可能性及後果。

　　創傷後壓力病患是一個新近成立的診斷，其臨床觀念仍然在形成當中。主要表徵為心理、行為和身體化的症狀。此項診斷常被忽略，並且患者常會有合併其他精神科診斷，尤其是憂鬱症。幸運的是創傷後壓力病患

對藥物治療和心理治療的效果顯著。

貳、創傷後壓力病患之心理治療

　　心理治療常存在著防處的觀點，不僅是治療也含有防範的意味，而在遭遇重大災害壓力事件發生時，最重要的工作莫過於如何透過預防與治療加以恢復，有關創傷後壓力病患之治療，筆者區分自我治療、親人家人注意事項及尋求專業治療等三方面加以說明：

一、自我治療方面

　　所謂「天有不測風雲，人有旦夕禍福」當處於難以避免的情況下，重大的創傷事件時，允許自己處於失落、悲傷、難過等負向情緒中，並且去感受它，進而向周遭的親朋好友說出來，這是有助益的。有些身負家中重責大任的男性受災者因為忙於處理善後事宜會刻意忽略自己的感受，要求自己要堅強，無形中將壓力一肩擔，長期下來會讓自己生理受損，反而不佳。

　　當情緒不穩定時，避免以酗酒、服用未經醫師開立之鎮定劑，甚至是嘗試其他藥品來逃避面對痛苦。最好的方式是盡量讓自己的生活作息、飲食、睡眠能夠正常。並且試著放鬆身體緊繃的肌肉，以保持較佳狀態因應後續的工作。不管是如何的倍感無助仍盡量與外界保持聯繫，不要讓自己處於孤立狀態，多和自己的親戚朋友、同事、宗教團體等保持聯繫。

二、親友家人注意事項

　　如果周遭的朋友是受難者，可以以真誠的態度表達關心，適度的反應對方內在的感覺，如：「我可以感受到你現在的難過與茫然」、「這樣的失落感真是很難承受」，適度反應對方的感受可以有支持的效果，盡可能陪伴對方，並協助做一些事務性事項的處理。試著接納對方長期的處於憂

傷與痛苦狀態。避免說些不適宜的話，如：「你不要在沉溺於痛苦的感受，那是無濟於事的」「這是世紀末災難，你已經逃過一劫了」。且避免作些不恰當的事，如：強迫對方皈依宗教信仰、服用藥物或酒類飲料、過度保護或忽略對方、為對方決定個人事宜。可以多招呼對方用餐，招呼對方散步或買些東西等等。

三、尋求專業治療

　　透過專業的協助是必要的，但心理治療限於個別差異、文化因素、使用治療派別、方法等，似乎比起藥物治療來得多元複雜，最適切的處理方式莫過於透過相關心理治療師等專業人員的治療。下述的建議可以提供讀者參考：受難者可以持續了解創傷後壓力病患，參加創傷後壓力病患之課程及演說，閱讀相關書籍及錄影帶。如果有一些明顯症狀產生，周遭的人可以鼓勵其尋求創傷後壓力病患之專業協助，家人可鼓勵倖存者接受協助，但不是逼迫接受，這是一種關懷而不是懲罰。而受難者及家屬也應該多尋求家庭諮商，避免本身受到二度傷害之壓力，家人也需要處理自我之情緒，這可和受難者互相鼓勵，一起學習壓力及憤怒處理，藉學習壓力及憤怒處理之課程，增進溝通及互相照顧之能力。持續保持及享受良好之生活、聯繫正向之人際關係、維持創造性之工作、繼續學習並享受閒暇生活，這些都是走出陰影的正向方式。

第四節　創傷後壓力病患的預防

　　面對心理創傷事件意外和災難，如果能夠做到先期的防範，諸如協助災難地區前，我們需做什麼樣的準備？擔任搜救者應該如何的自我調適，避免成為創傷後壓力病患？面對創傷後壓力病患時，應如何有效實施基層照顧？在災難發生地區設立健康中心應該注意什麼？怎麼做好災後心理複健工作？都是值得我們去探討的問題。

壹、協助災難地區需要之準備

幫助災難倖存者、家屬及救助者需要有一定之特質，諸如具備完整心理準備、敏感、自信、彈性。而一些重要之原則及技巧是可以去注意和學習的，如發揮團隊合作的精神、尊重配合指揮系統、並且融入基本物質救難系統去幫助倖存者及工作人員，另外還有一些事項也需加以注意。

一、做好平實之接觸及溝通

聆聽而不給建議；詢問目前工作以及自己可以幫忙之處；提供舒適之環境如食物、飲料、衣物、防曬物品、雜誌報紙、通信工具（紙筆及電話）。

二、盡可能協助「淡化」經驗——聽他們自己的故事

可詢問對方「你以前有過這樣的經驗嗎？」、「你目前需要什麼的安置環境及其他需要？」、「我可以幫你和什麼人聯絡嗎？」、「當這所有事情發生後，你最先想到什麼？」、「當這所有事情發生後，你在哪裡？」、「這幾天你最想做的三件事是什麼？」

三、評估轉介需要

仔細評估其危險因素及症狀，給與適切之幫助，以及給與進一步之轉介幫忙。

貳、搜救者之調適

大多數之搜救者都會經歷正常到輕度之壓力，研究指出有三分之一的

搜救人員會有強烈之壓力，嚴重者甚至會產生焦慮症、憂鬱症以及創傷後壓力病患。搜救者可以依下列建議加強自我照顧：

一、災難當時工作團隊發展「伙伴」系統

工作團隊相互鼓勵及支持，照顧好自己之身體，要有規律之運動，飲食宜少量多餐。當體力減弱時，要適當休息。和自己之家人及朋友保持聯繫，當經歷情緒之波動時，要慢慢的減輕沖淡。

二、災難後最好在離開現場二到五天之內，參加減輕悲傷之團體

向工作伙伴敘說你內心之情緒感受，有時當你伴之聆聽者。不要使你的憤怒成為人身攻擊，你的憤怒通常代表你的挫折、罪惡感及擔憂。記得稱讚及感激你的伙伴，你們都做了很好的工作。吃好一些，睡好一點。試著讓生活恢復正常，花幾天慢慢的恢復。

三、返家後恢復睡眠常規，放慢生活步調

想把自己所經歷及所努力的告訴別人是很正常的，但是別人可能並不想聽，他們可能很害怕也不願再回想起；只是很高興你能回來。要有心理準備會有失望及挫折，外在之世界和現場有很大差距，不要讓輕微狀況困擾你，會有情緒困擾是正常的，它會慢慢減輕而消失。災難後每一天都有值得去完成的事物，過好每一天的生活。尋找內在之價值，強化自我價值觀，觀察及傾聽你所重視的人的需求，你會記起對你而言是重要的事物。了解這個經驗對你生命之意義，更可以獲得生命之成長而繼續自我的生命。

參、從事災後心理復健工作的基本原則

　　一場災難所牽涉的範圍與層面，可以說非常的廣泛，在實施災後心理復健的同時，也意味著些許防範心理傷害擴大的因素。怎樣的自我協助可以減低創傷後心理創傷擴大？對於親友及小孩子需給與什麼樣的協助？救難人員又應該注意什麼？

一、關於自我協助方面

　　良好的紓發管道是必須的，不論個人在創傷中所受的傷害有多少，幫助自己走出難關是第一件重要的工作，在創傷後可能經歷了如前文所述的擔心、害怕、悲傷、憤怒、失望、無助及期待開展新生活……等各種心情，甚至可能有疲倦、失眠、惡夢、暈眩、心悸及疼痛……等各種身體症狀，找到心情紓發之道。遭受災難衝擊，不要隱藏感覺，試著表達出來，並與家人與小孩一起分享感覺或分擔悲痛；不要因不好意思或忌諱而避談這次經歷，應讓別人有機會了解與關心；不要想勉強忘掉，接受傷痛的感覺會持續一段時間；要好好睡覺、休息，和家人親友同在一起；如有任何需要，應向親友或相關單位說明你的需要；盡量讓生活在傷痛的過去維持正常的運作，並在工作或開車時要更小心以避免意外……。透過自己的努力與身旁親友的互相支持，慢慢讓自己回到正常生活的軌道上。

　　適時向專業人員求助更是必要的，在什麼狀況下須尋求助人專業人員的協助呢？有很長時間的心情混亂，感覺壓力、空虛、撐不下去；事後一個月仍覺麻木、遲鈍；不斷回想、常做惡夢、身體不適；感覺需要卻無人可傾訴；工作與人際有變糟的趨勢；又遭逢其他意外；抽煙、喝酒或吃藥的量明顯增加等等。當有上述的情況或自覺有需要時，不要忘了向諮商輔導、臨床心理、社會工作、精神醫療等相關助人專業人員求助，有些人忌諱向助人專業人員求助，怕被人冠上「心理有病」的標記。其實接受心理輔導的大多數都是心智正常的人。「雖然大多數的受難者可以適當的處理

其災難的後遺症，但藉助心理衛生機構可以預防或顯著改善情緒困擾的嚴重度」。

二、在協助親友及孩子方面

盡量給兒童安全的感覺，用語言安慰他們，用身體接觸譬如擁抱他們，讓他們覺得不孤單；鼓勵他們表達害怕、痛苦與哀傷；若災變尚未完全過去，盡量陪在孩子身旁；鼓勵他們與別的孩子玩，年紀較大的孩子可參與重建的工作，以獲得為重建家園而努力的感覺。若孩子在一段時間後仍出現有不穩定的情緒與行為，或是有愈加嚴重的趨勢，則需要轉介給專業人員加以協助。對於成年的親友，若自己與他們有共同的受災經歷，可以與他們共同分享彼此在創傷中的經歷與感受，對於特別處於傷痛中的親友（有近親死亡或身受重大創傷者），支持他表達、允許他哭泣、幫助他說出感受、耐心的傾聽、適當的以肢體的接觸表達關懷，甚至陪伴流淚、配合對方的宗教信仰陪伴其禱告或誦經，但是在協助傷慟的人時應避免的舉動諸如不要對傷慟中的親友說：不要哭了、時間會沖淡一切；不要難過，你要堅強；你還有另一個孩子；不要與對方爭論或企圖改變對方想法；不要因好奇而發問，要注重對方的隱私權，不要阻止對方重複訴說災難的情況……等等。

一般人在面對處於傷慟中的親友時常常犯下的錯誤：不能接納對方的情緒、否定對方感受，甚至侵犯了對方的隱私與自尊，這些都是應加以避免的。因此，在面對災後仍身處傷痛中的親友時，應多加留意以避免上述的不當舉動。

重要的是適時協助深受創傷與長期不能回復正常狀態的親友，要鼓勵其尋求助人專業人員的協助，協助其走上新生之路。

三、救難人員方面

對於進入災區執行危險的救災工作人員，包括救難協會人員、國軍官

兵、警察人員、消防人員，以及開挖器械車輛駕駛等等，都可能在救災過程中面臨相當大的壓力，其壓力源有三種類型：因過度疲累身心耗竭或受到傷害、因目睹災難現場而產生驚嚇恐懼反應，或因救援未達預期效果而感到強烈失望與自覺沒有價值。若未能適當處理則可能產生各種身心症狀，因此心理助人專業人員與救難人員應組成工作團隊，在每次任務暫告一段落後，由助人專業人員為救難人員實施簡單的會報，請救難人員分享所見所聞與個人感受與想法，以調節情緒與凝聚士氣，並形成團體的支持氣氛。其次救難人員應敏察身心狀況，適時求助，當救難人員感受自身的身心狀況明顯下降，應適時尋求助人專業人員的協助，以調整個人的身心狀況，重回身心健康之道。由於國外先進國家心理助人專業人員與救難人員應組成工作團隊的作法已行之多年，正如同其先進救難技術與器具一般，值得國人學習。

實施災後心理復健的初期，建立良好與安全的關係是必要的工作基礎，在實施災後心理復健時，不免要協助當事人去探討和回憶創傷的經驗，在面對創傷經驗之時，當事人會經歷痛苦與哀傷的過程，其中並有其潛在的危險，因此助人專業人員應注意的是適當實施知後同意的程序及其相關的考慮，重點包括：

㈠尊重當事人的自由決定：應尊重當事人的意願並在當事人有適切的心理準備的情況下，以決定：(1)在何時？(2)以何速度？來探討與面對其創傷與痛苦經驗。

㈡預告可能的結果：應在實施災後心理復健的初期，對當事人預告在心理復健所可能帶來的結果，包括：(1)面臨痛苦與哀傷情緒的冒險，(2)可能的收穫與協助效果。

㈢告知心理復健的相關資訊：包括：(1)助人者本身的專業背景，(2)進行心理復健的次數、頻率與時間，(3)保密與保密的例外……等等。

實施心理復健，良好與安全的專業關係是工作的必要基礎，但基於實施災後心理復健的特殊工作型態，應特別注意：

㈠**尊重當事人**　尊重當事人的尊嚴與價值，以平等、關懷的態度對待所協助的當事人。

㈡**負責的關懷**　以盡職、負責任的態度來提供協助，善守專業協助的承諾，並與其他專業同僚互助合作，以提供當事人最好的協助。

㈢**誠實的關係**　以真誠的態度來從事協助工作，誠實的表白自己的專業資格與訓練背景，問題超出個人的能力範圍，作好轉介的工作。奉守避免當事人遭受傷害與維護其最大福祉的原則。

㈣**不強加價值**　實施災後心理復健的專業人員應有多元文化的倫理考慮，應尊重當事人的個人的、社會的、精神的（特別是有關宗教的信仰）與文化的（特別是有關生死的觀點）價值觀，避免價值觀強迫當事人要接受。

肆、結束與轉介的問題

當災後心理復健工作的進行已經達成預期的目標，不再具有生產性或無法再協助當事人時，則應加以結束或轉介。

一、結束的考慮

當災後心理復健工作的進行已經達成預期的目標時，或基於情境與動機的改變無法再有進展時，須結束復健。避免不當的結束而造成對當事人的傷害，在復健工作面臨結束之際，專業人員應敏察面臨結束的徵兆，評估當事人進步的情況與對結束的心理準備程度，並處理自己與當事人可能產生的分離焦慮或失落情緒，與當事人開放的討論以共同做出結束諮商的決定。

二、轉介的考慮

對實施災後心理復健的專業人員而言，當發現因受限於專業資格能力（如前文所述）問題，或因協助過程中產生移情、反移情現象或雙重關係問題無法克服，或因其他個人與環境因素無法再提供給當事人有效的服務，則應加以轉介。

實施轉介時，專業人員應了解轉介的資源，並建議合適的選擇，且在轉介需要性產生時，專業人員應盡可能告知當事人轉介的理由與必要性，取得當事人的同意與諒解，並與當事人共同討論最佳的轉介選擇與後續可使用的資源。

結　語

現代化軍隊不僅著重於軍事層面，更涉入國家整體。軍人的工作也應為國際社會整體的改變，而有所轉換。以國軍部隊而言，不僅是做好備戰工作，更可能擔任救災工作，所以國軍部隊的官、士、兵，未來不僅僅只局限於接觸戰爭的情境，更可能投入救災的情境。所以，從積極面或消極面來看，對戰場壓力反應與創傷後壓力病患的瞭解、研究、預防與治療都是值得關心的議題，消極上可減少戰力的損耗，積極上可厚植國軍戰力，甚至國防力量。

災難何時發生我們難以預料，而軍隊戰力的確保與增進又是如此的重要，所以除了能對創傷後壓力病患有所了解外，進而研究其可能之治療方法，諸如透過訓練增強官兵因應壓力的相關知識與具體指導原則，並配合其他相關措施，做好預防工作，都需多更多的學者與專家投入，以獲取相關的壓力管理知識，實際運用於現實生活中，唯有如此，才能增進全民健康身心，確保國防整體力量。

參考書目

孔繁鐘、孔繁錦編譯（民 86）。*DSM-IV* 精神疾病診斷準則手冊。臺北：合記圖書出版社。

曾華源、郭靜晃譯（民 87）。**健康心理管理**。臺北：揚智文化出版社。

俞筱鈞譯（民 85）。**適應與心理衛生**。臺北：揚智文化出版社。

劉黎兒（民 88）。**超越地震：地動天搖三部曲**。臺北：時報文化出版社。

黎聖倫（民 53）。**戰場心理學**。幼獅出版社。

黃介良（民 89）。關於創傷後遺症 http：//wwww. sinica, edu. tw/uake99/document/total16. html。

林式穀編譯（民 89）。**創傷後壓力症候群（PTSD）的治療**。http：/www. sop. org. tw/921ta4. htm。

林耀盛（民 89）。**談災後心理復健與成長之道**。http：/help. ncue. edu. tw/。

武懷堂、李志云（1999）。防治心理戰傷，北京：**中國國防報**，5/3。

徐立（1999）。防治戰場心理戰傷，北京：**中國國防報**，11/24。

佚名（1957）。**戰場心理之研究**。國防部總政治部印行。

Bartone, P. T. (1999). Hardiness Protects Against War-Related Stress in Army Reserve Forces. *Consulting Psychology Journal : Practice and Research, 51(2)*, 72-81.

Connor K, M. & Davidson JR, et. al., (1999). A pilot study of mirtazapine In post-traumatic stress disorder. *International Clinical Psychopharmacology Jan; 14(1)*, 29-31.

Folkman, S. & Lazarus, R. S. (1991). Coping and emotion *(In A. Monat & R. S. Lazarus (eds.), Stress and Coping: An anthology.* New York: Columbia University.

Forster P. L, Schoenfeld F. B. et. al., (1995). Lithium for irritability in post-traumatic stress disorder. *Stress Jan; 8 (1),* 143-9.

Hamner, M. B. & Frueh, B. C. (1988). Response to venlafaxine in a previously antidepressant treatment-resistant combat veteran with post-traumatic stress disorder. *International Clinical Psychopharmacology, 13 (5):* 233-4.

King, D. W., King, L. A., Foy, D. W., Keane, T. M., & Fairband, J. A. (1998). Posttraumatic Stress Disorder in a National Sample of Female and Male Vietnam Veterans Risk Factors, War-Zone Stressors, and Resilience-Recovery Variables. *Journal of Abnormal Psychology, 108 (1)*, 164-170.

Sharkansky, E. J., King, D. W., King, L. A., Erickson, D. J., & Stokes, L. R. (2000). Coping with Gulf War Combat Stress Mediating and Moderating Effects. *Journal of Abnormal Psychology, 109 (2)*, 188-197.

思考問題

一、軍隊為何戰時與平時都可能引發創傷後壓力症？

二、DSM VI 中有關創傷後壓力病患診斷標準大致為何？

三、CSR 與 PTSD 有何異同？

四、試述創傷後壓力病患在心理治療上如何協助病患？

五、試述軍隊接獲參與救災任務時應做好哪些準備？

六、如何做好創傷後壓力病患的先期防範工作？

📂 第二十一章
戰俘與人質

前　言

　　戰俘與人質在本質上是相同的，均是指人們在違背其意願下遭到拘禁，受到暴力脅迫與制約，造成生理與心理上的威嚇；生理的威嚇有行動的限制、生存的威脅、需求的剝奪；心理的威嚇則有信念的喪失、失落感及自尊的剝奪等。本章將分別討論這兩個議題。

第一節　戰俘

　　軍隊執行作戰任務時會發生戰俘的問題，包含我軍人員被俘或俘獲敵軍官兵、平民等。回顧歷史發現，戰俘的待遇有極大的改變，最早人們把戰俘視為戰鬥部隊的拖累，常見的處理方法便是加以殺害。自一五八一年至一八六四年間，國際間簽訂了二百九十一項條約以保障參戰人員的生命安全。人道主義的戰爭法規則自十九世紀下半葉開始萌芽，歷經近百年的演進與發展，國際間制訂了多種規範戰爭行為的公約、章程，對於戰爭的手段、方法等，作了相當的限制，期能在「軍事需要」與「人道主義」二者之間取得平衡，以減少因戰爭所造成的傷害。

　　自一八九九年海牙陸戰法規慣例公約以來，多種有關戰俘待遇公約的演變，尤其晚近的一九四九年日內瓦戰俘待遇公約與一九七七年附加議定書的相關規定，明確規範戰爭法規及交戰國間有關戰俘待遇之協定，公約明訂如違背相關法令，將為敵方作同等之報復，並受國際間之譴責及制裁。此後世界各國開始重視戰俘的人權問題，但在執行面上仍將戰俘視為戰利品，是一種交換的資源、可供奴役的勞動力或是心理作戰的利器。若以一九九一年波斯灣戰爭中，伊拉克要求七名被俘聯軍飛行員在電視上發表反對美軍參戰的言論，並宣布將把這些戰俘送往聯軍可能空襲地點，從這種明顯違反日內瓦公約的行為看來，可以了解在戰爭情境下，戰俘問題恐不若國際法般的簡單，其中包含了複雜的生理、心理及情境因素。第二次世界大戰的日本戰俘營中，大約有半數的美國戰俘在監禁期間死亡，納粹集中營中甚至有更高數目的囚犯死亡。那些從困阨環境中存活過來的人通常有持續的後遺症，包括生理的和心理的傷害，較難抵抗任何種類的壓力。

　　戰俘在整個被囚禁過程中可區分為三個階段，分別是被捕階段、囚禁階段、獲釋及以後的調適階段。每個階段戰俘會面對不同的處遇及心理變化，隨著所遭遇的情境的不同，並沒有相同的準則可以解釋，但其基本的

情況如下：

壹、第一階段：被捕

一、行政程序

(一)分類

在敵方武力警戒下執行初步的分類工作，依國籍、階級、身分、性質、性別等條件分別歸類。

(二)清查

執行初步的個人資料清查、隨身物品的收繳、身分確認等工作。

(三)偵訊

敵方欲利用戰俘獲取重要情報之手段。

(四)運送

向後方或拘留所運送。

二、心理特徵

(一)震撼期

震撼期是指由於情緒的震驚，導致生理上體溫與血壓下降。成為戰俘後，個人的自由、榮譽和生命都遭遇重大威脅。首先浮現的問題是：敵人會對我怎麼樣？我要如何應付？這其中的多種臆測及假設所帶來的重大壓力，會使人產生嚴重的身心症狀。

(二)防衛

當個人應付挫折情境時，為防止或減低焦慮及愧疚的精神壓力所採用

的一些習慣性的適應行為。有否認現實、幻想、退化、反向、昇華作用等。如「緩刑錯覺」，就是死刑犯在處決前，仍會幻想自己會在最後一分鐘獲得緩刑，戰俘則幻想自己馬上就會獲救。幻想是指憑想像以滿足慾望的心理活動歷程，幻想內容可為存在的事物，也可為虛構的故事。當事人可藉由幻想暫時脫離現實，減低焦慮之苦。

(三)思念與嫌惡

包含對家人、家鄉及往昔熟悉的美好經驗的回憶，及對現實中惡劣的環境及遭遇的厭惡。

貳、第二階段：囚禁

三、行政程序

(一)偵訊

為了獲取情報，必對戰俘反覆審訊，甚或動用不人道手法，例如：凌虐、睡眠剝奪等。常用的心理學訊問法有：

1. **聯想反應訊問法**　相互混合使用普通語句與該犯罪有關之刺激語句，強迫戰俘說出當時聯想所得到的語句，藉以得到情報。
2. **複誦訊問法**　編製一個與真實情境相仿的虛構的故事，要求戰俘複誦此故事，若戰俘能正確複誦，則代表此故事內容接近真實情境。
3. **催眠訊問法**　利用催眠術使戰俘陷於不能自主的狀態，再藉由發問的方式，得到其所遺留之記憶痕跡，以套取情報。
4. **精神分析訊問法**　藉由精神分析專家的詢問與對談，以了解戰俘在潛意識所保留的經驗。
5. **麻醉分析訊問法**　使用藥物麻醉戰俘的大腦，使其意志及理智失去作用，而能毫無保留地回答問題。
6. **自由交談訊問法**　將戰俘隔離一段時間，產生想與人交談的心理需

求，再派人趁機與其交談，建立關係取得信任，伺機取得情報。

7. **儀器偵測訊問法等**　利用測謊儀器，例如：呼吸測定、血壓測定、皮膚電極反應及腦波測定等方式，鑑別戰俘所回答內容的真假。

(二)強制勞動

戰俘被要求在惡劣及物資不足狀況下進行道路修補等粗重的建設工作，這些工作有的是因為戰爭需要，有的僅是為了消磨戰俘的時間，避免戰俘發生不可預知的群眾問題，藉由勞動的消耗來控制戰俘。

(三)囚禁生活

囚禁生活長短不一，但不論在如何艱困狀態下，戰俘間會發展出一種固定的生活模式，戰俘群中也會產生一個簡單的社會結構。有人獲派一些管理職或差勤在地位或待遇優於其他戰俘；另外戰俘也會接受感訓教育，為求生存接受與原本價值觀完全不同的思想教育。

四、心理特徵

(一)私人領域喪失

領域性與數種行為有關，私人化、侵略、支配與控制。在淪為戰俘後，完全的失去了個人的領域，也造成個人的自我決定、認同與安全感的喪失。

(二)情緒死亡

冷漠寡情、感覺頓化、自覺什麼也不在乎，對周遭環境及人的生死痛苦無動於衷。這種遲鈍與麻木是一種保護膜，保護戰俘在及惡劣情境下仍能生存。

(三)需求降低

生理需求在囚禁期間因受到控制而減低，隨著食物、保暖物、休息等

基本條件的減少及強制勞動所造成的能量耗竭，人體會自動將基本需求降至最低，以確保個體生存。從集中營歷劫歸來者的經驗報告中指出：即使在嚴寒隆冬，沒有足夠的衣物和食物，衛生條件也極差的狀況下，有些戰俘反而更健康，原本睡眠品質不佳的戰俘在惡劣的環境下反而睡的香甜。性需求更是未在囚禁過程中出現，因為人的精力都專注在求生存上，無暇旁顧。

(四)心理能力倒退

例如：面對審問時記憶之再生與陳述發生缺陷，會產生懷疑與恐懼，而導致神經質與失眠，睡眠剝奪對能量及調節系統產生致命的破壞。

(五)信心喪失

在囚禁過程中，對未來的信心是引導自己度過艱苦的重要力量，對未來失去信心的戰俘通常不能捱過囚禁生涯。因為隨著信念的喪失，精神防線亦隨之崩潰，之後就沈淪下去。不能再有效因應環境的衝擊，甚至引發全面的放棄，終究導致喪生。

(六)其他心理特徵

躁急易怒，可能肇因於飢餓及睡眠不足，周圍任何原本微不足道的小事都會引發重大的衝突；自卑情結會將以往的經驗與現在豬狗不如的待遇相比，感到自己的價值已全然貶低，進而失去信心。

(七)追尋意義與目標

要捱過艱困的日子，只能求諸內在心靈，在心中追求意義與目標是一種有效的手段。有的戰俘透過與親人的心靈對話，有的戰俘則在心中描繪獲釋後的美景，有的則默默繼續未完成志業的思考，也有人透過與草木之類的無生命物對話而捱過艱苦的囚禁期。不論運用何種方式，只要找到繼續活下去的意義與價值就會找到方法來持續其追尋，而這樣的過程也有助於減低環境的衝擊，更能協助當事人超脫現實的痛苦，增加活下去的動

機。

參、第三階段：獲釋後的調適

一、行政程序

(一)本軍程序

戰俘在獲釋後，重回本軍的行列，會經歷一些調查或詢問，也許有一些歡迎儀式為整個囚禁生涯作一個終結。

(二)復員及返鄉

在此階段，戰俘脫下軍服，重新回到社會及家庭中。面對的是另一種變化，也許景物仍在，人事已非。而長期服務軍旅，又遭逢戰俘的經歷使其適應能力降低。對戰俘和集中營的存活者而言，重新進入社會是一件困難的事情，必須適應他們生活中突然和重大的變動。另外，他們也必須適應在監禁期間所發生的社會變動。

二、心理特徵

(一)初期

在遣送回國的戰俘中，心理的困擾通常被釋放時的歡樂和安慰的心情所掩蔽過去。然而，即使沒有身體的後遺症時，存活者通常顯示較差的抵抗力、較低的挫折忍受力、經常依賴酒精和藥物、急躁，以及情緒不穩定的其他徵兆。納粹集中營的存活者的後遺傷害極為廣泛，通常包括焦慮、失眠、急躁、抑鬱、惡夢、受損的性能力和「功能性的」痢疾（在任何壓力情境下都容易發生，即使是相當輕微的壓力）。這些症狀不只源自心理上的壓力來源，而且也來自生物上的壓力來源，諸如頭部傷害、長期的營養不良，以及嚴重的傳染病等。

(二)適應後期

本階段沒有一定的時間，每個人適應的狀況也不同，通常戰俘營或集中營的長期壓力所造成的另一項不良影響顯現在他們重返平民生活後較高的死亡率上。從第二次世界大戰的太平洋地區被遣回的戰俘中，研究發現在前六年內，戰俘死於結核病的比率是一般平民的九倍；死於胃腸疾病的比率是平民的四倍；死於癌症、心臟病和自殺者是平民的二倍；死於意外事件是平民的三倍。越戰戰俘返鄉兩年後進行的檢驗，發現監禁的時間愈長，則愈可能產生精神醫療上的困擾。其次，戰俘營的嚴苛待遇和單獨禁閉也與日後的身心障礙有關，最常見的困擾是憂鬱與婚姻障礙。而有些終身都抹不去的的心理傷痕甚至會遺傳給存活的子女。

戰俘問題的處理可以分為預防與治療二部分。預防的重點在於教導官兵對被俘後的應對方式與加強囚禁期間的自我控制感（sense of personal control）。運用思考歷程或策略以緩和外在壓力的衝擊，可以透過心思移轉將注意力放在愉快的回憶中。治療則是在獲釋後的重要工作，除應求助專業諮商機構外，亦需注重其社會支持之重建與獲得。

肆、戰俘的運用

戰俘對軍隊最大的貢獻在於從他們身上獲取情報、擔任心戰喊話、招降用的宣傳及成為我方的戰力等。因此如何能達到此一目的，接待戰俘人員的態度及方式就相當重要。與其用強制手段，不如多採取說服方式，一步一步除去戰俘的心理障礙。排除對方心理障礙，需做到幾點：(1) 奪去其信心，人都有他的自信心，自信心愈強，其心理防線愈牢不可破。如二次大戰時，德軍未投降前，仍相信希特勒有秘密武器，對他的信心未減。(2)去除其疑懼心，戰俘在投降前，有兩種情結，一是恐懼，一是猶豫，當軍人被迫放下武器，舉起雙手投降時，他會感到非常難堪、羞愧和不安，因此需要善意的開導。(3)顧全其自尊，顧全戰俘自尊，為其設計投降理由，例如：韓戰對戰俘宣導他是為爭取自由才投降，二次大戰時對日本戰俘宣

導他是為重建家園等。同時對戰俘個人，不妨稱讚其勇敢行為，並表示**願**協助其完成對國家的忠貞意願。

說服戰俘時應注意下列幾點：(1)辭意合情合理；(2)態度親切自然；(3)深切了解對方，表現關懷；(4)把握時機，因勢利導；(5)顧全對方面子；(6)耐心的爭取。不要用刻薄刺激的言語，因起對方不必要的反感，但可以各種輔助的方式或暗示，促成其心理上的逐步變化。

諸葛亮七擒七放孟獲，是歷史上降服人心最成功的案例。相反的，**戰**國時代，秦朝將領白起攻趙，侵略城池七十餘座，活埋趙國降兵四十餘萬，血流成河，乃亙古未有之奇聞。希特勒在德蘇戰爭初期，俘虜蘇聯軍隊三百餘萬，當時德軍的銀條心戰計畫為：(1)善待佔領區的人民，勿燒毀俄國境內農田村莊。(2)優待戰俘及叛變投誠人員。但最後計畫全部被改變，所有戰俘均被送入集中營，受到非人的待遇，並加以虐殺。當時俘**虜**中，有許多蘇聯的高階將領，也向德軍投誠。然而希特勒以下的納粹幹部，卻不問青紅皂白，不管其動機為何，認為俘虜就是俘虜，除了可利用其勞動力外，只是消耗糧食的累贅。因此數月中俘虜死了 20%，皆因飢餓疾病而斃，當德軍俘虜營內的慘狀傳出後，打斷了蘇聯將士投向德軍的念頭。因為不善加運用俘虜，並沒有因此消沉蘇軍的士氣，和提升德軍的戰力，原因之一就是俘虜政策的失敗（黎聖倫，1964）。

反之國共戰爭時，共產黨不斷利用「釋俘用俘」政策，對我軍造成嚴重的損害，如民國三十八年冬繼魯西戰役後，劉伯誠軍隊大規模向大別山流竄，配合黃汜區陳毅，乘國軍處境困難之際，將預先訓練之國軍俘虜三千餘人釋放。民國三十八年春雙方和談破裂，共軍擬渡江之前夕，於津浦平漢兩線，到達國軍第一線或乘隙進入後方約兩萬餘人，隨後共軍挺進，此二者都是促使我軍混亂，以至軍心瓦解，無法作戰。除此之外當時共軍宣傳的「俘虜政策」為：(1)優待俘虜——不搜錢包、不打不罵、送後方、妥招待。(2)感化俘虜——集體訓話、個別談話、暴露缺點、爭取同情、經常使其閱讀共軍書報等。(3)釋放俘虜——按階級及知識水準，感化後**釋**放，是為我宣傳，動搖頑軍戰志，瓦解其士氣。但總之其目的都是實現其欺騙政策。

美軍對戰俘的運用係懷柔的政策，依據日內瓦公約提供戰俘應有的待遇，並詳細說明作戰的目的是為了終止衝突、重建地區秩序、避免不必要的流血等以爭取向心。透過心戰人員及反情報人員的協助可以運用戰俘的人力資源，增進戰俘營的戰力。或是利用戰俘收集有利心戰策略制訂的情資，亦可以對心戰品進行測試。而戰俘對俘虜國家的態度與行為亦將影響兩國未來的關係。

隨著傳播科技的進步，戰場的軍事行動很快的便會傳播到世界各角落，在人道主義的聲浪中，戰俘中可資運用的空間也擴大許多，他們不僅是第一手的戰爭情報來源，更扮演了宣傳工具與政治籌碼的角色。善用媒體與心戰手法的一方將可利用戰俘爭取到世界輿論的政治的支持力量，從而獲利。

第二節　戰俘的研究

有關戰俘的研究並不多見，本節將收集到的相關研究作一整理。分別為二次大戰德軍戰俘、二次大戰日軍戰俘、普布魯事件，及以實驗法研究被俘虜及俘虜者行為之研究（Watson, 1978）。分別說明如下：

壹、德國集中營戰俘研究

這項研究是由一位精神科醫師克拉（V. A. Kral）博士的觀察，該集中營位於波西米雅北部特立辛，自一九四一年起至二次大戰結束有十三萬九千多個猶太人送到這裡，其中三萬三千多人死於營中。克拉博士發現，戰俘對集中營最初的反應是「震驚」，其嚴重性與持久性男女之間無差異。「震驚」表現的特徵有：憂鬱與遲滯、喪失自主性（甚至不吃不喝），同時伴有食慾不振、失眠、便秘，且大多數女性有停經現象。許多人覺得置身於鬼魅世界，一切都感虛幻不實。

這種最初反應現象不需治療，多數人在兩週內會減弱，不過年齡較小

的孩子許多無法度過此關，老年人則無法回復正常，女性適應比男性要快要佳。情緒能力或個性因素較智力對集中營適應的影響大。在營中擔任專業工作者，如醫師的適應較他人好，宗教對適應有幫助。拘禁一段時間後，開始表現出冷漠與不穩定，有時脾氣一觸即發，但是當親人死亡時，也只稍稍動容，與正常哀傷差距甚遠。反而對一些雞毛蒜皮的小事異常看重，如分配麵包多一片或少一片等，都會引起戰俘很大的反應。這種冷漠的防衛，使得只需十位軍官就能將數千名戰俘輕鬆的裝船運送。糧食控制每人的思想，飢餓導致一些併發症，如缺乏維他命造成對晚近記憶力衰退，性變得較不重要。

貳、日本戰俘營

武夫中校（Stwart Wolf）及雷卜力（Herber Ripley）中尉，曾研究英國、美國，及荷蘭等國家的軍人遭到日軍囚禁三年多存活下來的俘虜，發現大致上和德國戰俘營差不多，但是組織較德軍鬆散，因為日軍對拘留戰俘沒有準備，因而形成每個警衛對戰俘的方式沒有標準，毫無限制。他們反覆無常，難以預料，當命令無法貫徹時，他們會心存報復，變得殘暴不仁。日軍將戰俘每十人一組，其中只要有一人逃脫。其餘的人均需處死。

使用的酷刑包括毆打、站立、目視太陽達數小時之久、強拔頭髮、指甲及實施「水刑」——經由一條穿過喉嚨的長管子，將水灌滿戰俘的胃。「日刑」則是用膠強迫戰俘的眼瞼張開，直視太陽數小時。

日軍戰俘在最初數月中，抑鬱反應相當普遍，加上對守衛行為無法預期而心生焦慮，這些反應隨著時日會逐漸被「對憎恨及衝突歇斯底里式的壓抑反應」所取代。漸漸的他們會喪失種種功能，甚至變得無法哭笑，有些人還認為自己以後可以忍受酷刑，因為他們可以關掉「痛苦」的感覺，歇斯底里式的盲或聾，時有所見。注意力難以集中及喪失記憶力，也是普遍現象。且道德水準低落，食物經常被偷。

武夫與雷卜力兩人根據倖存者的說法，指出無法從戰俘營活著走出來的人，是因為想家的念頭主宰自己而厭食，其他研究並未證實這點。Frankle（趙可式，1998）記載自己在德軍戰俘營，能存活下來最大的原因是，認為自己會活著回去見到家人、藉著回憶及想像和家人相處美好時光、讓思緒脫離現實，及馳騁在美好事物中等。

參、普布魯事件

普布魯是美國一艘小情報船，於一九六八年在韓國海岸被捕，此後美軍一直對普布魯的船員作追蹤研究。當該船被迫靠岸後，船上八十二名船員被送到平壤囚禁，艦上指揮官與船員分開，船員處於毆打及死亡的威脅，之後開始一連串洗腦的過程，包括接受講習、實地考察旅行、閱讀韓國人所寫的資料，以說服他們美國政府是帝國主義且不公正的。儘管有所謂認錯的過程，船員仍設法告訴自由世界，他們並非出於真心的。例如：在被迫參加的宣傳照中，明顯擺出厭惡的姿勢。

十一個月後，他們被釋放，美軍隨即替他們作身心檢查，也探究被俘虜期間的狀況。半數人承認他們曾經經歷嚴重的焦慮，因為對自身處境無法預料。八十二人中有十六人表示長期抑鬱，大多數人認為和家人分離最讓他們難過，僅有四人表示認罪最令人難受。有三名船員表示企圖自殺，體重平均輕了十三點五公斤，二十七名有食慾不振現象，失眠情形相當普遍。他們經常作夢，夢的內容包括被釋放或逃亡成功，也有些人幻想美國政府因普布魯艦違紀丟船，而處決船員以示懲戒。

研究者根據船員被俘經驗的好壞，將成員分成三組，分別是適應好的前三分之一、中間三分之一及差的三分之一。發現三組船員無論在年齡、軍中資歷、教育程度、精神病史及前科記錄上都無差異。只有在婚姻狀況小有差別，適應較差的受俘者有三人離婚或分居，適應良好組則無此情形。除此之外，三組在人格特質也有差異，不良適應組中有三分之一是被動及依賴的個性，良好適應組則有三分之二為健康的人格特質。自我防衛方面適應良好組多以合理化、否認、幽默為最多，不良適應組較常以強迫性想法（obsession ideation）來自我防衛。由普布魯事件的研究中，可得到戰俘適應良好的原因，以及有助於美軍的被俘訓練。但是難以確定的，在

俘虜過程中適應良好的戰俘，當被釋放後重回社會，其適應是否**依舊**良好？

肆、辛巴度的囚犯研究

辛巴度（Philp Zimbardo）博士是美軍研究俘虜行為的**專家，他與其同**僚對俘虜行為**特別感興趣**，其中最有名的研究是一九七二年至一九七三年間在史丹佛大學地下室進行囚犯的研究（政治作戰學校譯，1976），研究方式如下：他在當地報紙徵求健康男性，以助他進行「**囚犯生活**」的實驗。七十五名應徵者中選出二十四名情緒穩定者受試，這群人沒有前科或從事不法行為的紀錄，然後將二十四名受試隨機分成兩組，一組為「守衛」，一組為「囚犯」。他告訴囚犯組從某個週日開始進行**實驗**，而在實驗展開前先召集守衛組開會，會見守衛的上司（辛巴度）及**典獄官**（辛巴度的研究助理），告訴他們實驗的道義及限制，但維持囚犯某種程度的秩序是他們的職責，並盡量避免囚犯有逃獄或其他不軌的企圖，不准有任何形式的體罰，但故意不特別限制他們的作法。以輪班方式進行實驗工作，輪班時需填寫輪值記錄及重要事件報告，為了實驗效果逼真，還讓守衛組參與囚禁空間的設計。

囚禁地點在史丹佛大學心理系地下室，實驗情境為三間五十四呎大，有黑色柵門的小房間。囚室入口處有一扇厚重大門，有一觀察室。此狹隘的空間就是囚犯活動地方，其中一間是沒有燈光的小房間，做為隔離禁閉室，整個囚室設有監聽及監視系統。

辛巴度的實驗獲得當地警察的協助，警車在無預警的情況下開到囚犯家中，直接由警官告知囚犯組因涉嫌持槍械而被「逮捕」至警察局，並予以徹底搜身，靠上手銬，整個逮捕過程中，警方非常嚴謹的執行，並未告訴囚犯「逮捕行動與實驗有關」。蒙上雙眼抵達目的之後，卸下囚犯所有衣物。然後拍照換上囚服。

守衛穿著灰褐色上衣及長褲（比照軍人），並帶有警笛、警棍及可避免與犯人眼光接觸的太陽眼鏡。囚犯則穿印有編號寬鬆的棉罩袍，腳上帶

著輕巧的腳鍊，穿著塑膠鞋，當人數到齊後，典獄官招呼這些囚犯，並宣讀團體規則，要求牢記並遵守，從此犯人只有以號碼辨認身分。囚犯一天三餐，可以在監視下盥洗，每天有兩小時私人時間可以寫信閱讀，每週有兩次准許會客、運動或欣賞電影。每天守衛交班時，排隊點三次名。每天工資十五美元。

實驗結果非常驚人，一開始囚犯採被動態度，而守衛則愈來愈有攻擊性，由於禁止體罰，守衛口語攻擊行為愈來愈強。五名囚犯在第二天就出現壓力過大症候群，其中四名有抑鬱、抽泣、脾氣暴躁及強烈焦慮的現象，第五名受試者皮膚起疹，不得不提早釋放。其餘七名囚犯有二名表示願意放棄酬勞早日離開。整個實驗比預定時間早幾天結束，所有囚犯均十分欣喜，反之十二名守衛都準時上班，有時候被要求無酬勞加班數小時也毫無怨言，因此他們對實驗提早結束顯得有點不快。

這個實驗引起相當多的爭議及討論，特別是實驗倫理問題，例如：警察未告知逮捕行為與實驗有關，就直接進行逮捕及搜身等。但此一模擬實驗相當接近真實囚禁的狀況。辛巴度及助理暗中觀察監視守衛及囚犯的行為，發現囚犯所談的話題90%與入獄後生活有關，諸如食物、權力及煩惱等。僅有10%時間談論獄外的生活，因而囚犯彼此所知甚少。辛巴度認為，對目前情境過分關注，會使得囚犯獄中生活壓力更大。即使在每天兩小時私人時間內，他們仍讓此一壓力支配其思想及社會關係。同樣的守衛們也花很多時間談論「問題囚犯」。一旦他們沒被監視時，對待囚犯愈加殘酷，即使囚犯已經表現出失常行為，他們仍不斷持續其攻擊行為。

針對研究結果，辛巴度發展出一套方法，教導人們如何面對被俘及被囚的經驗，例如：研究中90%囚犯談論監獄的事情，如此將使情況更糟，應該善用各種機會避開此事，不要去想；不要抨擊其他囚犯；戰俘們之間要互相交談形成團體意識，彼此分享支持等。辛巴度的實驗對軍隊訓練戰士被俘及忍受偵訊有相當的助益。

伍、飛行員被俘的研究

　　Sutker 和 Allain（1995）二人從一九八三年至一九九四年研究以二次大戰因戰機墜毀，被德軍俘虜美軍飛行員，經過長達五十年後，評估其心理狀況。研究對象為二次大戰被俘的三十三名美國軍官飛行員，被俘時間平均十四個月，受試年齡從六十九到七十九歲，教育程度專科以上，魏氏成人智力測驗成績均為中上（M = 121.69）。他們在德軍俘虜營遭到的待遇有：偵訊、監禁、高熱和過度擁擠的環境、強迫行軍、限制就醫、飢餓、死亡威脅、毆打及生理各項的折磨等。研究工具為 MMPI，結果發現大部分的受試有輕度心理疾病及心裡的困擾。只有三項平均得分在T60-T69分之間，其餘分數均超過 T80 分。和越戰被俘的士兵（Sutker & Allain, 1991）及二次大戰戰俘研究相比較，飛行員戰俘情況算是不錯的，以創傷後壓力症候群（PTSD）量表得分來說，飛行員戰俘的平均數是 M = 9（SD = 9.32），而越戰士兵的平均數 M = 30。研究者的解釋為飛行員都經過嚴格篩選，不僅體能、智力，甚至人格特質、抗壓程度都比一般士兵強。所以創傷後壓力症候群較低。另一項研究（Sutker et al., 1993）顯示一般戰俘在患有創傷後壓力症候群的比例為 70%至 80%，而飛行員的比例為39%。戰俘們雖經歷相同的惡劣環境，但並不一定都會有心理疾病或PTSD，重要影響因素是戰俘個人資源因素、教育程度、智力和堅強人格特質及正確因應壓力等因素都是他們面對惡劣環境對抗壓力的重要調節因子。

第三節　偵訊與洗腦

　　戰俘或俘虜對軍隊的重要貢獻之一，就是獲取有利情報，因此軍隊對戰俘或人質的偵訊工作，從中獲取確實可靠的情報，就益發重要。相對的對戰俘或人質而言，如何對抗偵訊壓力，避免或減少情報的獲取，也是訓

練過程極為重要的事。一般而言偵訊獲取情報的方式，可分為肉體偵訊、心理偵訊，及感覺剝奪等方式，本節除探討偵訊外，還討論洗腦。

壹、肉體偵訊

怕痛是人類自然反應之一，肉體刑求產生最明顯的心理作用，就是讓被訊問者因生理疼痛，而產生心理威脅，以致於將情報全盤拖出。因此一個老練的刑求者必須能掌控此種生理心理威脅，將被偵訊者的恐懼程度逐漸達到最高點，採逐次增強痛苦或是定時出現劇痛等，均可達到上述目的。不過因為個人忍受疼痛的程度有相當大的個別差異，有些人一點痛苦就受不了，有些人卻是寧死不屈。例如：將訊問者的頭壓在水中直到快窒息，才把頭抓出水面，大多數人對這種方式都會覺得痛苦不堪，但有些戰俘知道，偵訊者絕不會讓他死去，一定會讓他在失去知覺前抓他出水面，因為如果他死了，必然無法從他身上獲取任何情報，因此執行這種水刑，用以強迫被訊問者吐實，且須持續多次，讓被訊問者精疲力竭，無法忍受時才有效果，因此，從偵訊者來說，費時是肉體刑求的最大缺點。

另外一種身體刑求的方式，以各種電擊方式最多，將電線固定在全身最敏感的部分，或逐漸將電擊移近較敏感的部位，如生殖器或肛門，讓受刑人清楚知覺到疼痛，且面臨疼痛逐漸加劇的事實。讓被偵訊者了解除非他將所知道的情報全盤托出，否則他無法逃開這種微弱長期的疼痛。

有效的偵訊及刑求，則是生理及心理作用交錯使用，偵訊的老手開始時會操弄被訊問者的尊嚴，如脫光他的衣服、不准進盥洗室、讓他在囚室中大小便、讓老鼠或其他動物任意來去、不定時的供給食物等，用以顯示被訊問者的地位低下，也代表守衛或訊問者對他握有控制權。這種作法會讓被訊問者失去方向感，不知身在何處？不知未來會遭到何種待遇及命運？當人們對未來充滿不確定，是相當具有恐懼及壓力的。但是一旦被訊問者有時空及自我知覺後，則刑求效果將大受干擾，效果會大幅下降。

貳、心理偵訊

　　心理偵訊不是以疼痛為必要條件，而是應用心理學原則為獲得情報的偵訊法，這些方法可以分為未經同意或不知不覺由被偵訊者獲取情報的兩種方法。心理偵訊最重要的目標是使被偵訊者屈服，美軍研究韓戰偵訊的研究結論指出，許多戰俘為了維持活躍的社會角色及有價值的自我意像，並未遵守國際公約只招認姓名、階級、生日及兵籍號碼。研究發現半數以上的偵訊工作超過二十四小時，10%長達一個月，生理偵訊刑求使人疼痛的方法確實效果較差，除非此疼痛能使人衰弱且是自己施加的（例如：長期站立）。對多數美軍戰俘而言，在偵訊過程中保持沈默比口頭嘲弄來得有壓力，在此情境中，偵訊者會快速的問一些簡短問題，而讓犯人保持沈默，或只能作些唯唯諾諾的回答。例如：偵訊者已經知道問題的所有答案「你來自陸軍×旅，是嗎？你的部隊在××，對吧？」等。此外偵訊者也假設沈默是認罪，而給被偵訊者自我辯護的壓力。另一種應用順從的技巧是耗上數小時的問話、吼叫及問些被偵訊者不可能回答的問題，如國家核武發展的細節、高階軍事將領的名單等等。之後再問一些被偵訊者能回答的問題，讓被偵訊者終於有回答問題的機會，而有鬆了一口氣的感覺。這是偵訊者操弄情境使被偵訊者感到挫折，而取悅偵訊者是被偵訊者唯一鬆懈時刻。但這些人並未貿然投降，只不過避免在受俘情境中完全順從，並可在事後避免罪惡感的產生。

　　偵訊者常表現出聽其杜撰故事的反應，而事後他卻透露出更重要的訊息，以表示他前面陳述的資料是如何的不重要。有手腕的偵訊者會逃避被偵訊者的敵意，從不因此發脾氣，因此常造成戰俘或人犯之間的不和。就偵訊的威脅性質而言，死亡威脅的效果最差，只有 5%的機會獲得訊息。最有效的威脅是時間、程度都未知的身體傷害，這種威脅最能瓦解戰俘或人犯，使他們屈服。

　　如何訓練反偵訊，訓練抗拒的研究指出，態度較為隨和者，能承受處罰及壓力者，比對自己要求嚴格者，較能承受偵訊的壓力，後者較容易崩

潰而屈服。洩密者與未洩密者的差別在於洩密者不習慣獨處,於任務期間因困倦疲憊而痛苦不堪,感覺被任務的危險性及被俘與偵訊等事件困擾不已。

參、感覺剝奪

　　有研究顯示,感覺剝奪比傳統刑求容易引起偵訊者的焦慮,較不會留下痕跡,也不容易留下刑求罪證,後效可以持續較久。一九七一年美國軍方發表一篇感覺剝奪實驗研究報告,實驗研究主持人是梅耶(Thomas Myers)博士,梅耶認為他的研究主要強調單調而非感覺剝奪,因為實驗情境中,很難將刺激降到零,因此只能將所有刺激的改變量降到最低。梅耶的實驗中,受試全都是十七至二十七歲的軍人,智力在平均數以上,沒有任何精神異常者。他將受試關在華氏七十二度的防音室中,一直點著燈光,室內有張橡皮床,一套化學衛生設備及一台裝滿受試者需要食物的冰箱,受試穿著寬鬆的睡衣減低感覺,手錶和香菸全被拿走。如此單調情境持續四天。實驗結束後一小時,所有受試填寫一份主觀壓力量表,控制組和囚禁組一樣關在同樣斗室中,但是有他人作伴,可以看電視,可與實驗者通話,結果為囚禁組的害怕程度為 50,控制組為 24,而 50 分的意義在量表上只是「膽怯」或「冷漠」而已,並未到達極端害怕。

　　實驗結束前,有 37%的受試退出,且幾乎所有退出者均表示無法入睡,抱怨厭煩、無聊等,他們感到時間過得比平常慢,不知何時能結束實驗而感到困擾,且思緒紊亂。早退出者平均年齡較年輕,在MMPI量表得分,心理病態偏差程度及躁症得分高,煙抽得也較他人多。

　　受試囚禁四天獲釋,一般受試者對物體的視覺顯得特別清晰,色彩感也較豐富。也有人覺得頭暈目眩,身體虛弱;有些則感到情緒亢奮,喋喋不休。不過這些影響結果都很短暫,持續幾天後這些現象就會逐漸減弱消失。此外隔離並不會引起焦慮的顯著差異,在智力測驗的成績,受隔離者在較困難作業的表現上較差,但在簡單作業上表現較佳。在警覺性作業上,受隔離者犯錯次數只有控制組的一半,他們較控制組清醒,少昏沈現

象，這點發現對必須長期置身於狹小空間的軍中情境，如潛水艇或潛艦的工作者，相當有意義。

這個實驗只進行四天，若是時間再加長結果會如何？梅耶後來在馬里蘭州海軍醫學研究機構，進行為時七天的剝奪情境實驗，將受試監禁在完全黑暗寂靜的斗室，除了探討前一實驗的各項反應外，並檢查大腦狀況、睡眠狀態及內分泌等項目。梅耶發現能支持四天者幾乎都能持續到七天，反之在第一天就焦躁不安的，可能四天都無法堅持下去。能持續與否最大的差異在於苦惱與不活動的差異。經過分析苦惱含有三種因素：第一種因素是厭煩因素，與煩悶、無方向感及不安有關；第二種因素是非現實因素，則與幻覺有關；第三種因素是正性沈思因素，代表正性思考、記憶釐清，及對斗室活動的愉快冥想。早期退出者在第一、二因素高，正向沈思得分低。在不活動的症候部分，發現能堅持者在禁閉不受干擾時寧可低著頭，運動量極低，幾乎身不離床，持續七天後，他們在心情問卷的反應也較佳；較少生氣、害怕、憂鬱，有些甚至表示對禁閉經驗頗能自得其樂。進一步檢驗發現，這些人的 EEG 的α波頻率較慢，且監禁在較小房間者比大房間者的頻率更慢，因此監禁本身會造成些許苦惱，苦惱程度與個人人格特質有關，而不活動主要是情境造成。

從這些實驗結果可知，感官剝奪並不如想像中可怕，監禁過程中，即使身心有變化，但是都很微小，甚至有些改變還是正向的，只不過不論何種改變均無法持久。梅耶將實驗結果應用到軍事情境中，例如：哪些人能抗拒偵訊、能在特殊環境如監獄、極地、潛艇、太空等環境中生存？他採用心理分析方法預側哪些人能忍受感覺剝奪，例如：他曾應用「羅夏克墨跡測驗」進行預測，發現能有效防衛焦慮者均能適應良好，在九位有效防衛焦慮者中，七位被監禁斗室七天；而六位未能有效防衛焦慮者，均是早退者。因此結論為甄選出能在感覺剝奪情境中表現優異的人是絕對可行的。這對軍中甄選從事特殊任務工作者，有相當程度的幫助。

肆、洗腦

在韓戰中被俘的美軍官兵中有二十一名在獲釋後志願選擇繼續留在北韓。從此出現了洗腦這個名詞。因為它帶來良好的宣傳效果,所以在二十年後的越戰中,北越也採用了相同的策略。洗腦就是強制說服與思想控制,主要的方法如下述:

一、隔離:剝奪協助戰俘反抗的所有社會資源,例如:戰俘與戰俘間的交談或與外界的通信,使他孤立以便促成對審問者的依賴關係。

二、感官隔絕:完全隔絕外在的聲響、光線等感官刺激,促使戰俘只面對內在自我及審問者,並懲罰戰俘所有的不從行為。

三、削弱:用反覆而冗長的訊問等方法以耗竭戰俘的體力與反抗意識。

四、威脅:增強戰俘的焦慮感及絕望感。

五、施惠:偶而暫停感官隔絕以增強其服從的動機。

六、展示優越:透過展示審問者的優越以促使戰俘了解抵抗無用。

七、矮化:將戰俘待遇降低到如同動物一般,使其了解抵抗只會帶來比投降更多的自尊受損。

八、培養服從性:從要求戰俘遵從一些瑣碎的小規定開始,漸漸培養其服從的習慣。

研究指出,激烈的體罰與虐待行為並不一定能達到洗腦的功效,軟硬兼施的方法反而能較快達到目的。而上述的方法在審訊戰俘以獲得情報時也能奏效。就反洗腦活動而言,個人的歸因方式有很大的影響,內控性的人(internal control)相信凡事操之在我,外控性的人(external control)相信命運決定一切。美軍研究顯示在遇到激烈式的洗腦時,內控性的人較能抵抗,而外控性的人則否。但是若採用溫和式的洗腦方法時,這二種人都

無法抵抗。

第四節　人質

　　挾持人質係指以暴力剝奪他人行動自由，並以威脅人質生命安全為手段，目的在要脅受害人及其親屬、或相關國家政府屈服於其要求的不法手段。隨著軍事任務的多元化，軍方面臨人質危機的機會亦大增，例如：民國八十六年陳進興挾持南非武官家眷案，憲兵特勤隊參與救援行動，另國軍某單位的士兵亦在恆春發生欲持槍自裁，被圍困在空屋中，歷約二十四小時才經勸服，放棄自殺投案。這些案件都說明人質危機有不同的型態與處理方式。以下將討論人質的斯德哥爾摩症候群與人質的心理反應與心理輔導二方面。

壹、斯德哥爾摩症候群

　　一九七三年瑞典斯德哥爾摩市發生一起四名銀行行員被挾持監禁於保險庫中達五天之久之人質事件。人質在獲釋後表示在受監禁期間他們並不畏懼挾持者，反而對援救的警方有恐懼感，並無法理解為何自己不認為挾持者是有罪的。心理學家將其稱為斯德哥爾摩症候群（Stockholm Syndrome）。此症候群與挾持者及人質的性別、年齡、種族等因素無關，主要成因是在生命遭受威脅的情況下，人質為了生存而發展出對挾持者的依賴。促成斯德哥爾摩症候群發展的主要因素有三：(1)時間之久暫；(2)人質和挾持者之接觸，即人質並非單獨被囚禁在其他房間，而是與挾持者共處一室；(3)挾持者對人質的態度必須溫和，沒有暴力或身體、言語上之威脅。形成斯德哥爾摩症候群的時間因素固然重要，但是人質的態度是此症候發展之關鍵。倘若過程中，挾持者有暴力之行為，則此症候便不容易發生，即便此症候已經有所發展，亦會隨著挾持者之暴力行為而終止。

　　因此對營救單位或警方而言，運用斯德哥爾摩症候群對人質的營救是

有幫助的，因為當人質與被挾持者產生感情與關係後，人質的安全可暫時無慮。應用斯德哥爾摩症候群的作法首先讓挾持者知道人質的名字，一方面可以獲取情報，另一方面可建立挾持者與人質間的關係。其次盡量讓挾持者與人質間有良好的互動，說服挾持者進一步了解人質的需要，例如有無生病受傷、有無需要特別照顧等，且將人質視為一整體，而非單一某個特殊人質，以免引起人質內部的分化與個體的孤立。與挾持者溝通談判任何訊息時，皆以人質的名字稱呼，不要使用人質一詞。當人質與被挾持者相處愈久，愈可能產生斯德哥爾摩症候群。但是此時不應假設人質會站在援救者這一方。研究訪談獲釋的人質發現：若挾持者平和的對待人質，則人質在面對援救者與挾持者不同的要求時，傾向服從挾持者，進而造成援救困難（Gal & Mangelsdorff, 1991）。

但是如果挾持者和人質保持相當之距離，如不願意和人質講話，和人質間仍是對立狀態；或是兩者未共處一室、保持接觸等。且挾持者以事不關己之消極態度看待人質時，表示此症候並未產生效用，此時需考量其他營救方式，並思考盡速結束此人質危機，畢竟拖延時間不但對援救行動不利，對於人質之安全恐亦造成威脅（鄧玲礽，2000）。

貳、人質的心理反應與心理輔導

人質遭到挾持或監禁獲救後，會產生哪些心理反應？Ochberg（1980a）的研究指出，獲救後的人質大約可分為四種不同的類型：第一種類型者反應正常，將這段被挾持的經驗視為人生難得的挑戰；重新評量自我價值觀；且重新回顧與他人的關係，例如：特別珍惜與家人子女間的相處；以及有重獲新生的感覺。第二種類型者，覺得人質脅迫事件對他的人生及生活內容沒什麼影響，也沒有任何的改變。第三種類型者受到人質事件的影響，有相當的症狀產生，但卻不願就醫或向他人求援。第四種類型者則是受到人質事件的影響，有相當的症狀產生，但會主動就醫或向他人求援。Ochberg 認為人質獲釋後約三分之一到二分之一屬於第三種及第四種類型。他們產生的心理症狀從惡夢連連、易受驚嚇、酒精藥物濫用、

身心俱疲、憂鬱。特別在事件剛結束時，容易有偏執、強迫性反應特別激烈，以及其他適應困難的特殊反應等。

Strentz（1987）比較了順利存活的人質及一蹶不振（succumberd）的人質，順利存活人質的定義為「釋放後以高自尊過著有意義的生活，生活內涵健康且有生產力的。較無長期憂鬱、夢魘，及相關壓力的疾病產生」。一蹶不振的人質定義為「在人質事件死去，或是獲釋後需要長期心理治療，從此生活大受影響的人質」。Strentz比較兩者的不同，詳見如表21-1。

表 21-1　順利存活人質與一蹶不振人質之比較表

項目	順利存活人質	一蹶不振人質
1	對自己及政府有信心	被放棄的感覺
2	心懷敵意，但未表現出	外在表現攻擊行為
3	保持高度心理健康的態度	自艾自憐
4	以高創造想像的方式打發時間	思緒停留在當時情境與環境中
5	採合理化方式	絕望
6	建立規範固定方式	停止活動
7	以成熟穩定方式來投射想像	表現不成熟
8	尋求彈性及以幽默方式表現	愈來愈以強迫性行為表現
9	融入同儕團體	以抗拒行為或過度順從表現

（資料來源：Fuselier，1991 Hostage negotiation: Issues and Application，716頁。）

關於人質的心理輔導或心理治療，Symonds（1983）在美國紐約Karan Horney受難者治療中心，發展出受害者的綜合治療模式。這套治療模式是「對人質不斷保證並接納所有他們在受害期間的行為」。重點包括有：(1)受害之前生理心理力量的恢復；(2)透過各種照顧呵護，減少人質孤立的感覺；(3)藉由規劃未來，來降低人質的無望感；(4)藉由自我控制訓練降低壓力感，並增進人質的掌控感。Wolk（1981）也提出了兩段式的治療方式，這項方法是結合對環境的操控，藉由無暴力方式或分配低壓力工作，以個

別治療或團體治療的方式，強調人質對挾持者的憤怒表達，並重新接納及認知自己的脆弱及易受傷害處。

結　語

　　無論是處理戰俘或拯救人質事件，其行為的後面都深藏者個人或群體的心理問題，例如個人如何解釋自己的處境與其人格特質有關；戰俘間或與其管理者間的互動，與團體動力有關。社會大眾如何看待歸來的戰俘及獲釋的人質則是社會心理學的範疇。故而想要所善處理戰俘與人質的問題，從心理學的角度切入是有幫助的。

　　戰俘與人質問題是偶發的重大危機事件，對國家、組織的影響重大，對個人身心的戕害更是深遠。但受限於案例的不足，相關的研究與資料並不豐富。隨者人道主義的普遍化，相信在未來這些受害者的處遇會愈來愈受到重視，而心理學知識之運用也將益形重要。

參考書目

中田修（1987）。犯罪心理學。臺北：水牛出版社。

內心的戰爭（1976）。臺北：政治作戰學校譯印。

趙可式等譯（1998）。活出意義來。臺北：光啟出版社。

蔡敦銘（1971）。審判心理學。臺北：水牛出版社。

游恆山譯（1993）。變態心理學。臺北：五南出版社。

憲兵司令部（1989）。戰俘與匪俘處理教範。臺北：國軍準則。

國防部總政治作戰部（1991）。波灣戰爭之戰術心理。波灣戰爭心理戰研究叢書。

張春興（1989）。張氏心理學辭典。臺北：東華書局。

張秀玲等譯（1991）。**環境心理學**。臺北：心理出版社。

鄧玲祕（2000）。**人質危機處理之研究**。中央警察大學行政警察研究所碩士論文。

黎聖倫（民53）。**戰爭心理學**。臺北：幼獅書店。

Gar & Mangelsdorff (1991). *Handbook of Military Psychology*. N.Y. John Wiley & Sons.

Fuselier, G. D. (1991). Hostage negotiation: Issues and Applications. In R .Gal & .Mangelsdorff, A.D., *Handbook of Military psychology*. NY: John Wiley & Sons, England.

Ochberg, F. (1980a). Victims of terrorism. *Journal of Clinical Psychiatry, 41(3),* 73-74.

Strentz, T. (1987). A hostage psychological survivalguide. *FBI Law Enforcement Bulletin, 56(11),* 1-8.

Sutker P.B. & AllainA. N. (1991). MMPI profiles of veterans of WWII and Korea: Comparisons of former POWs and combat survivors. *Psychological Reports, 68,* 279-284.

Sutker P.B. & Allain A. N. & Winstead, D. k. (1993). Psychopathology and psychiatric diagnoses of World War II Pacific Theater prisoner of war survivors and combat veterans. *American Journal of Psychiatry, 150,* 240-245.

Sutker P.B. & AllainA. N. (1995). Psychological Assessment of Aviators Captured in World War II. *Psychological Assessment, 7(1),* 66-68.

Symonds,M. (1983). Victimization and rehabilitative treatment. In B. Eichelman, D. Soskis, & W Reid (eds.), *Terrorism: Interdisciplinary Perspectives*, 69-81. Washington, DC: American Psychiatric Association.

Watson, P. (1978). *War on the mind*. N. Y. Basic Books, Inc.

Wolk, R. (1981). Group psychotherapy process in the treatment of hostages taken in prison. *Group, 5(2),* 31-36.

思考問題

一、簡述對歸返戰俘的心理輔導及社會支持重建的具體方法？

二、試述斯德哥爾摩症候群的成因及內涵？

三、獲釋人質的心理反應及心理輔導方式為何？

四、戰俘對軍隊有何益處？試舉兩件歷史上因戰俘運用成功的案例。

五、辛巴度的研究有哪些倫理的問題？研究結果對抗拒囚禁及人犯管理有何啟示？

六、肉體偵訊及心理偵訊的重點及方式為何？何種偵訊效果較好？

七、感覺剝奪實驗結果如何？有哪些可以應用到軍事情境中的？

國家圖書館出版品預行編目資料

軍事心理學／孫敏華、許如亨著.
　　--初版. --臺北市：心理，2001（民 91）
　　　　面；　　公分.--（心理學；17）
　　　參考書目：面
　　　含索引
　　　ISBN 978-957-702-475-6（平裝）

　　　1.軍事心理學

520.14　　　　　　　　　　　　　　　　90017799

心理學 17　**軍事心理學**

作　　　者：孫敏華、許如亨
執 行 編 輯：林怡君
總 編 輯：林敬堯
發 行 人：洪有義
出 版 者：心理出版社股份有限公司
社　　　址：台北市和平東路一段 180 號 7 樓
總　　　機：(02) 23671490　　傳　　真：(02) 23671457
郵　　　撥：19293172　心理出版社股份有限公司
電子信箱：psychoco@ms15.hinet.net
網　　　址：www.psy.com.tw
駐美代表：Lisa Wu　　tel: 973 546-5845　　fax: 973 546-7651
登 記 證：局版北市業字第 1372 號
電腦排版：辰皓國際出版製作有限公司
印 刷 者：玖進印刷有限公司
初版一刷：2001 年 11 月
初版三刷：2008 年 7 月

讀者意見回函卡

No. _____　　　　　　　　　填寫日期：　年　月　日

感謝您購買本公司出版品。為提升我們的服務品質，請惠填以下資料寄回本社【或傳真(02)2367-1457】提供我們出書、修訂及辦活動之參考。您將不定期收到本公司最新出版及活動訊息。謝謝您！

姓名：_____　性別：1□男　2□女

職業：1□教師 2□學生 3□上班族 4□家庭主婦 5□自由業 6□其他____

學歷：1□博士 2□碩士 3□大學 4□專科 5□高中 6□國中 7□國中以下

服務單位：_____ 部門：_____ 職稱：_____

服務地址：_____ 電話：_____ 傳真：_____

住家地址：_____ 電話：_____ 傳真：_____

電子郵件地址：_____

書名：_____

一、您認為本書的優點：（可複選）

❶□內容 ❷□文筆 ❸□校對 ❹□編排 ❺□封面 ❻□其他____

二、您認為本書需再加強的地方：（可複選）

❶□內容 ❷□文筆 ❸□校對 ❹□編排 ❺□封面 ❻□其他____

三、您購買本書的消息來源：（請單選）

❶□本公司 ❷□逛書局⇨_____書局 ❸□老師或親友介紹

❹□書展⇨____書展 ❺□心理心雜誌 ❻□書評 ❼其他_____

四、您希望我們舉辦何種活動：（可複選）

❶□作者演講 ❷□研習會 ❸□研討會 ❹□書展 ❺□其他_____

五、您購買本書的原因：（可複選）

❶□對主題感興趣 ❷□上課教材⇨課程名稱_____

❸□舉辦活動　❹□其他_____　　　　（請翻頁繼續）

心理出版社 股份有限公司

台北市 106 和平東路一段 180 號 7 樓

TEL: (02) 2367-1490
FAX: (02) 2367-1457
EMAIL:psychoco@ms15.hinet.net

沿線對折訂好後寄回

六、您希望我們多出版何種類型的書籍

❶□心理 ❷□輔導 ❸□教育 ❹□社工 ❺□測驗 ❻□其他

七、如果您是老師,是否有撰寫教科書的計劃:□有□無

書名╱課程:＿＿＿＿＿＿＿＿＿＿＿＿＿＿＿＿＿＿

八、您教授╱修習的課程:

上學期:＿＿＿＿＿＿＿＿＿＿＿＿＿＿＿＿＿＿

下學期:＿＿＿＿＿＿＿＿＿＿＿＿＿＿＿＿＿＿

進修班:＿＿＿＿＿＿＿＿＿＿＿＿＿＿＿＿＿＿

暑 假:＿＿＿＿＿＿＿＿＿＿＿＿＿＿＿＿＿＿

寒 假:＿＿＿＿＿＿＿＿＿＿＿＿＿＿＿＿＿＿

學分班:＿＿＿＿＿＿＿＿＿＿＿＿＿＿＿＿＿＿

九、您的其他意見

謝謝您的指教!

11017